绿色农业循环发展与种植研究

金丽华　封树立　谢云梦◎著

吉林科学技术出版社

图书在版编目（CIP）数据

绿色农业循环发展与种植研究 / 金丽华，封树立，
谢云梦著. -- 长春 ：吉林科学技术出版社，2022.4
ISBN 978-7-5578-9313-2

Ⅰ.①绿… Ⅱ.①金… ②封… ③谢… Ⅲ.①绿色农
业－农业发展－研究－中国 Ⅳ.①F323

中国版本图书馆 CIP 数据核字(2022)第 072902 号

绿色农业循环发展与种植研究

著	金丽华　封树立　谢云梦
出版人	宛　霞
责任编辑	梁丽玲
封面设计	金熙腾达
制　版	金熙腾达
幅面尺寸	185mm×260mm
开　本	16
字　数	524 千字
印　张	22.75
印　数	1-1500 册
版　次	2022年4月第1版
印　次	2022年4月第1次印刷

出　版　吉林科学技术出版社
发　行　吉林科学技术出版社
地　址　长春市南关区福祉大路5788号出版大厦A座
邮　编　130118
发行部电话/传真　0431-81629529　81629530　81629531
　　　　　　　　　81629532　81629533　81629534
储运部电话　0431-86059116
编辑部电话　0431-81629510
印　刷　廊坊市印艺阁数字科技有限公司

书　号　ISBN 978-7-5578-9313-2
定　价　78.00 元

前　言

　　绿色循环农业是在绿色循环经济理论指导下，采用全程绿色生产和全程绿色循环方式进行生产经营的农业，是改善生态环境、提高农业效益、增加农民收入、保障农业可持续发展和新型农业现代化顺利实现的发展方式。绿色循环农业以可持续发展理论为理论基础，以生态经济、循环经济理论为指导，以绿色经济、生态经济，循环经济、知识经济等多种先进经济发展方式综合运用为手段，目的是构建资源节约型、环境友好型、生态文明型现代农业。其核心是实现农业的标准化、规范化、产业化、专业化、集约化、信息化、商品化、绿色化、循环化和低碳化。

　　无污染、安全、优质、营养是农业种植的研究方向。新型农业种植靠的不是拒绝现代科学技术和工业成果的回归自然的农耕方式，而是更好地运用现代农业生产技术，解决农产品生产中数量与质量的关系，以满足生活水平不断提高的人们对农产品优良品质的需求；靠的不是子承父业的经验种田，而是掌握现代农业科技的生产者按照现代生产经营方式进行的标准化生产，从而实现农业产业升级和可持续发展。可以说，科技进步和人才培养在农业种植发展中起着至关重要的作用。

　　在促进农业生产和资源环境协调发展的背景下，将循环经济和生态环境保护的理念运用于现代农业生产已成为我国农业绿色发展的必然趋势。农业资源再生利用与生态循环农业绿色发展是在实践循环经济理念的同时，注重生态环境保护和农业资源再生利用的农业发展方式。本书结合目前我国农业建设取得的经验和成果，系统介绍了草原建设和保护、农作物秸秆综合利用技术和土壤肥料等方面的知识，同时介绍了一些具体实例，并阐述了维护自然资源、创建环境友好型社会的方法和重要性。最后对绿色农业循环发展进行了展望，揭示了我国农业的全面可持续绿色发展的光明前景。

作　者

2021 年 4 月

目 录

第一章 绿色循环农业概论

第一节 绿色循环农业的基础

一、绿色循环农业的基本概念和内涵

绿色循环农业是在绿色循环经济理论指导下，采用全程绿色生产和全程绿色循环方式进行生产经营的农业，是改善生态环境、提高农业效益、增加农民收入、保障农业可持续发展和新型农业现代化顺利实现的发展方式。绿色循环农业以可持续发展理论为理论基础，以生态经济、循环经济理论为指导，以绿色经济、生态经济、循环经济、知识经济等多种先进经济发展方式综合运用为手段，目的是构建资源节约型、环境友好型、生态文明型现代农业。其核心是实现农业的标准化、规范化、产业化、专业化、集约化、信息化、商品化、绿色化、循环化和低碳化。

二、绿色循环农业的基本特征

（一）绿色循环农业的综合性、系统性与全面性

绿色循环经济涵盖三大产业：绿色循环第一产业（农业）、绿色循环第二产业（工业）、绿色循环第三产业（服务业）。绿色循环农业包括农业（大农业）生产经营的全部领域，包括：绿色循环种植业、绿色循环畜牧业、绿色循环水产业、绿色循环草业和沙产业、绿色循环林业、绿色循环农业生产资料产业、绿色循环农产品加工业、绿色循环农产品综合循环利用产业。因为绿色循环农业是多种先进经济发展方式在农业方面的应用与创新，所以它具综合性、系统性与全面性的基本特征。

绿色循环农业是绿色经济与循环经济相结合的产物，有理论基础与实践基础，且已通过典型示范取得了宝贵的经验，已具备可操作性较强的科学标准体系、认证体系、环境监测体系和科学管理体系。大批专家学者积极参与绿色循环农业的理论研究并进行典型示

范，取得了可喜的成果，体现了绿色循环农业的强大生命力，绿色循环农业是我国农业发展的必由之路与必然选择，证明了绿色循环农业的综合性、系统性与全面性。

（二）绿色循环农业最终产品是无公害、绿色、有机农产品

绿色循环农业的最终产品是无公害、绿色、有机农产品（以下简称"三品"）。为了推动农业"三品"的发展，农业部2005年就召开了"全国无公害食品绿色食品工作会议"，将无公害、绿色、有机食品工作一起研究部署，为"三品"整体推进进行了统一、科学的计划与工作安排，对克服"三品"多头管理的不协调问题具有重要意义。近年来，"三品"的发展呈现出四个特点：一是发展速度持续加快；二是产品质量稳定提高；三是品牌影响日益扩大；四是综合效益不断提高。发展"三品"，实现了生态效益、社会效益、经济效益的同步增长，保证了食品安全，提高了农产品附加值，促进了农业增效和农民增收，培养、壮大了农业科技队伍，推动了农业产业化发展，突破了国际贸易技术"绿色壁垒"，有利于农产品扩大出口，促进了农业的可持续发展。"三品"在标准化方面取得的明显进展，主要体现在五个方面：一是加快推进"三品"认证工作；二是逐步完善技术标准；三是不断加大监管工作力度；四是积极推进体制机制创新；五是全面扩大品牌宣传。这些为"三品"全面、协调、持续发展奠定了科学基础，更重要的是为全面发展绿色循环农业奠定了坚实的基础。

为保障建立起长效机制与全面发展，发展绿色循环农业应具备以下条件：一是加强党和政府的领导是关键；二是市场推动，实现中国农产品走向世界是内在动力；三是搞好种植服务是前提条件；四是形成合力，按照"三品"整体推进的战略部署整合农业资源，上下密切配合，部门间相互协调、共同推动，是重要保障；五是与时俱进、开拓创新、积极探索、科学实践，不断拓展发展思路、创新工作机制、优化工作措施、实行科学管理、丰富绿色循环农业的理论体系，才能科学、全面地推动绿色循环农业可持续发展。

三、绿色、有机食品与绿色循环农业的关系

（一）绿色食品

绿色食品是指在无污染生态环境条件下种植及全过程标准化生产和加工的食品，严格控制其有毒有害物质含量，使之符合国家健康安全食品标准，并经过专门机构认证，许可使用绿色食品标志的食品，是符合无污染、安全、优质、营养条件的食品的总称。

中国绿色食品分为AA级与A级两类。AA级绿色食品是指在生态环境质量符合规定标准的产地，生产过程中不使用任何有害化学合成物质，按特定的生产操作规程生产、加

工，产品质量及包装经检测符合标准要求，并经专门机构认定的食品，相当于国际标准的有机食品。A级绿色食品是指生产地环境符合有关质量标准，生产过程中允许限量使用限定的化学合成物质，且严格按照绿色食品生产资料使用标准和生产操作规程要求，并经过专门机构认定的食品。当然A级绿色食品是无毒、无害的安全、营养食品，其认定标准相当于国际上食品的GAP认证标准。

（二）有机食品

有机食品是指来自有机农业生产体系、根据国际有机农业生产要求和相应的标准生产加工的、通过独立的有机食品认证机构认证的食品，是在生产中不使用任何化学合成的农药、化肥、调节剂、饲料添加剂等物质，不受水、土、气等环境污染的食品。有机食品必须坚持全程绿色生产。

（三）绿色、有机食品与绿色循环农业的关系

1. 绿色循环农业是生产绿色、有机食品的基础

绿色循环农业是在保护环境和保持资源可再生、再利用的前提下，利用高新技术来满足人类的基本需求，它不是传统农业的恢复，而是现代农业机械、现代生物技术和现代管理方法等现代技术配套使用的农业实践。绿色、有机食品的生产对生态环境有严格要求。如：生长区没有工业企业的直接污染；区域内的大气、土壤、灌溉用水等必须符合绿色、有机食品生产的要求；防止农业自身施用的化肥、农药对农产品的污染等。发展绿色、有机食品必须以绿色循环农业为基础，因为绿色、有机食品的原料必须无污染，而无污染的原料来源于无污染的农业最佳生态环境。绿色、有机食品如果没有绿色循环农业的支撑就失去了基础，绿色、有机食品就很难发展。

2. 绿色、有机食品的发展是绿色循环农业的动力

生态环境的压力使人们认识到，依靠大量农药和化肥的投入虽然带来了农作物高产，解决了人类一个阶段的生存问题，但并不代表人类从此可以高枕无忧。资源衰竭和环境恶化正是这种缺乏效率和资源错误配置生产方式的突出体现。在世界"走可持续发展道路"的浪潮中，中国政府大力倡导开发绿色、有机食品，提出了从农产品的生态环境、生产过程以及到加工、储存、运输等延伸环节，实现"从田头到餐桌"的全程质量监控。现在人们都深知过量施用化肥、农药，在土壤和水体中会残留有害物质，削弱农作物生长能力，加剧环境污染；还会使粮食、蔬菜、瓜果的品质变差，残留有害物质，危害食用者的健康。为此专家提出了要建设让农田"减肥"的系统工程，通过研究和开发高新生物技术和信息技术，避免和消除环境对农产品的危害。开发绿色、有机食品将带动农业生产条件的

优化，加速高新农业技术的运用，从长期来看又可以大幅度降低农业的生产成本。

第二节　绿色循环农业运行机制建设

如果将绿色循环农业的建设看作一个经济有机体，其运行机制是指构成绿色循环农业的生产、经营、管理能力的各种组成部分及其相互关系，它包括从绿色循环农业各种生产要素的投入、转化、产品的生产到进入市场进行销售、消费，再开始新的循环的全过程。

良好的运行机制可使绿色循环农业具有强大的生机与活力，能统筹、协调、高效地为发展绿色循环农业服务。相反，如果绿色循环农业运行机制不健全、不协调，分管部门各自为政，则会制约绿色循环农业的发展，甚至以失败而告终。建设绿色循环农业运行机制的核心和难点是全面实现标准化、规范化与科学管理。要正确处理国家、区域、企业、农民之间的利益关系，科学合理地划分责、权、利的范围。正确处理责任是核心、权利是条件、利益是动力之间的关系，按照社会主义市场经济规律运行。

绿色循环农业运行机制大体包括以下七个方面：

一、科学决策机制

决策是所有行动的指南，上至国家大政方针，下至单位、个人，决策均占据着首要位置，所有成败的关键就在于做出怎样的决策。同样，科学的决策机制也决定着绿色循环农业的建设能否取得最终的成功。为此，绿色循环农业生产区域的政府必须提高驾驭全局的能力，实现科学决策。科学决策必须和国家的产业政策相一致，必须与人民的根本利益相一致，必须与市场的走向相一致。科学决策要防止出现无谋乱断、优柔寡断、患得患失，要以科学、公正的态度，克服决策中的错误倾向，建立科学决策机制，保障绿色循环农业建设的顺利进行。

二、组织管理机制

组织管理机制是绿色循环农业实现科学决策目标的重要保障。决策决定发展方向与发展目标，组织管理是实现决策目标的手段。绿色循环农业的组织管理机制包括机构设置、人员配备、管理原则和规章制度，是绿色循环农业建立与发展的基础。良性循环的组织管理应贯彻统一领导、党政齐抓共管、各司其职、各负其责、协调运转、指挥得当、精干高效的原则。根据管理目标将各部门、各岗位、各工作环节之间纵横交错的经济活动有机地结合起来，形成系统纵向管理和专业职能横向管理相结合的矩形结构，并运用绿色质量责任、环境责任、经济责任的形式将每个岗位人员的行为规范化、标准化、制度化、责任化，保证绿色循环农业建设具有凝聚力、战斗力，又好又快发展。

三、自我约束与控制机制

自我约束与控制机制是绿色循环农业发展的保障。绿色循环农业的一切生产经营活动，必须约束在国家规定的法律、法规、国际农产品生产标准和基地有关规定的范围内进行。在现代农业生产全过程中运用自我约束与控制机制，自觉贯彻在行动中，形成自我约束与控制体系。

四、激励机制

运用激励机制推动绿色循环农业的发展，主要是激励政府官员、企业员工、农民发展绿色循环农业的积极性、创造性，增强自身活力。发展绿色循环农业的激励机制包括荣誉激励、物质激励、任用激励三个方面，核心是贯彻按劳分配的原则。主要是对发展绿色循环农业有贡献、有创新的先进工作者给予表扬等精神鼓励；对积极参加绿色循环农业建设，做出突出成绩的党政干部、企业员工、农民给予物质奖励；对推动绿色循环农业发展做了大量宣传、教育和政治思想工作的党政干部、科技人员给予提拔或重用。激励机制的作用是其他措施无法代替的，对于调动人们积极性的作用是巨大的，绿色循环农业生产区域政府建立激励机制，用激励的手段推进绿色循环农业的发展是十分必要的。

五、经济核算机制

核算机制是绿色循环农业建设的核算体系，它是测算绿色循环农业建设是否成功的检验标准。核算机制包括环境保护与改善核算、绿色 GDP 核算、绿色农产品生产成本核算。各种指标体系核算，应包括农业资源节约与循环利用核算等。建立绿色循环农业核算机制，还应包括在绿色循环农业生产与经营过程中将取得的成果与消耗、收入与支出、赢利与亏损，通过核算机制进行控制与分析，以保证绿色循环农业建设取得良好的生态效益、经济效益和社会效益。

六、竞争机制

竞争是市场经济的客观规律，在世界经济一体化的国际大环境下，竞争将更加激烈，中国面临着机遇也面临着严峻挑战。竞争内容包括农产品质量竞争、品牌竞争、价格竞争、服务竞争等诸多方面。要善于在竞争中求生存，在竞争中谋发展，通过竞争推动中国的绿色、有机农产品走向市场，走向世界。建立竞争机制是促进绿色循环农业建设成功的重要措施。

七、风险控制机制

风险控制机制是建设绿色循环农业预防风险所采取的一套完整的预防措施，它与预警系统相似。因为绿色循环农业的建设处于动态环境之中，任何不确定的因素都会影响绿色循环农业的发展。例如国际市场的变化，国家政策的变化，产业结构、产品结构的调整，世界金融危机的影响，商品价格的浮动，决策的失误等都可能引起风险。为了使绿色循环农业增强承受风险的能力，应采取以下措施：首先要疏通信息渠道，具有超前意识，掌握市场动态，实现科学决策，保证决策的正确性；其次要适时调整生产与营销策略，提出应变措施；最后要建立风险预警系统，防止风险最终造成不良后果。建立风险控制机制是发展绿色循环农业的必备条件。

绿色循环农业建设要善于将科学决策机制、组织管理机制、自我约束与控制机制、激励机制、经济核算机制、竞争机制和风险控制机制等七大机制综合运用，建立完善的绿色循环农业运行机制。党政领导还要不断地提高自身的政治、文化、决策、管理等方面的整体素质，提高运用七大机制的意识和能力，建立起具有良性循环的内外部环境，为发展绿色循环农业开创新局面。

第三节　绿色循环农业管理体系建设

一、绿色循环农业科学管理的重要性与指导思想

（一）绿色循环农业科学管理的重要性

管理既是科学，又是生产力。管理就是一"管"二"理"。管者，约束之意也，具有刚性的约束和控制；理者，疏理之谓也，具有柔性的疏导、疏通的含义。因此，在国民经济发展过程中，必须运用科学管理等有效手段来实现发展目标。纵观历史，人类的一切社会活动都与科学管理活动密切相关。广义地说，管理活动广泛地存在于所有的社会活动之中，大至国家、军队，小至车间、科室，只要有人活动的地方都离不开管理。从微观管理角度来说，管理包括的范围更广，内容更复杂，就连社区的居民管理、家庭理财管理、家庭生活管理也包括在内。中国发展经济，全面建设小康社会，必须以科学发展观为主题，以转变经济发展方式为主线，以科学的现代化管理为有效手段，完成新时期经济建设与发

展的伟大历史任务。

发展绿色循环农业是一项融种植业、林业、畜牧业、水产业、食品加工业和农业生产资料的科研、生产、供应及无公害、绿色、有机食品认证等多学科、多产业、多层次的系统工程。由于绿色循环农业科学管理是一个新的管理学科，所以必须以科学发展观为指导，通过不断自主创新来实现。为了加强对绿色循环农业的研究，做好绿色循环农业的建设与管理工作，规范建设，提高建设质量，实现科学管理，必须从战略高度来认识，只有这样才能推动绿色循环农业建设取得成功，为建设社会主义新农村创造条件。

（二）绿色循环农业科学管理的指导思想

建设社会主义新农村和发展绿色循环农业，要坚持以人为本，城乡一体化，全面、协调和可持续的科学发展观。发展绿色循环农业要以绿色经济、生态经济、循环经济、知识经济等多种先进经济发展方式为理论基础，以发展高科技绿色循环农业技术为主线，由绿色农业龙头企业来引领，以生产符合中国和国际标准的绿色和有机农产品为目的，以逐步进入国内外市场为导向，解决"三农"问题，最终实现"生产发展、生活宽裕、乡风文明、村容整洁、管理民主"的要求，坚持从各地实际出发，尊重农民意愿，扎实稳步推进新农村建设，实现生态效益、社会效益、经济效益同步增长与良性循环。绿色循环农业建设科学管理工作就是围绕实现这一宏伟目标而进行的。

二、绿色循环农业的发展目标

（一）超前发展目标

所谓超前发展，是指在发展绿色循环农业过程中，应在经济、科研、信息、人才、市场等诸多方面树立具有战略性、前瞻性、科技创新性的超前发展意识，并在各方面超前部署工作。如绿色循环农业项目的前期准备、组织绿色技术攻关、基础设施建设、市场开发、教育宣传等。为此要善于捕捉相关信息，能依据现状准确地预测国内外农业未来发展趋势，力争使每项工作都先走一步，占领同行业、同领域制高点。达到超前发展目标，就可以赢得市场、占领市场，不断扩大市场，使自己永远处于领先地位。

（二）资金投入目标

发展绿色循环农业，必须投入必要的资金。如绿色循环农业的研究与开发、项目的调研与运作、信息网络的建设、人才的引进与培训、基础设施建设、环境的改善及保护等，都需要投入大量资金。绿色循环农业生产区域各级政府和有关单位应整合各方面的可用资金,以集中力量办大事的方式,集中投向绿色循环农业,并不断改善投资软硬环境,以吸引国内外投资。为解决绿色循环农业建设资金短缺问题,还应深化农村金融体制改革,拓宽融资渠道,可以运用专项优惠贷款、建立绿色循环农业发展基金,建立适应市场要求的多种形式的社会化投融资渠道,为发展绿色循环农业筹措资金。

(三) 人才开发目标

人才是发展绿色循环农业的关键。在建设与发展绿色循环农业过程中,必须用战略眼光来对待人才引进和培养这个重大问题,始终将人才资源作为第一资源。开发与吸引人才的途径主要有:一是采用在生产区内培训、送出去培训、高层次培训等办法;二是组织政府官员和有关人员到绿色循环农业发达国家和先进的绿色循环农业建设区域进行参观、考察、学习等;三是以良好的待遇及优惠的政策不断地吸引各行业各层次的人才到该领域工作;四是聘请资深学者、专家担任高级顾问等。为了保证开发、引进人才的效果,应运用心理学、管理学、行为学和计算机技术对"准人才"进行知识、能力、心理、个性、职业兴趣等方面的测评,以有效地选才、育才、用才和留才。

聘请资深学者、专家担任高级顾问,应注意专家有六种类型:一是无私奉献型;二是德高望重型;三是事业型;四是名利型;五是索取型;六是欺骗型。大多数专家是属于前三种类型的,虽然后三种类型人数很少,但影响很坏,尤其是第六种。因此绿色循环农业示范区在聘请专家时不要只看头衔,要着重看专家的职业道德、诚信度和解决绿色循环农业问题的理论水平与实际能力。

(四) 高科技运用目标

科学技术是第一生产力,在发展绿色循环农业和高科技绿色产品开发问题上更是如此。中国有辽阔的平原、林区、草原、牧区,大多数地区的水、土壤、大气环境质量基本良好,绿色产品原料资源丰富,但存在着农业生产标准化、规范化、产业化经营滞后,信息不灵,科技素质低等问题。因此中国绿色农产品的开发,必须以高科技、高附加值、无污染、高市场占有率为突破口,靠科学技术和科学管理来发展绿色循环农业,生产绿色农产品。要提高对绿色技术的采用率,必须解决三个问题:第一,提高企业对环境生态保护的认识,从只关注直接经济利益而忽视生态与社会利益,转向生态、社会、经济利益并重;第二,提高使用绿色技术的水平,保证采用绿色技术的效果;第三,加大绿色循环农业技术服务、推广和培训力度,为企业提供咨询和技术服务等。这是着力加强农业科技服务体系的着眼点。

（五）可持续发展目标

建设与发展绿色循环农业是中国可持续发展总体系中的重要组成部分，其目标就是促进经济社会实现可持续发展。需要特别关注的是，可持续发展是对整个国民经济系统而言的，即指整个国民经济系统的发展。可持续发展的提出虽然源于环境保护领域，但可持续发展不仅仅是环境保护。环境保护是实现可持续发展的重要保证之一，而不是它的全部。为此，在发展绿色循环农业的过程中，必须按照生态学和生态经济学原理组织生产与服务流程，大力促进清洁生产，贯彻人与自然和谐发展，农业资源综合循环利用的原则，从源头节约资源和治理污染；必须执行环境质量标准和环境保护法律、法规，实现生态环境的保护和改善，达到经济与环境的双赢；必须建立符合绿色经济、生态经济、循环经济、知识经济与绿色产业发展要求的政治、经济、文化体制，走生态文明之路，从而促进人与自然的协调与和谐，达到可持续发展的目的。

（六）质量优化目标

通过绿色循环农业生产出的农产品，其质量要求与以往任何一种农业形式生产出的农产品都不相同。以往生产出的农产品只是为了满足当时人们生存需要，重在吃饱肚子，而现在人们需要的是优质、生态、营养、安全的食品，这恰恰是绿色循环农业的终端产品。

质量是产品的生命。绿色、有机产品对质量的要求比常规产品更高、更严格，否则就无法适应世界经济一体化的大趋势，不能与国际市场接轨。绿色循环农业质量体系是全方位的，包括水、土壤、大气、农药、种子、肥料等生产资料质量；农作物种植管理质量；收获、储存质量；加工、保鲜、储运质量；包装、消费、废品回收再利用质量等。绿色产品质量主要有两个方面：一是绿色产品必须对人类身体健康无害，对环境无污染；二是必须达到既保护生态环境，又实现生态、社会、经济协调发展和多赢的目的。绿色农产品的生产必须重视品牌战略，因为品牌是质量的体现，代表着产品的品质特征和消费者的认同程度，是占领市场的重要因素。创立国内外同行业中处于领先地位、市场占有率和知名度居前列的名牌产品，能增加整体竞争力，为生产提供新的发展空间和发展机遇。绿色农产品企业都应围绕创建国内外知名绿色农产品品牌的目标，从原料生产、采购到加工、贮存、运输、销售，建立完整的质量控制、监督体系，进行全过程和全方位的质量管理。

三、绿色循环农业的管理体系

（一）绿色循环农业组织管理体系

1. 组织与管理的关系

绿色循环农业的组织与管理工作是相辅相成的。组织以管理为灵魂，没有管理，组织就会因失去生存与发展的机制而消亡。组织是管理的基础，科学管理是通过组织而实施的，组织与管理是有机的统一体。所以绿色循环农业生产区域必须建立起健全的组织与管理体系。这是生产区域最重要的基础工作，是发展绿色循环农业的强大动力，也是绿色循环农业建设是否成功的关键。

2. 管理体系和组织机构的设置

绿色循环农业的组织与管理体系由三大部分组成：一是绿色循环农业综合管理部门（绿色循环农业领导小组、办公室或国家授权管理单位）与国际组织、国内科研机构和大专院校等机构组成的共建推动体系；二是绿色循环农业生产各级政府综合领导体系；三是绿色循环农业生产组织统筹、协调管理体系。这三大部分相互联系又相互独立，形成了一个综合的组织管理运行体系。

（1）共建推动体系

由国际组织或绿色农业学会、协会牵头，成立绿色循环农业专家咨询指导委员会，负责全面指导与协调建设工作。其主要职责是以绿色经济、生态经济、循环经济、知识经济和可持续发展理论为指导，依靠专家所掌握的绿色循环经济与绿色循环农业的高新技术理论与实践经验，通过组织专家进行一系列的绿色循环农业的理论研究、技术咨询、技术服务等，协助绿色循环农业生产区域做好各项工作。专家咨询指导委员会可设置以下职能部门：综合部、专家部、信息中心、投资与技术促进部、环境监测论证部、审批论证部等。

（2）各级政府综合领导体系

该体系是一个按照法定程序组建的、执行政务的国家机关体系，由法定的地位、明确的组织目标、适当的人事调配权、适应的财物数量、合理的责权利分配、整体的价值观念等六个元素组成，具有公务性、合法性、强制性、权威性、层次性等特征。这些要素和特征决定了各级政府在建设绿色循环农业中能起到其他任何组织不可替代的领导作用。

各级政府对绿色循环农业的领导与综合指导体现在五个方面：一是将绿色循环农业建设规划纳入当地国民经济发展规划，办理立项手续；二是对绿色循环农业提供政策、人才、科技、资金、信息支持；三是领导绿色循环农业生产组织分析、解决遇到的深层次矛盾；四是帮助统筹城乡发展，破解城乡二元经济结构，解决农业产业化、农民增收和龙头企业发展等有关问题；五是指导绿色循环农业生产组织处理好与"共建推动体系"的合作关系。

（3）政府统筹协调体系

绿色循环农业生产统筹协调机构，是建设绿色循环农业管理组织体系中的第三个组成部分，涉及区域内的第一、第二、第三产业，与当地政府各职能部门均有直接关系。因此必须在当地党委、政府领导下成立领导小组，组长和副组长由当地党委、政府主要决策官员担任，成员由当地党委、政府的相关部门参加。领导小组具有权威性和综合性，全面负责绿色循环现代农业建设的各项工作，党委统一领导，党政齐抓共管，使绿色循环农业生产组织各部门形成统一指挥、各司其职、各负其责、协调运转、指挥得当的有机整体。

在领导小组的直接领导下，设立绿色循环农业综合指导办事机构，作为领导小组的总参谋部和具体工作的执行机构，简称综合指导办公室。所谓总参谋部就是给领导小组当好助手，为科学决策提供创新性方案；所谓执行机构就是负责指导与统筹协调各部门实施总体规划，执行各项方针、政策、决议、技术措施，及时总结情况，分析出现的问题，供领导小组研究决策。

绿色循环农业建设综合指导办事机构的职能有六个方面：一是承上启下，组织编制并实施绿色循环农业建设总体规划；二是做好农业项目立项和项目管理；三是推动投资与技术促进工作；四是开展全民生态意识教育和科技培训；五是大力推行标准化生产和绿色农产品认证；六是监督指导环境的保护与改善。综合指导办公室本着精干、高效、协调、统筹全局的原则组建，政府应给予一定的人员编制和必要的经费，以便正常运行。

（二）农产品质量安全标准建设与管理体系

标准为产品、服务、相关体系、生产过程及相关材料等提供了对应的技术规范和质量要求。农产品质量安全标准建设，是通过中国农业标准体系建设推进农业产业结构调整和农业科技进步的需要，是促进农产品贸易发展、增加农业收入的需要，是政府依法行政和规范市场经济秩序的需要，是保障农产品消费安全和提高农产品市场竞争能力的需要。

目前，中国已经建立了各级农产品质量安全标准管理机构，初步形成了两条管理渠道。一是建立了各级标准化管理部门组成的农业标准化管理系统，国家质检总局所属的国家标准化管理委员会是国务院授权的履行行政管理职能，统一管理、监督和综合协调全国标准化工作的主管机构，农产品质量安全标准化管理当然也是其重要工作；二是建立了各级农业部门组成的农业标准化管理系统，农业部设有市场与经济信息中心作为分管农业标准化的专门机构，地方各级农业部门也有相应机构负责此项工作。

中国初步形成了由国家标准、行业标准、地方标准、企业标准构成的农产品质量安全标准体系；其中，国家标准由农业农村部提出建议，国家标准委下达计划，农业农村部负责组织起草、审查，国家标准委审批、编号和发布；农药残留方面的国家标准由国家卫生健康委员会会同农业农村部制定发布；行业农村标准由相关单位提出建议，农业部下达计划，并组织起草、审查、审批、编号和发布；地方标准由地方农业部门提出建议，负责组织起草、审查，技术监督部门下达计划并负责审批、编号和发布；兽药标准以药典的形式发布，兽药残留及部分分析方法标准以农业农村部规章的形式发布，部分残留分析方法、部分农药残留限量标准以行业标准形式编号发布。

（三）农产品质量检测体系

中国的农产品质量安全监测体系，是依照国家法律、法规和有关标准，对农产品（含农业生态环境和农业投入品）质量安全实施的重要技术执法体系。其在农产品质量安全评价、依法行政、市场秩序监管和促进农产品贸易方面担负着重要职责，在农业产业结构调整、农产品质量升级、农产品消费安全和提高农产品市场竞争力等方面具有重要的地位和作用。

第二章 草原资源保护

第一节 基本草原划定技术

一、技术概况

基本草原是指按照维护生态环境、草原畜牧业可持续发展的需求，依据国务院规定不得占用的草原。对基本草原进行划定是有效保护草原和改善草原生态环境最基础性的工作。划定基本草原是一项技术性较强的工作，涉及草学、生态学、地理勘测学、计算机图形学等多方面学科知识。目前国内尚无正式颁布的有关基本草原划定的标准和技术规范。掌握基本草原划定技术，对于统一划定工作的技术要求，提高基本草原划定的质量、效率具有很强的现实意义。

二、基本草原划定的主要内容

（一）基本草原权属核实

主要核实基本草原所有权和使用权的权属状况以及权属界线、拐点。

国有基本草原使用权要核实到使用权单位。集体基本草原所有权要核实到村。

（二）基本草原类型调查

按照国家规定的基本草原统一分类标准，查清每一宗草原的类型、面积和分布。

1. 调查内容

核实权属与线状地物；根据历史资料和现场确定核实基本草原类型、分布；定位各类基本草原的界线拐点坐标；测定面积。

2. 调查方法

查阅、借鉴历史资料，结合现场调查确定基本草原类型。现场调查的主要技术方法是：GPS 定位、记录或储存坐标点、根据坐标点，辅助地形图、遥感影像图，形成各类基本草原的点文件或面文件。经核实准确无误后，运用地理信息系统平台，形成基本草原类型的图件和属性数据。

三、技术路线

采用能满足基本草原划定精度要求的地形图（纸质或电子）作为工作底图，参照草原资源调查、所有权使用权落实、土地利用现状详查、遥感影像等有关资料，对已有的信息可直接转绘到工作底图上；对新增内容，采取实地调查绘制，获取各项资料，通过整合完善，最后形成图件、数据、文字等资料。

第二节　牧草种质资源繁殖技术

一、技术概述

牧草种质资源是发展草业、实现草地畜牧业可持续发展的重要物质基础，是筛选、培育优良牧草品种和生态用草的基本材料和基因源，对促进畜牧业的稳定发展、加快农业产业结构调整和生态环境治理以及加速草业科学发展等，均有十分重要的意义。种质资源在保存过程中，随着贮藏时间的延长，其生活力会随之逐渐下降，导致等位基因丧失、遗传变异等而造成资源遗传完整性变化，贮藏数量也会因实验室发芽率检测、资源提取利用而逐渐减少。因此，高质量的入库种子、有效保存条件和手段、及时进行种子繁殖更新等是种质资源保存的主要方面。

繁殖更新以保存资源、保护优良基因为主要目的。种质资源的保护包括收集任何含有遗传功能单位的遗传材料，如种子、胚、枝条和 DNA 等。收集的资源保存一定时间后，再根据其生活力进行繁殖更新（有种子繁殖更新与无性繁殖更新两种方式）。

二、技术流程

牧草种质资源繁殖更新工作，应遵循以下技术流程：繁殖更新材料确定、繁殖更新地点确定、制订详细的繁殖更新计划、完成田间设计、种植前准备、田间种植与栽培管理、性状核对与去杂、种子或植株的收获与处理、数据整理与档案建立。

三、技术内容

在繁殖更新之前，要对拟繁殖的牧草种质资源进行全面了解，包括种质的特征特性（如来源、生活型、植物学特性、生长习性、生育期、物候期、开花授粉习性、繁殖方式、种子生理特性、生长繁殖周期）、生活力、种子数量以及田间种植、管理要求等。

（一）前期准备

一是确定繁殖更新材料。当种质库保存的种质材料出现下列情况之一时，应繁殖更新：种子发芽率降至60%以下或初始发芽率的60%；自花授粉草种和自交系每份种质材料的活种子数量低于600粒，异花授粉草种和地方品种每份种质材料的活种子数量低于800粒；在中期库中，某一种质材料的种子全部失活，应将长期库中的同一材料繁殖更新；资源圃内保存的无性繁殖材料，株数或盖度减少到原保存数量的50%，应繁殖更新。

二是确定牧草种质资源的繁殖更新类型，是种子繁殖还是无性繁殖。

三是对拟种子繁殖材料，实验室检测净度、发芽率、水分、千粒重进行检测。对拟无性繁殖材料，在资源圃选取或培育新生苗，依据资源特性选择分株和压条等根茎类繁殖，或幼嫩茎段、叶片的诱导组织培养等手段。

（二）繁殖更新地点与地块确定

繁殖更新地应选在拟繁种质的原产地、采集地或类似的生态区。繁殖地的选择应考虑以下内容：繁殖地的条件能保证繁殖种质材料的正常生长；异花授粉种质繁殖地的选择应考虑花期隔离措施；无性繁殖材料的繁殖更新应在原种质圃附近。繁殖更新地点的确定主要应保证繁殖种质正常营养生长和生殖生长（开花、结实和种子成熟），满足种质资源完成生活周期所需的生态环境条件。原则上繁殖更新地应选在拟繁殖种质的原产地、采集地或具备类似生境条件的生态区；国外引进种质选择类似的生态区，经过适应性鉴定后确定适合繁殖的地区；珍稀或难繁殖的种质材料应特殊安排。

繁殖更新地点确定后对大田地块进行确定，宜根据种质资源特性选择水源充足、易排易灌、土壤质地和酸碱度适宜、肥力中等均匀，不易受洪水、病虫危害的地方。

不同牧草种质资源对土壤的要求不同，对隔离要求也不同，可根据材料特性选择相宜的隔离方式。

（三）田间种植

1. 繁殖更新

（1）确定种子播量

根据种子用价测算田间播种量。

（2）确定播种时间

根据不同草种确定适宜播种期。

（3）种子处理

根据牧草种质资源种子的特性和草种播种时的实际需要，对种子进行处理。

（4）确定播种方法

一是直接播种。对于发芽率良好，种子量充足的牧草种质，不需要育苗，可直接在大田进行播种。二是育苗。部分种质资源可能因为种子保存时间过长、发芽率不理想、种子量少且珍贵，或材料本身的条件限制，需要先育苗再进行移栽。育苗分为大田育苗和营养钵、温室育苗等，以提高繁殖系数。根据不同种子发芽特点和珍稀程度选择育苗方式。大田育苗要选择土壤质地适宜、肥力均匀且富含有机质、易于防除杂草、交通便利的地块区域，采用人工开沟条播或穴播。营养钵和温室育苗主要针对非常珍贵、种子量少、发芽率低的野生种，利用培养皿和穴盘，在实验室条件下给予其最适宜的发芽条件，以保证种子的发芽率；通过炼苗，能降低移栽过程中对幼苗的损害，提高移苗存活率。

（5）移栽

根据营养钵幼苗的材料特性和数量，选取生命力强的新生苗，在适宜生长期移栽，保证移栽苗安全越夏和越冬。

（6）定植密度

繁殖材料的行距依据植物种类而定。一般疏丛型多年生禾本科行距为 35~40cm；根茎型禾本科和豆科植物行距为 40~60cm；植株高大、分蘖力强的植物可适当加大行距，根据不同草种繁殖特性确定株距。

（7）选择隔离方式

根据不同种质材料特性和大田情况选择不同隔离方式。异花和常异花授粉植物的隔离方式如下：一是空间隔离。风媒花植物的空间隔离距离为 500m 以上，虫媒花植物的空间隔离距离为 1 000m 以上。二是高秆植物和自然屏障隔离。矮秆植物可在繁殖地四周种植不同的高秆植物进行隔离，也可利用山岗等自然屏障进行隔离。三是时间隔离。采用分期播种等方式，使繁殖材料花期不遇。四是小区网棚隔离。用 30~40 目尼龙纱网布制作网棚，每个棚内种植 1 份种质资源。虫媒花的植物要在棚内放蜂辅助授粉或采取其他辅助措施。五是单株网罩隔离。开花前，用特制的尼龙或纱布网罩罩住植株。六是套袋隔离。开花前，用硫酸纸或牛皮纸袋套住整个花序（穗）或单朵花，扎紧口，防止外来花粉串入，任其自交或人工辅助授粉。

2. 无性繁殖更新

（1）根据种质资源材料特性选择繁殖更新方式

一是分株繁殖。分株繁殖是将经过一定时间营养生长的植株的分蘖、匍匐茎等营养繁殖体从母株上分割下来，分成若干株栽植。生育期在春季的种质应在秋季进行分株，生育期在秋季的种质应在春季进行分株。第一步，从泥土中取出母株，去掉其根茎外围泥土；第二步，顺着植株根茎生长方向用利刀将地下茎切割开，根据母株情况分成数株；第三步，在分好的植株切创面沾上草木灰或适当阴干；第四步，将处理好的植株按照田间设计方案进行栽种。

二是压条繁殖。压条繁殖是把植株的枝条埋入土中或用其他保水物质包裹枝条，创造黑暗、润湿和温度适宜的条件，待其生根后与母株分离，成为新的植株。大多数植物为了促进压条繁殖的生根，压条前一般在芽或枝的下方发根部位进行创伤处理，包括环剥、绞缢、环割等。

（2）移栽时间

在适宜生长期移栽，保证移栽苗安全越夏和越冬。

（3）隔离方式

依据地上部占地面积和地下根茎蔓延情况，设置地下隔离板。

（4）重新入圃

更新材料在繁殖区生长 1 年后，翌年 4~5 月挖出植株，留茬 20~25cm，重新移栽至保存区。原保存区在更新材料入圃前清除老茎、老根，翻土或换土后移植新株。更新植株重新入圃前严格核对更新小区号和圃位号，核实无误后入圃。

（四）田间管理

田间管理是指大田生产中，作物从播种到收获的整个栽培过程所进行的各种管理措施的总称，即为作物的生长发育创造良好条件的劳动过程。如镇压、间苗、中耕除草、培土、压蔓、整枝、追肥、灌溉排水、防霜防冻、防治病虫等。田间管理必须根据各地自然条件和作物生长发育的特征，采取针对性措施，才能收到事半功倍的效果。

（五）收获与处理

1. 收获

繁殖更新的种子要及时收获，成熟一个小区收获一个小区。有落粒性和裂荚性的须分期分批采收，注意不要混杂。实践中根据分发需求、保存需求等确定最低种子收获数量。一般要求自交种收获：1 500~4 000 粒，异交种收获：4 000~50 000 粒。

2. 种子处理

（1）晾晒与脱粒

对收获的种子要及时进行晾晒，降低种子水分以防种子霉变和发芽。晾晒干燥后一般采用人工脱粒，数量较大的采用机械脱粒。在脱粒过程中均要注意防止混杂。脱粒完要将种子和标签放回同一种子袋，防止误装。

（2）清选

在入库之前，将有病虫害的种子、瘪粒、不完整种子和杂物进行清选，仅保留干净和外观完整、整齐的种子，提高纯净度。

（3）种子检验

对收获清选好的种子进行检验，测定千粒重、水分含量、发芽率、净度等指标，对达到要求的种子进行入库保存。

（4）入库

将检验合格的种子按照入库要求进行统一包装，做好标识和编号，同时更新入库统计表。将包装好的种子放入库中保存。

合格种子应满足以下几点要求：一是必须是当年收获的种子；二是净度在95%以上；三是发芽率：豆科牧草在80%以上，禾本科牧草在70%以上，其他科在60%以上，特殊材料需另行确定；四是不能拌入药物，以免影响种子寿命。

（六）数据整理与档案建立

繁殖更新后，及时整理繁殖更新过程中记录的数据，建立纸质和电子档案。汇总、归类、统计和分析繁殖更新数据，形成每份资源材料均完整的繁殖更新文档及工作报告。

第三节　重要药用草地植物资源

中国草地中具有重要药用价值的主要草地植物及其生境、分布、有效成分和功效如下：

一、藻、菌类

（一）藻类

藻类在草地中分布非常少，以念珠藻科念珠藻属为主，具有重要药用食用价值的有2种：

1. 普通念珠藻

蓝藻门念珠藻目念珠藻科念珠藻属。又称地皮菜、地耳、地衣、地木耳、地皮菌、雷公菌、地软儿、地瓜皮等。地皮菜少见，但大雨过后经常出现在不受污染的山地草原上。

地皮菜富含蛋白质、多种维生素和磷、锌、钙等矿物质，所含的成分可以抑制人大脑中的乙酰胆碱酯酶的活性，从而能对老年痴呆症产生疗效。药用功效为清热明目，收敛益气。主治目赤红肿、夜盲、烫烧伤、久痢、脱肛等病症；也是补钙补血之佳品；更是一种美食，最适于做汤，别有风味，也可凉拌、制馅或炖烧，是寒性食品。

2. 发状念珠藻

蓝藻门念珠藻目念珠藻科念珠藻属。又称发菜、地毛等。广泛生于世界各地的沙漠和贫瘠土壤中，我国大量分布于内蒙古、宁夏、甘肃、青海、陕西等地的干旱和半干旱地区温性草原、温性荒漠类草地。因其色黑而细长，如人的头发而得名。发菜富含蛋白质和钙、铁等，均高于猪、牛、羊肉及蛋类；还含有糖类、钙、铁、碘、藻胶、藻红元等营养成分，素有"戈壁之珍"美誉。

发菜味甘、寒，无毒。入肝、肾、膀胱经。具有滋补、解毒清热、理肺化痰、消滞、调理肠胃、通便利尿的作用，尤其具有降血压的功效。

（二）真菌类

真菌类产生的酶、蛋白质、脂肪酸、氨基酸、肽类、多糖、生物碱、甾醇、萜类、苷类以及维生素等具有药理活性或对人体疾病有抑制和治疗作用，大部分能药用，是近年来抗癌、抗心脑血管等重大疾病的重要药源。在草地中虽有分布，但种类较少，极为珍贵，价值较高。主要有冬虫夏草、白蘑、马勃和羊肚菌等几大类。

1. 冬虫夏草

子囊菌纲麦角菌目麦角菌科虫草属。又称中华虫草、虫草，是中国传统的名贵中药材，是由冬虫夏草菌寄生于土中的蝙蝠蛾幼虫，夏季由僵虫头端抽生出长棒状的子座而形成。

冬虫夏草是著名的滋补强壮药，常用肉类炖食，有补虚健体之效。治疗由肺气虚和肺肾两虚、肺结核等所致的咯血或痰中带血、咳嗽、气短、盗汗等,对肾虚阳痿、腰膝酸疼等亦有良好的疗效,也是老年体弱者的滋补佳品。

冬虫夏草含有冬虫夏草素、虫草酸、腺苷和多糖等成分;具有抑菌、抗癌、调节内分泌和神经,改善人体微循环、显著降脂降压补血、免疫解毒、增强性功能、补肾壮阳益精气、防止衰老、延年益寿的作用;对老年人慢性支气管炎、肺源性心脏病有显著的功效。

2. 羊肚菌

子囊菌纲盘菌目羊肚菌科羊肚菌属。又称羊肚菜、羊肝菜、美味羊肚菌、羊蘑。羊肚菌由羊肚状的可孕头状体菌盖和一个不孕的菌柄组成。上部呈褶皱网状,既像蜂巢,也像羊肚,因而得名。

羊肚菌是子囊菌中最著名的美味食菌,其菌盖部分含有异亮氨酸、亮氨酸等8种人体必需的氨基酸,味甘寒,有益肠胃、化痰理气的功效。羊肚菌含抑制肿瘤的多糖,抗菌、抗病毒的活性成分,以及丰富的硒,具有增强机体免疫力、抗疲劳、抗病毒、抑制恶性肿瘤等作用;羊肚菌含有大量人体必需的矿物质元素,每百克干样中钾、磷含量分别是冬虫夏草的7倍和4倍,锌的含量是香菇的4.3倍,铁的含量是香菇的31倍。

3. 白蘑

担子菌纲白蘑科白蘑属。又称口蘑、草原白蘑。白蘑是伞菌中珍贵的品种,含有丰富的蛋白质、维生素及矿物质。其形状如伞,洁如玉盘、嫩如鲜笋。夏、秋两季雨后,尤其在立秋前后大量生长在草原上,形成"蘑菇圈"。分布于河北、内蒙古。每年雨量充足的8—9月为盛产期。

以子实体入药,有抗癌活性。有宣肠益气,散血热,透发麻疹功能。主治小儿麻疹欲出不出,烦躁不安。

4. 马勃

担子菌纲马勃科马勃属。又称马尼菌、马屁包、马屁勃、巨马勃、牛屎菌、牛屎菇、地烟、灰包菌、鸡肾菌、药包。子实体近球形至长圆形,直径15~20cm。外包被白色,内包被黄色,内外包被间有褐色层。外包被开裂,与内包被分离,内包被青褐色,纸状,轻松有弹力,受震动就散发出孢子。秋季生于林地和竹林间及草原阴湿草丛内。全国均有分布,以内蒙古、青海、新疆草原所产较多。

孢子入药,清肺、利咽、消肿、解毒、止血。用于风热郁肺咽痛、咳嗽、音哑。可治慢性扁桃体炎、喉炎、声音嘶哑、外伤出血、胃和食道出血、冻疮流水流脓、感冒咳嗽。外治鼻衄,创伤出血,内服或入丸、散。外用,研末撒,或调敷,或作吹药。

5. 其他药用真菌

其他虫草属有亚香棒虫草、凉山虫草、蛹虫草、金蝉花、白僵等。白蘑科还有雷丸、香杏丽蘑、芳香杯伞、香杯伞、灰假杯伞、硬柄小皮伞、大白桩菇、假蜜环菌。羊肚菌属还有小顶羊肚菌、尖顶羊肚菌、粗柄羊肚菌、小羊肚菌等。马勃类还有脱皮马勃、头状秃马勃、大秃马勃、紫色马勃、梨形马勃、白鳞马勃等。其他有尖顶地星、黄裙竹荪、裂褶菌、灰包菇、竹黄等，均有较高的药用价值。

二、地衣、苔藓类

（一）地衣类

1. 石蕊

地衣门子囊衣纲石蕊科石蕊属。植物体两形。初生地衣体壳状至鳞片状，水平扩展，宿存或早期消失。次生地衣体从初生地衣体上长出，直立，呈圆柱状，中空，表面粗糙，顶端常膨大为喇叭状，称柱杯或杯。子囊盘生果柄顶端，网衣型；孢子单胞型，无色，椭圆形。常大片丛生在高山荒漠、苔原及极地的岩石表面或冰雪中，极耐干旱和寒冷。分布于东北及内蒙古、陕西、福建、湖北、四川、贵州、云南、西藏等地。

石蕊是寒地动物驯鹿等秋、冬两季的重要饲料。可提取抗生素，有生津润喉、解热化痰的功效。

2. 其他药用地衣类

其他可药用的地衣类有雀石蕊、软石蕊、红头石蕊、粉杆红石蕊、粉杯红石蕊、碎茶渍、平原茶渍、石生茶籽渍、墙茶渍、滇茶渍、多形茶渍、岩生茶渍、石茸、东方珊瑚枝、裸珊瑚枝、石花等。

（二）苔藓类

1. 大金发藓

苔藓门藓纲金发藓科金发藓属。又称小松柏、岩上小草、眼丹药、一口血、矮松树、万年杉。丛生草本，高可达 20cm。茎直立，单一，常扭曲，下部密生假根，上部深绿色，老时呈棕红色或黑棕色。叶丛生于上部，向下渐小、疏，雌雄异株；孢子小，圆形，黄色，平滑，生于林间、灌丛草地中，全国均有分布。

全草入药，味甘，性凉。主治久热不退、肺病咳嗽、盗汗、吐血、便血、崩漏、跌打损伤、子宫脱垂、刀伤出血。对高夫克氏球菌、金色葡萄球菌、肺炎球菌、结核杆菌有抗性，对淋巴细胞白血病等症有一定抑制作用。

2. 地钱

苔纲地钱科地钱属。又称地浮萍、一团云、巴骨龙、脓痂草、米海苔、地梭罗、龙眼草。植物体呈叶状，扁平，匍匐生长，背面绿色，有六角形气室，室中央具烟囱形气孔；气室内具多数直立的营养丝。腹面有紫色鳞片和假根。雌雄异株，雌托指状或片状深裂，托柄较长。生于沼泽化草甸中。分布于我国西北部。

主治：解毒，祛瘀，生肌。外用治烧烫伤、骨折、毒蛇咬伤、疮痈肿毒、臁疮、癣。常用于湿热黄疸、疮痈肿毒、毒蛇咬伤、水火烫伤、骨折、刀伤。

3. 其他药用苔藓

苔纲常见药用植物还有：蛇苔、皮叶苔、石地钱、拳卷地钱、粗裂地钱等地钱属；藓纲还有卵叶紫萼藓、并齿藓、银叶真藓、锐尖匍灯藓、泽藓及其丛生变种，葫芦藓属、牛角藓、鳞叶藓、桧叶大金发藓等金发藓属，东亚小金发藓等小金发藓属，泥炭藓、白齿泥炭藓、细叶泥炭藓、中位泥炭莓、粗叶泥炭藓等泥炭藓属，黄牛毛藓、小石藓、砂地扭口藓、银叶真藓、丛生真藓、湿地走灯藓、尖叶走灯藓、大羽藓等植物。

三、蕨类

（一）卷柏

石松纲卷柏科卷柏属。又称一把抓、老虎爪、长生草、还魂草。多年生草本。高5~15cm。主茎直立，下着须根。各枝丛生，直立，干后拳卷，密被覆瓦状叶，各枝扇状分枝至2~3回羽状分枝。叶小，异形，交互排列。孢子囊穗生于枝顶，四棱形；孢子叶三角形，先端有长芒，边缘有宽的膜质；孢子囊肾形，大小孢子的排列不规则。生于向阳山坡或岩石上。分布于全国大部分地区。

具有活血通经的功效。用于经闭痛经、症瘕痞块、跌扑损伤。卷柏炭有化瘀止血的功效。用于吐血、崩漏、便血、脱肛。

（二）蜈蚣草

凤尾蕨科凤尾蕨属。又称蜈蚣蕨、长叶甘草蕨、舒筋草、牛肋巴。一次羽状复叶丛生。叶柄长10~30cm，直立，干后棕色，叶柄、叶轴及羽轴均被线形鳞片；叶矩圆形至披针形，长10~100cm，宽5~30cm；羽片无柄；叶亚革质，两面无毛，脉单一或一次分叉。孢子囊群线形，囊群盖狭线形，膜质，黄褐色。生于山坡、路旁草丛中。分布于陕西、甘肃、河南、湖北、湖南、江西、浙江、福建、台湾及华南、西南各地。

主治：清热利湿，解毒消肿。用于湿热、痢疾、腹痛。外用治蜈蚣咬伤、疥疮、消肿、退热、无名肿毒。

（三）木贼

木贼纲木贼科木贼属。又称千峰草、笔头草、笔筒草、接骨草、马人参等。多年生常绿草本。高 30~100cm。根状茎粗短，黑褐色，横生地下，节上生黑褐色的根。茎直立，单一或仅于基部分枝，中空，有节，表面灰绿色或黄绿色，有多数纵棱沟条，粗糙。喜生于山坡林下阴湿处、河岸湿地、溪边低地草甸中。分布于黑龙江、吉林、辽宁、河北、安徽、湖北、四川、贵州、云南、山西、陕西、甘肃、内蒙古、新疆、青海等地。

味甘、苦，性平。归肺、肝经。具有疏散风热、解肌、明目退翳、止血等功效，用于肠风下血、血痢、疟疾、喉痛、痈肿。临床有较明显的扩张血管、降压作用，并能增加冠状动脉血流量，使心率减慢。还有抑制中枢神经、抗炎、收敛及利尿等作用。

（四）其他药用蕨类

其他重要的药用蕨类有卷柏属的江南卷柏、江北卷柏、翠云草、垫状卷柏等，木贼属的问荆、节节草等，凤尾蕨属的刺齿凤尾蕨、半边旗、井口边草等，铁线蕨属的掌叶铁线蕨、团羽铁线蕨等，蹄盖蕨属的中华蹄盖蕨，铁角蕨属的北京铁角蕨、虎尾铁角蕨等，鳞毛蕨属的贯众、细茎鳞毛蕨、狭顶鳞毛蕨等，耳蕨属的对马耳蕨、矛状耳蕨等，瓦韦属的网眼瓦韦，石韦属的石韦、庐山石韦等，阴地蕨属的阴地蕨，瓶尔小草属的瓶尔小草、狭叶瓶尔小草等，紫萁属的紫萁，狗脊蕨属的单芽狗脊蕨、金毛狗脊蕨等，乌毛蕨属的乌毛蕨，水龙骨属的水龙骨，假瘤蕨属的金鸡脚，海金沙属的海金沙，银粉背蕨属的银粉背蕨，斛蕨属的斛蕨、华斛蕨等，过山蕨属的过山蕨，荚果蕨属的荚果蕨，马尾杉属的马尾杉，石杉属的石杉、蛇足石杉等，石松属的石松、玉柏等，松叶蕨属的松叶蕨，水生蕨类的萍、槐叶萍、满江红等。

近年来，许多研究者在乌蕨，井口边草等凤尾蕨属，瓶尔小草属，卷柏科和里白科中发现了几种高效低毒的抗肿瘤、防治癌症的药物资源；以及狗脊蕨、鳞毛蕨属及耳蕨属对革兰氏阳性菌和阴性菌具有较强的抑制活性；在其他蕨属中发现属甾体化合物的昆虫变态激素，它对人体有促进蛋白质合成、排除体内胆固醇、降低血脂、抑制血糖上升等作用。可作为重要药源植物资源进行开发。

蜈蚣草、鳞毛蕨属、乌毛蕨科等部分药用根状茎、叶中含有大量的亚硝酸化合物和有毒物质，它们对害虫具有胃毒和抑制种群生长的作用，可用作无公害的植物源杀虫剂。

四、裸子植物

（一）中麻黄

麻黄科麻黄属。茎直立或匍匐斜上，粗壮，基部分枝多；绿色小枝常被白粉呈灰绿色，节间通常长 3~6cm。叶 3 裂或 2 裂，下部约 2/3 合生成鞘状。雄球花通常无梗，数个密集于节上成团状，雄花有 5~8 枚雄蕊，花丝全部合生；雌球花 2~3 成簇，对生或轮生于节上：苞片 3~5 轮（每轮 3 片）交叉对生，最上一轮苞片有 2~3 雌花；雌花的珠被管长达 3mm，常成螺旋状弯曲。雌球花成熟时肉质红色，椭圆形、卵圆形；种子包于肉质红色的苞片内，不外露，3 粒或 2 粒。花期 5~6 月，果期 7~8 月。生于海拔 2 000m 以下的干旱荒漠、沙地及干旱山坡、草地中。分布于辽宁、河北、山东、内蒙古、山西、陕西、甘肃、青海及新疆等地。

麻黄为驰名中外的一种传统药材，药用历史悠久，始载于《神农本草经》，被列为中品，历代本草、药物专著均有收载。用于伤寒、湿疟、伤风感冒等。麻黄科含生物碱，其主要成分麻黄素被公认是一种治疗支气管哮喘的重要药物。

（二）其他药用裸子植物

裸子植物在草地中主要分类为麻黄科，我国分布的种类有 15 种、5 变种。分布地区较广，西北各省及云南、四川等地种类较多。常生于干旱山地、沙地及荒漠中，均可入药。其他有草麻黄、木贼麻黄、膜果麻黄、丽江麻黄、裸果麻黄、喀什膜果麻黄、蓝枝麻黄，单子麻黄、山岭麻黄、沙地麻黄、双穗麻黄、斑子麻黄、矮麻黄等。

其他裸子植物多为乔木，有油松、马尾松、红松、白皮松和云南松等松科植物，圆柏、叉子圆柏和兴安圆柏、侧柏、柏木、崖柏、刺柏等柏科，云杉、冷杉、白杆等杉科，少量生于次生的暖性灌草丛、热性灌草丛类草地中，也有部分生于山地草甸。裸子植物大多具有双黄酮类化合物，可供药用。

五、被子植物

被子植物既是草地植物的重要组成成分，也是草地经济植物的主要组成成分，分布于各种类型的草地中。其中药用植物资源十分丰富，此处不再列举。

（一）药用被子植物的科属分布

重要的有双子叶纲的菊科、豆科、毛茛科、唇形科、蔷薇科、伞形科、蓼科、玄参科、茜草科、大戟科、桔梗科、龙胆科、景天科、虎耳草科、罂粟科、杜鹃花科、报春花科、小檗科、荨麻科、苦苣苔科、萝摩科、马鞭草科、芸香科、十字花科；单子叶植物的百合科、兰科、天南星科、禾本科、莎草科、灯心草科、香蒲科、姜科等。共计近200科近2000属5000多种。

药用植物较多的属有乌头属、紫堇属、铁线莲属、蓼属、蒿属、小檗属、马先蒿属、杜鹃花属、悬钩子属、凤毛菊属、卫矛属、珍珠菜属、鼠尾草属、龙胆属和贝母属等，均含有50种以上药用植物。大戟属、报春花属、紫金牛属、蔷薇属、唐松草属、忍冬属、翠雀属、黄芩属、天南星属、柴胡属、委陵菜属、橐吾属、石斛属、苔草属、马兜铃属、百合属、沙参属、党参属、紫菀属、荼菜属、山姜属、紫珠属、莺尾属、香薷属、热水花属、鹅绒藤属、银莲花属等，含有30种以上药用植物。细辛属、紫云英属、远志属、砂仁属、当归属、蝇子草属、葱属、重楼属、栝楼属、茜草属和千金藤属等，含20种以上药用植物。

（二）常见重要药源及大宗药用被子植物简介

草地被子植物中常见大宗中草药有黄芪、贝母、延胡索、桔梗、黄连、当归、川芎、生地、白术、白芍、麦冬、金银花、菊花、香附、甘草、连翘、三七、天麻、枸杞、苦参、白前、巴戟天、天南星、肉苁蓉、柴胡、防风等。草地被子植物中常见名贵中草药有枸杞、党参、当归、黄连、黄芪、肉苁蓉、川贝母、天麻、大黄、川芎、五味子、巴戟天、丹参、甘草、白术、何首乌、延胡索、金银花、天山雪莲、红景天等。草地被子植物中目前紧缺的中草药有猫爪草、野天麻、藏红花、雪莲、巴戟天、拳参、黄精、升麻等。也有大面积分布或因有重要药用价值而具有开发前途的白茅、芦苇、凤毛菊、银莲花、蓼、白刺、猪毛菜、地榆、委陵菜、蒿等。

以下列举部分药用被子植物：

1. 何首乌

蓼科蓼属。又称野苗、交藤、交茎、夜合、地精、桃柳藤、赤葛、九真藤、蛇草、陈知白、马肝石、九真藤等。多年生草本。块根肥厚，长椭圆形，黑褐色。茎缠绕，长2~4m，多分枝，具纵棱，下部木质化。叶卵形或长卵形，边缘全缘。花序圆锥状，顶生或腋生；花被5深裂，白色或淡绿色；瘦果卵形，黑褐色，有光泽。花期8~9月，果期9~10月。生长在海拔200~3 000m的暖性灌草丛、灌木丛中；多栽培。分布于晋陕甘以南大部分省区。

干燥块根入药，有明显的补肝肾、益精血、强筋骨、乌发、安神、止血等功效。用于血虚，头昏目眩，体倦乏力，萎黄；肝肾精血亏虚，眩晕耳鸣，腰膝酸软，须发早白；高脂血症、崩漏带下、久痢、慢性肝炎、皮肤瘙痒。

2. 拳参

蓼科蓼属。多年生草本，高 50~90cm。根茎肥厚扭曲，外皮紫红色。茎直立，单一或数茎丛生。基生叶丛生，有长柄；茎生叶较小，近乎无柄。顶生总状花序呈穗状，长 4~9cm，紧密；苞片卵形，膜质，淡褐色，中脉明显，每苞片内含 3~4 朵花；花被 5 深裂，白色或淡红色，椭圆形。瘦果椭圆形，褐色。花期 6~7 月，果期 8~9 月。生于海拔 800~3 000m 的山地草甸、低地草甸中。分布于东北、华北、华东、华中及陕西、宁夏、甘肃。

根茎入药。治疗热病惊搐、破伤风、赤痢、痈肿、瘰疬。具清热利湿、凉血止血、解毒散结功效。用于肺热咳嗽、热病惊痫、赤痢、热泻、吐血、痔疮出血、痈肿疮毒。

同属药用植物还有草血竭、扁蓄、虎杖、扛板归、火炭母、赤胫散、圆穗蓼等。

3. 掌叶大黄

蓼科大黄属。高大粗壮草本植物。高可达 2m，根状茎木质粗壮。茎直立中空，叶片长宽近相等，叶柄圆柱状，与叶片近等长。圆锥花序，花小，通常紫红色或黄白色；果实矩圆状椭圆形到矩圆形，种子宽卵形，棕黑色。花果期 6~8 月。生于山地林缘或草坡，野生或栽培。分布于我国西北及四川、云南、西藏；内蒙古有栽培。

根及茎可入药。具有泻热通便的功效。用于胃肠实热积滞、大便秘结、腹部胀满、疼痛拒按，甚至高热不退，如大承气汤；或脾阳不足之冷积便秘，如温脾汤。

同属药用植物还有唐古特大黄、华北大黄、藏边大黄、塔黄、天山大黄等。

第四节　草原建设的意义和措施

一、加强草原建设的意义

畜牧业是发展草原经济的一种主要方式，是当前保护生态促进草原地区生态产业发展和经济水平提高的一项重要保障。加大对草原生态环境的保护，实现草原畜牧业可持续发展，是当前国家针对草原生态出台的一项重要政策要求，是我国广大草原地区实现生态环境整治和生态资源开发利用的一项重要保护措施。

我国出台了相关重视草原的生态环境整治政策和经济开发政策，以推进草原在实现畜牧业生态环境整治和草原生态发展的协同并进，以合理地建设草原，维护草原的生态平衡发展。草原畜牧业能够提升草原经济水平和人民生活水平，为实现生态畜牧业持续发展的有效目标，必须加强对草原的建设，提升综合利用效率，实现生态草原畜牧业的长足发展。

良好的生态环境保护能够促进草原畜牧业的良好开展，畜牧业蓬勃发展，草原也得以顺利地实现建设，更好地用以反哺草原生态环境。此外，草原开发畜牧业也是实现经济利益的一项重要措施，在保护草原价值、确保草原资源合理利用的前提下，适度开发草场环境，加快畜牧业发展，有益于当地生活水平的提高和经济的进步，可更好地促进牧区牧民生活基础设施规划和综合生活水平的提高。

加强草原生态建设是发展牧区经济、保护牧区生态环境的重要措施之一。草原生态环境建设是发展生态畜牧业的前提和基础，因此要重视草场资源的保护，积极响应国家政策，做到草场资源的可持续发展。在开发草场资源、积极践行畜牧业可持续发展的过程中，要维持好生态环境和畜牧业发展之间的有机平衡，在保证草原生态的同时，促进经济效益的稳步提升。在保护草场资源等方面，要继续完善相关政策和制度，同时要加强草原基础设施建设，加强管理力度。开展现代化畜牧业养殖，探索禁牧后草原合理利用方式。

二、草原建设的措施

在我国经济发展和生态系统多样化中，草原发挥着十分重要的作用。伴随着我国社会的进步，经济的发展，人们对草原建设工作提出了更高的要求。目前，我国草原建设与保护工作存在着一些问题尚待解决，这严重阻碍了我国草原建设和草原保护工作的顺利进行。

（一）草原建设与保护工作中存在的问题

1. 超载过牧，草畜问题日益突出

传统放牧方式是牧民收入重要来源，随着我国人口规模不断扩大，畜牧业快速发展，牧民为了提高经济收入进行超载放牧。而长期的超载放牧行为会大大降低草原恢复能力，降低产草量，使草畜矛盾日益严重。

2. 鼠虫害问题严重

鼠虫害是影响草原生态环境的重要因素，目前我国相关部门在开展草原生态保护工作中并没有制定有效的预防鼠虫害的措施，导致部分地区有发生鼠虫害的可能性，严重阻碍了草原生态环境保护工作的顺利进行。

（二）草原建设与保护工作的措施及发展措施

1. 草原建设工作

在草原建设与保护工作中，草原建设是重要的工作内容。为了更好地保护生态环境，我国相关部门和工作人员要积极建设被破坏的草原，在草原建设方面，不仅需要投入大量的人力、物力和财力，而且要制定科学合理的建设手段。在草原建设工作中不可避免地会触及牧民的经济收益，这时工作人员要加强环境保护宣传教育工作，向牧民详细的讲解草原建设利益与牧民经济收入之间的关系，这样牧民将会认识到草原建设工作给自身带来的好处，并且积极参与到草原建设工作中，提升草原建设质量和效率。除此之外，工作人员在草原建设工作中要加强退化草原的治理工作，坚持因地制宜的原则，积极使用生物工程方式治理退化的草原。同时在治理退化草原过程中积极引进先进的品种和草原技术。不同单位之间要加强沟通和技术交流，合理加工草产品，加强草种繁育工作，提高草原建设质量和水平。由于畜牧业在发展中对草的需求量较大，为了更好地建设草原，相关部门要求牧民在饲养中使用圈养的方式，并且给牲畜投喂农作物秸秆，进而最大限度降低草原负荷，提高草原建设质量和水平。因此工作人员在草原建设中要合理使用各种方式，提高草原建设效率。

2. 草原保护工作

提高草原保护水平是草原建设和草原保护工作的关键环节，当草原建设工作完成后，进行科学的草原保护工作可以促进草原的健康可持续发展。为了做好草原保护工作，首先要加大草原鼠虫害防治工作，草原在生长过程中很容易受到气候条件、温度等因素的影响产生大量的鼠虫害。如果不能及时有效地防治鼠虫害，将会严重阻碍草原的正常生长。鼠虫害是经常出现的病害，它的肆意泛滥会导致草原大面积减少，破坏草原的生态平衡，严重阻碍着草原的健康发展。为此我国草原管理部门要加大对草原鼠虫害的监督力度，一旦发现鼠虫害要及时地做好治理工作。在鼠虫害治理过程中，工作人员要建立完善的鼠虫害防治体系，全面贯彻和落实鼠虫害防治工作要求，明确划分鼠虫害防治责任，保证每一个工作人员都能够认识和了解自身的工作责任，进而提升鼠虫害防治的质量和效率。

除此之外，在草原保护工作中，管理部门要加大草原监测预警力度。草原在实际的生长过程中很容易受到天气和鼠虫害的影响，给其正常生长带来较大威胁。为此，管理人员要以草原实际生长情况为基础制订科学的监测指标和完善的监测方案，提升草原监测工作质量和监测效益。同时为了更好的开展草原保护工作，管理部门要积极引进先进的科学技术和信息技术并且有效地应用，加大对监测人员的培训力度，提升监测人员工作能力和水平，保证监测人员在实际工作中能够严格按照相应的规定和制度开展监测工作。监测人员在实际工作中要有效监测草原面积、草原的生产能力、草原实际生态环境状况、草原生物灾害情况等等，一旦在监测工作中发现问题，一定要向相关部门及时反馈，仔细分析问题，制定科学合理的解决措施，进而加大对草原的保护力度。为此在草原建设和草原保护工作中，工作人员要充分发挥科学技术和信息技术的优势，提高草原检测预警质量和水平，全面贯彻和落实相关监测措施，进而保证草原建设和草原保护工作的科学性与合理性。

3. 发展措施

随着我国科学技术和信息技术水平的提升，草原建设保护工作措施在不断完善。在今后的草原建设和草原保护工作中，工作人员要充分发挥信息技术的优势，加强对草原生态的保护工作，建立完善的监测系统，通过对草原生态地区的有效监管，了解草原生态恢复实际情况和进度，进而有效地保护生态环境。在草原建设和发展工作中，我们可以借助年轻人的消费习惯进行建设，使用年轻人比较喜欢的生活方式，鼓励年轻人积极参与到草原生态环境建设中，提升草原保护和建设质量。

第三章　草原鼠害及防治

第一节　草原鼠害基础知识

草原常见鼠类属于啮齿动物，不仅种类多、数量大，而且具有强大的繁殖力，分布在除南极大陆外的世界各地。鼠类作为草原生态系统的重要组成部分，扮演着重要的角色。但是，当鼠类种群数量及活动量超过环境容量时，会对草原生态环境及人畜健康造成严重的危害。

一、基本概念

（一）鼠害

是指鼠类对人类的生产、生活以及生态环境或生存条件造成的直接或间接的经济损失或负面影响。

（二）鼠荒地

是草地退化的一种表现形式。通常是在草地逆向演替进程中，由于超载过牧及小型哺乳动物入侵而引起草原退化加剧的一类次生裸地。表现为植被低矮稀疏、害鼠大量入侵、鼠害活动频发、地表洞道遍布、秃斑地面积扩增等特征。

（三）黑土滩

是青藏高原高寒草地极度退化后的特殊产物。在高海拔高寒环境条件下，以嵩草属为建群种的高寒草甸草场严重退化后形成的一种大面积次生裸地，因其裸露地面土壤呈黑色，故名黑土滩。主要因不合理利用、鼠类活动及风蚀、水蚀、冻融等因素交互作用而形成。

（四）宜生区

是指适宜于某种（类）草原害鼠生长发育的区域。该区域具有相同或相似的生态环境，害鼠能达到一定种群数量，可形成种群危害。

（五）常发区

是指草原害鼠密度在 10 年内有 3 年以上（含 3 年）达到防治指标，防治后 3~5 年密度仍能达到防治指标的区域。

（六）预警区

是指草原害鼠密度达到防治指标，且易爆发成灾的区域。

二、形态学特征

（一）主要特征

啮齿动物一般体躯较小，体外被毛，适应性强，食性广泛，以植物性食物为主，能栖居在各种生境，繁殖力强。身体结构主要特点：门齿发达，呈凿状，没有齿根，能终生生长，仅唇面有较坚硬的釉质犬齿；门齿和颊齿（前臼齿和臼齿）之间有很大的虚位，称齿隙；子宫为双角子宫。

（二）外部形态

1. 体躯结构

（1）头部

头部多数略长。吻较突出或钝圆，一般嘴旁有刚硬粗长的口须。眼和耳的形态因种类而异，并与其生境和生态习性密切相关。长期营地下活动的种类眼小而退化，如鼢鼠，耳壳小，为一不明显的皮褶。因此，耳常成为分类的标志之一。

（2）颈部

是头与躯体连接的部分，一般较短。如旱獭和鼢鼠则几乎没有明显的颈部。

（3）躯干

躯干体积最大，为鼠体的主要部分。鼠体体躯较长而略成弓形弯曲。鼠类雌雄异体，在外形上表现不明显，但在结构上有明显差别。

（4）尾部

以肛门为界紧接在躯干之后。不同种的鼠尾的长短、大小和形状变化较大，有侧扁、圆形、棒状等，有的尾达到体长的 1.5 倍或更长，而鼠兔则无外尾，仅残存几节尾椎骨。

（5）四肢

是连接在躯干部两侧的两对附肢（即前肢和后肢），其典型结构是具有 5 趾的附肢。一般前、后肢的长度大致相等，但兔和跳鼠的后肢延长，约为前肢的 2~4 倍，适于跳跃活动；而营地下生活的鼢鼠的前肢特别发达，连同掌部和指爪都十分强健，适于快速掘土前进。

2. 被毛

全身被毛是哺乳动物的特征。啮齿动物的被毛可分针毛（粗毛或刺毛）、绒毛和触毛三种。针毛长而坚韧，顺毛向着生，具有保护作用；绒毛短而细软，位于针毛的下层，保湿性好；触毛为特化的针毛，此毛长而硬，通常着生在唇部、腹部等处，有触觉作用。

（三）内部结构

1. 头骨

啮齿动物的头骨结构较为复杂，其形态特征是分类鉴定的重要依据，头骨由颅骨、下颌骨与舌骨构成。

2. 牙齿

啮齿动物没有犬齿。其牙齿分化为门齿、前臼齿和臼齿。因前臼齿和臼齿均生在颊部，也合称颊齿。一些种类前臼齿退化，变得细小，更多种类已仅存门齿和臼齿。已知鼠兔科的牙齿数计有 26 颗，兔科有 28 颗，啮齿目一般不超过 22 颗。

3. 消化系统

包括消化道和消化腺两大部分。消化道分为食道、胃、小肠、大肠和盲肠，由直肠以肛门开口于体外。鼠类的胃是单胃，胃的上部以贲门与食道相连；下部由幽门通往十二指肠。小肠与大肠处有发达的盲肠，在细菌的作用下能消化植物的纤维素。

4. 感觉器官及其功能

鼠类的感觉器官包括嗅觉、味觉、听觉、视觉和触觉。鼠类能把外部环境的各种刺激（化学气味、光线和声音等）以及鼠体本身肌肉活动姿势变化的刺激传到中枢神经，并产生相应的反应。

（1）嗅觉

鼠类的嗅觉和嗅觉器官都很发达，对于鼠类在野外辨别方向、觅寻食物、追逐异性及逃避敌害极为重要。

（2）味觉

鼠类的味觉器官是由位于舌背的表皮细胞下陷形成的味蕾所组成。鼠类味觉发达，能够辨别出酸、甜、苦、咸等味，对一些物质非常敏感，因此在利用毒饵法灭鼠时，选择的诱饵一定要新鲜可口，不能发霉变质。

（3）听觉

鼠类的听觉不如嗅觉、味觉发达，但是一些营地下生活的种类，由于视觉弱，听觉较发达，如高原鼢鼠。

（4）视觉

鼠类的色觉感受能力差，不能辨别颜色。配制灭鼠毒饵时可利用这一特点，在诱饵中加入无刺激性染料，不影响对鼠的适口性，如红色，作为一种对人的警戒标记，防止人误食中毒。

（5）触觉

鼠类也像其他哺乳动物一样，皮肤、触须与外界轻轻触碰时产生的感觉称为触觉。

5. 生殖系统

（1）雌性生殖系统

由一对卵巢、一对输卵管、双子宫、阴道和阴门等部分组成。鼠类性成熟以后，尤其在交配季节，从卵巢的表面可以看到数目繁多处于不同发育阶段的滤泡（或称卵泡）。

（2）雄性生殖系统

包括睾丸、输精管、阴茎和一些附属腺体等。雄鼠在性成熟的时候，睾丸由腹腔逐渐下垂到阴囊中。附着在睾丸上部的是附睾，它由睾丸伸出的细管迂回盘旋而成，性成熟时特别明显。

（四）外形与头骨测量

1. 鼠体外形测量

（1）体重

未经任何处理的动物整体重量，以克为单位。

（2）体长（身长）

由吻端至肛门后缘的直线距离。

（3）尾长

自肛门后缘至尾端的直线距离（尾端毛不计在内）。

（4）耳长

自耳孔下缘（如耳壳呈管状则自耳壳基部量起）至耳顶端（不连毛）的直线距离。

（5）后足长

自足跟部后缘至最长脚趾末端（不连爪）的直线距离。

2. 头骨测量

头骨测量需要精密度较高的游标卡尺测量，量度以毫米为单位。

（1）颅全长

头骨的最大长度，从吻端（包括门齿）到枕骨最后端的直线距离。

（2）颅基长

从前颌骨最前端（上门齿的前面）至左右枕髁最后端连接线的直线距离。

（3）上齿列长

上颌颊齿列（前臼齿和臼齿）齿冠的最大长度。

（4）齿隙长

从门齿基部的后缘至颊齿列前缘的直线距离。

（5）听泡长

听泡的最大长度（不包括副枕突）。

（6）听泡宽

听泡的最大宽度。

（7）眶间宽

额骨外表面于两眶间的最小宽度。

（8）鼻骨长

鼻骨前端至其后缘骨缝的最大长度。

（9）颧宽

左右颧弓外缘间的最大宽度。

（10）后头宽

头骨后部（脑颅部分）的最大宽度。

（五）鼠类分类与鉴别

1. 分类

啮齿动物属于动物界、脊索动物门、脊椎动物亚门、哺乳纲的兔形目和啮齿目，全世界啮齿动物有 36 科、406 属约 1 840 种，中国有 15 科、70 属约 240 种。

（1）兔形目

包括一些体型中等或小型的食草类哺乳动物，中国有 2 科、2 属，已知 28 种。其中，鼠兔科（Ochotonidae）1 属 20 种，在中国大部分种类集中在青藏高原及其附近地区；兔科

（Leporidae）1 属 8 种。

（2）啮齿目

是兽类中种类最多、数量最大的一个类群。中国有 13 科、68 属、约 201 种。鼠科（Muridae）种类较多，是啮齿目的第二大科，体型小或中小型。鼠科动物适应力和繁殖力均强，大多数营穴居生活。

2. 鉴别

分类鉴定工作是鼠害防治工作的重要基础。通过对害鼠（或标本）各特征的区分明确，确认其在动物分类系统中位置。野外考察和实际应用可采用直接识别和间接识别方法。

表 3-1　鼠类野外调查两种识别方法

	直接识别	间接识别
依据	遇见或捕获的活鼠（尸体）剥制的标本、皮张、骨骼等进行种类鉴定	鼠的巢穴、粪便、取食和其他活动的各种痕迹等，判断某地区、某种环境中有什么动物生存
效果	较可靠，识别的主要方法	准确度低，需捕一定数量鼠验证，要有较丰富经验

三、生物学特性

（一）食性与食量

食性对于鼠类的生长、发育、繁殖、死亡、分布、迁移等有着重要的影响，是数量变动的决定性因素之一；生活在同一地区的鼠种间在食性上基本互相不争食。如：高原鼠兔食性随着环境和季节的变化而改变。通过对胃内容物的分析发现：不同季节各种食糜的颜色不同，6~7 月食糜中，绿色食糜最多，植物的根、芽相对较少；10 月绿色食糜消失，仅有枯黄茎叶和植物的种子。鼠类的食量标准常常是与体重相比较的相对重量。通常，鼠类每天的食量大约为其体重的 1/10~1/15，而田鼠每昼夜的食量可达到体重的 1~3 倍。

（二）栖息地

栖息地是指动物的个体或种群具体的居住、生活环境。栖息的全部条件都是它们生存所必需的，即指营巢居住地、采食和蛰眠地等，它是种群分布区的一部分。种群栖息地不同于"种的分布区"，是鼠种的分布区范围内的特定环境。如高原鼠兔栖息于海拔 3 100~5 100m 的高山草原、草甸草原、高寒草甸及高寒荒漠草原带。

鼠类的生存环境，由于植被、地貌、土壤的小气候不同，可分为三种，即最适生境、可居生境、不适生境。但这三种生境并不是一成不变的，它可随着环境条件的改变而相互转化。

1. 最适生境

具备该鼠全部的生存条件，丰富的食物，适合作巢营地，有适宜的活动范围，能满足鼠类在生活和繁殖方面的需求，从而在该地区可达到高密度。

2. 可居生境

该鼠可以维持生活，甚至可以繁殖，但是不能形成高密度。

3. 不适生境

不适合该鼠生存的环境。

（三）洞穴

绝大多数鼠类营穴居生活。洞穴是鼠类的居住处和隐蔽所。穴居是鼠类在长期进化过程中对大自然的一种适应。除居住洞穴外，鼠类还有繁殖、贮藏、冬眠等洞穴。各种鼠穴结构有所差异。按居住时间分临时洞、永久洞；按用途分居住洞、冬眠洞、繁殖洞与避难洞。鼠类洞穴的构造一般包括洞口、洞道、窝巢、仓库、厕所、盲道与暗窗等。不同鼠种洞口大小、形状不同。高原鼠兔多在地面的洞口旁排粪，但洞系中常有较大厕所。独居性鼠类的洞穴在生境中的配置一般比较分散；群居性鼠类的洞穴多密集成群。

鼠兔、田鼠洞道较浅，一般距地表 20cm 左右。鼠兔从地下刨出大量鲜土，在地表形成无数扇形小丘，洞道纵横交错，使草地支离破碎。田鼠类洞道较小，表面较光滑，洞口多隐蔽。旱獭洞口小，且洞道斜向下逐渐加深，巢室距地表可达 3~5m 以上。鼠类的洞穴有永久洞和临时洞，亦有夏用洞和冬用洞，还有简单洞系和由洞系聚集成的洞群。

（四）节律与范围

鼠类活动节律是指鼠类对光亮和黑暗昼夜交替的反应，大致可分为昼出活动（如高原鼠兔）、夜间活动（如高山姬鼠）和全昼夜活动（如林姬鼠）三种类型。活动范围是指鼠类以巢穴为中心进行采食和交配等正常活动的场所，又称巢区。巢区的研究不仅能探明个体活动范围的大小，并能得到种群密度和种内个体接触程度的信号，灭鼠时可以帮助确定布饵带之间的距离。

（五）越冬

家栖鼠类因生活在人为环境条件下，自然界对它们的影响相对较小。而高纬度的温带、寒带地区，气候变化明显，夏季温度高，食物丰富；冬季气候寒冷，生活条件极为艰苦，生活在这一地区的鼠类通常以贮藏食物越冬或蛰眠。

1. 贮粮

食物条件有季节性变化，高纬度地区不冬眠的鼠类一般都有贮粮的习性。如鼠兔、田鼠、沙鼠和仓鼠等。

2. 蛰眠

是动物渡过不良环境条件的一种适应现象，包括冬眠和夏眠。夏眠与夏季的干旱有关，不一定每年都出现；冬眠则是每年一定出现的习性。如旱獭、鼢鼠、黄鼠就有蛰眠的习性。

四、鼠类发生与环境

（一）鼠类种群数量及其波动

种群是同种个体在一定领域内的自然组合，但不是个体简单的相加而是一个统一的整体。种群具有个体所不具备的种群特征，如种群有出生率、死亡率、种群密度、年龄组成等。种群增长通常有两个基本类型："J"形增长，即种群数量迅速地以几何级数增长，然后骤然地受环境阻力或其他限制而停止增长或者数量下降；"S"形增长，开始增加缓慢，经过加速期并且通过拐点进入减速期，之后达到环境的容纳量。

1. 种群组成

性比和年龄组成是种群的特征之一，与种群动态有密切关系。

（1）种群性比

性比就是种群中雌雄个体数的比例关系。通常用♀/♂来表示，或以整体数与雄性（或雌性）数相比的百分率来表示。如高原鼠兔雌雄比1：（0.8~0.9），不同季节不同年龄的性比有差异。不同鼠类在不同时期种群性比与年龄组成有很大变化。同一种群因栖息地环境、种群结构、年度、季节、气候、食物等因素的变化，种群性比也不同。

（2）年龄组成

种群年龄结构表示方法一般用年龄椎体（即年龄金字塔）表示，是从上到下由一系列不同宽度的横柱制成的图。自下而上，由幼体到老体的不同年龄组，横柱的宽度表示各个年龄组的个体数或其所占的百分比，可分成三个基本类型。

①增长型种群

呈典型的金字塔形，表示年龄组成中，幼体组占优势，老体组占少数，种群的出生率大于死亡率，意味着是迅速增长的种群。

②稳定型种群

幼体组与老体组个体大致相等，其年龄锥体呈钟形，表示出生率和死亡率大致相同，属于数量变动小的种群，故称稳定型。

③下降型种群

基部比较狭窄，顶部较宽，表示老体组个体占比例较大，幼体组个体占比例较小，种群死亡率大于出生率，说明种群数量趋于下降。

（3）鼠类年龄的鉴定方法

在鉴别啮齿动物年龄的众多指标中，体重、体长、胴体重都是划分年龄组比较简便的方法，但不适于寿命较长（两年以上）具有冬眠习性的种类，如黄鼠、旱獭等。

①高原鼠兔年龄组划分

依据头骨特征，特别是上颌骨腭桥的变化和颅全长将高原鼠兔种群年龄划分为 5 个相对年龄组，即幼体、亚成体Ⅰ、亚成体Ⅱ、成体与老体。在实践中可用平均体重（剔除内脏）对高原鼠兔年龄进行划分。

幼体组（Ⅰ）<35g；

亚成体年Ⅰ组 35~80g；

亚成体年Ⅱ组 80~130g；

成体组>130g。

②高原鼢鼠年龄组划分

在实践中可用平均体重（剔除内脏）对高原鼢鼠年龄进行划分。

幼体组（Ⅰ）<43g；

亚成体组 43~116g；

成体Ⅰ组 116~146g；

成体Ⅱ组>146g。

2. 种群特征

种群数量变动取决于动物的出生率和死亡率、迁入和迁出的数量。出生率与死亡率对种群数量影响很大。出生率高、死亡率减少，意味着种群数量的增加；相反，出生率低、死亡率高则种群数量降低。出生率与死亡率决定一个种群的增长与衰退。食物、自然灾害、种间和种内关系对鼠类出生率与死亡率都有很大影响。种间关系包括天敌捕食、疾病蔓延、种间竞争等。鼠类繁殖率虽高，但由于受食物、气候、天敌、环境、种群年龄结构、健康等影响，繁殖过程中的不同阶段都有死亡。

（1）出生率

用来衡量草原啮齿动物产生新生个体的能力，是指某一阶段种群内出生个体数与种群总数量的比值。影响因子主要有：性成熟时间、胎仔数、年繁殖次数、性比、妊娠率、年龄结构。

（2）死亡率

在一定时间内死亡的个体数占总数的比率。影响因子主要有：达到生理寿命、食物不足、疾病、竞争和天敌、不良气候和人类活动。

（3）迁移

分为周期性和非周期性迁移。周期性迁移是受食物条件的变化和群体繁殖需要而发生的；非周期性迁移是由于生存环境恶化而重新选择新的适宜环境。

3. 繁殖

（1）个体繁殖与胚胎

不同鼠的繁殖时间、次数、胎次都不同。川西北草原害鼠1年多数繁殖1胎；在气温较高、水热条件较好的地区，如凉山等，一年可繁殖2~3胎。

（2）雌鼠繁殖

①生殖周期

用阴道涂片法，观察阴道分泌物和黏稠度，区别生殖周期的各个阶段。

②妊娠期与妊娠率

性成熟或已进入动情期的雌鼠，卵巢表面可以看到大而透明的成熟滤泡。潜伏期和妊娠初期，子宫外观上尚无变化，可看到均匀加厚的现象；有胚胎的部位在透光观察时，可见玫瑰色或褐色纹斑，但胚胎数尚不易分清。

③胚胎数和子宫斑

进入妊娠中期以后的孕鼠，在其子宫壁上可以看到明显的胚胎。子宫斑是分娩后在子宫壁上留下的胎盘斑痕。对于已产仔的雌鼠，根据子宫斑的数目即可推算出已产仔数。

④哺乳期

通过乳腺和乳头状态的检定，可以确定雌鼠是否处于哺乳期。

⑤繁殖指数

整个繁殖过程中，在一定时间内，平均每只鼠可能增殖的数量。

（3）雄鼠繁殖

一般通过对睾丸的重量（左右合计）和大小（应以长轴为准）、附睾和精囊腺的研究，来确定雄鼠的繁殖状况。

①性未成熟期

睾丸在腹腔内，小而呈脂白色；附睾亦不发达；精囊腺小而透明，呈淡白色的小钩状。

②性活动期

睾丸降入阴囊，并且增大、坚实；附睾发达，在其尾部可以看到充满精液、清晰透明的输精小管；精囊腺肥大色白。剪破附睾尾做精液涂片，在显微镜下可以看到大量成熟的精子。

③繁殖末期

精囊腺明显退化；睾丸萎缩松软；附睾收缩变小，做涂片时，仍可看到精子。

（二）影响鼠类种群波动环境因素

影响鼠类种群变动的环境因素又分为生物因素和非生物因素，都是通过鼠类的出生率与死亡率来影响种群数量的变动。

1. 非生物因素

非生物因素主要有气候，如温度、水分、光照，此外还有土壤、地形、植物、动物与人类活动等。

（1）温度

温度是一种经常作用的因子，对鼠类影响很大。如春天回温快，能使当年新生的仔鼠性成熟并参加繁殖，从而使种群数量增加；春季气温低可使繁殖推迟，使当年出生的仔鼠达不到性成熟，从而使种群数量增长缓慢。温度也影响体形的变化，生活在寒冷地区的鼠体常较大，四肢、耳、尾较短，绒厚毛长。如甘孜州害鼠个体普遍比凉山州害鼠个体大。

（2）水分

大气中降雨多少直接影响着植物的生长，影响着鼠类的栖息条件，从而间接地对鼠类也起着重要的制约作用。

（3）光照

光照对鼠类影响复杂，昼夜光线的变化首先影响到鼠类活动的时间，除极少数地下鼠以外，其余鼠都需要某种强度的自然光。光的昼夜和季节性变化影响着鼠的繁殖、换毛、蛰眠和迁移等，特别对鼠生殖腺的发育、怀孕期和繁殖过程等周期性现象更具意义。

（4）土壤、地形

鼠类在长期的进化过程中，形成了自己特有的分布区（生境），只有在特定的栖息地（最适生境）内才能进行正常的筑洞和觅食活动。如一般鼠类喜栖居在开阔、向阳生境，草地阳坡鼠类分布比阴坡多且密度大。但不同鼠种其分布区域却是不同的。高原鼠兔多分布在温暖较干燥的山坡地带，而田鼠喜欢温暖、潮湿、地势较平坦的低洼地区。

（5）植物

植物在供给鼠类食物的同时又为其提供隐蔽条件，所以没有植物或植物稀少的地方，鼠类不存在或极少存在。不同鼠种其喜食的植物是不一样的，因此，植物的种类和数量的变化影响鼠类分布和密度。如高原鼠兔喜食禾本科、莎草科及豆科植物，喜栖居于嵩草和杂类草的草地；高原鼢鼠主要采食植物轴根、根茎和根翼的地下部分，尤其是根部肥大的块根植物，杂草类草地是其栖息的主要生境。

2. 生物因素

主要是指种间如鼠间传染病、天敌捕食等因素对鼠类数量的影响。

（1）鼠间疫病对鼠类数量的影响

鼠间传染病的发生可以降低鼠的密度，鼠的疫病在鼠类数量变动上起着很重要的作用。到目前为止已发现可引起鼠类发生疾病的有病毒病、立克次氏体病及寄生虫病等 200余种病原体。普遍现象是，鼠间鼠疫流行后，鼠密度显著下降。

（2）天敌对鼠类数量的影响

鼠类的天敌如鹰、隼、雕、鼬、狼、狐狸等捕食鼠类，对鼠种群数量变动有一定的影响。在长期的生物进化过程中，食肉动物和鼠类形成一系列适应，不是简单的数量关系，而是相互适应、相互制约、相互依赖的关系，它们共同构成了草原生态食物链。天敌通过捕食行为控制鼠类的密度；同时，由于老、弱、病鼠容易被捕食，从而也提高了鼠类种群质量；而鼠类数量的增加也为天敌提供了充足的食物。

3. 人类经济活动的影响

害鼠是哺乳纲中种类和数量最多的动物，与人类关系较为密切，因此人类经济活动能够直接或间接地影响鼠密度、种群组成和结构的变化。

（1）放牧

栖息地的改变必然会使一些鼠类由于不适应这种环境而迁移或死亡。过重的放牧率必然导致植物群落空间结构由多层——单层、高——低变化而适于鼠类生存。如草地载畜适度、合理放牧、牧草丰茂，则高原鼠兔因植被较高不利于活动，鼢鼠因杂类草降低而取食困难。

（2）挖掘

主要是挖药、采樵等。由于缺乏统一规划，挖掘常使草地千疮百孔，植被破坏土壤沙化，优良牧草种类减少，盖度降低，鼠害乘虚而入。

（3）狩猎

无计划狩猎，大量捕杀鼠类天敌，使其难以繁衍生息，数量剧减，破坏了生态平衡与食物链，导致鼠类数量上升。同时也间接影响着草地畜牧业的发展。

五、鼠类在草原生态系统中的地位与作用

（一）地位

1. 草原生态系统

生态系统是生物群落在其周围的环境中，通过物质循环和能量转化而共同构成的功能系统。生态系统的物质循环和能量转化是由生物群落，其中包括植物、动物和微生物共同参与进行的。

在一个完整的草地生态系统内，由于影响系统内各生物链条的不同因素作用，诸如草地综合治理、灭鼠工作、保护天敌动物和恢复原有植被等人类措施，如果某一环节在一定限度内有所变化，整个生态系统可以进行适当调节，使之保持原有的平衡状态。如变化超出系统的调节功能，就会破坏生态系统的动态平衡，以致发生连锁反应，出现难以预料甚至不可逆转的后果。例如：过度放牧、人为破坏等因素使草原退化，从而导致植被高度和盖度降低，为鼠类的发生与蔓延提供了适宜的环境条件，鼠类啃食牧草、挖掘洞道等破坏草场活动又加剧草原进一步退化，形成"退化——鼠害——加剧退化"的恶性循环。

2. 鼠类的危害

（1）传播鼠源性疾病，危害人类健康

鼠类不仅是病原体的宿主和媒介，而且由于鼠类本身的活动（迁移和数量变动），对病原体起着不可忽视的作用。从某种意义上讲，鼠类对疾病的传播作用并不亚于某些吸血昆虫的传播媒介作用。现已查明，由鼠类传播的疾病至少有30多种，如包虫病、钩端螺旋体病、乙型脑炎、炭疽病等，其中以鼠疫最严重。鼠疫是由鼠疫杆菌引起的一种烈性传染病，病原体主要宿主是黄鼠、旱獭、沙鼠和家鼠等多种鼠类。据目前所知，全世界约有186种鼠能感染和传播鼠疫。人感染鼠疫，主要是由跳蚤传播或接触了带菌的鼠，历史上鼠疫曾多次给人类带来巨大的劫难。

鼠类等啮齿类动物是泡球蚴等病原体的中间宿主与传播者，同时也是一些小型毛皮兽，如鼬、貂和狐狸的主要食物来源，狐狸、鼬等捕食鼠后直接将带有泡球蚴等病原体的粪便排放在草原上；随着草原不断退化，鼠荒地（黑土滩）数量的不断增加，每年春、秋两季刮风时，被污染了的粉尘大量进入人畜呼吸道，为人畜感染泡球蚴病原体提供了有利的机会，增加了人感染泡型包虫病的风险。

（2）采食牧草，降低载畜能力

高原鼠兔喜食禾本科、莎草科、豆科和菊科牧草，如波伐早熟禾、异穗苔草、多枝黄芪、嵩草、鹅冠草和扁穗冰草等，这些牧草既是青藏高原草甸草原的主要牧草，也是牲畜

喜食的优质牧草。由此可见，鼠类与牲畜争食矛盾突出，长年啃食必然会造成草原载畜能力降低。

（3）破坏草原，改变植被

草原鼠类对草原的危害程度取决于它们的生物学特性和生活环境。鼠类在种数量激增之后，可改变草原植被、土壤、微地形等，给草地生产造成灾害。具体表现为大量啃食优良牧草与牲畜争草，秋季贮草，减少草地载畜能力；挖掘洞道，破坏生草层，降低草地生产力，形成秃斑和次生裸地；堆成土丘覆压牧草，植被盖度降低，毁坏地表形态，造成水土流失，最终形成具有荒漠化的鼠荒地。

鼠荒地是害鼠破坏草原植被以后形成的次生裸地。在鼠荒地上，废弃鼠洞、鼠丘和侵蚀沟使地表变得千疮百孔、支离破碎，每逢土壤解冻的刮风季节，遍地黄沙滚滚，若遇旋头风，表土被裹卷扬升高达数百米，扬沙波及数十公里。鼠荒地加剧了草场荒漠化进程，严重威胁着整个草地生态环境，摧毁了草地生产能力。草原鼠害是破坏草原生态环境、制约牧区区域经济发展的重点和难点问题，是导致牧区牧民生活贫困化的主要原因之一。

（二）作用

草原鼠类作用的性质（益或害）和强度与草原生态系统的平衡与否密切相关。

鼠类作为高寒草甸生态系统演化过程自然演替链条的一个重要组分，在食物链和营养循环中具有积极的作用：可以是猛禽和肉食兽的重要食物资源；掘洞行为有利于草地基质的养分循环和水分接纳；废弃洞道可以为其他小型草原动物提供隐蔽、栖居和营巢繁殖条件；采食有利于种子的传播等。而鼠类作用的强度和益害转化过程取决于鼠类类型及种群数量，而益害转化的时空尺度过程更需要深入系统地研究。

高寒草甸由于自然、人为等长期共同作用，草地生态系统最关键的生物多样性富集系统受到破坏，草地植物群落结构发生变化，多样性和初级生产力逐年下降。刘伟等分别对高原鼠兔刈草行为与栖息地植物群落的关系、贮草选择、冬季贮草行为等方面进行了研究，得出高原鼠兔刈割植物的行为、相对频次、生物量百分比以及刈割植物与鼠兔冬季食物组成有密切的关系，并通过胃内容物镜检分析法对高原鼠兔在矮嵩草草甸、垂穗披碱草草甸和杂类草草甸三种类型栖息地中的主要食物组成进行了比较分析，阐明了高原鼠兔食物组成、贮草行为及冬季干草堆的生物学意义。有研究结果表明，在未退化的高寒草甸，植物根系发达，草层紧密，鼠类数量较少，但致密的表皮草层使降水和积雪融水下渗困难，并迅速形成地表径流而流失；重度退化草甸鼠类种群密度也较小，其原因是可利用食物资源减少；而鼠类在中度放牧强度时数量相对较多。此时如果停止放牧或减轻放牧，在自然情况下，鼠类通过与草地环境的相互作用、相互协调使之经常保持动态的平衡状态。

同时，洞道及土层镶嵌体的存在也丰富了环境的异质性，对保育草地生物多样性的稳定具有重要作用。因此，适度的鼠类存在是草甸生态系统自我保护和调节机制的一种功能性表现。

第二节　预测预报与防治

对鼠类种群发生、发展动态进行调查，预测预报害鼠种群未来的发展趋势，有效开展鼠害防治，对保护生态环境、减轻对草原生态系统及人类的危害都具有十分重要的意义。

一、调查方法与内容

鼠类调查是鼠害防治的基础，是制订防治规划及其方案的科学依据。野外调查前要做好技术设计（目的、方法、技术路线、国内外动态等）、选点（典型的景观或生境、代表性的样地、交通情况与工作的基础条件）、资料及工具（查阅相关文献资料，工作区地形图，自然、地理、气候条件，植被以及各种仪器设备、药品与捕鼠工具）的准备等工作。

（一）区系调查

鼠类区系是指在一定的地域中（同一环境或地理区域），在历史发展过程和现代生态条件下形成鼠类的全体种类；按不同综合体划分的区域称鼠类区划。鼠类区系、区划的意义在于权衡不同环境中鼠类的益害，利用和改造资源动物，综合防治鼠害。区系调查目的在于正确认识鼠类区系的组成特征和动物的分布规律，以及动物与各种自然条件之间的相互关系。

1. 自然概况与生境条件

查阅当地有关的文献资料，收集地理位置、海拔高度、气候条件、地质与土壤、水文以及植被等基础数据。地形与代表性植被类型常常是划分动物生境的主要依据，并以此命名。例如，滩地及山地阴坡草甸、山地阳坡草原化草甸、山地阴坡、河滩灌丛、人工草地与耕地等。

2. 区系组成

在不同生境内采用各种措施手段调查获取害鼠是进行鼠类区系的重要基础性工作。一般说来，调查的时间越长、调查的次数越多，所获得的鼠种越齐全，对区系组成及鼠类区划越有利。同时也可借助鼠种标本，通过借助检索表及有关专著鉴定种类；也可根据鼠洞、鼠丘、鼠粪或动物活动的痕迹，间接识别鼠种。

3. 数量组成

调查地区各种啮齿动物的比例关系，确定该种动物区系的优势种、常见种和稀有种。通常情况下，数量统计的结果用级数来表示，定为三级，每级之间相差 5 倍或 10 倍，并以 "+" 号代表级数。例如，优势种为 "+++" 代表；常见种为 "++" 代表；稀有种为 "+" 代表。用夹日法进行统计时，其标准是：优势种，捕获率在 10% 以上；常见种，捕获率为 1%~10%；稀有种少于 1%。在一种环境中或某一地区内，优势种一般只有 1~2 种；常见种的比例较大；而稀有种的种数较少。

（二）数量调查

1. 夹日法

一夹日是指一个鼠夹捕鼠一昼夜，通常以 100 夹日作为统计单位，即将 100 个夹子一昼夜所捕获的鼠数作为鼠类种群密度的相对指标——夹日捕获率。例如，100 夹日捕鼠 10 只，则夹日捕获率为 10%。其计算公式为：

$$P = \frac{n}{N \times h} \times 100\%$$

公式中，P 为夹日捕获率；n 为捕获鼠数；N 为鼠夹数；h 为捕鼠昼夜数。

夹日法通常使用中型板夹，具托食踏板或诱饵钩的均可。诱饵以方便易得并为鼠类喜食为准，各地可以因地制宜。

（1）一般夹日法

鼠夹排为一行（所以又叫夹线法），夹距 5m，行距不小于 50m，连捕 2 至数昼夜，再换样地。即晚上把夹子放上，每日早晚各检查 1 次，2d 后移动夹子。为防止丢失鼠夹，或调查夜间活动的鼠类时，也可晚上放夹，次日早晨收回，所以又叫夹夜法。

（2）定面积夹日法

25 个鼠夹排列成一条直线，夹距 5m，行距 20m，并排 4 行，这样 100 个夹子共占地 1hm²，组成 1 单元。于下午放夹，每日清晨检查 1 次，连捕 2 昼夜。

2. 密度调查

密度调查包括洞口密度、有效洞口密度、鼠密度、洞口系数，通过设置样方进行调查。

（1）样方设置及调查方法

①样方设置

选择有代表性的地段，按平坝、坡地、谷地三种生境各设置 3 个样方为 1 个样地。一般情况下，一个样地可代表 2 666. 67hm²，至少应设 3 个样地（9 个样方），相邻样方之间距离应在 50m 以上。

②样方大小

鼠兔、鼢鼠样方 0.25hm²（圆形样方半径 r=28.2m）；小型鼠（田鼠）样方 1 亩（圆形样方半径 r=14.6m）。

③样方调查方法

选好样方的中心，对样方编号，可用石块等物体做明显标记。

（2）鼠密度调查

鼠密度即单位面积内的鼠只数（只/hm²），是防治效果的重要评价指标之一。鼠密度主要采用样方捕尽法来测得。但在实际监测中可采用洞口系数法来估计某地区的鼠密度。

①洞口系数调查

选择与统计洞口样方相同生境设置样方，先堵塞所有洞口并计数（洞口数），经过 24h 后，统计被鼠打开的洞数，即为有效洞口数。

$$洞口系数（或有效洞口系数）= \frac{捕获鼠总数}{洞口数（或有效洞口数）}$$

②鼠密度调查

通过对各个观测区分别设样方调查鼠洞口密度（有效洞）后，即可依据洞口系数推测出各观测区的鼠密度，从而监测区域内鼠的分布密度和危害情况。

采用堵洞开洞法，即先堵住样方内所有洞口，24h 后检查鼠打开的洞口数量，即为样方内有效洞口数。

$$有效洞口密度（个/hm²）= 样方内有效洞口数（个）/0.25$$
$$鼠密度（只/hm²）= 有效洞口系数×有效洞口密度$$

对地下鼠（高原鼢鼠）采用开洞封洞法调查有效土丘密度。其方法是：先在样方内统计土丘数，按土丘挖开洞道，凡封洞的即用捕尽法统计绝对数量。

$$土丘系数 = \frac{每公顷实捕鼢鼠数}{每公顷土丘数}$$

然后进行大面积调查，统计样方内的土丘数，乘以土丘系数，则为相对数量。这种方法所得结果与捕尽法所得结果相吻合，适用于统计鼢鼠的数量。

3. 目测统计法

用肉眼或借助望远镜直接观察统计鼠数的方法。适用于开阔地带统计白天活动的鼠类，如旱獭、黄鼠和鼠兔等。这种调查方法是一个相对数量，需结合样方设置与经验加以校正。

二、危害等级划分

（一）评定方法

草原鼠害对草原的危害程度主要通过害鼠密度和对草原的破坏程度来评定。即：

1. 0级——无鼠害

鼠类密度低，对草原植被和畜牧业生产未产生明显影响。

2. Ⅰ级——轻微鼠害

草原可见到明显的鼠类活动或活动痕迹，但害鼠数量远低于控制指标。

3. Ⅱ级——中度鼠害

草原害鼠数量虽低于控制指标，但草原植被已经出现因鼠类造成的损失，草原生产力下降，局部地方出现荒漠化现象。

4. Ⅲ级——重度鼠害

草原害鼠数量高于控制指标，对草原植被破坏连片发生，草原生产力显著下降，出现大面积草原植被退化、荒漠化。

（二）等级划分

1. 鼠兔类

0级：平均每公顷30只以内。

Ⅰ级：平均每公顷31~55只。

Ⅱ级：平均每公顷56~69只。

Ⅲ级：平均每公顷70只以上。

（鼠兔日采食鲜草平均每只77.3g）

2. 鼢鼠类

0级：平均每公顷5只以内。

Ⅰ级：平均每公顷6~14只。

Ⅱ级：平均每公顷15~19只。

Ⅲ级：平均每公顷20只以上。

（鼢鼠日采食鲜草平均每只200g）

3. 田鼠类

0级：平均每公顷80只以内。

Ⅰ级：平均每公顷81~155只。

Ⅱ级：平均每公顷 156~199 只。

Ⅲ级：平均每公顷 200 只以上。

（田鼠日采食鲜草平均每只 32g）

4. 旱獭类

0 级：平均每公顷 3 只以内。

Ⅰ级：平均每公顷 4~6 只。

Ⅱ级：平均每公顷 7~9 只。

Ⅲ级：平均每公顷 10 只以上。

（旱獭日采食鲜草平均每只 400g）

三、预测预报

草原害鼠的测报是草业管理的一项重要工作，通过对指定区域内害鼠的发生状况及相关环境因子的动态变化状况进行直接或间接的监测，并收集有关历史资料与环境背景资料，从时间、空间和数量上预测未来一定时段内害鼠可能发生的状况。根据其发生发展规律以及生态条件（温度、湿度、牧草生长等状况）综合加以分析，对未来的动态趋势做出正确的判断，预测害鼠的发生期、发生量及危害程度，并评估其可能带来的损失大小，以及比较相关防治方案的经济效益等，为草业管理部门及决策者快速、准确、经济地提供害鼠预报信息及其他有关信息。

（一）测报内容

鼠害的预测预报，其目的就是要预测鼠害发生的时间、面积和程度。测报内容有：主要害鼠的种群密度，某些生物学特征（种群年龄结构、雌雄性比、怀孕率、胎仔数、繁殖指数）以及一年的繁殖次数、幼鼠的成活率、迁移等。同时还包括食物因素、动物流行病发生情况、主要气候因子等。

（二）测报方法

1. 测报方法分类与特点

（1）按预测方法的特征分

①定性预测

依靠人的观察分析能力，借助于经验和判断能力，进行逻辑推理。

②定量预测

依靠历史统计数据，在定性分析的基础上，运用数学方法构造数学模型进行预测。

（2）按预测时间长短分

①短期预测

预测期限小于 3 个月。

②中期预测

预测期限大于 3 个月小于 12 个月。

③长期预测

预测期限大于 12 个月。

（3）测报特点

①科学性

根据过去的资料、最新发展的征兆，以及啮齿动物生态学知识，运用一定程序、方法和模型，分析鼠情和与之有关因素的相互联系，从而揭示和总结出预测对象的特性和变化规律。

②近似性

预测研究的对象是随机事件，是可能发生或不可能发生的偶然事件。在事件发生之前对其状态的估计和推测，可能会受各种不断变化因素的影响。因而预测与实际结果往往会出现一定的偏差，预测只能是一个近似值。

③局限性

预测者对研究对象的认识，往往受其学识、经验、观察分析能力的限制，也受制于科学发展的水平；此外，由于掌握的资料不够准确和完整，或预测模型有某种程度的失真等，也可以导致预测分析不够全面。

④连续性

需要有长期的不间断的调查研究，以保证调查数据的连续性，较真实地反映鼠害发生发展规律，保证预测预报科学准确。

2. 发生期预测

发生期预测主要目的是确定防治时期。根据各害鼠的食性与活动习性，可确定其发生期。高原鼠兔、高原田鼠为全年活动危害的种类，根据其特别喜欢采食幼嫩、多汁的优良牧草的习性，牧草生长期防治效果不佳，只可在鼠害突然高密度发生时，用于应急防治。四川省高寒牧区一般在冬、春枯草期即当年 11 月至次年 3~4 月，害鼠大量繁殖前，用饵料进行大规模防治。

高原鼢鼠主要在春末土层解冻后至秋末结冻前危害，即每年的 5 月至 9 月；结冻期很少出巢活动，主要靠贮藏食物过冬，其防治适期饵料法应选在春末繁殖前，弓箭法可在整个活动期间实施。

四、草原鼠害的防治

(一) 防治原理

草原鼠害是草原生态恶化的结果。草原鼠类作为草原生态系统食物链中重要的一环，对保持生态系统的完整性和物种的多样性有着重要作用。当生态环境遭到破坏时，形成了害鼠最适生境；同时，天敌数量的减少使其限制因子的制约力下降，导致害鼠种群数量迅速增长，形成对草原的危害。鼠害防治就是采用综合措施来有效降低种群数量，将害鼠控制在经济阈值以下，以达到保护人、畜、天敌和环境健康安全，促进生态系统良性循环，提高草原生产能力的目的。但是，不是一发生鼠害就必须防治，只有种群密度达到了草原生态和畜牧业生产所不能承受的水平时，开展防治才是有效的和经济的。

1. 经济阈值

鼠害防治的经济阈值是指防治鼠害的费用与鼠造成危害的损失相等的鼠密度。低于这个密度鼠类的生存繁殖对草原没有显著的危害；在这个临界密度防治的投入可等同于鼠害造成的损失；超过这个密度防治投入可产生经济效益。因此，经济阈值是衡量防治获得效益的临界指标，是制定防治指标的依据。

2. 生态经济阈值

生态经济阈值即环境容量，是指某一环境区域内对人类活动造成影响的最大容纳量。大气、土地、动植物等都有承受污染物的最高限制。生态系统虽然具有自我调节能力，但只能在一定范围内、一定条件下起作用，如果干扰过大，超出了生态系统本身的调节能力，生态平衡就会被破坏，这个临界限度称为生态阈值（生态阈限）。

3. 防治指标

制定防治指标不仅需要考虑鼠害发生危害与产量损失的关系以及防治费用，也要协调鼠害防治同经济效益、生态效益和社会效益的关系。

4. 防治原则

对有害生物采取综合防治要坚持以下三个基本观点：

（1）经济学观点

防治措施所花费的成本应小于有害动物造成的损失。

（2）生态学观点

防治措施必须从防治对象与周围生物和非生物环境之间的协调为基础去考虑治理对策。

（3）环境保护观点

注意维护环境的安全，避免或尽量减少对环境的污染。如药物应对靶子动物专一，对其他动物无害，不产生二次中毒等。

综合防治的目标并非将靶子动物物种完全彻底消灭，而是允许防治对象物种种群数量维持在经济阈值允许水平以下。

（二）防治方法

防治方法主要有：生物防治、物理防治、化学防治和综合防治四大类。

1. 生物防治

生物防治即生物灭鼠，利用生物间存在的生态关系进行灭鼠，包括控制鼠类天敌和病原微生物制剂控制鼠害两个方面。

（1）招鹰控鼠

自然界有许多捕食鼠类的动物，如鼬科、猫科和犬科中的许多肉食兽以及鸟类中的猛禽（隼形目、鸮形目）都是鼠类的天敌。据调查，平均鹰和鼠的比例为 $1:5\,000$。猛禽的食物中鼠类的遇见率高达 75%，它们之间相互依存、相互制约，尤其是天敌，它们数量的变动是由鼠的数量决定的。在正常年份，天敌对鼠的数量有一定控制作用；但当鼠类大量发生时，天敌的作用相对来说十分微弱。鼠和天敌在长期的进化过程中形成了相互依存的关系，如天敌把鼠吃尽，其本身也就不复存在，为此不能把天敌对鼠害的控制作用估计得过高。从食物链的关系出发，在害鼠中、低密度危害区，广阔、平坦的草原上，设立招鹰架招引鹰类控制害鼠种群数量，即目前采用的招鹰控鼠技术。

（2）引狐控鼠

引狐控鼠即应用生态学原理，针对目前草原生态系统食物链中鼠类天敌数量减少这一环节，增加草原鼠类天敌，修复草原生态系统食物链，达到利用生物天敌控制草原鼠害、保持草原生态平衡的目的。

（3）微生物灭鼠

就是将病原微生物人为地感染给鼠类，使它们之间造成毁灭性的动物流行病，导致大批鼠死亡，对人畜和其他有益生物则十分安全的一种灭鼠方法。

（4）肉毒梭菌毒素灭鼠

20 世纪中叶，随着社会对无公害防治技术的需要与生物科技的发展，出现了生物农药。生物农药是运用生物技术，发掘有害生物的"克生生物因子"（有害生物的病原细菌、真菌、杆状病毒、抗生素，以及多种天然产物），研制而成的控制生物灾害的生物制剂。它具有安全、有效、无污染的优点，也有化学农药使用方便的特点。现已开发的生物农药品种较多，生物防治技术是控制生物灾害、保护生态环境、保证人类食物发展的趋势，是当今鼠害防治技术中一个重要的发展方向。

2. 生态防治

生态防治是基于生态学原理，采取生态措施，改变鼠类的栖息地环境，恶化其生存条件，控制鼠类种群数量发展的防治方法。生态治理是根据鼠类与草原的生态整体性，协调草——畜——鼠三者生态关系，使草原鼠害长期持续控制，获得草原生态良性循环的持续效益。改善草原生态环境，恢复草原生物多样性，恶化鼠类生存环境，抑制害鼠繁殖，是实现草原鼠害治理的根本对策。

鼠类对草场危害与否，取决于它的数量，而数量又受草场植被的影响。有研究显示：高原鼠兔种群密度与草场植被盖度、高度呈负相关；土壤水分含量越高，越不利于其生存繁殖。改变、破坏害鼠生活的环境条件并不能直接或立即杀灭鼠类，但对鼠类生活不利，可减少鼠类的繁殖数或增加其在生长、发育过程中的死亡率，从而降低害鼠种群密度，抑制鼠类的危害与发生。因此，改良草原，规定合理的载畜量和实行合适的轮牧制度，是减轻草原鼠害的有效措施。

3. 物理防治

物理防治又叫器械灭鼠法。这种方法简单易行，对人、畜比较安全，具有广泛的群众基础，适宜于大面积药物防治后的后续巩固措施。

（1）弓形夹（路夹）

在实践中通常采用中号弓形夹捕捉高原鼠兔。弓形夹是一种适应性很强的捕鼠工具，此法捕获活鼠效率高。支夹时，先用脚踏紧弹簧钢片，再打开铁弓，挂好活动挂钩，调整灵敏度，可在踏板上投放饵料，弓形夹应放置在高原鼠兔洞口，顺跑道位置，一般夹住鼠兔前肩胛或后腿位置。

（2）弓箭法

针对鼢鼠防治。鼢鼠常年营地下生活，一年中有两个活动高峰期，一是在5月交配繁殖期，二是9月贮备冬粮期，这两个时期鼢鼠到地面活动时间最多。

（3）插洞法

主要针对地下鼠，利用毒饵法进行防治，投饵方式分为开洞法、插洞法、吊线投药法三种。目前采用的是插洞法，此法操作简便，对草场破坏小。具体操作先判断地下鼠有效洞道，用探钎向下插穿洞道，稍用力摇动探钎将洞口扩大一些，然后将毒饵投入洞内，随即用泥块将洞口封住。

4. 化学防治

用化学药物控制害鼠的方法，又称药物灭鼠法或毒饵灭鼠法，是目前国内外灭鼠应用最为广泛的方法。化学灭鼠见效快，使用方便，在生物灾害大爆发时，可及时控制鼠害。灭鼠剂包括胃毒剂、熏蒸剂、驱鼠剂和绝育剂等，其中以胃毒剂使用最为广泛。

5. 综合防治

国内已对长爪沙鼠、黄毛鼠、布氏田鼠开展了综合防治的研究。但因每种鼠的分布、生物学特征和生态学特性的差异，目前尚未形成一个统一的综合治理鼠害整体方案。一般主要包括以下几个方面内容。

（1）坚持长期鼠情监测开展预测预报

选择害鼠高发区（县、乡）建立鼠情测报站（点），长期定点监测主要害鼠的种群数量变动，在此基础上开展害鼠数量的预测预报，为大面积防治提供必要的依据。草原害鼠数量变化的共同特征是经历"低谷——上升——高峰——下降——低谷"四个时期，对草原造成的危害主要在上升期和高峰期，对害鼠的防治应在上升期进行，为此必须坚持长期的定点监测，建立测报模型，及时掌握鼠害变化规律。

（2）在害鼠上升阶段及时采取科学的防治措施

当鼠害严重时，要及时采取科学的防治措施，尽快降低鼠密度。实践中可采用生物或化学药物配制毒饵进行防治。草原大面积灭鼠后，能迅速使鼠密度下降，使残存鼠生存条件得到改善，种群死亡率降低；同时，鼠的繁殖受到密度因子的反馈调节，低密度使鼠怀孕率增高，雄鼠繁殖率增强，幼鼠性成熟提早，有利于种群数量的再度回升。因此，药物灭鼠后还应采取后续巩固措施，防止鼠密度回升，达到长期控制鼠害的目的。

（3）采用多种措施巩固灭鼠效果

大面积药物防治后，要严格控制载畜量，有条件的可采取围栏封育、划破草皮、施肥、除杂、补播等技术措施改良草场，调整畜——草——鼠结构，改变鼠类栖息环境，巩固鼠害防治效果，防止草地退化。在实际工作中要对草场实行合理的划区轮牧，制定合理的载畜量，注意重点与连片相结合、多种防治方法相结合、防治鼠害与草场建设相结合进行综合治理。

（4）注意保护和招引鼠类天敌

要注重加大生物防治，使用高效、低毒的药物防治草原鼠害，禁止在草原上滥捕滥杀天敌，建立招鹰架（巢），保护和招引鼠类天敌控制鼠害。同时通过人工种草等技术措施提高草地生产力，有效抑制草原鼠害的发生。

（三）鼠害防治注意事项

1. 制订防治规划

草原鼠害防治规划应当从生产效益出发，考虑鼠类在该地区是否对草地生产造成危害，数量是否超过了危害的临界密度，依据鼠害监测结果，做好灭鼠规划，确定灭鼠的地点、时间、面积、人员、物资等，拟订具体的实施方案。主要内容包括防治区域、防治对象、防治时期、防治方法、物资准备、宣传动员、技术培训、管理措施等。

2. 配制毒饵

为保证毒饵效果要求成品毒饵现配现用，一次配制不能超过 3d 的用量。每次毒饵配制量的确定应考虑亩用量和每天的防治面积，亩用饵量与灭鼠区洞口密度有关，洞口密度大饵料用量就多，反之即少。一般用量为 0.1~0.15kg/亩，按每人每天灭治面积 2~3hm² 计算（专业防治队伍按每人每天灭治面积 7~8hm² 计算），根据投饵人员数求出每天的毒饵用量。

（1）生物农药毒饵配制

以草粉颗粒或青稞、小麦为例，先在地上铺上一垫席（或塑料布），也可用铁盒，将草粉颗粒或小麦倒在垫席上，并摊成条状。生物毒素配制比例一般为药物：饵料=1：500（即 500ml 药配 250kg 草粉颗粒），将生物毒素倒入喷雾器，并加入适量水稀释、搅匀，其用水量以稀释后拌匀毒饵为准（一般一桶水 10~15kg 可喷洒饵料 400kg）。然后从草粉颗粒堆的一端开始喷洒，边喷边拌，至少搅拌三次以上即可使每一粒颗粒上均黏附有毒药。

生物毒素应在 0℃ 以下的保温箱中贮存，以免受热药效降解。生物毒素由于贮存温度低而凝结成冰，在使用时不要用温水或加热融化，防止毒力降解。配制青稞、小麦或其他表面蜡质层较光滑的饵料，稀释量要适当减少，水少饵料黏不上毒素，水多造成药液流失影响药效。配制毒饵时应选择在背风阴凉处进行，避免太阳光直接照射。

（2）化学农药毒饵配制

目前主要采用的化学农药有氯敌鼠钠盐（1：1000）、杀鼠醚（1：200）等，具体配制比例按各种药的说明书执行。其配制方法与生物农药配制相同，但应注意的是在配制小麦、青稞等饵料时，由于蜡质保护层的作用使药物不易渗透，最好应先用水将小麦浸泡一段时间后，再喷洒农药拌匀，并沤一个晚上，第二天使用，这样可使农药充分渗透，效果更佳。

3. 毒饵投放

人工投饵灭鼠是草原鼠害防治工作一直采用的主要投饵方法。投饵前要进行技术培训和安全教育，签订安全责任合同。投饵作业开始后，由专业人员分组带队现场指导，并实施检查监督，遇到问题及时纠正。

（1）逐洞投饵

适用于植被低矮稀疏、洞口明显的地段。可将毒饵投于有效洞口外面的跑道两侧。布饵时应当稍稍撒开些，以减少牲畜采食的机会。大面积灭鼠时，为了提高工效，不必区分是否有效洞，可以统统投饵。

（2）均匀投饵和带状投饵

在鼠洞密度较高、分布比较均匀的地段，根据鼠类主动觅食的习性可以采用均匀投饵法。即用人力或机械均匀撒布毒饵，使毒饵以单粒存在。均匀投饵和带状投饵一般宜用小粒毒饵。毒剂浓度一般应达到每粒毒饵含一个全致死量。均匀投饵工效较高，灭效较好，牲畜中毒概率也低，缺点是耗饵量较大。

4. 灭鼠药物的安全使用

在草原鼠害防治过程中，严格执行安全防治有关规定和技术规范，落实安全目标责任制，杜绝中毒事故发生。加强农药管理，做好毒饵统一配制、防治区禁牧、中毒救治等工作。

第四章 草原虫害及防治

第一节 草原虫害基础知识

昆虫属于动物界节肢动物门昆虫纲。昆虫占整个动物界已知种类的3/4，已定名的约有100万种，其中相当一部分对人类有害。昆虫种类繁多，形态各异，生活方式复杂。有些昆虫对人类的生产活动是有益的（如蜜蜂、蚕等），而有些是有害的（如蝗虫、黏虫等）。具有取食危害、繁衍自身种群、扩散等行为的昆虫动物活体叫害虫。

一、基本概念

（一）草原虫害

虫害是害虫的行为在其寄主上（主要是植物）及其环境中所产生的不良后果。草原上栖息有多种昆虫，我们通常将危害草地牧草的昆虫叫草原害虫。草原害虫在草地上分布广、数量大、繁殖力强，取食牧草，污染草地，常使草地遭受损害。当害虫的行为对草原植物及草原环境所产生的不良后果严重，引起草地退化，危害成灾，影响草地畜牧业的健康发展与草原地区人类的生产生活时，通常将其称为草原虫害。

（二）分布区

分布区是指某个种在某一地区内可见，它可以在该地区内完成发育并留下有生命的后代而不论其数量如何。

（三）危害区

某种昆虫在某一地区范围内数量很大，因而能造成一定的危害性，已成为该地区的害虫。危害区就是具备最适合该种害虫生活条件的害虫分布区。

（四）宜生区

宜生区是指适宜于某种（类）草原害虫生长发育的区域。该区域具有相同或相似的生态环境，害虫能达到一定种群数量，可形成种群危害。

（五）常发区

常发区是指草原害虫密度在 10 年内有 3 年以上（含 3 年）达到防治指标，防治后 3~5 年密度仍能达到防治指标的区域。

（六）预警区

预警区是指草原害虫密度达到防治指标，且易爆发成灾的区域。

二、形态学特征

（一）外部形态

昆虫的躯体由许多连续的体节组成，两体节之间由节间膜相连。这些体节按其功能分别集中形成头、胸、腹三个明显的体段。现以蝗虫为例，其基本特征如下：

1. 头部

各体节已经紧密地愈合在一起，其分节不明显，着生有 1 个口器、1 对触角、1 对复眼和 1~3 个单眼。因此，头部是取食和感觉的中心。

2. 胸部

由 3 个体节组成，即：前胸、中胸、后胸。每个胸节各着生 1 对足。中胸和后胸通常还有 2 对翅。因此，胸部是运动的中心。

3. 腹部

由 11 个体节和 1 个尾节组成，但大部分昆虫看不到 9~10 节，其中 1~8 节两侧各有 1 对气门，末端有外生殖器和 1 对尾须，各种内脏器官大部分在腹内。因此，腹部是新陈代谢和生殖的中心。

（二）内部结构

1. 消化系统

昆虫的消化道是一条从口开始直到肛门的管状构造，可分为前肠、中肠、后肠。前肠包括口、咽喉、食道、嗉囊、前胃。中肠的主要功能是消化和吸收食物，故又叫胃。后肠是从马氏管到肛门的一段，可分为大肠、小肠和直肠。昆虫对食物的消化与吸收作用主要是中肠肠壁细胞。经过消化分解的营养成分，由胃膜渗入肠壁细胞被吸收。

2. 呼吸系统

呼吸系统又叫气管系统，可分为气管、微气管和气门三部分。气管是体内气体流动的通道和扩散的场所。当气管的管径在 $1\mu m$ 以下时，就叫微气管。气门是气管在体壁上的开口，可以调节空气的进入和水分的蒸发。

3. 循环系统

昆虫的循环系统是开放式循环系统。血液在体内运行的过程只有一段途经血管，其余均在体腔内各器官组织间流动。开放式循环系统和气管呼吸紧密联系并和特殊的排泄方式相关。

4. 排泄系统

排泄系统的功能是将体内新陈代谢的废物排出体外，调节血液中阳离子和水分的平衡。昆虫的排泄器主要是马氏管。此外，分布于昆虫体内的脂肪体、肾细胞、体壁及由体壁特化的腺体也具有排泄作用。

5. 生殖系统

性别不同，昆虫生殖器官的构造和功能差别很大。

（1）雌性生殖器官

由卵巢、输卵管、受精囊、附腺和阴道组成。

（2）雄性生殖器官

由睾丸、输精管、贮精囊、射精管、附腺组成。

（3）交配和受精

雌雄两性结合的过程即交配。交配时雄虫将精子射入雌性的生殖腔内，并贮藏于受精囊内。雌虫受精后不久便开始排卵，待卵到受精囊的开口时，精子就从受精囊中释放出来，与排出的卵结合，并从卵的受精孔进入卵内，然后精核与卵核结合。

三、生物学特性

（一）繁殖方式

草原害虫的繁殖方式多样化，繁殖能力强，生活史短，所需营养少。主要的繁殖方式有：

（1）两性生殖

大多数害虫均为雌雄异体，以两性生殖繁衍后代，即通过雌雄交配，受精后由雌虫将受精卵产出体外并发育为新个体的生殖方式，又称卵生生殖。

（2）孤雌生殖

孤雌生殖又称单性生殖。即雌虫不经过交配或所产生的卵不经过受精就直接发育出新的个体的生殖方式。孤雌生殖是害虫对恶劣环境和扩大分布区域的有利适应。

（3）多胚生殖

一个卵在发育过程中可分裂产生2个或2个以上的胚胎，有的可达100多个，每个胚胎均可发育成一个新的个体的生殖方式。其性别为受精卵发育为雌虫，未受精卵发育为雄虫。多胚生殖是对寻找寄主困难的适应，它可充分地利用营养物质繁殖大量后代，增多生存机会。

（4）卵胎生殖

卵在母体内孵化后直接产出幼虫的生殖方式。卵胎生殖是对卵的一种保护性适应。

（5）幼体生殖

一些害虫种类处于幼虫阶段就进行生殖的现象。

（二）发育与变态

1. 发育阶段划分和变态类型昆虫的个体发育分为两个阶段

第一阶段称胚胎发育，是在卵内完成的，至孵化为止。第二阶段称胚后发育，从卵孵化开始至性成熟为止。

从卵孵化成幼虫到成虫要经过外部形态、内部构造以及生活习性上的一系列变化，这种变化现象称为变态，可分为以下几个类型：

（1）无变态

这是较原始的变态类型，其特点是幼虫和成虫外形相似、习性相同。昆虫纲的无翅亚纲都属于此类变态。

（2）不全变态

这是有翅亚纲外翅类昆虫所具有的变态类型，它只经过卵——幼虫——成虫三个发育阶段。按幼虫与成虫的形态与习性又分为以下三种类型：

①渐变态

它们的幼虫叫若虫，不同于成虫的主要特点是翅未成长和性器官没有成熟。典型的例证见于直翅目、半翅目等，如草地蝗虫。

②半变态

它们的幼虫叫稚虫，为水生，而成虫陆生，如蜻蜓。

③过渐变态

幼虫在转变为成虫前有一个不食不动的类似蛹期的时期，如缨翅目的蓟马。

（3）全变态

全变态的特点是具有四个不同虫期，即卵——幼虫——蛹——成虫。全变态类幼虫由于生活习性和成虫不同，有的仅成虫为害牧草，有的仅幼虫为害牧草，有的幼虫和成虫都为害牧草。其中有部分昆虫幼虫期具有两种或两种以上的形态，特称为"复变态"。

2. 各虫期生命活动特点

（1）卵期

卵是昆虫个体发育的第一阶段（胚胎发育时期）。卵是一个大型细胞，内有原生质、细胞核和卵黄。卵的形态变化大，多为肾形、圆球形、桶形或鼓形以及扁圆或半球形等。产卵方式为单粒散产和集聚成块，有的产在暴露地方，有的产在隐蔽地方。卵从产下到孵化所经历的时间叫卵期，其长短因虫种、世代和环境条件而有不同。

（2）幼虫期

若虫或幼虫破卵壳而出的现象叫孵化，即开始进入胚后发育阶段。从卵孵化出的幼虫为一龄幼虫，以后每蜕一次皮，虫龄增加一龄。两次蜕皮之间的时期称为龄期。

（3）蛹期

幼虫老熟以后，停止取食，寻找适当场所吐丝做茧或做土室，缩短身体，停止活动，准备化蛹。末龄幼虫化蛹前体躯缩短，呈静止状态，称"前蛹期"，或称"预蛹"。前蛹蜕去皮成蛹，称"化蛹"。从化蛹到变为成虫所经历的时期称"蛹期"。

（4）成虫期

全变态类蛹蜕皮或不全变态类若虫最后一次蜕皮变成成虫叫"羽化"。成虫期是昆虫的生殖时期，昆虫形态已经固定，种的特征已经显示，所以成虫形态是昆虫分类的主要依据。成虫期雌雄的外形比较相似，主要区别为生殖器，称为第一特征。此外，在触角形状、身体大小、颜色及其他特征方面也有区别，称为第二特征。这种雌雄两性在形态上的差异，叫"性二型现象"。

（三）世代和年生活史

1. 世代

昆虫由卵开始到成虫性成熟并开始繁殖为止称一个世代。昆虫因种类、环境条件不同，每个世代历期的长短和一年内可发生的世代数是不相同的。如：北方草地蝗虫一般一年发生一代，而地下害虫蝼蛄三年才能完成一代。

2. 年生活史

是指一年内昆虫发生的世代数和各世代各虫态出现的时期。一年一代的昆虫，年生活史包括一个世代；一年多代的昆虫，年生活史包括多个世代；两年或多年完成一个世代的昆虫，生活史则需两年或多年才能完成。凡是前一年产的卵或出现的幼虫、蛹，越冬后继续发育变成幼虫、蛹和成虫，都不能算第一代，只是前一年的最后一个世代，或称之为"越冬代"。

昆虫年生活史的基本内容有：越冬虫态和场所，一年中发生的世代数，每代各虫态发育的时间和历期及越冬越夏的时间长短，发生与寄生植物生育阶段的配合等。

（四）休眠和滞育

1. 休眠

休眠是指昆虫遇到不良环境立即停止活动不再进行生长发育的现象，是昆虫在发育过程中对不良环境条件一种暂时的适应，可以发生在任何虫态，主要是外界环境因子中不良温度引起的，一旦不良环境条件消除，满足其生长发育的要求，昆虫便立即停止休眠，恢复正常活动，继续生长发育。高温引起的称"热眠"，低温引起的称"冷眠"。

2. 滞育

滞育也是由不良环境（主要是日照和辐射，即光照周期）引起的发育暂时停止活动。这是昆虫长期适应不良环境形成的种的遗传性，一般发生在某个固定的虫态。如果滞育一旦形成，必须经过一定的物理或化学的因素刺激才能消除滞育，否则即使恢复适宜的环境条件也不复苏。

（五）主要习性

主要指害虫的行为和活动，它是种群生物学特性的一部分。

1. 光照节律

活动与昼夜节律（自然界中的白天和黑夜）有规律地交替变化，本质上就是光照节律。光照节律对害虫昼夜活动的机理，一般认为是生物钟效应。绝大多数昆虫的活动如摄食、求偶、交配等均有它的昼夜节律。如日出性（白昼）昆虫蝶类和夜出性（夜间）昆虫蛾类等。

2. 趋性

是昆虫对某种外界刺激（光、温度、化学物质、水等）所产生的反应运动，属非条件反射。这些运动带有强迫性，有的为趋向刺激来源，有的为回避刺激来源，所以趋性有正和负的区别。按刺激来源可分为趋光性（对光源的趋向性）或避光性、趋温性、趋湿性与趋声性。害虫防治中常以害虫的趋性为依据进行灯光诱杀、食物诱杀等。

3. 假死性

是一种简单的非条件反射，即昆虫受到突然震动时，可立即做出麻痹状昏迷的反应。如草原毛虫、金龟子、黏虫等。人们利用这种假死性，设计震落捕虫器具，进行机械防治。

4. 体色适应

昆虫体色变化是其对外界环境的适应方式之一，能混淆捕食者视线使自身幸免于难。如，保护色：昆虫的体色与栖息的外界环境相似，保护自己不易受到伤害；警戒色：瓢虫、蛾类等具有鲜明的色斑，使其天敌不敢接近；拟态：尺蠖的拟态蜷形似鸟粪，竹节虫似竹子，食虫蛇、食蚜蝇的形态与有螯刺的蜂类近似，能够迷惑其天敌。

5. 多型现象

许多昆虫成虫期除有性二型现象外，还有多型现象，即同种昆虫同一性别（主要是雌性）形态上有差异，如蜜蜂、蚂蚁等。害虫的多型现象及其产生与环境的关系，是害虫数量预测的重要依据之一。

6. 群居、扩散和迁飞

（1）群集

在有限空间中昆虫个体繁殖或大量聚集的现象称群集。这种现象与昆虫在生活小区内可获得生活上最大的满足有关。

（2）扩散

昆虫小范围内的分散或集中称为扩散。引起扩散的原因，外部因素如风力、水力和人为活动；内部因素如昆虫的觅食、求偶、避敌、选择栖息地等。

（3）迁飞

昆虫在亚成虫期和成虫期成群大量的定向远距离主动飞翔称为迁飞，如黏虫、飞蝗等。迁飞是昆虫在多变环境里在行为上和生理上的一种反应，与其内在的生物学特性与种的遗传性有关。

四、发生与环境

昆虫与周围生态环境的关系是一个错综复杂的总体，按环境本身的性质可分为生物因子和非生物因子两大类。生物因子主要是食物、天敌和微生物；非生物因子主要是气候条件，即温度、湿度、光和风等。土壤因子是一个独特的生活环境，它既具有生物因子的作用，又具有非生物因子的作用。另外，人类活动对害虫也有着很深的影响。

（一）生物因素

生物因子与昆虫有着密切的关系，对昆虫的生长、发育、生存、繁殖和种群数量起着重要的作用。

1. 食物

昆虫与其他生物一样，必须利用植物或其他动物所提供的有机物作为食物。昆虫能否获得足以保证消耗所需的食物，是决定其能否生存繁衍的一个极为重要的因素。草原害虫在生活过程中，由于能量的消耗，需不断地消耗大量的有机物质。

（1）昆虫的食性

昆虫种类很多，不同的种类其食性也是不同的。按食物的性质分植食性、肉食性、腐食性、尸食性、粪食性等类群；按昆虫对食物条件的要求（食性专门化）分单食性、多食性、寡食性昆虫。

（2）食物对昆虫的影响

各种昆虫不但食性专门化的程度不同，而且不同食物对其生长发育速度、成活率、生殖率都会产生影响。一般来讲，昆虫取食喜爱的植物时，发育较快、死亡率低、生殖力强。如：在蝗区野外于笼中以不同食物饲养飞蝗，观察生殖力结果，以禾本科植物饲养的飞蝗产卵量最高，莎草科次之，油菜等双子叶植物最差。

（3）食物的联系和食物链

生物与生物之间通过食物关系（吃的和被吃的）一物降一物建立了相对稳定的联系。正如古谚所说"螳螂捕蝉、黄雀在后"，这种关系称为食物链或营养链。如：苜蓿被苜蓿蚜危害，而苜蓿蚜又为瓢虫捕食，瓢虫可被某些寄生昆虫寄生，后者往往为食虫的小鸟所食，鸟又被更大的肉食动物所食。食物的联系是形成自然中生物组成的重要因素，其中任何一个环节的变动必将引起整个群落组合的改变。所以，在进行草原害虫防治研究时，要考虑到任何一种害虫与其他生物的有机联系。

2. 天敌

以害虫为营养物质的生物，称为害虫的天敌，如螳螂、蜻蜓、草蛉、瓢虫、食虫蛇、食蚜蝇、寄生蜂、蜘蛛、蛙、蟾蜍、蜥蜴、鱼类、鸟类、兽类等。害虫天敌是影响害虫数量变动的重要因子，利用害虫天敌是人类与害虫斗争的重要方式之一。

3. 病害病原微生物

病害病原微生物是生物群落中的重要组成部分，它能引起昆虫发生流行病，致使某些种群大量消亡。害虫的致病微生物包括细菌、真菌、病毒、原生动物和线虫。人们通常利用细菌、真菌、病毒来发展微生物农药防治害虫。

（二）非生物因素

气候条件与害虫生命活动的关系非常密切。各种气象因子对害虫种群是综合起作用的，但所起的作用和对生命活动的意义各有其独特的特点。各种气候因素直接或间接地影响着昆虫的形态结构、发育速度、生殖率、成活率、行为、发育周期、种群数量变动和分布，是昆虫生活的必需条件。一种害虫在不同地区的不同年份，其发生危害程度很大程度上取决于气候条件的适合与否。

1. 温度

昆虫属于变温动物，保持和调节体温的能力不强。环境温度的高低变化，直接对其体温的高低变化发生作用。因此，害虫的体温随着环境温度的变化而改变。害虫的生长发育和繁殖都要求一定的温度范围，超出这一范围，其生长发育就会停滞，甚至死亡。根据温度对温带地区昆虫的影响，可将温度划分为 5 个温区：适温范围（8~40℃）、临界致死高温范围（40~45℃）、致死高温范围（45~60℃）、临界致死低温范围（-10~8℃）、致死低温范围（-40~-10℃）。

昆虫发育所经时间与该时间内有效温度的乘积称为有效积温法则（亦称"生长发育热常数法则"）。积温的单位常用"日度"表示，历期短的可用"时度"表示。

2. 湿度

水是昆虫发生积极生命活动所必需的条件之一。一般昆虫身体的含水量为体重的 46%~92%。昆虫主要从环境中摄取水分，而且具有保持体内水分不散失的能力，但环境湿度、水分、食物含水量的变化对其有着极其重要的影响。如：金龟子幼虫在水分少的地方体重会降低，甚至死亡。

3. 光周期

光是生态系统中能量的主要来源。光周期对昆虫的活动或行为有明显影响。昼夜中光黑相互交替，形成了不变的序列变化，是光周期的日变化。一年内每天光周期的日变化是不同的，但这种变化是有较稳定的规律性的，同四季气温变化规律相适应，这是光周期的年变化。光周期对许多昆虫的作用都非常明显，光照时间及其周期性的变化是引起昆虫滞育的重要因素，季节周期性影响着昆虫年生活史的循环。虽然害虫不能直接吸收光能制造养分，但从间接关系来讲，光是不可缺少的生活条件。在害虫的进化过程中形成了其与辐射热、光强度、光波长、光昼夜变化周期（光期）的密切关系。害虫的许多习性、行为都受到光的控制，人们常用这些特点来防治害虫。

4. 风

风不仅直接影响到昆虫的垂直分布、水平分布以及昆虫在大气层中的活动范围，而且影响大气温湿度，从而间接影响害虫的体温及体内水分平衡。风除对昆虫的迁移具有明显的作用外，在强风的长期作用下，昆虫形态会发生变化，一般表现为翅退化或翅特别大。如：青藏高原多风地区的蝗虫多为无翅型，而生长在低处的均属有翅型。另外，暴风雨不但影响昆虫的活动，而且常常引起昆虫大量死亡。

（三）土壤因素

昆虫与土壤的关系也相当密切。许多害虫整个生长期在土中度过，如蝼蛄等。有些害虫在土壤中越冬，如蝗虫；有的害虫在土壤中化蛹，如地老虎。据估计：大约有96%的昆虫种类与土壤环境发生或多或少的直接关系。因此，土壤气候（温湿度）、土壤理化性质、土壤生物都对害虫产生影响。

（四）人类活动

人类活动对昆虫的影响很显著。人类常常破坏害虫的生活环境，使害虫的最适环境发生改变，极大地影响害虫种群数量，如：人类的经济活动、农产品的交换、种子苗木的运输可帮助昆虫传播或有害种类的蔓延。然而，人类有目的地进行生产活动，能够改造自然，使其有利于人类，如：人们向一个地区引进益虫，可以改变这个地区的昆虫群落组成和数量对比，有效控制害虫；同时，人们通过对害虫的调查研究，掌握其发生规律，采取有效措施，可直接消灭害虫。

五、害虫危害

（一）昆虫与人类的关系

昆虫纲是动物界最大的一纲，分布几乎遍及整个地球，不但种类多，而且同种的个体数量十分惊人（如一个蚂蚁群体可多达50万个个体）。昆虫在地球上已生存三亿五千万年，而人类不过一百万年。由于人类要从自然界中获取生产生活资料，必然会出现同昆虫争夺资源的问题，同时昆虫也为人类提供资源，因而人与昆虫关系十分密切。

1. 害处

昆虫对人类有害，主要表现在农、医两方面。在人类种植的植物中，没有一种不受昆虫危害，除直接采食农作物、树木、牧草造成直接损失外，它们还能传播植物病害，给生产带来极大的损失，远比虫害本身要大得多。同时，昆虫与人类的健康关系十分密切，人的传染病约有2/3是以昆虫为媒介的，如斑疹伤寒、疟疾等都是虫传病害。

2. 益处

昆虫为人类生产大量的工业原料，如蚕丝、白蜡等。85%的显花植物属于虫媒植物，要通过蜂类、蝇类、蛾类和蝶类授粉；30%左右的昆虫属捕食性与寄生性昆虫，对人类有益；上百种昆虫能入药为人类治病；腐食性昆虫可加速微生物的活动，在大自然的能量大循环中起着十分重要的作用。同时，昆虫作为科学研究材料，为人类揭开了很多自然之谜，如以果蝇为材料发展出遗传学；采用吸血蜻象作为试验材料推进生理学的发展。

（二）昆虫对草原的危害

草原害虫是各种生物群落中的消费者，也是物质、能量的传递者。一般情况下，由于它们的体型小、物质消耗大、能量转化快，在一定程度上加速了物质循环和能量转化。但是当害虫种群数量激增后，对草原可造成多方面的危害。

1. 草原生产能力降低

草原害虫都以植物性食物为食，大都以禾本科、莎草科、豆科及杂类草中的优良牧草为主要食物，危害牧草的根、茎、叶、花、果实、种子、根瘤等部位，造成草原生产能力降低。

2. 污染草原

草原上栖息着多种昆虫，它们排泄的大量粪便均可污染草原，往往引起家畜对牧草的厌食。尤其是鳞翅目毒蛾科的草原毛虫，全身被污黄色绒毛，妨碍牲畜取食。

3. 传播牧草病害

草原害虫是牧草病害的中间传毒媒体，特别是牧草的各种病毒病。病害不仅使牧草和种子的产量减少，也使品质变劣，营养价值降低，适口性和可消化率下降，甚至在病草和染病的籽实中还会产生一些对人畜有毒的物质，危害人畜健康。

4. 干扰家畜行为

在草原上放牧的各种家畜大量排泄粪便，导致许多双翅目的蝇、蟆、蚋及蚊等昆虫的滋生，这些昆虫吮吸家畜血液，干扰家畜正常放牧，甚至有的昆虫还传播人畜共患疾病。

第二节　草原蝗虫基本知识

一、认识蝗虫

昆虫是世界上最大的一个生物类群，无论是个体数量、生物数量还是种类与基因数，它们在生物多样性中都占有十分重要的地位。昆虫与人类的关系复杂而密切，有些昆虫给人类提供了丰富的资源，有利于人类的生产生活，而有些昆虫则给人类造成深重的灾难，例如蝗虫就是其中之一。

蝗虫，俗称蚂蚱、蚱蜢、草螟、蚱蚂，属节肢动物门、昆虫纲、直翅目、蝗总科，身体一般为绿色或黄褐色。蝗虫有很多种类，其中大部分种类有翅能飞，但也有个别种类只有翅芽，不能飞翔。目前已知的蝗虫种类有 1 万多种，我国发现有近 1 000 种。

二、蝗灾的危害

蝗虫灾害是一种世界性生物灾害，全球发生面积达 4 680 万 km^2，全球 1/8 的人口受到蝗灾的袭扰。历史上，蝗灾常与洪灾和旱灾相间发生，并称为三大自然灾害，严重影响人类的生产、生活和生存。我国关于蝗虫的记载，最早可追溯到商代（公元前 16 世纪至公元前 11 世纪），在当时的甲骨文中就有"蝗"字，"螽"字（蝗螽），并有"告蝗""雨""不雨"等占卜蝗灾的发生和天气的卜辞。其后，历代古籍、史籍以及地方志均有关于蝗虫和蝗灾的发生方面的记述。民国时期，蝗灾更是高发、频发，38 年间各地方志中关于蝗灾的记录有 2 100 多次，给我国人民生产、生活造成严重损失。新中国成立初期，蝗灾的发生态势也十分严峻，但在各级政府的共同努力下，到 20 世纪 70 年代蝗灾严重发生态势得到了遏制。但 20 世纪 80 年代初期，由于气候变化和耕作制度变革等因素的影响，蝗灾发生频率再次回升，危害程度加重。

三、蝗虫的形态结构和发育

蝗虫种类较多，其外部形态、颜色、大小也多种多样。这是由于对生活环境和生活方式的适应，经长期自然选择的结果，也就是因生存条件的改变，引起新陈代谢和内部器官机能的变化，最后导致外部形态的改变，说明形态结构和功能有着不可分割的、相互依赖的关系。尽管如此，蝗虫的基本结构却是一致的，各种不同形态上的变异，只不过是基本构造的特化。

（一）蝗虫的身体结构

蝗虫的体表具有坚硬的外骨骼，这是昆虫共有的特征，其重要作用是保护和支持内部柔软器官及防止体内水分蒸发。蝗虫的外骨骼不能随着身体的生长而长大，所以在蝗虫要经过多次脱皮才能正常生长和发育。

1. 头部

感觉和摄食中心，主要结构有触角、眼和口器。

触角：1对，丝状、分节，是蝗虫的感觉器官，具有触觉和嗅觉作用。

眼：1对复眼和3个单眼。复眼位于头部上部，左右两侧各1只，由很多小眼组成，是蝗虫主要的视觉器官。单眼位于复眼和触角中间各1只，还有1只位于头部前方中央偏上，与另两只单眼呈等腰三角形。单眼仅能感光。

口器：蝗虫的取食器官。蝗虫的口器分为5部分，包括上唇、下唇、上颚、下颚和舌。上颚十分坚硬，是切断、嚼碎植物茎叶的主要部位。

2. 胸部

运动中心，分为前胸、中胸和后胸。

蝗虫的前、中、后胸各生有1对足，分别称为前足、中足和后足。蝗虫的后足十分发达，适于跳跃，因此叫作跳跃足。

蝗虫的中胸和后胸各生有1对翅，为前翅和后翅。前翅狭长、革质，覆盖于后翅上，起保护作用；后翅宽大、膜质、柔软，飞行时展开，是适于飞翔的器官。

蝗虫成虫的后足腿节有一列相当于弹器的乳头状突起，前翅胫脉基部有相当于弦器的粗脉，二者摩擦时便可发出声音，这就是蝗虫的发声器。

3. 腹部

蝗虫的腹部由11个体节组成。

蝗虫的腹部第1节两侧各有1个半月形的薄膜，这是蝗虫的听觉器官。在蝗虫的中胸、后胸和腹部的1~8节两侧对应位置上各有1个小孔，称作气门。共有10对气门，是气体出入身体的门户。腹部末端是蝗虫的生殖器官。

二、蝗虫的发育

蝗虫的发育过程从受精卵开始，刚由卵孵化出的幼虫没有翅，能够跳跃，叫蝗蝻。蝗蝻的形态和生活习性与成虫相似，只是身体较小，生殖器官没有发育成熟，因此又叫若虫。若虫逐渐长大，当受到外骨骼的限制不能再生长时，就脱掉原来的外骨骼，这种现象叫蜕皮。蝗蝻一生要蜕皮4~7次，由卵孵化到第一次蜕皮是1龄蝗蝻，以后每蜕皮1次就增加1龄。3龄以后，翅芽显著。最后一次蜕皮后成为成虫。可见蝗虫的个体发育要经历卵、若虫、成虫3个时期，这样的发育过程称为不完全变态发育。

在北方草原地区，蝗虫在土里越冬，第2年6~7月越冬卵孵化为1龄蝗蝻。

四、蝗虫的近亲

（一）蟋蟀

亦称"促织""趋织"，被人们熟知的名称就是"蛐蛐儿"。它隶属于昆虫纲、直翅目、蟋蟀科，和蝗虫同属直翅目，但不是一个科。蟋蟀是以善鸣好斗著称的。蟋蟀的鸣声也是颇有名堂的，不同的音调、频率能表达不同的意思，夜晚蟋蟀响亮的长节奏的鸣声，既是警告别的同性："这是我的领地，你别侵入！"同时又招呼异性："我在这儿，快来吧！"当有别的同性不识趣贸然闯入时，它便威严而急促地鸣叫以示严正警告。

（二）螽斯

就是人们常说的"蝈蝈"，螽斯的外表粗看很像蝗虫，稍仔细看便可以发觉，它们的身甲远不如蝗虫那样坚硬，更重要的是，它们有着细如丝，长过其自身的触角。而蝗虫类的触角又粗又短。螽斯隶属于昆虫纲、直翅目、螽斯科。螽斯是鸣虫中体型较大的一种，体长在40mm左右，身体多为草绿色，也有的是灰色或深灰色。螽斯最突出的特点就是善于鸣叫，是昆虫"音乐家"中的佼佼者。

第三节　草原蝗虫预测和防治

一、草原蝗虫田间调查检测方法

草原蝗虫田间检测调查主要包括卵期、蝗蛹期及成虫期调查等内容。

（一）卵期调查

卵期调查主要是明确蝗卵的分布、密度、越冬死亡率及发育进度等。主要包括越冬前基数调查和越冬后卵死亡率、发育进度调查。

1. 蝗卵越冬基数调查

调查时间：在秋季草原蝗虫产卵后，土壤封冻前进行。

调查方法：在草原蝗虫常发区，根据不同生态环境挖查。每个生态类型随机选取50个植被稀疏、背风向阳的样点。每个样点 $5 \sim 10 m^2$，深度 $8 \sim 15 cm$，挖土调查蝗虫卵块。

2. 蝗卵越冬死亡率调查

调查时间：在越冬蝗卵孵化前进行。

调查方法：在上年调查越冬卵基数的区域进行。每个蝗区至少挖取卵块 10 块，取出卵粒进行检查，统计死亡卵数量，并记录死亡原因。

3. 越冬卵发育进度调查

蝗卵孵化出土前，选择有代表性的地块 5~10 块，每 7d 挖卵 1 次，每次取 3~5 块卵，逐粒观察卵的胚胎发育情况，分别统计各发育期的卵粒数。

（二）蝗蝻期调查

1. 蝗蝻发育进度

在卵期调查的基础上，选择草原蝗虫常发区进行调查，每块样地随机取 10 个点，每点选取 1m² 进行调查。调查点内全部蝗虫统计各龄期数量和比例。

2. 蝗蝻发生面积与密度调查

选择草原蝗虫常发区进行调查，从发现第一头孵化的蝗蝻之后的第 5 天开始，每隔 5d 调查一次，直到蝗虫羽化盛期为止。选择 100 个点，每点调查 1m²，统计蝗蝻及成虫数量。

（三）成虫期调查

1. 残蝗面积及密度调查
主要了解残蝗面积及密度。

在草原蝗虫成虫产卵盛期普查 1 次，不同生态类型蝗区各调查 10 点，每点 1m²，统计点内成虫数量。

2. 雌雄比及产卵雌虫率调查

结合残蝗调查同时进行。随机捕捉成虫不少于 100 头，调查雌雄比和产卵雌虫率。

3. 生殖力观察

从野外捕捉生活力较强的 5 龄雌性和雄性蝗蝻 30 对，进行笼罩饲养（其中成对饲养 10 对，群养 20 对）。逐日观察羽化、产卵情况。

（四）天敌调查

与蝗蝻发育进度调查同时进行。不同类型蝗区随机选 10 点，调查捕食性天敌数量，调查蜘蛛、蚂蚁、步甲数量，每点 1m²；鸟类每点调查 667m²，目测计数。寄生类天敌调查，结合查卵、查蝗蝻，对被寄生的卵和蝗蝻饲养观察。

（五）气象资料收集

收集当地气象台（站）温度、湿度、降水等主要气象要素的实测值和预测报值。

二、草原蝗虫的预测预报

草原蝗虫的预测预报主要包括发生期、发生量的预测预报。

（一）发生期的预测预报

主要是预测某种蝗虫某一虫态的初期、盛期、末期，以确定防治关键时期，及早做好防治准备工作。

1. 历期法

蝗虫某一虫态在一定环境条件下所经历的时间，称为该虫态的历期。掌握了各虫态的历期，便可根据当时出现的虫态或代次推测下一虫态或下一代的发生期。由于草原蝗虫种类多，发生分布范围广。因此，同一种类的蝗虫在不同区域发生历期也不尽相同，各地可以通过室内饲养和田间系统调查来掌握本地蝗虫各虫态的历期，从而通过历期法进行预测预报。

（1）饲养法

在一定条件下，饲养一定数量的蝗虫，观测、记录单个虫体各虫态历期，计算平均值，求出各虫态历期。

（2）田间调查法

在蝗虫某一虫态发生始期，在田间进行系统调查、至该虫态发生末期止，为当年该虫态的历期。积累多年的资料，估测该虫态的历期区间。

2. 有效积温法

通过室内测定和田间饲养观察，测定草原蝗虫不同虫态的有效积温和发育起点温度。根据有效积温法则计算出某虫态（代次）的发生时期。

（二）发生量的预测

主要是预测田间虫口数量变化，包括发生程度、发生范围、面积等。发生量的预测方法主要有以下 2 种：

1. 综合分析预测

根据草原蝗虫发生历史资料，结合各项预测因子，如上一代残蝗数量、气象资料、天敌因素以及水文、地貌、植被等，进行综合分析，对草原蝗虫的发生做出预测。

2. 生物数学法预测

目前，预测蝗虫发生量的生物数学预测方法较多，如直线回归、逐步回归、模糊数学等方法均可对一定区域的蝗虫发生量建立模型，进行预测。

三、草原蝗虫预测预报技术

（一）草原蝗虫常规预测技术

1. 发生期预测

（1）蝗蝻出土期。

①分级法

根据不同环境条件下蝗卵的发育进度，对照在当地变温气候条件下胚胎发育时期至出土所需时间，结合当地气象预报来预测孵化出土期。

②历期法

根据已掌握的不同种类卵的发育历期，对蝗蝻出土期进行预测。

③积温法

根据不同种类草原蝗虫的发育起点温度和有效积温，依据蝗卵胚胎发育进度调查情况，结合当地近期天气预报的地温或气温预测值，对草原蝗虫孵化期进行预测预报。

（2）蝗蝻三龄盛期

从蝗蝻孵化盛期预测蝗蝻三龄盛期可以采用以下方法：

①历期法

根据当地历年积累的资料和气候情况预报蝗蝻三龄盛期。

②积温法

测定蝗蝻的发育起点温度和有效积温，根据有效积温法则对蝗蝻三龄盛期进行预测。

（3）成虫羽化期

蝗卵孵化至成虫羽化期，可采用历期法进行预测。

（4）成虫产卵期

一般采用历期法对草原蝗虫成虫产卵期进行预测。

2. 发生量的预测

根据残蝗密度、雌虫数及产卵率，每头雌虫产卵量及死亡率，预测下代发生密度。此外，还应考虑天敌情况和土壤含水量的高低及气象因素等。

3. 发生面积预测

根据残蝗发生面积、分布范围，结合水淹、耕地、淤滩、湖库水位等因素预报下代蝗虫发生面积。

4. 发生程度预测

根据预测的发生密度和发生面积，计算出发生指数，对照发生程度分级指标，预测发生程度。

（二）草原蝗虫的数理统计预报技术

目前，常用的数理统计预报技术是函数分析预报法，将蝗虫及与蝗虫发生相关的因素运用数据统计分析软件，筛选与其发生相关性高的因素，组建数学模型。应用时再将所需相关因素数据代入模型，从而得到预测结果。

四、植物源农药防治草原蝗虫

植物源农药，就是直接利用或提取植物的根、茎、叶、花、果、种子等或利用其次生代谢物质制成具有杀虫或杀菌作用的活性物质。这些植物主要集中于楝科、菊科、豆科、卫矛科、大戟科等30多种。目前，鱼藤藤、雷公藤、除虫菊酯、印楝素、苦参、乌桕、龙葵、闹羊花、马桑、大蒜等的杀虫、杀菌特性相继被发现和利用。植物性农药的活性成分是自然存在的物质，自然界有其自然的降解途径，不污染环境。植物性杀虫剂对害虫的作用机理与常规化学农药差别很大，常规化学农药仅作用于害虫某一生理系统的一个或少数几个靶标，而多数植物性杀虫剂由于活性成分复杂，能够作用于昆虫的多个器官系统，有利于克服害虫抗药性，有些植物性农药还可刺激作物生长。目前用于草原蝗虫防治的主要有印楝素、森得保、苦参碱等。

五、生态治蝗

蝗虫是维持草原生态系统平衡的重要因素之一，其存在的合理性是与草场植被状况密切相关的，只有虫口密度达到草场难以承受的水平时才能对草场形成危害。受气候干旱、超载过牧、生态环境恶化等诸多因素的影响，蝗虫在草原上危害严重。根据草原蝗虫自身的特点，因时、因地制宜地采取多种措施保护和恢复草场植被，破坏其滋生的生态环境，以降低草原蝗虫的危害。在农牧交错区要通过退耕还林还草工程，将镶嵌在草场中的农田以及分散的小块耕地、夹荒地、沙化的低产农田，退耕后种植多年生灌木或蝗虫不喜食的豆科牧草，如柠条、沙柳、苜蓿、沙打旺、草木樨等。通过种植业结构的调整，在靠近草场的农田种植马铃薯、油菜、胡麻、豆类等非禾本科作物以减少蝗虫危害。

（一）防沙固田

增加植被覆盖度，广泛植树造林种草，减少宜蝗面积。

（二）调整植物布局，种植蝗虫厌食植物

种植一些蝗虫拒食植物，如豆科作物等蝗虫不喜食的作物，恶化蝗虫的食物结构，延缓或防治蝗虫的迁移。

（三）对草地实行科学管理、合理利用、严格保护

对草地非合理利用及过度放牧导致草场退化，是蝗虫猖獗发生的主要原因；而蝗虫猖獗发生又导致草场进一步退化。所以，治理蝗害的根本途径是以经济效益和生态效益为目标，对草地实施科学管理、合理利用、严格保护。通过休牧（禁牧）手段，给草原休养生息的机会，恢复草场植被，改变蝗虫适生环境。

（四）修复退化草场，人工种草

改造蝗区的植被，在蝗区提高植被覆盖度，达到植被覆盖度90%，恶化蝗虫的产卵环境；结合当地实际，改造盐碱荒地建立人工草场，有效地抑制蝗虫的滋生蔓延和危害。

六、保护利用天敌防治草原蝗虫

蝗虫的天敌在减少静态蝗虫群集和群集种群的增长速度方面具有不可忽视的作用。蝗虫在自然界的天敌种类很多，除去病原微生物外，还包括天敌昆虫、蜘蛛、鸟类、爬行动物、两栖动物等大约八大类500多种生物，而且在蝗虫的各个生育时期都存在蝗虫的天敌。天敌对蝗虫能起到很好的控制作用。不同地区的生态地理条件不同，引发蝗灾的蝗虫优势种类及在不同自然条件下分布的蝗虫种类不同，因此以各类蝗虫为食的天敌类群也不同。蝗虫在各个时期都有天敌对其发挥控制作用，而且蝗虫各发育期的天敌发生情况不同。丰富天敌资源，对于抑制蝗虫高密度发生，维护草地生态平衡具有不可低估的作用。保护利用天敌的措施如下：

第一，严禁滥捕滥杀。

第二，避免大量使用化学农药而误杀天敌。

第三，种植开花植物招引天敌。

第四，创造天敌适宜的生存环境。

七、牧禽防治草原蝗虫

牧禽治蝗与传统的化学防蝗措施相比，具有"防效高、成本低、无公害"等优点，对有效保护草地资源、控制草原退化、发展草地畜牧业和维护生态平衡具有重要意义。通过在草地上有规则地放牧鸡（鸭）群，既防治以草地蝗虫为主的害虫，又节省饲料、降低饲养成本，兼收灭虫、育禽双重效果。应用牧鸡生物治蝗技术，不仅能有效控制虫害，减少牧草损失，而且不污染草地生态环境和畜产品，同时鸡粪散播在草地上还能增加草地土壤肥力，促进牧草良好生长。牧鸡生物治蝗试验示范，增强了牧民群众的生物防治观念，为社会提供了绿色环保食品，对活跃市场经济，满足人民生活需要起着积极作用。

八、绿僵菌防治草原蝗虫

绿僵菌是虫生真菌，是最早用于防治农业害虫的真菌，是一种广谱的昆虫病原菌。绿僵菌杀虫机理是：在适宜环境下萌发，长出菌丝，穿过蝗虫的皮肤（体壁），在虫体内大量繁殖，产生毒素，或是菌丝长满蝗虫体内使蝗虫死亡。它是一种世界性分布的杀虫真菌。由于绿僵菌的致病力较强，防效好，对人畜和环境安全，使人们对其寄予了厚望。杀蝗绿僵菌是从蝗虫体内分离菌株进行筛选，选育出高效菌株，或将其制成灭蝗菌剂。它能通过体表接触，侵入蝗虫的几丁质层，进入虫体内大量繁殖并引起其体内各组织、器官发生病变，5~12d后虫子死亡。当气候湿润时，虫体表面会长出绿色菌丝，产生绿色孢子，这些新产生的孢子又会传染其他蝗虫。

九、物理机械治理草原蝗虫

利用自然或人为措施，直接作用于各种虫体的方法。目前主要采用的有人工捕杀和机械防治等方法。这种方法是以预测预报为手段，利用蝗虫的一些特性，通过机械等杀灭大量蝗虫。它可结合蝗虫产品——禽类饲料添加剂一起开发，具有广阔的应用前景。

十、化学农药治理草原蝗虫

由于草原生态系统较为脆弱，草原生物多样性较小等特点，不推荐使用化学农药治理草原蝗虫。因为化学农药的使用会杀灭草原害虫天敌，减少草原生物种类；破坏草原土壤构成，造成草原退化、沙化、盐渍化，破坏草原生态系统，恶化环境。但是由于化学农药时效性好的特点，是草原蝗虫暴发应急控制时的必要手段。在防治草原蝗虫时，尽量选用低毒、高效、低残留的化学农药，也可以将化学农药与绿僵菌及植物源农药复配使用，既减少化学农药的使用，又提高灭蝗效率。

第五章　农作物秸秆

第一节　农作物秸秆基础知识

一、农作物秸秆资源概况

农作物秸秆是指各类农作物在收获了主要农产品后剩余的地上部分的所有茎叶或藤蔓。通常指小麦、水稻、玉米、薯类、油菜、棉花、甘蔗和其他农作物（通常为粗粮）在收获籽实后的剩余部分。农作物光合作用的产物有 1/2 以上存在于秸秆中，秸秆富含氮、磷、钾、钙、镁和有机质等，是一种具有多用途的可再生的生物资源。秸秆也是一种粗饲料，特点是粗纤维含量高（30%~40%），并含有木质素等。木质素纤维素虽不能为猪、鸡所利用，但却能被反刍动物牛、羊等牲畜吸收和利用。

目前，世界人口持续增长，人民消费水平不断提高，要求有更多的食物供给。人类为了从有限的土地资源中获得尽可能多的粮食产量，更多地使用化肥、农药、农业机械等现代农业生产方式。虽然粮食产量明显提高，但增加了单位面积上矿物能的投入，而且农作物秸秆的产量也大幅度增加。与过去明显不同的是，由于农业高效化肥的使用，牲畜饲料的日益丰富，农村中电力、煤气等洁净能源的普及等原因，一部分秸秆资源没有被充分资源化利用，被直接丢弃或者焚烧，这一方面会浪费资源，另一方面会间接地污染环境。因此，如何开发利用这类秸秆资源，使其在农业生产系统中实现物质的高效转化和能量的高效循环，是发展循环农业和低碳农业的重要实现途径。农作物秸秆资源高效利用不仅可以提高土壤肥力，保障环境安全，还可以实现农民生活系统中的家居温暖和环境清洁，是建设社会主义新农村的必经之路。

二、秸秆种类和利用价值

（一）秸秆种类

秸秆一般主要包括禾本科和豆科类作物秸秆。其中，属于禾本科的作物秸秆主要有麦秸、稻草、玉米秸、高粱秸、荞麦秸、黍秸、谷草等；属于豆科的作物秸秆主要有黄豆秸、蚕豆秸、豌豆秸、花生藤等；此外，还有红薯、马铃薯和瓜类藤蔓等。

（二）秸秆的利用价值

秸秆的综合利用途径主要有 5 种：一是用作肥料；二是用作饲料；三是用作燃料；四是用作工业原料；五是用作食用菌基料。

1. 秸秆的肥料价值

秸秆中含有大量的有机质、N、P、K 和微量元素，是农业生产中重要的有机质来源之一。将秸秆还田可以提高土壤有机质含量，降低土壤容重，改善土壤透水、透气性和蓄水保墒能力；除此之外，还能够改变土壤团粒结构，有效缓解土壤板结问题。若每公顷土壤基施秸秆生物肥 3 750kg，其肥效相当于碳酸氢铵 1 500kg、过磷酸钙 750kg 和硫酸钾 300kg。因此，充分利用秸秆的肥料价值还田，是补充和平衡土壤养分的有效措施，可以促进土地生产系统良性循环，对于实现农业可持续发展具有重要意义。

2. 秸秆的饲料价值

农作物秸秆中含有反刍牲畜需要的各种饲料成分，这为其饲料化利用奠定了物质基础。玉米秸秆含碳水化合物约 30% 以上、蛋白质 2%~4% 和脂肪 0.5%~1%。草食动物食用 2kg 玉米秸秆增重净能相当于 1kg 玉米籽粒，特别是采用青贮、氨化及糖化等技术处理玉米秸秆后，效益更为可观。为了提高秸秆饲料的适口性，还可对农作物秸秆进行精细加工，在青贮过程中加入一定量的高效微生物菌剂，密封贮藏发酵后，使其变成具有酸香气味、营养丰富、适口性强、转化率高、草食动物喜食的秸秆饲料。

3. 秸秆的燃料价值

作物秸秆中的碳使秸秆具有燃料价值，我国农村长期使用秸秆作为生活燃料就是利用秸秆的这一特性。农作物秸秆中碳占很大比例，其中粮食作物小麦、玉米等秸秆含碳量可达 40% 以上。目前对于科学利用秸秆这一特性主要有两种途径：一种途径是将秸秆转化为燃气，1kg 秸秆可以产生 $2m^3$ 以上燃气；另一种途径是将秸秆固化为成型燃料。

4. 秸秆的工业原料价值

农作物秸秆的组成成分决定其还是一种工业制品原料，除了传统可以作为造纸原料外，秸秆工业化利用还有多种途径：第一，在热力、机械力以及催化剂的作用下将秸秆中的纤维与其他细胞分离出来制取草浆造纸、造板；第二，以秸秆中的纤维作为原料加工成汽车内饰件、纤维密度板、植物纤维地膜等产品；第三，将作物秸秆制成餐具、包装材料、育苗钵等，这是近几年流行的绿色包装中常用的原材料；第四，利用秸秆中的纤维素和木质素作填充材料，以水泥、树脂等为基料压制成各种类型的纤维板、轻体隔墙板、浮雕系列产品等建筑材料。

5. 秸秆的食用菌基料价值

农作物秸秆主要由纤维素、半纤维素和木质素三大部分组成，以纤维素、半纤维素为主，其次为木质素、蛋白质、树脂、氨基酸、单宁等。以秸秆纤维素为基质原料利用微生物生产单细胞蛋白是目前利用秸秆纤维素最为有效的方法之一。用秸秆作培养基栽培食用菌就是该原理的实际应用。

第二节　农作物秸秆综合利用

一、秸秆肥料利用

秸秆肥料化利用的主要形式是秸秆还田，该技术是我国秸秆资源化利用中最原始的技术，尤其是秸秆直接还田，因其易被掌握，在目前仍被大量应用。直接还田主要包括秸秆覆盖还田和秸秆粉碎翻压还田两种形式。秸秆间接还田中的沤制还田、过腹还田、过圈还田等技术在农村地区仍普遍使用，而高温堆肥和厌氧消化后的高效清洁利用由于存在许多因素的制约目前应用还不够成熟。

除可以采用留高茬、覆盖、堆沤还田、机械还田和过腹还田等形式外，还可以采用特殊工艺科学配比，将秸秆经过粉碎、酶化、配料、混料、造料等工序后生产秸秆复合肥，其成本与尿素接近，施用后对于促进土壤养分转化、改善土壤物理性质、增强农作物抗病能力，优化农田生态环境都有良好的效果。同普通复合肥相比，粮食可以增产 10%～20%，蔬菜增产 30%～40%，水果增产 25%～40%，且水果含糖量可以提高 1%～3%。此外，秸秆生物反应堆、秸秆粉碎后经一系列加工处理后制成固体棒状炭，燃烧后产生的二氧化碳可以作为气体肥料用于大棚或温室的蔬菜水果种植。秸秆还田不仅有利于农作物增产，而且降低了劳动强度，培肥了地力，还可以减轻病虫危害。

（一）直接还田

直接还田方法简便，能促进土壤养分转化，改善土壤物理性质，保持土壤水分，平衡土温，提高作物产量。直接还田特别适于我国北方旱作农业的持续发展。

（二）过腹还田

把秸秆作饲料喂养家畜，再利用家畜粪便还田作肥料，此法可节约饲料量和牧草，既能发展养殖业，又能提高土壤肥力。养畜过腹还田，带动了养殖业的快速发展。

（三）秸秆堆沤还田

采用堆沤等形式，经过微生物作用产生多种酶，促进农作物秸秆中的有机物降解，发酵分解转化为可供植物生长发育需要的有机肥料。

二、秸秆的工业化应用

秸秆的工业用途广泛，不仅可用作保温材料、纸浆原料、菌类培养基、建筑材料、各类轻质板材和包装材料的原料，还可用于编织业，酿酒制醋，生产人造棉、人造丝、饴糖等，或从中提取淀粉、木糖醇、糖醛等。

（一）秸秆编织制品加工技术

秸秆用于编织业最常见的是稻草编织。草帘、草苫等可用于设施蔬菜的温室大棚中；草席、草垫既可保温防冻，又具有吸汗防湿的功效；而品种繁多的草编织品、工艺品和装饰品，由于工艺精巧，透气保暖性好，装饰性佳，深受国内外消费者的喜爱。

（二）秸秆制建筑材料技术

将粉碎后的秸秆按一定比例加入黏合剂、阻燃剂和其他配料，进行机械搅拌、挤压成型、恒温固化，可制得高质量的轻质建材。这些装饰板成本低、重量轻、美观大方，且在生产过程中无污染。目前，秸秆在建材领域内的应用已相当广泛，秸秆消耗量大、产品附加值高，又能节约木材，很有发展前景。

（三）秸秆制备扬尘覆盖剂技术

随着我国经济建设的飞速发展，大规模的土地开发和道路改造形成的建筑裸露地、建筑弃土成为二次扬尘的源头，对大气环境质量带来极大的影响。利用废弃的农作物秸秆制成扬尘覆盖剂，喷洒于建筑工地的裸露土堆及工厂等地的裸露煤堆，形成一个覆盖层，以固定沙尘、降低空气中的可吸入颗粒物，提高空气质量。目前应用的绿色环保扬尘覆盖剂主要由玉米秸秆制作而成。传统的控制施工工地扬尘的方法常采用密目网和化学覆盖剂等方法，这些方法不是控制扬尘效果不理想，就是会对土壤造成不良影响。而绿色环保覆盖剂不仅对环境没有影响，而且喷洒后覆盖扬尘效果好，有效弥补了原有方法的不足。

（四）用作食用菌基料

秸秆营养丰富、来源广泛、成本低廉，非常适合用作食用菌的培养基料。目前国内外用各类秸秆生产的食用菌品种已达 20 多种，不仅可培育草菇、香菇、凤尾菇等一般品种，还可培育黑木耳、银耳、猴头、毛木耳、金针菇等名贵品种。

（五）生产工业原料

秸秆作为工业原料在国内开发利用起步较晚，但由于其来源丰富、价格低廉且经济效益显著，目前已经成为极具潜力的发展领域。经过碾磨处理后的秸秆纤维与树脂混合物在金属模具中加压成型处理，可以制作装饰板材和一次成型家具，具有强度高、耐腐蚀、阻火阻燃、美观大方及价格低廉的优点。这种秸秆板材的开发对于缓解我国木材供应数量不足和供求趋紧的矛盾、节约森林资源、发展人造板产业具有十分重要的意义。秸秆还可以采取爆破制浆等技术，代替木材和棉花生产高质量的人造纤维浆粕，可以作为化纤制品和玻璃纸生产的主要原料，亦可以广泛应用于抽丝织布、无毒塑料、胶片、火药、无毒食品包装袋、一次性卫生筷、快餐饭盒的生产。特别是利用秸秆纤维生产的快餐饭盒保温隔热效果好，强度、挺度佳，制造工艺简单可靠，生产成本低，产品附加值高，使用后可以自然生物降解，无毒无害，还能用作饲料和肥料，不产生任何环境污染，可以成为塑料材质制成的快餐饭盒的理想替代产品。

三、秸秆的能源化利用

秸秆能源化利用技术主要有秸秆直燃发电、秸秆气化、秸秆发酵制沼气、秸秆成型燃料及秸秆炭化技术等。

（一）秸秆直燃发电技术

作为传统的能量转换方式，秸秆直接燃烧具有经济方便、成本低廉、易于推广等特点，可在秸秆主产区为中小型企业、政府机关、中小学校和相对比较集中的乡镇居民提供生产、生活热水和冬季采暖。目前，秸秆锅炉供暖、发电或热电联产已在英国、荷兰、丹麦等国家应用。我国秸秆直燃供热技术起步较晚，适合我国农村特点的、运行费用低廉的小型秸秆直燃锅炉正在研发中。

（二）秸秆气化集中供气技术

秸秆气化是秸秆资源高附加值利用的一种生物能转化方式。秸秆粉碎后，在气化装置内不完全燃烧即可获得理论热值为 $5724kJ/m^3$ 的燃气。燃气经降温、多级除尘和除焦油等净化和浓缩工艺后，由风机加压送至贮气柜，然后经管道输送供用户使用。秸秆气化集中供气系统主要包括秸秆处理装置、气化机组、燃气输配系统、燃气管网和用户燃气系统等五部分。秸秆气化具有经济方便、干净卫生等特点，但存在投资高、燃气热值偏低以及燃气中氮气与焦油含量偏高等问题，还不能大规模推广应用。

（三）秸秆发酵制沼气

秸秆制沼气是指多种微生物在厌氧条件下，将秸秆转化成沼气和副产物沼液、沼渣的过程。沼气的主要成分是甲烷，占50%~70%，是高品位清洁燃料。甲烷可在略高于常压的状态下，通过PVC管道输送到农户，用于炊事、照明、果品保鲜等。

（四）秸秆成型压块及炭化技术

秸秆成型压块是指秸秆经粉碎后在200~300℃高温下软化，然后添加适量黏结剂与水混合，施加一定压力使其固化成型，即得到棒状或颗粒状"秸秆炭"，还可进一步经炭化炉加工处理使其成为具有一定机械强度的"生物煤"。

秸秆成型燃料具有以下优点：一是制作工艺简单，可加工成多种形状，体积小，贮运方便；二是品位较高，利用率可提高到40%左右；三是使用方便，干净卫生，燃烧时污染极小；四是除民用锅炉外，还可用于热解气化生产煤气、生产活性炭。

第六章 秸秆饲料化、基料化利用技术

第一节 秸秆饲料化利用简介

一、秸秆饲料化利用价值

秸秆中含有大量的有机物和少量的矿物质及水分，其有机物主要为碳水化合物、粗蛋白质和粗脂肪，碳水化合物主要包括纤维素、半纤维素、木质素和果胶等。农作物秸秆含有动物需要的各种饲料成分，这为其饲料化利用奠定了物质基础。但是，秸秆被动物消化利用的前提是动物消化道内要有内源性纤维素酶系或添加到秸秆饲料中的外源性纤维素酶系。反刍家畜瘤胃微生物能分泌纤维素酶系，因此能够直接利用秸秆饲料。而单胃家畜不能分泌纤维素酶系，不能直接利用农作物秸秆饲料，必须添加外源性纤维素酶才能利用。

由于农作物秸秆存在以上限制因素，导致秸秆直接作为饲料效果欠佳，需进一步加工处理。秸秆饲料化利用技术主要有秸秆饲料加工技术（微生物贮存技术和青贮技术）、氨化技术、秸秆揉搓加工技术、热喷处理技术和秸秆饲料压块技术。

二、秸秆饲料化利用方式

农作物秸秆饲料化方法主要有物理处理方法，如揉搓加工技术、压块成型技术、挤压膨化技术和热喷处理技术；化学处理方法，如氨化技术、碱化技术、氧化技术和复合技术；生物处理方法，如青贮技术和微贮技术。

三、秸秆饲料化利用前景

随着人们生活水平的提高，动物食品的需求量不断扩大，而畜牧业的发展往往受到饲料的制约。利用秸秆类农业固体废物生产饲料，原材料不仅来源广泛，并且成本低廉，同时又减少了对环境的污染，是农业固体废物处理与处置技术中的重要技术之一，具有广阔的前景。

第二节 秸秆青贮、微贮技术

一、秸秆青贮技术

（一）青贮机理

秸秆青贮是将新鲜的秸秆（主要是玉米秸秆）切断或铡碎后，紧实堆积于不透气的青贮池或青贮塔内，在适宜的厌氧条件下，利用厌氧微生物的发酵作用，使原料中所含的糖分转化为以乳酸为主的有机酸，使青贮饲料的 pH 值维持在 3.8~4.2，从而抑制青贮饲料内包括乳酸菌在内的所有微生物活动，达到保存饲料和提高秸秆营养价值、适口性的一种方法。该技术适宜于我国一年两熟（小麦—玉米）地区，夏播玉米一般在 9 月中旬前后成熟。此时气温已较低，玉米秸秆趁着收割后青贮最好。适宜在人多地少，饲草、饲料较缺的地区发展畜牧业。

（二）青贮饲料的特点

秸秆青贮饲料不仅气味芳香，而且适口性好，主要有以下几个方面的特点：

1. 青贮秸秆养分损失少，可以最大限度保持青饲料的营养物质

玉米秸秆经青贮后，蛋白质、纤维素保存较多，营养价值得到提高。一般青饲料在成熟和晒干之后，营养价值降低 30%~50%，但在青贮过程中，由于密封厌氧，物质的氧化分解作用微弱，养分损失仅为 3%~10%，从而使绝大部分养分被保存下来，特别是在保存蛋白质和维生素（胡萝卜素）方面要远远优于其他保存方法。

2. 适口性好，消化率高

青饲料鲜嫩多汁，充分保留了秸秆在青绿时的营养成分，青贮使水分得以保存。青贮饲料含水量可达 70%。同时，在青贮过程中由于微生物的发酵作用，产生大量乳酸和芳香物质，气味酸香，更增强了其适口性和消化率。此外，青贮饲料对提高家畜日粮内其他饲料的消化性也有良好的作用。

3. 可调节青饲料供应的不平衡

由于青饲料生长期短，老化快，受季节影响较大，很难做到一年四季均衡供应。而青贮饲料一旦做成可以长期保存，保存年限可达 2~3 年或更长，因而可以弥补青饲料利用的时差之缺，做到营养物质的全年均衡供应。

4. 青贮可净化饲料，保护环境

青贮能杀死青饲料中的病菌、虫卵，破坏杂草种子的再生能力，从而减少对畜、禽和农作物的危害。另外，秸秆青贮已使长期以来焚烧秸秆的现象大为改观，使这一资源变废为宝，减少了对环境的污染。基于这些特性，玉米秸秆青贮饲料作为奶牛、肉牛和肉羊的基本饲料，已越来越受到各地的重视。

（三）秸秆青贮方式

秸秆青贮一般有青贮窖（池）、青贮袋和地面堆贮三种形式。目前养殖量大的用户一般采用青贮窖（池），青贮袋适用于养殖规模比较小的养殖户。

1. 青贮窖（池）

（1）窖（池）址

青贮窖（池）址应选在地势高、干燥、土质坚硬、排水良好、避风向阳、距畜舍较近、四周有一定空地的地段。切忌在低洼处或树荫下建窖（池），并避开交通要道、路口、粪场、垃圾堆等。

（2）窖（池）形式

青贮窖（池）有长方体和圆柱体两种，可以是地下式、半地下式或地上式。青贮窖（池）底部应高于地下水位1m以上。依据地下水位状况确定窖（池）的形式。地下水位低，采用地下式；地下水位高，可采用半地下式或地上式。

（3）窖（池）形与大小

根据地形，畜群种类、数量和原料情况确定窖（池）形与大小。大型养殖场以地上式、长方体为主，单池规模1 000m³左右；其他养殖场（户）以半地下式、地下式一端开口斜坡式长方体为主，单窖规模为30~500m³，具体大小根据养殖数量确定。若建圆柱体青贮池，径深比一般为1:1.5左右，上大下小；若建长方体青贮池，长、宽、高比一般为4:3:2。要求池壁砌砖，水泥造底。池底应该有一定坡度，不透气，不漏水。

（4）容量

计算公式：长方体池的容量（t）= 长×宽×深×青贮玉米秸秆（0.5~0.6）t/m³；斜坡式长方体窖的容量（t）=（窖口长+窖底长）×深/2×宽×（0.5~0.6）t/m³。

（5）建筑结构

地上式采取钢筋混凝土结构，地下式、半地下式可用砖混结构。各种结构在窖底需建渗水池，便于排出多余的青贮渗出液及雨水。

（6）质量要求

窖（池）壁应光滑、不透气、不透水，小型窖（池）四角呈弧形，窖底呈锅底状。

2. 青贮壕

青贮壕是指大型的壕沟式青贮设施，适用于大型饲养场使用。此类建筑最好选择在地方宽敞、地势高燥或有斜坡的地方，开口在低处，以便夏季排出雨水。青贮壕一般宽4.6m，深5~7m，地上至少2~3m，长20~40m，必须用砖、石、水泥建筑永久窖。青贮壕是三面砌墙，地势低的一端敞开，以便车辆运取饲料。

3. 袋装青贮

袋装青贮应选用青贮专用的塑料拉伸膜袋，要求具有抗拉伸、避光、阻气功能。一般选取袋长200cm、宽1500cm左右的圆筒状开口袋子，厚度10~15丝，将玉米秸秆切碎压实后装入青贮塑料袋内的简易青贮方法。该方法主要针对一般养殖农户，因养殖规模小、场地限制、劳动力缺乏、铡草机械较小而设计的一种临时贮存青贮料的方法。袋贮场地应选择较为平坦的场地。

4. 地面堆贮

地面堆贮利用干燥、平坦的地方，堆放揉搓或切碎后的玉米秸秆，压紧、覆盖棚膜，四周密封，适宜于多余玉米秸秆的临时青贮，利用期为秋冬及春初。

（四）青贮工艺技术

1. 技术流程

秸秆青贮工艺流程主要包括原料准备、装填、密封、检查和启用等工艺过程。

（1）原料准备

①选择

青贮时，首先选好青贮原料。在选用青贮原料时，应选用一定含糖量的秸秆，一般不低于2%，选用含糖量超过6%的秸秆可以制成优质青贮饲料。秸秆的含水量也要适中，控制在55%~60%为宜，以保证乳酸菌的正常活动。

②切碎

对秸秆进行切碎处理，将玉米秸秆铡切至2~3cm（饲喂牛）或揉搓成丝（饲喂羊）。切短的目的在于可以装填紧实，取用方便，牲畜易采食；此外，秸秆经切断或粉碎后，易使植物细胞渗出汁液，湿润饲料表面，有利于乳酸菌的生长繁殖。切碎后的秸秆入窖（池），经压实、密封后贮存。

③调整湿度

将秸秆含水量调整到65%~75%之间，用手握紧切碎的玉米秸秆，以指缝有液体渗出而不滴下为宜。若玉米秸秆含水量不足时，可在切猝的玉米秸秆中喷洒适量的水，或与水分较多的青贮原料混贮。若秸秆3/4的叶片干枯，青贮时每千克秸秆需加水5~10kg；若原料含水量过大，可适当晾晒或加入一些粉碎的干料，如熟皮、草粉等。

④添加剂使用

为了提高青贮玉米秸秆的营养或改善适口性，可在原料中掺入一定比例的添加剂。青贮添加剂主要有以下几类：

微生物制剂：最常见的微生物制剂是乳酸菌接种剂，秸秆中含有的乳酸菌数量极为有限，添加乳酸菌能加快作物的乳酸发酵，抑制和杀死其他有害微生物，达到长期酸贮的目的。乳酸菌有同质和异质之分，在青贮中常添加的是同质乳酸菌，如植物乳杆菌、干酪乳杆菌、啤酒片球菌和粪链球菌等，同质乳酸菌发酵产生容易被动物利用的 L-乳酸。我国近几年用于秸秆发酵的微生物制剂也有很多，大多是包括乳酸菌在内的复合菌剂，如新疆海星牌秸秆发酵活干菌。

酶制剂：青贮过程中使用的酶制剂主要有淀粉酶、纤维素酶、半纤维素酶等。这些酶可以将秸秆中的纤维素、半纤维素降解为单糖，能够有效解决秸秆饲料中可发酵底物不足、纤维素含量过高的问题。

抑制不良发酵添加剂：这类添加剂用得较多的有甲酸、甲醛。添加甲酸对青贮的不良发酵有抑制作用，其用量为 $2\sim5L/t$。甲醛对所有的菌都有抑制作用，其添加量一般为 $3\%\sim5\%$。添加甲酸、甲醛或其混合物的费用较大，在我国目前还难以推广。添加丙酸、已二烯酸、丁酸及甲酸钙等能防发酵中的霉变，这类添加剂的添加量一般为 0.1% 左右。

营养添加物：玉米面、糖蜜、胡萝卜的添加可以补充可溶性碳水化合物，氨、尿素的添加可以补充粗蛋白质含量，碳酸钙及镁剂的添加可以补加矿物质，这类添加物都属于营养添加物。

无机盐：添加食盐可提高渗透压，丁酸菌对较高的渗透压非常敏感而乳酸菌却较为迟钝，添加 4% 的食盐，可使乳酸含量增加，乙酸减少，丁酸更少，从而改善青贮的质量和适口性。

（2）装填

第一，青玉米秸秆收获后，应尽快用机械粉碎后装入青贮窖（池）或用灌装机装压入青贮袋中。要做到边收边运、边运边铡、边铡边贮，要求连续作业，在尽量短的时间内完成装填，避免发热、腐烂，现在一般多用机械化铡草机铡后直接装填窖（池）中。

第二，装料前用大块塑料布将窖（池）底壁覆好，将铡碎的玉米秸秆逐层装入窖（池）内，每装 $20\sim30cm$ 厚时可用人踩踏、石夯、履带式拖拉机压等方法将原料压实，特别注意将窖（池）壁四周压实，避免空气（氧气）进入而不能达到厌氧发酵的目的。

第三，装满后原料装至高出窖（池）口 $30\sim40cm$，再用塑料布盖严，覆土 $30\sim40cm$ 后拍实成圆顶，使其中间高周边低，长方形窖（池）呈弧形屋脊状，以利于排水。

第四，封窖后，四周 1m 左右挖好小排水沟，以防雨水渗入窖（池）内。若发现窖（池）顶有裂缝，应及时加土压实，以防漏气。

第五，袋装青贮将袋子打开，压缩成圆圈状，接触地面一端用塑料盖严，然后将切短的玉米秸秆边装边踩实装入袋中。在装填过程中，要注意袋子不能装斜，避免袋子翻倒，浪费人力，同时要防止弄破塑料袋，以免透气。

第六，地面堆贮要求在地面上铺塑料棚膜，逐层装填时不要超出四周底边，最终装填压实，横截面呈圆弧形。

（3）密封

青贮窖（池）密封前，应该用塑料棚膜将玉米秸秆完全盖严。自上而下压一层厚 30cm 的湿土。袋贮法要在不损坏塑料袋的前提下，尽可能将袋口扎紧，使装袋密闭，并用重物压在扎口处。

（4）检查

青贮完成后要经常检查，若发现下沉或有裂缝，及时填平封严。青贮袋要经常检查袋子有无破损，同时注意防鼠，发现有破洞或袋内起雾时及时封补。

（5）启用

①启用时间

青贮窖（池）厌氧发酵 30d，袋贮 40d 左右后，玉米秸秆即成为青贮饲料，便可启封。开窖前从一头清除盖土，以后随取随时逐段清土。青贮饲料应随取随用，取后随即继续封闭。

②启用方法

一是地面堆贮和袋装青贮饲料应首先利用，其次再启封青贮窖（池）。

二是根据养殖数量确定每次启封面的大小。取用时自上而下剥掉覆土，揭去塑料棚膜，从青贮饲料横断面垂直方向自上而下取到底，以此为起点向里依次取用，直至用完。取后及时盖好棚膜，防止料面暴露，产生二次发酵。

2. 注意事项

（1）排除空气

乳酸菌是厌氧菌，只有在没有空气的条件下才能进行生长繁殖。若不排除空气，就没有乳酸菌生存的余地，而好氧的霉菌、腐败菌会乘机滋生，导致青贮失败。因此，在青贮过程中原料要切到 3cm 以下，踩实、封严。

（2）温度适宜

青贮原料温度在 25~35℃时，乳酸菌会大量繁殖，很快便占主导优势，致使其他一切杂菌都无法活动繁殖，若料温达 50℃时，丁酸菌就会生长繁殖，使青贮饲料出现臭味，以致腐败。因此，除要尽量踩实、排除空气外，还要尽可能地缩短铡草装料过程，以减少氧化产热。

（3）水分适当

适于乳酸菌繁殖的含水量为70%左右，过干不易踩实，温度易升高；过湿则酸度大，牛不喜食。70%的含水量相当于玉米植株下边有3~5片干叶；如果全株青贮，砍后可以晾半天；青黄叶比例各半，只要设法踏实，不加水同样可获成功。

（4）原料处理

乳酸菌发酵需要一定的糖分。原料含糖多的易贮，如玉米秸、瓜秧、青草等。含糖少的难贮，如花生秧、大豆秸等。对含糖少的原料，可以和含糖多的原料混合贮，也可以添加3%~5%的玉米面或麦秸单贮，豆科牧草和蛋白质含量较高的原料应与禾本科牧草混合青贮，禾豆比以3∶1为宜；糖分含量低的原料应加30%的糖蜜（制糖的副产品）；禾本科牧草单独青贮可加0.3%~0.5%的尿素；原料含水量低、质地粗硬的可按每100kg加0.3~0.5kg食盐。这些方法都能更有效地保存青料和提高饲料的营养价值。

（5）青贮时间

饲料作物青贮，应在作物子实的乳熟期到蜡熟期进行，即兼顾生物产量和动物的消化利用率。利用农作物秸秆青贮则要掌握好时机，过早会影响粮食的产量，过晚又会使作物秸秆干枯老化、消化利用率降低，特别是可溶性糖分减少，影响青贮的质量。玉米秸秆的收贮时间，一看子实成熟程度，乳熟早，枯熟迟，蜡熟正适时；二看青黄叶比例，黄叶差，青叶好，各占一半就嫌老；三看生长天数，一般中熟品种110d就基本成熟，套播玉米在9月10日左右，麦后直播玉米在9月20日左右，就应收割青贮。秸秆青贮应在作物子实成熟后立即进行，而且越早越好。

（五）青贮饲料的品质鉴定

青贮饲料的品质鉴定一般采用感官评定和化学评定两类方法。化学评定中有机酸及微生物的检测是判断青贮饲料品质好坏最关键、最直接的评判指标，但是在实际生产中大多采用感官评定，同时结合在实验室内进行的化学评定，检查青贮饲料的品质，判断青贮饲料的营养价值及是否存在安全风险。

1. 取样

为了准确评定青贮饲料的质量，对饲料的取样必须具有代表性。首先清除封盖物，并除去上层发霉的青贮物料；再自上而下从不同层分点均匀取样。采样后立即把青贮饲料填好，密封，以免空气混入导致青贮饲料腐败。样品采集后若不能立即评定，应将饲料置于塑料袋中密闭，4℃冰箱保存。

2. 感官评定

感官评定主要是通过感官评定青贮饲料的颜色、气味、口味、质地和结构等指标，来判断青贮饲料的品质好坏，此方法简便迅速，但是不能定量。

（1）色泽

青贮饲料越接近于作物原先的颜色越好。若青贮前作物秸秆为绿色，青贮后仍为绿色或黄绿色最佳。秸秆青贮发酵温度是影响青贮饲料色泽的最主要因素，温度越低，青贮饲料的颜色越接近于青贮前的颜色。

（2）气味

若青贮饲料具有酸味和水果香味，则饲料品质优良；若饲料具有刺鼻的酸味，则饲料中醋酸较多，品质较次；若饲料具有臭味且腐烂腐败，则为劣等，不宜饲喂家畜。

（3）质地

作物秸秆经过青贮后，农作物的茎叶结构应当能清晰辨认，柔软松散，茎叶花保持原状，容易分离的青贮饲料为上等；青贮饲料茎叶部分保持原状，柔软，水分稍多为中等饲料；若饲料非常黏滑，腐烂，分不清原有结构，则为劣等青贮饲料。

3. 化学分析评定

青贮饲料评定中常用化学分析测定方法分析青贮饲料的 pH 值、有机酸含量、微生物种类和数量、营养物质含量变化、青贮饲料可消化性及营养价值等。

（1）pH 值

pH 值是衡量青贮饲料品质好坏的重要指标之一。若在实验室测定 pH 值，用精密酸度计。在生产现场，可用精密 pH 试纸测定。

（2）氨态氮与总氮的比值

氨态氮与总氮的比值能反映青贮饲料中蛋白质及氨基酸分解的程度，比值越大，说明蛋白质分解越多，青贮饲料的质量越不好。

（3）有机酸含量

有机酸总量及其构成可以反映青贮发酵过程的好坏，有机酸主要包括乳酸、醋酸和丁酸，乳酸所占比例越大越好。若青贮饲料中含有较多的乳酸和少量醋酸，不含丁酸，则说明饲料品质好。若青贮饲料中含丁酸多而乳酸少，则饲料品质差。

（4）微生物指标

微生物种类及数量也是影响青贮饲料品质的关键因素，主要检测的微生物指标有总菌数、乳酸菌数、霉菌数及酵母菌数，霉菌及酵母菌过多，会降低青贮饲料的品质以及引起二次发酵。

（六）青贮饲料饲喂方法

1. 不能长期堆放

青贮饲料不能长时间堆放在圈舍内，尤其是气温较高的季节，取出后应尽快饲喂家畜。

2. 逐渐适应

开始饲喂青贮饲料时，家畜不习惯，要坚持由少到多的原则，待适应后喂足。

3. 不宜单一饲喂

青贮饲料的饲喂量一般不应超过日粮总量的 1/2。各种家畜的参考饲喂量如下：奶牛 15～20kg，育成牛 9～20kg，育肥牛初期 12～14kg，犊牛 5～9kg，马 7～10kg，羊 5～8kg。

4. 避免气味进入奶中

挤奶的家畜在挤奶后 2h 再喂青贮饲料，以减少气味附到奶中，影响奶的风味口感。

（七）工程实例

1. 作物秸秆青贮窖饲料化处理工程

（1）适用范围

该技术适用于各类作物秸秆的饲料化调制处理，能适应不同生产规模，比较适合中国农村现有的生产水平。

（2）工艺流程

采用厌氧发酵处理工艺。工艺流程：秸秆类原料——切碎——装填——压实——密封——贮存——开窖饲喂。

（3）形式与处理容量

青贮窖的形式有半地下式、地下式，形状呈圆形或方形，以方形为多。青贮窖可大可小，能适应不同的生产规模，大型青贮窖的处理能力为 100t 以上，中型青贮窖为 50～100t，小型青贮窖为 50t 以下。

（4）工程特点

该工程选址适于地势高、土质坚实、地下水位低、易排水和靠近畜舍的地方，需避开交通要道、粪场和垃圾场。窖深应距地下水 0.5m 以上，四周光滑平直。永久性青贮窖可用混凝土建成，半永久性可为简单土坑。大中型青贮窖应在底部准备若干个集液坑，收集青贮原料渍出的多余汁液。调制处理过程应遵循"六随三要"，即随割、随运、随切、随装、随踩、随封连续进行，一次完成；原料要切短、装填要踩实、窖顶要封严。秸秆类青贮窖饲料化处理的主要优点是造价较低，作业方便，既可人工作业，也可机械化作业。

2. 作物秸秆青贮壕饲料化处理工程

（1）适用范围

该技术适用于各类作物秸秆的饲料化调制处理，能适应不同的生产规模，便于大规模机械化作业。

（2）工艺流程

采用厌氧发酵处理工艺。工艺流程：秸秆类原料—切碎—装填—压实—密封—贮存—开封饲喂。

（3）形式与处理容量

青贮壕一般呈长条形壕沟状，沟的两端呈斜坡，可建成地下式或半地下式，也可建于地面之上。地上式青贮壕是在平地建两垛平行的水泥墙，两墙之间即进行饲料化调制处理。处理能力 100t 以上为大型青贮壕，50~100t 为中型青贮壕，50t 以下为小型青贮壕。

（4）工程特点

该工程选址适于地势高、土质坚实、地下水位低、易排水和靠近畜舍的地方，便于饲喂。青贮壕沟及两侧墙面一般为混凝土结构，保证光滑以防渗漏。该工程有利于大规模机械化作业，可由拖拉机牵引着拖车从壕的一端驶入，边前进，边卸料，从另一端驶出，卸料的同时还可进行压实处理。该处理方式造价低、易于建造，尤其是地上式青贮壕不但便于机械化作业，还可有效避免积水，减少贮料损失。

3. 作物秸秆青贮袋饲料化处理工程

（1）利用原理

该工程利用塑料袋的密封性及所具有的机械强度，形成密封厌氧环境，对各类作物秸秆进行饲料化调制处理。

（2）工艺流程

采用厌氧发酵处理工艺。工艺流程：秸秆类原料—切碎—装填—压实—密封—破损检查—贮存—开袋饲喂。

（3）材料选用与制作

青贮袋材料选用优质无毒的聚乙烯塑料薄膜，厚度应在 0.12mm 以上，要求具有较高的密封性、遮光性及光热抗性，具有一定的抗拉强度、直角撕裂强度及耐穿刺性，还应柔韧易弯，以适应有效捆扎。青贮袋的长短大小制作视饲料调制多少而定，每个袋以长 170~200cm、宽 60~100cm 为宜。青贮袋的一端需用机械加热压紧封口，黏结牢固，不透气。

（4）工程特点

该工程方法简单，贮存地点灵活，饲喂方便，青贮袋的大小可根据实际需要调节。青贮袋密封后需贮存于平坦坚实、有遮盖棚、防止阳光直射的地方。寒冷地域还应采取防冻措施，同时还需注意防鼠及防御其他破坏青贮袋的外部因素，如家畜、动物、鸟类等。贮存期间应定期或不定期进行青贮袋的破损检查，及时修补。小型青贮袋饲料化处理主要依靠人工，适用于农村家庭小规模青贮调制。大型青贮袋可贮存数十吨至上百吨饲料，可用专用的袋装机，可高效进行装料和压实作业，取料也使用机械，一可节省投资，二可减少贮存损失，三可降低劳动强度。

4. 作物秸秆拉伸膜裹包青贮饲料化处理工程

（1）基本概况

拉伸膜裹包青贮是一种新型先进的青贮饲料调制技术，属于半干青贮（低水分青贮）范畴。该技术于20世纪70年代在欧洲和新西兰首次获得使用，并在石油化工业开发出适用的塑料薄膜后得到广泛的应用。通过拉伸膜裹包青贮，可调制出高品质的青贮饲料，作业机械化程度高、机动性强，能够及时应对突发的天气变化，产品可实现市场流通。

（2）工艺流程

采用厌氧发酵处理工艺。工艺流程：原料刈割（必要时晾晒）—捡拾打捆—裹包密封（4~6层特制塑料薄膜）—搬运—贮存—开封饲喂。

（3）工程特点

该处理实施中需注意调制原料的适时收割和晾晒，含水量宜控制在50%~60%。制作密度高、形状整齐的捆包，捡拾打捆机的行进速度要比干草收集压捆慢，压捆要牢固、结实，草捆表面要平整均匀，以免草捆和拉伸膜之间产生空洞，或与膜之间的粘贴性不良，从而发生霉变。打好的草捆应在当天迅速裹包，使拉伸膜青贮饲料在短时间内进入厌氧状态，抑制丁酸菌的繁殖。拉伸膜要选择性能好、已被实践验证过的产品，颜色选择白色为好，以更容易保持较低的表面温度。裹包后的饲料可在自然环境下堆放在平整的地上或水泥地上进行贮存。该处理与传统青贮饲料化工艺相比，具有所调制的饲料质量好、浪费极少、易于运输和商品化、保存期长和成本低等特点。

二、秸秆微贮技术

众所周知，秸秆青贮和秸秆氨化技术是世界公认的秸秆饲料加工的有效方法，但是，秸秆青贮季节性强，存在着与农争时的矛盾。目前，农业生产以粮食为主，这种矛盾十分尖锐。秸秆氨化处理后的粗蛋白质可提高1倍左右，消化率可提高20%，在低精料饲养的情况下，4kg的氨化秸秆可节约1kg的精料，这无疑是一种秸秆处理的好方法，但氨源（尿素、液氨等）价格高，饲喂氨化秸秆的效益增值部分被氨源涨价所抵消，秸秆氨化与农争肥的矛盾比较突出，在这种情况下，发展秸秆微贮技术就有比较重要的现实意义。

（一）微贮技术与机理

1. 技术原理与应用

秸秆微贮技术是把农作物秸秆按比例添加一种或多种有益微生物菌剂，在密闭和适宜的条件下，通过有益微生物的代谢与发酵作用，使农作物秸秆转变成柔软多汁、气味酸香、适口性好、消化率高的粗饲料。

秸秆微贮技术中的微生物菌株除了乳酸菌外，还有纤维素分解菌、酵母菌、霉菌和其他细菌等。在自然界中，能够分解纤维素、半纤维素的微生物有霉菌（丝状真菌）、担子菌等真菌中的一些菌种，也有一些放线菌和原生动物。

2. 微贮技术的优点

（1）制作成本低

每吨秸秆制成微贮饲料只需用3g秸秆发酵活干菌（价值10余元），而每吨秸秆氨化则需要30~50kg尿素，在同等条件下秸秆微贮饲料对牛、羊的饲喂效果相当于秸秆氨化饲料。

（2）消化率高

秸秆在微贮过程中，由于高效复合菌的作用，木质纤维素类物质大幅度降解，并转化为乳酸和挥发性脂肪酸（VFA），加之所含酶和其他生物活性物质的作用，提高了牛、羊瘤胃微生物区系的纤维素酶和解脂酶活性。麦秸微贮饲料的干物质体内消化率可提高24.14%，粗纤维体内消化率提高43.77%，有机物体内消化率提高29.4%，干物质代谢能为8.73mi/kg，消化能为9.84mj/kg。

（3）适口性好

秸秆经微贮处理，可使粗硬秸秆变软，并且有酸香味，可刺激家畜的食欲，从而提高采食量。

（4）秸秆来源广泛

麦秸、稻秸、干玉米秸、青玉米秸、土豆秧、牧草等，无论是干秸秆还是青秸秆，都可用秸秆发酵活干菌制成优质微贮饲料，且无毒无害、安全可靠。

（二）秸秆微贮饲料的特点

1. 秸秆微贮饲料适口性好，消化率高

作物秸秆经微贮后，秸秆质地柔软，具有酸香气味，适口性明显增强，可使家畜采食速度提高43%，同时，由于秸秆中的部分纤维素、木质素被微生物降解，秸秆的消化率提高，可使牲畜采食量提高20%~40%。

2. 秸秆营养价值提高

秸秆经发酵后，秸秆中的木质素、纤维素被降解成低聚糖、乳酸、挥发性脂肪酸，因而提高了秸秆的营养价值。此外，由于微生物的繁殖，使秸秆中的菌种蛋白质含量增加。

3. 秸秆微贮成本低，经济效益好

采用微贮方法，1t 秸秆仅需要 8~15 元微生物菌剂原料，而氨化处理 1t 秸秆需要尿素投入 108~135 元，相当于微贮饲料的 12 倍。

4. 制作季节长，易于推广

秸秆微贮技术简单易行，且采用干秸秆和无毒的干草植物，不存在与农争时的问题。在气温 10~40℃都可以制作微贮饲料，北方地区春、夏、秋三季都可以进行，南方一年四季都可以进行。

5. 原料来源广

秸秆微贮对原材料的要求低，无论是干秸秆还是青秸秆都可用秸秆发酵活干菌制成优质微贮饲料。常用的微贮原料有麦秸秆、稻草、干玉米秸秆、土豆秧、山芋秧、青玉米秸秆、无毒野草及青绿水生植物等。

6. 保存期长

秸秆发酵菌在秸秆中产生大量的挥发性脂肪酸，其中的丙酸与乙酸未离解分子具有强力抑菌作用，因此，秸秆微贮饲料不易发霉腐败，可以长期保存。

7. 制作简单

与青贮饲料技术相比，秸秆微贮技术制作简单，易学易懂，容易普及推广。

（三）微贮工艺

1. 技术内容

根据采用容器的不同，微贮方法有水泥窖微贮法、土窖微贮法、塑料袋窖内微贮法、压捆窖内微贮法等几种。

（1）水泥窖微贮法

秸秆铡切后进入水泥窖，然后分层喷洒菌液，压实，窖口用塑料薄膜盖后覆土密封。这种方法经久耐用，密封性较好，适合大中型微贮工程。

（2）土窖微贮法

在土窖的底部及四周铺上塑料薄膜，秸秆铡切至一定长度入窖，喷洒菌液，压实，窖口盖膜覆土密封。这种方法成本较低，简便易行，适于较小量的微贮。

（3）塑料袋窖内微贮法

依据塑料袋大小挖一个圆形窖坑，然后将塑料袋放入窖内，再在袋内放入秸秆并分层喷洒菌液，最后将塑料袋口扎紧，覆土密封。这种方法适合处理少量的作物秸秆，一般为100~200kg。

（4）压捆窖内微贮法

秸秆首先经压捆机打成方捆，喷洒菌液后放入窖坑，封窖发酵，出窖时将成捆秸秆粉碎饲喂。这种方法的优点是开窖取用方便。

2. 操作要点

一是秸秆微贮的工艺流程非常简单，秸秆铡切后入窖，然后分层喷洒菌液，再分层压实，窖口用塑料薄膜盖好，然后覆土密封发酵，出窖时揉碎饲喂。

二是菌液配制应根据要处理的秸秆数量，按照比例称取所需活干菌，加入200~500mL水充分溶解，然后在常温下放置1~2h，使菌种复活。

三是秸秆微贮前一定要用铡草机、秸秆揉搓机或秸秆粉碎机铡切或揉碎，若用于饲羊则需铡切到3~5cm，若用于饲牛可铡切到5~8cm。

四是操作时，先在窖底铺放20~30cm厚的作物秸秆，然后均匀喷洒菌液，经压实后再铺放20~30cm秸秆，再喷洒菌液压实，直到高于窖口40cm，最后再封口。

五是稻麦秸秆用于微贮时，为了在发酵初期为菌种提供一定的营养物质，可加入0.5%的大麦粉或玉米粉、麸皮之类以提高微贮饲料的质量。

3. 适宜条件

秸秆微贮饲料可避开农忙季节，不误农时。发酵活干菌处理秸秆的温度为10~40℃，北方地区除冬季外，春、夏、秋三季均可制作。微贮窖应选择在土质坚硬、排水容易、地下水位低、距畜舍近、操作方便的地方。可以是地下式或半地下式，最好砌成永久性的水泥窖。窖的内壁光滑坚固，并应有一定的斜度，这样可保证边角处的贮料能被压实。窖的大小应根据秸秆和牲畜的多少来定；其宽度要保证拖拉机往复行走压实的重叠度。一般$1m^3$可容纳微贮稻麦秸秆250~300kg、青玉米秸秆500~600kg。

4. 注意事项

一是秸秆微贮饲料一般需在窖内贮藏21~23d才能取喂，冬季则需时间长些。

二是取料时要从一角开始，从上到下逐段取用。

三是每次取出量应以当天喂完为宜。

四是每次取料后必须立即将口封严，以免雨水浸入引起微贮饲料变质。

五是每次投喂微贮饲料时，要求槽内清洁，对冬季冻结的微贮饲料应化开后再用。

六是霉变的农作物秸秆不宜作微贮饲料。

七是微贮饲料由于在制作时加入了食盐，这部分食盐应在饲喂家畜日粮中扣除。

（四）微贮饲料品质鉴定

秸秆微贮经 21~30d 即可完成发酵过程，气温较低的冬季则需要时间长些。微贮饲料主要依靠看、嗅和手感的方法鉴定饲料的好坏。

1. 看

微贮青玉米秸秆饲料色泽呈橄榄绿色为优质，微贮稻麦秸秆呈金黄色为优质。若变成褐色或墨绿色，则饲料品质较差。

2. 嗅

若微贮饲料具有醇香味和果香气味，则饲料品质优良；若有强酸味，表明由于水分过多和高温发酵生成醇酸过多，品质中等；若有腐臭味、发霉味，则说明由于压实程度不够和密封不严，大量有害微生物发酵，因此这种饲料不能饲喂。

3. 手感

若饲料拿到手中感到很松散，且质地柔软湿润，则为优质微贮饲料。若饲料拿到手里感到发黏，或者粘成一块，说明微贮饲料品质一般，属于不良饲料。

此外，微贮饲料用 pH 试纸测试时，pH<4.2 为上等，pH=4.3~5.5 为中等，pH=5.5~6.2 为下等，pH>6.3 为劣质品。

（五）饲喂方法

秸秆微贮饲料以饲喂草食性家畜为主，饲喂时可以与其他草料搭配。饲喂时应坚持循序渐进的原则，饲喂量从少到多，逐步增加。微贮饲料的日饲喂量参考如下：奶牛、育成牛、肉牛 15~20kg，马、驴、骡 5~10kg，羊 1~3kg。取料时从一角开始，从上到下逐段取用，当天取用当天用完，取完料后立即封严取料口，以免空气和雨水进入引起饲料变质。

第三节　秸秆碱化、氨化处理技术

一、秸秆碱化处理技术

（一）技术原理

碱化处理技术就是在一定浓度的碱液（通常占秸秆干物质的 3%~5%）的作用下，打破粗纤维中纤维素、半纤维素、木质素之间的醚键或酯键，并溶去大部分木质素和硅酸盐，从而提高秸秆饲料的营养价值。

（二）碱化技术分类

碱化处理技术目前主要有氢氧化钠碱化法、生石灰碱化法和加糖碱化法三种。

1. 氢氧化钠碱化法

（1）湿法处理法

将秸秆浸泡在1.5%氢氧化钠溶液中，每100kg秸秆需要1 000kg碱溶液，浸泡24~48h后，捞出秸秆，淋去多余的碱液（碱液仍可重复使用，但需不断增加氢氧化钠，以保持碱液浓度），再用清水反复清洗。这种方法的优点是可提高饲料消化率25%以上，缺点是在清水冲洗过程中有机物及其他营养物质损失较多，污水量大，目前较少采用。

（2）干法处理法

用4%~5%（占秸秆风干重）的氢氧化钠配制成浓度为30%~40%的碱溶液，喷洒在粉碎的秸秆上，堆积数日后不经冲洗直接饲喂反刍家畜，秸秆消化率可提高12%~20%。此方法的优点是不需用清水冲洗，可减少有机物的损失和环境污染，并便于机械化生产。但牲畜长期喂用这种碱化饲料，其粪便中的钠离子增多，若用作肥料，长期使用会使土壤碱化。

（3）快速处理法

将秸秆铡成2~3cm的短草，每千克秸秆喷洒5%的氢氧化钠溶液1kg，搅拌均匀，经24h后即可喂用。处理后的秸秆呈潮湿状，鲜黄色，有碱味。牲畜喜食，比未处理的秸秆采食量增加10%~20%。

（4）堆放发热处理法

使用25%~45%的氢氧化钠溶液，均匀喷洒在铡碎的秸秆上，每吨秸秆喷洒30~50kg碱液，充分搅拌混合后，立即把潮润的秸秆堆积起来，每堆至少3~4t。堆放后秸秆堆内温度可上升到80~90℃，温度在第3天达到高峰，以后逐渐下降，到第15天恢复到环境温度。由于发热的结果，水分被蒸发，使秸秆的含水量达到适宜保存的水平，即秸秆含水量低于17%。

（5）封贮处理法

用25%~45%的氢氧化钠溶液，每吨秸秆需60~120kg碱液，均匀喷洒后可保存1年。此法适于收获时尚绿或收获时下雨的湿秸秆。

（6）混合处理法

原料含水量65%~75%的高水分秸秆，整株平铺在水泥地面上，每层厚度15~20cm，用喷雾器喷洒1.5%~2%的氢氧化钠和1.5%~2.0%的生石灰混合液，分层喷洒并压实。每吨秸秆需喷 0.8~1.2t 混合液。经 7~8d 后，秸秆内温度达到 50~55℃，秸秆呈淡绿色，并有新鲜的青贮味道。处理后的秸秆粗纤维消化率可由 40% 提高到 70%。或将切碎的秸秆压成捆，浸泡在 1.5% 的氢氧化钠溶液里，经浸渍 30~60min 捞出，放置 3~4d 后进行熟化，即可直接饲喂牲畜，有机物消化率提高 20%~25%。

2. 生石灰碱化法

生石灰碱化法是把秸秆铡短或粉碎，按每百千克秸秆 2~3kg 生石灰或 4~5kg 石灰膏的用量，将生石灰或石灰膏溶于 100~120kg 水制成石灰溶液，并添加 1~1.5kg 食盐，沉淀除渣后再将石灰水均匀泼洒搅拌到秸秆中，然后堆起熟化 1~2d 即可。注意：冬季熟化的秸秆要堆放在比较暖和的地方盖好，以防止发生冰冻。夏季要堆放在阴凉处，预防发热。

另外，也可把石灰配成 6% 的悬浊液，每千克秸秆用 12L 石灰水浸泡 3~4d，浸后不用水洗便可饲喂。若把浸好的秸秆捞出控掉石灰水踩实封存起来，过一段时间再用将会更好。据有关测定，该方法的优点是成本低廉、原料广泛，可以就地取材，但豆科秸秆及藤蔓类等饲草均不宜碱化。碱化饲料，特别是像小麦秸秆、稻草、玉米秸秆等一类的低质秸秆，经过碱化处理后，有机物质的消化率由原来的 42.4% 提高到 62.8%，粗纤维的消化率由原来的 53.5% 提高到 76.4%，无氮浸出物的消化率由原来的 36.3% 提高到 55.0%。适口性大为改善，其采食的数量也显著增加（20%~45%）。同时，若用石灰处理，还可增加饲料的钙质。

3. 加糖碱化法

加糖碱化法就是在秸秆等材料碱化的基础上进行糖化处理。加糖碱化秸秆适口性好，有酸甜酒香味，牛、马、骡、猪均喜欢吃，且保存期长，营养成分好，粗脂肪、粗蛋白质、钙、磷含量均高于原秸秆。加糖碱化秸秆收益高，简单易行。加糖碱化法的工艺流程如下：

（1）材料准备

①双联池或大水缸

双联池一般深 0.9m、宽 0.8m、长 2m，中间隔开，即成 2 个池（用砖、水泥，用水泥把面抹光），单池可容干秸秆 108kg。池建在地下、半地下或地面上均可。

②秸秆粉

干秸秆抖去沙土，粉碎成长 0.5~0.7cm。秸秆可用玉米秸、麦秸、稻草、花生壳和干苜蓿等。

③石灰乳

将生、鲜石灰淋水熟化制成石灰乳（即氢氧化钙微粒在水中形成的悬浮液）。石灰要用新鲜的生石灰。石灰与水作用后生成氢氧化钙，氢氧化钙容易与空气中的二氧化碳化合，生成碳酸钙。碳酸钙是无用的物质，因此不能用在空气中熟化的或熟化后长期放置空气中的石灰。

④玉米面液

玉米面用开水熟化后，加入适量清水制成玉米面液。玉米面熟化要用开水，以便玉米面中的糖分充分分解。

⑤器具

脸盆、马勺、塑料布和铁铲。

⑥用料比例

秸秆、石灰、食盐、玉米面、水的比例为100∶3∶0.5∶3∶270。

（2）加工处理

将石灰、食盐、玉米面按上述比例组成混合液喷淋在秸秆粉上，边淋边搅拌，翻2次后停10min左右，等秸秆将水吸收后再继续喷淋、搅拌，这样反复经过2~3次，所用混合水量全部吸收后，秸秆还原成透湿秸秆，用手轻捏有水珠滴下为止。

（3）入池或缸贮存

将处理好的秸秆加入池或缸内，边入池边压实，池边、池角部分可用木棒镇压，越实越好。此时上层出现渗出的少量水。秸秆应层层铺设直至装满，也可超出一点小顶帽。后用塑料布覆盖封口，上压沙土为0.4~0.5m厚。池缸封口后，夏季4~7d、冬季10~15d便可开口饲喂。

二、秸秆氨化技术

（一）氨化技术简介

1. 氨化原理

秸秆氨化就是在密闭条件下向粉碎的农作物秸秆中加入一定比例的氨水、无水氨或尿素等，破坏木质素与纤维素之间的联系，促使木质素与纤维素、半纤维素分离，使秸秆细胞膨胀、结构疏松，从而使秸秆消化率提高、营养价值和适口性改善的加工处理方法。秸秆氨化技术原理主要包括3个方面：

（1）碱化作用

秸秆中的纤维素、半纤维素能够被食草牲畜消化利用，但木质素基本上不能被利用，而且秸秆中一部分纤维素和半纤维素会与木质素紧紧结合在一起，阻碍牲畜的消化吸收。碱可以使木质素和纤维素之间的酯键断裂，破坏其镶嵌结构，溶解半纤维素、一部分木质素及硅酸盐，从而使反刍家畜瘤胃中的瘤胃液易于渗入，消化率提高。

（2）氨化作用

在发酵能量不足的情况下，饲料不能被微生物充分利用，多余的氨可能被瘤胃壁吸收，从而使反刍动物中毒。通过氨化作用处理秸秆，可以减缓氨的释放速率，促进瘤胃微生物的活动，进一步提高秸秆的营养价值和利用率。

（3）中和作用

氨能够与秸秆中的有机酸结合，中和秸秆中的潜在酸度，形成适宜瘤胃微生物活动的微碱性环境，从而使瘤胃内的微生物大量增加，形成更多的菌体蛋白。

2. 氨化技术优缺点

氨化秸秆饲料的优点如下：

一是由于氨具有杀灭腐败细菌的作用，氨化可防止饲料腐败，减少家畜疾病的发生。

二是氨化后秸秆的粗蛋白质含量可从 3%~4% 提高到 8% 甚至更高。

三是秸秆饲料的适口性大为增加，家畜的采食量可提高 20%~40%。

四是因为氨化使纤维素及木质素那种不利于家畜消化的化学结构破坏分解，使秸秆饲料的消化率大为提高，氨化秸秆比未氨化的消化率提高 20%~30%。

五是提高了秸秆饲料的能量水平，因为氨化可分解纤维素和木质素，可使它们转变为糖类，糖就是一种能量物质。

六是氨化秸秆饲料制作投资少、成本低、操作简便、经济效益高，并能灭菌、防霉、防鼠、延长饲料保存期。

七是家畜尿液中含氮量提高，对提高土地肥力还有好处。

八是提高了家畜的生产能力。原因：第一，节约了采食消化时间，从而减少了因此而消耗的能量；第二，提高了秸秆单位容积的营养含量，从而有利于家畜生产能力的发挥。

但秸秆的氨化处理也存在不少问题。

一是氨的利用率低，在氨化过程中，注入的含氨化合物的利用率只有 50%，从而造成了资源的浪费。

二是污染环境，在饲喂氨化饲料时，未被利用的氨释放到空气中，会造成一定的污染，同时对家畜和人的健康也有一定的危害。

三是处理成本较高，每氨化 1 000kg 秸秆，约需尿素 40kg，与其他加工方法相比投入较高。

四是降低了奶的品质，奶牛饲喂氨化饲料，有时会使牛奶带有异味，降低奶的品质。

五是可能会引起家畜中毒现象，犊牛、羔羊在大量进食氨化饲料时，由于饲料中的余氨尚未散尽，可能会出现中毒事故。

六是与 NaOH 处理相比，达到理想效果的处理时间长得多，同时需要密封，增加了成本，且液氨和氨水运输、贮存和使用不便，尿素和碳铵虽然运输、使用较为方便，但处理效果不稳定，特别是温度很低时。

（二）氨化技术分类

1. 根据氨源分类

（1）尿素氨化法

秸秆中存有尿素酶，加进尿素，用塑料膜覆盖，尿素在尿素酶的作用下分解出氨，对秸秆进行氨化。方法是按秸秆质量的3%~5%加尿素。首先将尿素按1∶（10~20）的比例溶解在水中，均匀地喷洒在秸秆上。即100kg秸秆用3~5kg尿素，加30~60kg水。逐层添加堆放，最后用塑料薄膜覆盖。用尿素氨化处理秸秆的时间较液氨和氨水处理要求稍长一些。

（2）液氨氨化法

液氨是较为经济的一种氨源。液氨是制造尿素和碳铵的中间产物，每吨液氨的成本只有尿素的30%。但液氨有毒，需高压容器贮运、安全防护及专用施氨设备，一次性投资较高。

具体方法：将秸秆打成捆或不打捆，切短或不切短，堆垛或放入窖中，压紧，盖上塑料薄膜密封；在堆垛的底部或窖中用特制管子与装有液氨的罐子相连，开启罐上压力表，通入秸秆质量3%的液氨进行氨化，即1t秸秆用30kg液氨。氨气扩散相当快，短时间即可遍布全垛或全窖，但氨化速度很慢，处理时间取决于气温，通常夏季约需1周，春、秋季2~4周，冬季4~8周甚至更长。液氨处理过的秸秆，喂前要揭开薄膜1~2d，使残留的氨气挥发。不开垛可长期保存。

液氨处理秸秆应注意秸秆的含水量，一般以25%~35%为宜。液氨必须采用专门的罐、车来运输。液氨输入封盖好的秸秆中要通过特制的管子，一般利用针状管。针状管用直径20~30mm、长3.5m的金属管制成，前端焊有长150mm的锥形帽，从锥形帽的连接处开始，每隔70~80mm要钻4个直径2~2.5mm的滴孔，管子的另一端内焊上套管，套管上应有螺纹。可以用来连接通向液氨罐的软管。如果一垛秸秆为8~10t，只要一处向垛内输送液氨即可；如果为20~30t，则可多选1~2处输送。

（3）碳铵氨化法

碳铵是我国化肥工业的主要产品之一，年产量达800多万吨，由于用作化肥需深施，所以长期处于积压滞销状态。碳铵在常温下分解但又分解不彻底，在自然环境条件下，相同时间内，尿素在脲酶的作用下可完全分解，碳铵却仍有颗粒残存，然而其在69℃时则可完全分解。碳铵的使用方法与尿素相同。

（4）氨水氨化法

与液氨相比较，氨水不需专用钢罐，可以在塑料和橡皮容器中存放和运输。用氨水处理秸秆时，要根据氨水的浓度，按秸秆干物质质量加入3%~5%的纯氨。由于氨水中含有水分，在处理半干秸秆时可以不向秸秆中洒水。在实际操作时，可从垛顶部分多处倒入氨水，随后完全封闭垛顶，让氨水逐渐蒸发扩散，充分与秸秆接触发生反应。或按比例在堆垛或装窖时把氨水均匀喷洒在秸秆上，逐层堆放，逐层喷洒，最后将堆好的秸秆用薄膜封闭严实。

值得注意的是：只能使用合成氨水，焦化厂生产的氨水因可能含有毒杂质不能应用；含氨量少于17%的氨水也不宜使用，因为在这种情况下秸秆的水分可能过高，长期贮存比较困难。在处理过程中，因人与氨的接触时间较长，要注意防毒和腐蚀污染身体等。

2. 根据氨化设施分类

（1）堆垛法

堆垛法，是指在平地上将秸秆堆成长方形条垛，用塑料薄膜覆盖，注入氨源进行氨化的一种作物秸秆处理方法。该方法不需要建造基本设施，投资较少，适于大量制作，堆放与取用方便，适于气温较高的季节采用。主要缺点是塑料薄膜容易破损，使氨气逸出，影响氨化效果。秸秆堆垛氨化的地址，要选地势高燥、平整，排水良好，雨季不积水，地方较宽敞且距畜舍较近处，有围墙或围栏保护，能防止牲畜危害。麦秸、稻草等比较柔软的秸秆，既可铡成2~3cm的碎段，也可整秸堆垛。但较高大的玉米秸秆，应铡成1cm左右的碎秸。当用液氨作氨源时，秸秆含水量应该调整到20%左右；用尿素、碳铵作氨源时，含水量应调整到40%~50%。

（2）小型容器法

氨化容器有窖、池、缸及塑料袋之分。氨化前可用铡草机把秸秆铡碎，也可整株、整捆氨化。若用液氨，先将秸秆加水至含水量30%左右（一般干秸秆含水量约9%）装入容器，留个注氨口，待注入相当于秸秆质量3%的液氨后密封。如果用尿素，则先将相当于秸秆质量5%~6%的尿素溶于水，与秸秆混合均匀，使秸秆含水量达40%，然后装入容器密闭。小型容器法适宜于个体农户的小规模生产。

采用窖、池容器氨化秸秆时，若用尿素，每吨秸秆需尿素40~50kg，充分溶解于400~500kg清水中，用喷雾器均匀喷到秸秆表面，分批装入窖内，踩实。原料需高出窖口30~40cm，然后用塑料薄膜覆盖，之后在四周填压泥土，封闭严实。

采用塑料袋法时，塑料袋一般采用无毒、韧性好、抗老化的聚乙烯薄膜，颜色为黑色，厚度在0.12mm以上，袋口直径1~1.2m，长1.3~1.5m。一般用相当于干秸秆质量3%~4%的尿素或6%~8%的碳铵，溶在相当于秸秆质量40%~50%的清水中，然后与秸秆搅拌均匀装入袋内，袋口用绳子扎紧，放在向阳背风处。平均气温在20℃以上时，经15~20d即可完成秸秆氨化过程。此法的缺点是塑料袋易破损，需经常检查粘补，而且塑料袋的使用寿命较短，一般只能用2~3次，成本相对较高。

（3）氨化炉法

氨化炉既可以是砖水泥结构的土建式氨化炉，也可是钢铁结构的氨化炉。

土建式氨化炉用砖砌壁，水泥抹面，一侧安有双扇门，门用铁皮包裹，内垫保温材料如石棉。壁厚24cm，顶厚20cm。如果室内尺寸为3.0m×2.3m×2.3m，则一次氨化秸秆量为600kg。在左、右侧壁的下部各安装4根1.2kW的电热管，合计电功率为9.6kW。后壁中央上、下各开一风口，与壁外的风机和管道连接。加温的同时开启风机，使室内氨浓度与温度均匀。亦可不用电热器加热，而将氨化炉建造成土烘房的样式，例如两炉一囱回转式烘房。用煤或木柴燃烧加热，在加热室的底部及四周墙壁均有烟道，加热效果很好。

钢铁结构的氨化炉可以利用淘汰的发酵罐、铁罐或集装箱等。改装时将内壁涂上耐腐蚀涂料，外壁包裹石棉、玻璃纤维以隔热保温。如果利用的是淘汰的集装箱，则在一侧壁的后部装上8根1.5kW的电热管，共计12kW。在对着电热管的后壁开上、下两个风口，与壁外的风机和管道相连，在加温过程中开动风机，使氨浓度与温度均匀。集装箱的内部尺寸为6.0m×2.3m×2.3m，一次氨化量为1.2t秸秆。

氨化炉一次性投资较大，但它经久耐用、生产效率高，综合分析是合算的（堆垛法所用的塑料薄膜只能使用两次）。特别是如果增加了氨回收装置，液氨用量可以从3%降至1.5%，则能进一步提高经济效益。

（三）工艺过程

1. 技术内容

用氨化炉或氨化池将秸秆用液氨、尿素、碳铵等氮素物喷洒混拌后进行密封氨化处理，使秸秆经氨化后成为优质饲料的过程。

2. 操作要点

（1）技术要点

①液氨氨化

将秸秆打捆堆成垛，再用塑料薄膜覆盖密封，注入相当于秸秆干物质质量3%的液氨进行氨化。氨化时间夏季约需1周，春、秋季2~4周，冬季4~8周，甚至更长。若采用氨化炉氨化，由于温度较高，1d即可完成整个氨化过程。

②尿素氨化

秸秆经切碎后置于氨化池中，加入相当于秸秆干物质质量5%的尿素溶液，均匀喷洒到秸秆上，氨化池装满、踩实后用塑料薄膜覆盖密封。

③碳铵氨化

碳铵氨化的方法与尿素氨化相同，只不过由于碳铵含氨量较低，其用量应相应增加。

④氨水氨化

方法同液氨氨化，由于氨水含氨量也较低，用量亦需相应增加。

（2）氨化影响因素

①秸秆的质量

氨化的原料主要有禾本科作物及牧草的秸秆。所选用的秸秆必须无发霉变质。最好将收获籽实后的秸秆及时进行氨化处理，以免堆积时间过长而霉烂变质。一般说来，品质差的秸秆氨化后可明显提高消化率，增加非蛋白氮的含量。

②氨源的用量

根据具体的氨源种类来确定使用量。用量过小，达不到氨化的效果；用量过大，会造成浪费。氨的用量，一般以秸秆干物质质量的3%为宜。

③秸秆含水量

含水量过低，水都吸附在秸秆中，没有足够的水充当氨的"载体"，氨化效果差。含水量过高，不但开窖后需延长晾晒时间，而且由于氨浓度低会引起秸秆发霉变质。水是氨的"载体"，氨与水结合成氢氧化铵，其中 NH_4^+ 和 OH^- 分别对提高秸秆的含氮量和消化率起作用。因而，必须有适当的水分，一般以 25%~35% 为宜。

水在秸秆中是否均匀分布，也是影响氨化结果的因素，如上层过干、下层积水，都会妨碍氨化的效果。

④氨化温度

氨化温度越高，完成氨化所需时间越短；相反，氨化温度越低，氨化所需时间就越长。

⑤秸秆的粒度

用尿素或碳铵进行氨化，秸秆铡得越短越好，用粉碎机粉碎成粗草粉效果最好。用液氨进行氨化时，粒度应大一点，过小则不利于充氨。麦秸完全可以不铡。

3. 注意事项

（1）注意防止爆炸

液氨遇火容易引起爆炸，因此，要经常检查贮氨容器的密封性。在运输、贮藏过程中，要严防泄漏、烈日暴晒和碰撞，并远离火源，严禁吸烟。

（2）操作要迅速

氨化时操作要快，最好当天完成充氨和密封，否则将造成氨气挥发或秸秆霉变。

（3）及时排除故障

要经常检查，如发现塑料膜的破漏现象，应立即粘好。

（4）做好防护工作

氨水和液氨有腐蚀性，操作时应做好防护，以免伤及眼睛和皮肤。

（四）品质鉴定

秸秆氨化一定时间后就可开窖饲用。通常采用感官鉴定法来评定秸秆氨化的质量。若秸秆氨化后呈棕色，或为深黄色，发亮，则氨化质量较高；氨化好的秸秆质地柔软，具有糊香味。如果氨化秸秆变白、发灰、发黑或者有腐烂味，则说明秸秆已经变质，秸秆不能用于饲喂牲畜，原因可能是秸秆氨化过程中漏气跑氨。

（五）饲喂方法

取喂时，按需求量从氨化池取出秸秆，放置10~20h，在阴凉处摊开散尽氨气，至没有刺激的氨味即可饲喂。开始时应少量饲喂，待牲畜适应氨化秸秆后逐渐加大饲喂量，使其自由采食，亦可以与其他饲草混合饲喂，剩余的仍要封严，防止氨气损失或进水腐烂变质。

（六）工程实例

1. 作物秸秆氨化堆垛饲料化处理工程

（1）适用范围

该工程处理的目的是改进秸秆的营养价值和适口性，适用于稻草、玉米秸和麦秸等的饲料化调制处理，适用于我国制作上述各类氨化饲料的地区。

（2）工艺流程

利用氨与秸秆发生氨解反应，破坏木质素与多糖之间的酯键，从而提高秸秆的饲用价值。工艺流程：场地清理—铺膜（无毒，聚乙烯薄膜，0.1~0.2mm厚）—秸秆堆垛—封垛—注氨—贮存—开垛放氨—饲喂。

（3）氨源、堆垛规格与处理时间

氨化堆垛饲料化处理的氨源使用尿素、碳铵、氨水或液氨均可，其中碳铵为较方便、经济和效果好的氨源。各种氨源的用量按干秸秆计算：尿素5%、碳铵10%、氨水10%~20%、液氨3%。

堆垛大小可以根据需求调节。大垛适合液氨氨化，规格一般为长×宽×高＝4.6m×4.6m×2m；小垛适合尿素或碳铵氨化，规格一般为长×宽×高＝2m×2m×1.5m。

氨化堆垛饲料化处理时间取决于环境温度，温度越高，氨化时间越短：一般 0~10℃ 需 4~8 周，10~20℃需 2~4 周，20~30℃需 1~2 周，30℃以上需 1 周以下。

（4）工程特点

该工程适于地势高、干燥平整的平地地块。秸秆堆垛时打捆或不打捆、切碎或不切碎均可。实际调制时预先进行打捆和切碎处理效果会更好，一是方便饲喂，二是减少氨化用膜，三是可以减少秸秆刺破薄膜的概率。堆垛时，须调节秸秆水分至 20% 或以上，水分稍高，氨化效果稍好。使用碳铵或尿素作为氨源，须一边堆垛，一边浇洒氨源；使用氨水处理，可一次堆垛到顶后再浇泼氨源；使用液氨时，需用专门的设备将液氨注入。为方便注氨，堆垛时可先放一木杠，通氨时取出，插入注氨钢管即可，结束后注意密封好注氨管。开垛放氨宜选择晴朗天气，将氨化后的秸秆饲料摊开，一般 1~3d 即可。

2. 作物秸秆氨化窖饲料化处理工程

（1）适用范围

该工程处理的目的是改进秸秆的营养价值和适口性，适用于稻草、玉米秸和麦秸等的饲料化调制处理，适用于我国制作上述各类氨化饲料的地区。

（2）工艺流程

利用氨与秸秆发生氨解反应，破坏木质素与多糖之间的酯键，从而提高秸秆的饲用价值。工艺流程：秸秆类原料—切碎—装填—撒氨或喷洒氨溶液—压实—密封—贮存—开窖放氨—饲喂。其中装填、喷洒氨溶液和压实作业可同时进行。

（3）氨源与处理时间

氨化窖饲料化处理的氨源一般使用尿素、碳铵和氨水，其中尿素为我国较为普及的一种氨源。各种氨源的用量按干秸秆计算：尿素 5%、碳铵 10%、氨水 10%~20%。氨源可直接均匀地撒到秸秆原料上，也可制成水溶液进行均匀喷洒，一般每 100kg 的干秸秆用水 20~30kg。碳铵和尿素可边装填边分层添加，氨水可将秸秆装填好之后直接在秸秆堆中部进行浇洒。

氨化窖饲料化处理时间取决于环境温度，温度越高，氨化时间越短。例如，一般 0~10℃需 4~8 周，10~20℃需 2~4 周，20~30℃需 1~2 周，30℃以上需 1 周以下。

（4）工程特点

该工程处理时一般需调节秸秆水分至 30%~50%。氨化窖的大小可根据饲喂家畜的种类和数量进行调节，一般每立方米的窖装切碎风干秸秆在 150kg 左右。氨化窖可建在地上，也可建在地下或半地下，一般以长方形双联池较好，可轮换进行秸秆处理。氨化秸秆顶部要堆成馒头形，高出窖面至少 1m，以防止下沉塌陷成坑，下雨积水。开窖放氨宜选择晴朗天气，将氨化后的秸秆饲料摊开，一般 1~3d 即可。

3. 作物秸秆氨化炉饲料化处理工程

（1）适用范围

该工程处理是采用一种密闭保温的设备，通过外界能源加热，进行秸秆快速氨化饲料处理，主要是利用氨与秸秆发生氨解反应，破坏木质素与多糖之间的酯键，从而提高秸秆的饲用价值。该技术适用于稻草、玉米秸和麦秸等的饲料化调制处理，适用于我国制作上述各类氨化饲料的地区。

（2）工艺流程

工艺流程：秸秆装车—氨液喷洒—进炉斗加热（950℃左右 14~15h）再焖炉（5~6h）—出炉—通风放氨—饲喂。

（3）氨源与用量

氨化炉饲料化处理的氨源一般使用尿素、碳铵或氨水。各种氨源的用量按干秸秆计算：尿素为5%，碳铵为8%~12%，氨水为10%~20%。氨源溶液须均匀喷洒到秸秆原料上，将秸秆含水量调整到45%左右。

（4）工程特点

氨化炉主要由炉体、加热装置、空气循环系统和秸秆车等组成。炉体要求保温、密封和耐酸碱腐蚀；加热装置可用电加热，也可用煤炭作为燃料通过水蒸气加热；秸秆车要求便于装卸、运输和加热，以带铁轮的金属网车为好。氨化炉饲料化处理可大大缩短氨化时间，24h可氨化好，不受季节限制，可均衡生产供应，但生产成本偏高。

第四节 秸秆基料化利用技术原理

一、秸秆栽培食用菌技术原理与应用

（一）技术原理

食用菌俗称蘑菇，一般是真菌中能形成大孢子实体或菌核类组织并能够提供食用的种类。食用菌含有丰富的人体所需的蛋白质、维生素和矿物质元素，有"保健食品""绿色食品"的称号。随着人民生活水平的提高，食用菌的消费量越来越大，是人们生活中不可缺少的主要食品。食用菌产业作为种植业和养殖业之后的第三大农业产业，已成为农民增收致富的重要途径。栽培基料是为食用菌菌丝体提供水分和营养的有机、无机混合物。根据食用菌种植品种的不同，目前生产中常以棉籽壳、秸秆、木屑、树枝、树皮、稻草、药渣等作为栽培用基料。

利用农作物秸秆生产食用菌主要是利用秸秆的肥料价值。植物光合作用的产物一般只有10%的有机物被转化为可供人类或动物食用的蛋白质和淀粉,其余皆以粗纤维的形式存在。包括稻草、小麦秆、玉米芯、玉米秆、甘蔗渣、棉籽壳等在内的农作物秸秆,其主要成分为纤维素、半纤维素和木质素,这些物质不能被人类直接食用,作动物饲料营养价值也极低。但是食用菌中至少含有3种类型的纤维素酶,可以将纤维素分解为葡萄糖,也可以合成蛋白质、脂肪和其他物质。

食用菌降解农作物秸秆的原理:在适宜的条件下,真菌的菌丝首先用其分泌的超纤维氧化酶溶解秸秆表面的蜡质,然后菌丝进入秸秆内部,合成并分泌纤维素酶、半纤维素酶、内切聚糖酶、外切聚糖酶等。这些酶的联合作用使得木质素变成可溶性的小分子木质素残片。在这个过程中,真菌(也包括食用菌)得以生长。由于不同秸秆基料的成分含量不同,其适宜栽培食用菌的品种和配比不尽相同。

(二) 食用菌栽培配方

食用菌栽培原料主要有麦草、鸡粪、牛粪、豆秸、饼肥等主料和石膏、石灰、过磷酸钙等辅料。

1. 麦草

小麦秸秆含干物质95%,其中粗蛋白3.6%、粗脂肪1.8%、粗纤维41.2%、无氮浸出物40.9%、灰分7.5%。木质素含量变化于5.3%~7.4%之间;细胞壁成分含量变化于73.2%~79.4%之间。要求麦草微黄色,无粘连结块、淋雨色斑,当年的质量最好。

2. 鸡粪

鸡粪的营养价值由于鸡所摄取的饲料不同,鸡粪中所含有的营养物质也有所差异。每千克鸡粪的干物质中有13.4~18.8kJ的总能量,其含氮量达30~70g。除此之外,鸡粪里还含有含氮非蛋白质化合物。通常情况下,它们是以尿酸和氨氮化物的形态存在的。鸡粪中的各种氨基酸也比较平衡,每千克干鸡粪中含有赖氨酸5.4g、胱氨酸1.8g、苏氨酸5.3g,均超过玉米、高粱、豆饼、棉籽等的含量。它的B族维生素含量也很高,特别是维生素B_{12}以及各种微量元素。以雏鸡粪和肉鸡粪的营养价值最高。

3. 牛粪

牛粪中含粗蛋白3.1%、粗脂肪0.37%、粗纤维9.84%、无氮浸出物5.18%、钙0.32%、磷0.08%,每千克含代谢能0.5672MJ。以放牧的牛粪质量最好,其次是黄牛粪,最次的是奶牛粪,所使用的牛粪一定要干燥无霉变。

4. 豆秸

豆秸是大农业生产中来源极为丰富的副产品，便于收集，可降低生产投资成本，为菇农提高更多的经济效益。豆秸含氮 2.44%、磷 0.21%、钾 0.48%、钙 0.92%，有机质 85.8%，含碳量 49.76%，碳氮比 20∶1。采用豆秸栽培双孢菇，发菌速度快，出菇早。尤其是豆秸茎中空，容重小、体积大，使单位体积内的营养物质相对减少，因此豆秸在使用前要进行相应的处理，否则会影响单位面积的产量。处理方法是将优质无霉变的豆秸反复碾压多次，使聚集紧实的纤维素和木质素等难以水解的物质得到水解，从而容易被菌丝吸收。经发酵软化后的豆秸，提高了容量，缩小了体积，可使菌丝均匀生长，有利于营养积累。

5. 饼肥

是油厂加工大豆油后的下脚料。其蛋白质含量高，是麦麸的 4.5 倍。其粗白质含量为 35.9%，粗脂肪含量为 6.9%，粗纤维素含量为 4.6%，可溶性糖类含量为 34.9%，是一种氮素含量较高的有机营养物质，由于其蛋白质含量高，在用量上要适当减少，一般用量不宜超过 10%。

6. 石膏

石膏又称硫酸钙，能溶于水，但溶解度小。石膏可直接补充双孢菇菌丝生长所需的硫、钙等营养元素，能减少培养料中氮素的损失，加速培养料中有机质的分解，促进培养料中可溶性磷、钾迅速释放。石膏为中性盐类，虽然不能用来调节培养料的酸碱度，但具有缓冲作用。另外，在培养料中起到凝絮作用，使黏结的原料变得松散，有利于游离氨的挥发，进而改善培养料的通气性能，提高培养料的保肥力，促进子实体的形成。

在双孢菇生产中，宜选用医用和食用石膏，这两种石膏具有降温解毒之功效，添加量为 1%~1.5%；农用石膏的价格虽然便宜，但黏性大，易造成培养料结块；禁用工业石膏（工业石膏大多是石膏石经粉碎后炒熟，此类石膏多用于建筑材料）。购买石膏粉时，要求细度在 80~100 目，颜色纯白，在阳光下闪光发亮即可。颜色发灰或粉红、无光亮的不宜使用。

7. 石灰

石灰即氧化钙，遇水变成氢氧化钙，呈碱性，常用于调节培养料的酸碱度。双孢菇培养料的石灰添加量为 2%~4%。

8. 过磷酸钙

过磷酸钙又称磷酸石灰，是一种弱水溶性的磷素化学肥料。大多数为灰白色或灰色粉末，易吸潮结块，含有效磷酸 15%~20%。双孢菇培养料中添加过磷酸钙，可补充磷素、钙素的不足。由于过磷酸钙为速效磷，能促进微生物的发酵腐熟，还能与培养料中过量的游离氨结合，形成氨化过磷酸钙，防止培养料铵态氮的逸散。过磷酸钙也可作为一种缓冲物质，使培养料中的酸碱度不至于激化，磷本身又是子实体生长发育阶段不可缺少的物质。过磷酸钙的添加量一般为 0.5%~1%，添加量超过 2% 时，培养料易出现酸化现象。在生产中不可用普通磷肥或钙镁磷肥代替，这两种磷均为迟效磷，有效时期 150d 后才能起到作用。

二、秸秆栽培食用菌的意义

从物质和能量的利用角度看，农作物在生长过程中吸收了光、热、水、氧气，所积累的光合产物却有 75%~90% 是不能被人体所直接利用的秸秆和糠壳。而食用菌生产正是将这些"垃圾"按照科学的配方组合起来。食用菌菌丝体在纤维素酶的协同作用下，将农作物秸秆中的纤维素、半纤维素、木质素等顺利地分解成葡萄糖等小分子化合物，在自然界中最能起到降解作用，并将碳源转化成碳水化合物，将氮源转化成氨基酸，生产出集"美味、营养、保健、绿色"于一体的食用菌产品，使高蛋白质有机物进入新的食物链。因此，有些专家把食用菌产业比喻成农业的"垃圾处理厂"，意思是说食用菌生产能科学而有效地利用农业、林业、畜牧业的秸秆、枝条木屑、畜禽粪便等"垃圾"。

分解后的肥料施入大田后，可大大提高地力、肥力，增加土壤腐殖质的形成，改善土壤理化结构，提高土壤持水保肥能力。同时，这些废弃的培养料因含有大量的蘑菇菌丝体，散发着浓郁的蘑菇香味，营养丰富，经处理后可作为畜禽的饲料添加剂，还可用来培养甲烷细菌产生沼气，用来养殖蚯蚓，蚯蚓又可作为家禽的饲料、鱼虾的饵料，家禽的粪便又可栽培食用菌，进入了新的生物循环。这样，有了食用菌这一环节，便形成了一个多层次搭配、多环节相扣、多梯级循环、多层次增值、多效益统一的物质和能量体系，构成了食物链和生态链的良性循环。这充分说明了食用菌产业在废物利用、资源开发、环境保护及农业可持续发展等方面的重要地位和作用。

采用秸秆生产食用菌，可以实现秸秆的资源化、商品化，对于清洁和保护农村环境，促进农民增收，建设资源节约型和环境友好型社会，推进新农村建设都具有十分重要的现实意义。

第五节　秸秆栽培草腐生菌类技术

目前利用秸秆栽培的食用菌，主要分为草腐生菌类和木腐生菌类两大类。其中草腐生菌是以禾草茎叶为生长基质的菌类，常见的有双孢菇、草菇和双环蘑菇。麦秸、稻草等禾本科作物秸秆是栽培草腐生菌类的优良基料，作为草腐生菌的碳源，通过搭配牛粪、麦麸和米糠等单元，可以栽培出美味可口的双孢菇和草菇。木腐生菌类是指生长在木材或树木上的菌类，如香菇、木耳、灵芝、平菇、茶树菇等。玉米秸、玉米芯、豆秸、棉籽壳、稻糠、花生秧、向日葵秆等均可作为栽培木腐生菌的培养基料。目前，棉籽壳价格持续上涨，利用秸秆进行平菇类的栽培已经成为首选。下面主要详述双孢菇、草菇和平菇的秸秆栽培技术。

一、秸秆栽培双孢菇技术

（一）双孢菇栽培技术简介

双孢菇栽培模式主要有传统双孢菇简易栽培模式和集中发酵栽培模式。

1. 传统双孢菇简易栽培模式

传统的双孢菇一次发酵通常在菇房周围的室外场地中进行。发酵场地要求向阳、避风、地势高、用水方便；菌料场的地面除原料贮备区外，都应该采取水泥硬化，并且设计完善的给排水系统。料堆在堆肥场中应该铺成龟背形，并在堆场四周开沟，一角建设蓄水池，以回收、利用料堆流失水，既可避免雨天料堆底部积水，也可以避免培养料养分流失，还能很好地解决堆肥过程中的废水污染问题。建堆前一天，用石灰水或漂白粉等对堆肥场地进行消毒，并做好场地周边的环境卫生工作。

2. 双孢菇集中发酵栽培模式

双孢菇集中发酵栽培模式又称为工厂化生产模式。工厂化生产模式采用的是集中发酵工艺技术，是把大容积的蘑菇培养料放在特别的隧道设施中进行自动控制的发酵方式，这种发酵方式是意大利发明的。集中发酵技术科学，操作简单，管理容易、可靠，对提高蘑菇产量、促进蘑菇生产的发展具有积极意义。集中发酵的另外优点是节省人力、节省能源、简化环境控制等操作，利用传送带很容易进行机械化装床、出料和接种工作等。在原来的二次发酵中，为了通过扩散作用供给氧气和进行代谢气体的交换，菇床料温和室温之差也要达到15℃，但在集中发酵中菇床料温和室温温差不超过1℃，这对维持高温菌最适条件48~53℃是最有效的。

双孢菇培养料集中发酵工艺技术可实现蘑菇培养料工厂化、专业化生产，解决农民小规模生产培养料养分配比不合理，操作不规范，发酵不均匀，培养料成熟度差，杂菌、虫卵污染严重等问题，改变小而全的落后的培养料制备方式。可将制备好的培养料供应给农民，并配套推广蘑菇高产栽培技术，这对减轻农民栽培蘑菇的劳动强度，提高培养料的质量，提高单位面积的产出率和鲜菇的品质，改变蘑菇生产对农村环境的影响，增强栽培蘑菇的市场竞争能力具有积极意义。

（二）双孢菇工厂化栽培技术流程

双孢菇工厂化栽培工艺流程主要包括基料配方、培养料隧道发酵、巴氏消毒、基料上床发菌管理、覆土后发菌管理、搔菌、出菇及采收转潮管理。

1. 一次发酵

目前，原料的一次发酵都是在自行设计的两层板式隧道中完成的，上层用于堆放原料，下层用于通风装置（风速压力为 5 500~8 000Pa，风速流量为 10~18m³/h）。经过均匀搅拌处理过的培养料送入隧道后要堆成高 2.5m，堆顶的宽度和堆底部的宽度视隧道的宽度而定，但在隧道与料堆结合部两侧都要留出 10cm 的空隙；另外，在隧道的另一侧要留出 5m 长的空间以便翻料使用。

在自然环境下培养料温度达到 80℃（春季需要 60~72h，夏季需要 48h，冬季则要输送蒸汽提速加温），当料堆表面温度达到 70℃（堆的中心温度已达 80℃）时，可用叉车适当振压料堆使其处于半缺氧状态，堆温 80℃维持 24h。然后再用隧道顶部的升降电动叉车进行倒堆翻料，翻过的料堆形状要同前状。此后要依次升温、焖堆、翻堆进行 3 次即可达到第一次发酵效果。

2. 二次发酵（巴氏消毒）

二次发酵有两个主要作用：一是通过巴氏消毒，杀灭培养料中的有害微生物及虫卵；二是进一步发酵，使其转化成有利于双孢菇菌丝生长需要的营养物质。

二次发酵是氨态氮转化为菌体蛋白的过程，它是由嗜热微生物（细菌、放线菌和霉菌）对培养料进行分解和转化。嗜热微生物的生长和繁殖除了营养、湿度和 pH 值外，更需要 55℃的最适生长温度和新鲜空气。培养料中最容易利用的碳水化合物的转化首先由假单孢菌、奈瑟球菌、黄单胞杆菌、微杆菌属、芽孢杆菌等细菌来完成。在二次发酵前 60h 左右，嗜热放线菌迅速利用由蛋白质、多肽的氮素化合物转变来的氨合成菌体蛋白，完成氮素的固定作用。培养料表面呈现灰白色嗜热真菌的菌落（放线菌），嗜热性放线菌具有更强的纤维降解能力。嗜热性真菌产生的高温又触发焦糖化反应和美拉德反应，这两个反应的进行使糖类化合物聚合形成一般微生物难以利用的多聚化合物，脂类化合物相对地减少了 50%，脂肪酸的成分也发生改变，后发酵中嗜热微生物的生长繁殖使亚麻酸的含量几乎增加了 1 倍。微生物菌体、多聚焦糖化合物、多聚糖胺化合物以及亚麻酸组合了菌丝易于利用又具有选择性的碳素营养。

3. 发菌

（1）准备

播种前结合上一个养殖周期用蒸汽将菇房加热至 70~80℃ 维持 12h，撒料并清洗菇房，上料前控制菇房温度在 20~25℃，要求操作时开风机保持正压。

（2）上料

用上料设备将培养料均匀地铺到床架上，同时把菌种均匀地播在培养料里，每平方米大约 0.6L（占总播种量的 75%），料厚 22~25cm，上完料后立即封门，床面整理平整并压实，将剩余的 25% 菌种均匀地撒在料面上，盖好地膜。地面清理干净，用杀菌剂和杀虫剂或二合一的烟雾剂消毒一次。

（3）发菌

料温控制在 24~28℃，相对湿度控制在 90%，根据温度调整通风量。每隔 7d 用杀虫杀菌剂消毒一次。14d 左右菌丝即可发好，上覆土前 2d 揭去地膜，消毒一次。养殖菇房内二氧化碳含量在 $1\ 200\times10^{-6}$ ppm 左右。

（4）病虫害防治

此期间病虫害很少发生。对于出现的病害，要及时将培养料清除出菇房做无害化处理；虫害在菇房外部设立紫外线灯或黑光灯进行诱杀，效果明显。菇房内定期结合杀菌用烟雾剂熏蒸杀虫一次即可。

4. 覆土及覆土期发菌管理

（1）覆土的准备

草炭粉碎后加 25% 左右的河沙，使用福尔马林、石灰等拌土，同时调整含水量在 55%~60%，pH 值在 7.8~8.2，覆膜闷土 2~5d，覆土前 3~5d 揭掉覆盖物，摊晾。

（2）覆土

把土均匀铺到床面，厚度 4cm。上土后用杀虫杀菌剂消毒一次。环境条件同发菌期一致；菌丝爬土后开始连续加水，加到覆土的最大持水量；打一次杀菌剂。

（3）搔菌

菌丝基本长满覆土后进行搔菌。2d 后将室温降到 15~18℃，进入出菇阶段。

5. 出菇

（1）降温

进入出菇阶段后 24h 内将料温降到 17~19℃，室温降到 15~18℃，湿度在 92%，二氧化碳含量低于 800×10^{-6} ppm。

（2）出菇

保持上述环境到菇蕾至豆粒大小，随蘑菇的生长降低湿度至 80%~85%，其他环境条件不变，之后随蘑菇的增长增加加水量。

（3）采摘

蘑菇大小达到客户要求后即可采摘，每茬菇采摘 3~4d，第 4 天清床，将所有的蘑菇不分大小一律采完，完毕后清理好床面的死菇、菇脚等；采摘期间加水量一般为蘑菇采摘量的 1.6~2 倍。清床后根据覆土干湿情况加水并用杀菌剂消毒一次。二、三茬菇管理同第一茬菇。三茬菇结束后菇房通入蒸汽使菇房温度达到 70~80℃，维持 12h，降温后撤料，开始下一周期的养殖。

（4）病虫害防治

此期间对于出现的病害，要及时将培养料清除出菇房做无害化处理，病害菌落周围用漂白粉或生石灰粉掩盖防止蔓延；虫害在菇房外部设立紫外线灯或黑光灯进行诱杀，效果明显。

（三）双孢菇栽培技术操作要点

1. 栽培时间的确定

双孢菇是中低温型食用菌，最适发菌温度为 22~26℃，生长最适温度为 16~18℃。在自然气候条件下栽培双孢菇，栽培时间的确定非常关键。由于秋季由高到低的气温递变规律与双孢菇对温度的反应规律较为一致，双孢菇的播种一般选择在秋季。

2. 原料配方

由于农作物秸秆种类不一，营养成分也不尽相同，在实际生产中应根据实际需要改变培养料配方。不论何种类型的培养料、何种配方，其营养成分含量必须遵循共同的原则和要求，建堆前培养料的碳氮比（C/N）应该为（30~33）：1，粪草培养料的含氮量以1.5%~1.7%为好，无粪合成料的含氮量以 1.6%~1.8%为好。目前在双孢菇栽培中常用的配方如下：

（1）常见粪草培养料配方

配方 1：干麦草 40kg、干鸡粪 50kg、豆秸 4kg、饼肥 3kg、尿素 0.4kg、过磷酸钙 1kg、石灰 2.5kg、石膏 1kg、生物吸附剂 20kg。

配方 2：干稻草 40kg、干鸡粪 50kg、饼肥 5kg、尿素 0.45kg、过磷酸钙 1kg、石灰 2kg、石膏 1kg、生物吸附剂 20kg。

配方 3：豆秸 40kg、干鸡粪 35kg、干牛粪 10kg、饼肥 5kg、麦麸 5kg、尿素 0.25kg、过磷酸钙 1kg、石灰 2kg、石膏 1kg、生物吸附剂 20kg。

配方 4：干麦草 40kg、干牛粪 50kg、饼肥 5kg、尿素 0.3kg、石灰 2.5kg、石膏 1.5kg、过磷酸钙 1kg、生物吸附剂 20kg。

（2）无粪合成料配方

配方1：干稻草88%、尿素1.3%、复合肥0.7%、菜籽饼7%、石膏2%、石灰1%。

配方2：干稻草94%、尿素1.7%、硫酸铵0.5%、过磷酸钙0.5%、石膏2%、石灰1.3%。

3. 原料准备

在实际生产中，依据生产规模和培养料配方贮备原料。所用草料应当选用新鲜稻草，干、黄、无霉、无杂质。麦草最好选用轧碾草，使其茎秆破裂变软有利于吸水和发酵，在稻草资源丰富的地区大多采用前一年贮备的晚稻草。由于吸水速度较慢，堆制时直接浇淋容易流失，也不容易均匀，因此在建堆前一天进行预湿。一般将稻麦草先碾压或对切至30cm左右，摊在地面，撒上石灰，反复洒水喷湿，使草料湿透。对于粪料，国外多采用马粪，马粪呈纤维状，养分较高，发热量较高，建堆后能够维持较长时间的高温。国内多采用鸡粪或牛粪，鸡粪选用蛋鸡鸡粪，湿度≤40%，无泥沙、木屑等。无论采用哪种粪便，一般不采用鲜粪，均必须暴晒足干。

4. 预湿

（1）选择堆料场地

堆料场地选择地势高、靠近菇棚和水源的地方，要求平整、坚实、避风、远离畜禽饲养场地以及垃圾堆存场地。

（2）草料预湿

将麦草边铲入搅笼，边加粪、水，使草、粪、水通过搅笼后混合均匀，将混合好的培养料用铲车堆成大堆使草料软化，同时均匀地加入辅料；预湿时间一般为3d，期间注意在料堆顶部加水。

5. 一次发酵（前发酵）

一次发酵料的颜色为浅褐色，可见少量放线菌，用手握紧可在指缝流出2~3滴水滴，手指揉搓稍感发黏，臭味小，氨味明显，含氮量1.8%~2.0%，含氨量0.4%左右，pH值为7.2~7.5，含水量70%~72%。

（1）一次发酵技术要点

①料温控制

料温的变化是依靠通气调节来实现的。进入发酵隧道时，当温度达到70℃以上就应停止通气，每次翻堆后必须保证氧气的足量供给，防止厌氧发酵。试验数据表明：每通气10min停20min为宜。

②水分调节

水分在第一次翻堆时必须加足，使水分含量保持在70%~72%。

（2）一次发酵异常现象处理

①料内酸臭味较大

原因是原料水分偏大和堆中心部位缺氧严重，这类原料的颜色呈乳黄色，水分较大。处理方法是加大底层送风量，4~6h 后，酸臭味就会自然消失。

②原料黏性过大

发黏的原料多呈水红色或棕色、气味偏酸。原因有：辅料水分偏大；料内有少量的泥土料；原料处理过程中被水淋过。处理方法：增加一次翻料；料色发水红的黏料，要适当添加 3% 的稻壳和麦麸，放在料堆中心部位再次发酵；雨淋料和水分不均匀的原料，加入吸湿料（如玉米芯、细木屑）。

③料堆上有菌蛆

原因：隧道周围污水的积聚招致苍蝇在料堆表面产卵繁殖成菌蛆。处理方法：搞好拌料场地周围的环境卫生，隧道的外部墙壁上要喷洒杀菌杀虫剂防苍蝇和蚊虫。

6. 后发酵（二次发酵）

二次发酵的主要技术参数：水分 65%，pH 值为 7.5，氨气 $80×10^{-6}$ ppm，碳氮比（15~16.5）:1。二次发酵后的感官和理化指标如下：颜色为深褐色，可见大量放线菌，手握有水但不下滴，不粘手，料有弹性，闻有面包香味，含水量在 65%~70% 之间，春、秋季可高些，冬、夏季低一些，含氮量在 2.2% 左右。

（1）二次发酵技术要点

①填料

一次发酵的培养料在运入二次发酵隧道前要将生物吸附剂均匀地加入。经过一次发酵的培养料需要运入二次发酵隧道进行中低温发酵（巴氏灭菌），整个发酵过程需要 8d 时间。运入的一次发酵料要呈蓬松状堆在地面上，高度 2.2m，其宽度和长度同一次发酵料的堆形，堆料密度约 1 000kg/m³。

②通风升温

填料后 4h 左右才可关闭隧道舱门进行均恒升温，使不同层次的料温趋于一致。料层温度稳定一致后，以 150m³/h 的循环风的速度将料温逐步升到 58℃。

③巴氏灭菌

当料温升至 58℃ 时，要恒温保持 8~10h，严禁料温高于 60℃ 或低于 55℃，否则会影响巴氏灭菌效果。巴氏灭菌结束后，再逐渐将料温降到 48~50℃，此期间的恒定期为 9h。当培养料发酵呈深棕色或褐色，料内拌有 35% 左右的灰白色放线菌等有益微生物的色斑，没有氨味或其他刺鼻的异味，并略带有甜面包的香味，培养料柔软富有弹性，没有粘连现象，培养料容易被拉断时发酵工艺全部结束，打开隧道舱门将料温降至 25℃ 以下播种备用。

（2）二次发酵异常现象处理

①培养料底端和隧道的两侧偏干

原因是底层风量过大或隧道空间温度超过70℃。处理方法：对于偏干的培养料要喷洒人工加温至80℃的热水（内加1%石灰），切忌喷洒生冷水。

②原料呈片状粘连

原因是培养料发酵期间的温度低于45℃引起的细菌污染。处理方法：在发酵期间要加大通风量，40~45℃的停留期不得超过8h。

③培养料氨味偏重

原因是巴氏灭菌温度超过65℃，导致培养料的过度发酵，同时还会影响到氨气的吸附效果。处理方法：迅速将温度降至52℃，恒定3~5h，也可向隧道空间喷洒5%甲醛溶液，及时清除隧道空间的游离氨。

7. 品种选择、播种与发菌管理

二次发酵结束后要及时进行翻动拌料、播种。应彻底翻动整个料层、抖松料块，使料堆、料块中的有害气体散发出去。当料温降至28℃左右时进行播种。播种前应全面检查培养料的含水量，并及时调整。

优良的菌种是保障高产的关键，应当选择正规的有生产资质的菌种生产单位购买。各地应根据当地的气候条件和市场需求选择。

播种所用工具应该清洁，并用消毒剂进行消毒。播种后的整个发菌期的管理主要是调节控制好菇房内的温度、湿度和通风条件。播种后，菌种萌发至定植期，应关紧菇房门窗，提高菇房内二氧化碳浓度，并保持一定的空气相对湿度和料面湿度，必要时地面浇水或在菇房空间喷石灰水，增加空气湿度，促进菌种萌发和菌丝定植；同时要经常检查料温是否稳定在28℃以下，若料温高于28℃，应在夜间温度低时进行通风降温，以防烧菌。播种3~5d后，开始适当通风换气，通气量的大小要根据湿度、温度和发菌情况决定。在发菌过程中，应该经常检查杂菌情况，一旦发现应及时采取防治措施。在适宜条件下，播种后20~23d菌丝便可长满整个料层，菌丝长满培养料后应及时进行覆土。

8. 覆土及覆土后的管理

优良的覆土材料应具有高持水能力、结构疏松、孔隙度高和稳定良好的团粒结构。目前多采用以草炭为主的新型覆土材料，有自然草炭土和人工配制草炭土，覆土经严格消毒后方可采用。当菌丝长满整个料层时，才能进行覆土，一般是播种后12~14d。过早覆土，菌丝没有吃透料层，生长发育未成熟，不利于菌丝爬土，甚至不爬土，影响产量。覆土厚度一般为料床的1/5。

9. 出菇管理

从播种起大约 35d 进入出菇阶段，产菇期 3~4 个月。出菇期，菇房的温度应该控制在 16~18℃，适宜的相对湿度为 90%左右，并应该经常保持新鲜，经常开门窗通风换气，温度低于 13℃时应选择午间气温高时通风。菇房内温度高于 20℃时，禁止向菇床喷水，每天在菇房地面、走道的空间和四壁喷雾浇水 2~3 次，以保持良好的空气相对湿度。在整个出菇期管理的核心是正确调节好温、湿、气三者的关系，满足蘑菇生长对温度、水分和氧气的要求。

10. 采收与贮运

菌盖未开，菌膜未破裂时，及时采收。采收时，应轻采、轻拿、轻放，保持菇体洁净，减少菇体擦伤。采收结束后，应该及时清理废料，拆洗床架，进行全面消毒。栽培蘑菇的废料可以作为有机肥料用于蔬菜和花卉育苗的基质及肥料。

二、秸秆栽培草菇技术

我国北方地区是传统作物小麦、玉米的主产区，每年有大量的农作物秸秆因得不到合理利用而被浪费掉。利用秸秆栽培高温型食用菌草菇，使作物秸秆成为一种可开发利用的生物再生资源，既降低了草菇的生产成本，丰富了人民的菜篮子，又解决了夏季食用菌产品严重缺乏的难题。

（一）草菇栽培方法

草菇的栽培方法很多，下面就一些常用的方法做具体介绍。

1. 坏块式草菇栽培法

（1）配方

干稻草 100kg，稻糠 5kg，干牛粪粉 5~8kg，草木灰 2kg，石灰 1kg，碳酸钙 1kg。

（2）养料堆制

选用金黄色（或绿色）、足干、无霉变的稻草，铡成 1~2cm 的小段，置入 1%石灰水中浸泡 24h，捞出沥干建堆，堆宽 1.5m、高 1.5m，堆长视情况而定，一般以不超过 10m 为宜。先铺 20cm 厚稻草，然后撒上牛粪（牛粪粉要提前 2~3d 预混）、米糠、碳酸钙、草木灰、石灰（石灰加量调制 pH 值以 7~8 为宜）。这样一层稻草一层辅料，一直到建好堆为止。3d 后进行翻堆，翻堆时要把辅料与稻草混合均匀，再过 2d 便可制作坏块。

（3）坏块制法

将木框置于平地上，在木框上放一张薄膜（长、宽约 1.5m，中间每隔 15cm 打一个 10cm 直径的洞，以利于通水、通气）。向框内装入发酵好的培养料，压实，面上盖好薄膜，提起木框，便制成草坯块。

（4）灭菌与接种

制好的草坯块要进行常压灭菌（100℃保持8~10h）。灭菌后搬入栽培室（栽培室事先要进行清洗，用1 500倍的敌敌畏喷雾杀虫，再用福尔马林或硫黄粉按常规用量熏蒸），待料温降至37℃以下进行接种。接种时先把面上薄膜打开，用撒播法播种，播后马上盖回薄膜，搬上菇床养菌。

（5）栽培管理

接种后5d，把面上薄膜解开，盖上1~2cm厚的火烧土，再过3d便可喷水，保持空间湿度在85%~90%，再过2d现原基。此时要求一定的光照和适当的通气换气。菇房的相对湿度可提高到90%~95%，以促进原基的生长发育。一般现蕾后5d就可采菇。第一茬菇采完后，须检查培养料的含水量，必要时可用pH值为8~9的石灰水调节。然后提高菇房温度，促使菌丝恢复生长。再按上述方法进行管理，直到栽培结束，一般整个栽培周期为30d，可采3~4茬菇。

2. 泡沫棚种植草菇

泡沫棚种植草菇是近几年发展起来的一种栽培模式，它改变了传统栽培模式和季节的限制，打破草菇只能在夏季7~9月份栽培的历史，利用加温等措施达到草菇全年生产。现将其栽培技术介绍如下：

（1）泡沫棚草菇栽培房的结构和特点

栽培房宜选择地势高爽的宅前屋后空地进行搭建。一般每只棚占地$11m^2$，长5m，宽2.2m，高2.2m。房内架子用木板或角铁搭置，设4层床架，床宽0.7m，靠两边搭置，中间留0.8m走道，层距0.45m，每边3层，共6层，实际栽培为（5m×0.7m×6m）= $21m^3$。地上排设通风管道，并浇筑水泥地面，泡沫板里面衬上一层薄膜，以利于保温，走道两边距地面一定高度开设两个换气窗，门只开一面。这种棚体积小，床架高度适中，易于保温及种植户管理。

因草菇是高温结实菌，低温时要进行加温才能正常出菇。可通过煤炉加热，一只菇房用1~2只煤炉，来创造草菇适宜的生长环境。

（2）栽培季节安排和适宜使用的菌种

栽培季节可以全年种植，一只菇房一年可种植12茬。适宜使用的菌株为V23系列草菇。

（3）培养料处理

选用新鲜、无霉变废棉和棉纺厂下脚料，使用前在太阳下暴晒2d。每只棚一次投料在150kg。把所需的废棉在pH值>12的石灰水中浸1d，然后捞起，预堆3d，中间翻堆1次；

如堆制时温度低，可盖上薄膜，让废棉软化均匀才可进房。二次发酵时培养料含水量控制在 60%~70%，即捏一把料指缝间有水珠滴下，搬到床架上再进行二次发酵，加温到 60~62℃维持一天一夜，然后降温，准备播种。

（4）播种及播种后管理

①播种

温度下降至 33~38℃时即播种，每棚用种量（17cm×33cm 聚丙烯袋）12~15 包，撒播，播后轻轻拍一下料面。盖上地膜或清洁的蛇皮袋。

②播种后管理

料温控制在 36℃，菇房温度在 33℃左右为好。36h 后，菌丝基本封面，即拿掉薄膜或蛇皮袋，保湿；菌丝基本发到底时补水 1 次，用量 1~1.2kg/m²，当边上有小白点形成时就用水来刺激出菇，分 2 次补水，用量 1.5~2kg/m²，并降温至 30~32℃，加大通气量。出菇时空气湿度要求在 85%~90%，补水时水温要与室温一样。9~10d 后，可采收第 1 茬菇。采收后，进行大通风，第 2 天用石灰水补水，用量 1.5~2kg/m²，紧闭门窗，加大换气量，促其出第 2 茬菇。

3. 草菇袋式栽培技术

草菇袋式栽培是一种较新的栽培方式，是一种草菇高产栽培方法，单产较传统的堆草栽培增产 1 倍左右。生物效率可达到 30%~40%。

（1）浸草

将稻草切成 2~3 段，有条件的可切成 5cm 左右，用 5% 的石灰水浸泡 6~8h。浸稻草的水可重复使用 2 次，每次必须加石灰。

（2）拌料

将稻草捞起放在有小坡度的水泥地面上，摊开沥掉多余水分，或用人工拧干，手握抓紧稻草有 1~2 滴水滴下，即为合适水分，含水量在 70% 左右。然后加辅料拌和均匀，做到各种辅料在稻草中分布均匀和黏着。拌料时常用的配方有以下几种：

配方 1：干稻草约 86.9 份+麸皮 10 份+花生饼粉或黄豆粉 3 份+磷酸二氢钾 0.1 份。

配方 2：干稻草约 84.8 份+米糠 10 份+玉米粉 3 份+石膏粉 2 份+磷酸二氢钾 0.2 份。

配方 3：干稻草 83.5 份+米糠 10 份+花生饼粉 3 份+石膏粉 2 份+复合肥 1.5 份。

配方 4：干稻草 56.5 份+肥泥土 30 份+米糠 10 份+石膏粉 2 份+复合肥 1.5 份。

（3）装袋

经充分拌匀的料，选用 24cm×50cm 的聚乙烯塑料袋，把袋的一端用粗棉线活结扎紧，扎在离袋口 2cm 处。把拌和好的培养料装入袋中，边装料边压紧，每袋装料湿重 2~2.5kg。然后用棉线将袋口活结扎紧。

（4）灭菌

采用常压灭菌，装好锅后猛火加热，使锅内温度尽快达到100℃并保持6h左右，然后停火出锅，搬入接种室。

（5）接种

采用无菌或接种箱接种。无菌室或接种箱的消毒处理与其他食用菌相同。接种时，解开料袋一端的扎绳，接入草菇菌种，重新扎好绳子。解开另一端的扎绳，同样接入菌种，再扎好绳子。一瓶（或一袋）菌种可接种12袋左右。

（6）发菌管理

将接种好的菌袋搬入培养室，排放在培养架上或堆放在地面上。菌袋堆放的高度应根据季节而定，温度高的堆层数要少，温度低的堆堆放的层数可以适当增加。一般堆放3~4层为宜。培养室的温度最好控制在32~35℃。接种后4d，当菌袋菌丝吃料2~3cm时，将袋口扎绳松开一些，增加袋内氧气，促进菌丝生长。在适宜条件下，通常10~13d菌丝就可以长满全袋。

（7）出菇管理

长满菌丝的菌袋搬入栽培室，卷起袋口，排放于床架上堆叠3~5层，覆盖塑料薄膜，增加栽培室的空气相对湿度至95%左右。经过2~3d的管理，菇蕾开始形成，这时可掀开薄膜。当菇蕾长至小纽扣大小时，才能向菌袋上喷水，菇蕾长至蛋形时就可采收。一般可采收2~3茬菇。

4. 温室草菇麦草栽培新技术

草菇富含蛋白质，低脂肪、低热值、肉质细嫩、味道鲜美，具有抗癌、降压等多种保健作用，在市场上颇受欢迎。但室外栽培草菇，受自然气候的影响较大，温度与湿度不易人工控制，很难达到理想的产量。近年利用日光温室夏、秋季高温休闲期栽培草菇，取得了很好的效果，并且为小麦秸秆腐化还田提供了一条有效途径，较好地解决了困扰农村多年的小麦秸秆焚烧问题。现将其主要栽培技术简介如下：

（1）栽培季节

草菇菌丝体生长的适温范围为15~40℃，最适宜温度为30~35℃，子实体生长的温度范围为26~34℃，最适宜温度为28~30℃，从堆料到出菇结束只需1个多月的时间，是目前人工栽培的食用菌中需求温度较高、生长周期较短的类型。根据草菇对温度的要求及各地不同的栽培条件，可分别选择适当的栽培时期。

（2）菌种选择

由于各地的品种编号不同，根据各地的实际情况因地制宜地选择优质高产的品种非常重要。品种的选择标准是高产、优质、抗逆能力强。

（3）培养料处理

①栽培原料配方

栽培草菇的原料非常广泛，有稻草、谷秆、麦秸、杂草等。

②培养料处理

无论选用哪种原料，均应干燥无霉变，并在生产前暴晒 2~3d。新收获的麦秸、稻草要彻底干燥，否则容易因料酸而失败。

栽培前在温室附近挖一个水池，将麦秸和石灰按比例一层麦秸一层石灰层层交替地在水池中铺好，铺草时要踩实，铺满水池以后，用重物将草压住，将水池灌满。麦秸浸泡 24~48h 后，捞出后沥去明水，喷洒占干料总量 0.1%~0.2% 的 50% 多菌灵可湿性粉剂及 0.1% 的 80% 敌敌畏乳油水溶液，处理后的麦秸 pH 值在 9~12 之间。

③培养料的发酵

将上述处理好的麦秸捞出堆成垛，垛高 1.5m，宽 1.5m，长度不限。堆好后，覆盖塑料薄膜，保温保湿，以利于发酵。当麦秸堆中心温度上升到 60℃ 左右时，保持 24h，然后翻堆，将外面的麦秸翻入堆心，里面的麦秸翻到外面，以使麦秸发酵均匀。翻堆后中心温度又上升到 60℃ 时，再保持 24h，重复 3~4 次发酵即可终止。发酵时间一般为 10d 左右，发酵时间长短的关键是发酵温度是否合格。

发酵结束后，要检查发酵麦秸的质量。优质发酵麦秸的标准：质地柔软，一拉即断，表面脱蜡，手握有弹性感，金黄色，有麦秸香味，有少量的白色菌丝，含水量 65%~70%，pH 值为 9 左右。

（4）栽培方法

①菇棚处理

清除日光温室内的前茬秸秆，深翻暴晒室内土壤后，疏松土层，整平地面，一次性灌足底水，同时喷洒 5% 甲醛及 50% 辛硫磷乳油 800 倍液。

②波浪式覆土栽培

草菇栽培不覆土也能正常出菇，但在料面上盖土有利于保湿，供应草菇生长所需的水分，覆土栽培是提高草菇产量的有效方法。用于覆盖的土壤要求肥沃、疏松、保水性能良好。自配营养土配方：优质菜园土或地表 15cm 以下土壤，打碎后，每 110kg 土加入草木灰 4kg、尿素 0.5kg、磷肥 1kg、石灰 2kg。

波浪式覆土栽培方法：先在地面喷 5% 石灰水，再铺上 1 层栽培料（充分发酵的麦秸不必切碎，栽培料为栽培原料的充分混合），压实，宽 60~80cm，厚约 20cm，长度根据日光温室的宽度而定，以留出便于管理的走道为宜。然后均匀撒播第 1 层菌种，在铺第 2 层料时开始起垄，料垄厚 15~20cm，垄沟料厚 10cm，可增加出菇面积和提高产量。料垄做好后即可撒播第 2 层菌种。两次用量分别占菌种总量的 30%~40% 和 60%~70%。菌种用量占干料重的 5%~10%。菌种播好后，在料垄上再覆一层略能盖好菌种的薄草，用干净木板将麦秸垄拍实，形成四周低中间凸的龟背形状，然后覆盖营养土 1~2cm，盖上地膜即可。两料垄间留 30cm 间距作走道。

③温度控制

草菇是高温恒温结实性菌类，忽冷忽热的气候对生长极为不利。播种后 3~4d，以保温为主。以后随着料温的升高，特别是当料温高于 40℃ 时，要揭膜降温，使料温控制在 35~38℃，气温控制在 30~32℃ 为宜。子实体形成与菇体发育时，料温保持在 30~35℃，气温保持在 28~32℃。

④湿度控制

一般采取灌水和喷水相结合的形式。播种前先将畦床灌水湿透，播种后头几天料垄上的地膜一般不要揭开，以便使培养料含水量保持在 65%~70%。空气相对湿度应控制在 85%~90%，湿度不够时可向垄沟灌水或喷水。灌水时，一定注意不能浸湿料块，喷水时尽量不要喷向料面。出菇期间，空气相对湿度应提高到 90%~95%。一般是向垄沟内灌水，使畦床湿润，以维持培养料内的含水量。向空间喷雾，以提高空气相对湿度。喷雾要用清水，水温与气温接近，做到轻喷、勤喷。不宜直接向料块喷水，尤其是刚现菇蕾时，严禁向菇蕾喷水。

⑤通风与光照

草菇是一种好氧性真菌，菌丝生长期需氧少，出菇阶段需氧较多，温室栽培须注意通风，但不能通风过急，否则会引起温度骤变，不利于草菇生长，一般以空气缓缓对流较好。出菇期通风还要与喷水保湿相结合，具体做法是菌丝生长期间每天中午少部分掀开盖在料垄上的地膜，打开菇棚 15~20min。菌丝布满畦面后，除去地膜。出菇期间，通风前先向地面、空间喷雾，然后通风 20min 左右，每天 2~3 次。

光照宜用散射光。发菌初期光线宜弱，栽种后 4~5d，直至出菇结束，应适当加强光照。光照强度以能阅读报纸为宜，忌阳光直射。

（5）适时采收

一般播种后 10~12d，当菇蕾有鹌鹑蛋大小时，即可采收。早、中、晚各采 1 次，防止开伞降低商品价值。每茬菇可连续采收 20d 左右。每茬在采后可在料面上喷洒菇宝和各种营养液，以延长采收期和提高产量。

（二）草菇栽培技术要点

1. 品种特性与栽培时期

草菇为夏季栽培的高温速生型菇类，从种到收只要10~15d，生产周期不过1个月。根据草菇对温度的要求及各地不同的栽培条件，可分别选择适当的栽培时期。

2. 原料选择

适合草菇栽培的原料广泛，麦秸、玉米秸、玉米芯、棉籽壳及花生壳等均可作为栽培基质用于草菇生产，栽培料应选用颜色金黄、足干、无霉变的新鲜原料，用前先暴晒2~3d。根据草菇对营养物质需求量的多少，培养料分为主料和辅料两大类。

（1）主料

有稻草、麦秸、棉籽壳、废棉、甘蔗渣、豆秸、玉米芯等，废棉最佳，棉籽壳次之，麦秸、稻草等稍差。栽培过平菇、金针菇的废料亦可用来栽培草菇。

①棉籽壳

要选用绒毛多、存放时间短的优质、新鲜棉籽壳。栽培前，先在日光下暴晒2~3d。

②废棉

废棉保温、保湿性能好，含有大量纤维素，是栽培草菇的优质培养料，但透气性较差。栽培前，先将其放入pH值为10~12的石灰水中浸泡一夜，捞出沥干后堆积发酵。

③麦秸

要选用当年收割、未经过雨淋和未变质的麦秸，麦秸的表皮细胞组织含有大量硅酸盐，质地较坚硬且蜡质多，不易吸水及软化。栽培前须经过破碎、浸泡软化和堆积发酵处理。

④稻草

应选用隔年优质稻草，要足干、无霉变，呈金黄色。这种稻草营养丰富，杂菌少。栽培前，将稻草暴晒1~2d，然后放入1%~2%的石灰水中浸泡半天，用脚踩踏，使其柔软、坚实并充分吸水，捞出即可用于栽培。

⑤甘蔗渣

新鲜干燥的甘蔗渣呈白色或黄白色，有糖芳香味，碳氮比为84∶1，与麦秸、稻草相近，是甘蔗主产区栽培草菇较好的原料，用时要选新鲜、色白、无发酵酸味者，一般应取糖厂刚榨过的新鲜蔗渣，及时晾干，贮藏备用。

⑥栽培过平菇、金针菇的废料

将废料从菌袋中倒出，趁湿时踩碎，去掉霉变和污染的部分，为减少营养消耗，应及时晒干后贮存备用。

（2）辅料

用于栽培草菇的稻草、麦秸等原料中，往往碳素含量高、氮素含量低，配制养料时必须添加适量的营养辅料才能满足草菇生长发育所需要的营养条件。

常用的营养辅料有麦麸、米糠、玉米粉、圈肥、畜禽粪、尿素、磷肥、复合肥、石膏粉、石灰等。

营养辅料的用量要适当，麸皮等一般不超过 25%。培养料中氮素营养含量过高会引起菌丝狂长，推退出菇；另外，容易引起杂菌生长，造成减产。麦麸、米糠和玉米面均要求新鲜、无霉变和无虫蛀。

生石灰是不可缺少的辅料之一，除补充钙元素外，还可以调节培养料的 pH 值，并可去除秸秆表面的蜡质等，使秸秆软化。

畜禽粪一般多用马粪、牛粪和鸡粪等，是氮素的补充营养料。使用畜禽粪时要充分发酵、腐熟、晾干、砸碎、过筛备用。

（3）常用配方

配方 1：稻草 500kg+石灰粉 10kg。

配方 2：稻草 500kg+麦麸 35kg+石灰粉 10kg。

配方 3：稻草 500kg+干牛粪粉 40kg+过磷酸钙 5kg+石灰粉 10kg。

配方 4：小麦秸碎段 65%，菌糠 25%，麦麸 5%，尿素 0.3%，石膏粉 1%，生石灰 3.7%。

配方 5：玉米秸 73%，棉籽壳 15%，麦麸 6%，尿素 0.3%，过磷酸钙 1%，石膏粉 1%，生石灰 3.7%。

配方 6：玉米芯碎块 80%，麦麸 8%，棉籽饼（粕）粉 3%，石膏粉 1%，石灰 8%。

配方 7：豆秸粗粉 60%，棉籽壳 34%，石膏粉 1%，过磷酸钙 1.5%，生石灰 3.5%。

配方 8：花生茎蔓粗粉 70%，菌糠 20%，麦麸 5%，石膏粉 1%，生石灰 4%。

上述配方栽培料均须堆制发酵处理，发酵前料水比调至 1∶1.8 左右，pH 值 8.5~9.0。

3. 场地选择与处理

栽培草菇的场地既可是温室大棚，也可在闲置的室内、室外、林下、阳畦、大田与玉米间作、果园等场地。大棚要加覆盖物以遮阴控温，新栽培室在使用前撒石灰粉消毒，老菇棚可用烟熏剂进行熏蒸杀虫灭菌。

4. 原料的处理

原料采用石灰碱化处理，即在菇棚就近的地方挖一长 6m、宽 2.5m、深 0.8m 左右的土坑（土坑大小可根据泡秸秆多少而定），挖出的土培在土坑的四周以增加深度至 1.5m，坑内铺一层厚塑料膜，然后一层麦秸、一层石灰粉，再一层麦秸、再一层石灰粉，如此填满土坑，最上层为石灰粉，石灰总量约为麦秸总量的 8%。再在麦秸上面加压沉物以防止麦秸上浮。最后，往土坑里灌水，直至没过麦秸为止，或者逐层淋水至每层有水滴下为度。稻草吸足水分是取得高产的关键。

秸秆上架后马上加温，可用蒸汽发生炉，也可用废汽油桶。让热蒸汽从床架底层向菇棚疏松扩散，使菇棚内室温达到 66～75℃，中层料温达到 63℃ 左右，维持灭菌时间 8～10h。

5. 入棚、建畦、播种

把泡过的麦秸挑出，沥水 30min 后入棚。按南北方向建畦，畦宽 0.9～1.0m。先铺一层厚 20cm 左右的秸秆，并撒上一层处理过的麸皮。用手整平稍压实后播第一层种。按 0.75kg/m² 的播种量，取出 1/3 的菌种，瓣成拇指肚大小，再按照穴距和行距均为 10cm 左右播种，靠畦两边分别点播两行菌种，中间部位因料温会过高而灼伤菌种故不播。之后再铺一层厚为 15cm 左右的草料和麸皮，把剩余 2/3 的菌种全部点播整个床面，然后再在床面薄薄地撒一层草料，以保护菌种且使菌种吃料块。最后用木板适当压实形成弧形，以利于覆土。料总厚度为 30～300cm，畦间走道宽 30cm。

6. 覆土、盖膜

把畦床整压成弧形后，在料面上盖一层 2～4cm 的黏性土壤，可在走道上直接取土，使之形成蓄水沟和走道。最好在覆土内拌入部分腐熟的发酵粪肥。覆土完毕，在畦面盖一层农膜以保温保湿，废旧膜要用石灰水或高锰酸钾消毒处理。覆膜完毕，在料内插一支温度计，每天观察温度，控制在适宜的温度之内，料温不超过 40℃。如超过 40℃，应立即撤膜通风，在畦床上用木棍打眼散热。

7. 发菌、支拱

覆膜 3d 后，每天掀膜通风几次，每次 10～30min。一般到第 7～8 天，菌种布满床面，等待出菇，此时应在畦面上支拱，拱上覆薄膜。两头半开通风，两边不要盖得太严。因草菇对覆土及空气湿度要求较严，拱膜可保持温度和湿度稳定，如温度、湿度适宜，也可不用拱棚。

8. 出菇管理

播种后 10d 左右，便开始出菇，此时要注意掀膜通风。待出菇多时，在走道内灌水保湿或降温。如温度、湿度适宜则要撤膜通风换气，保持菇床空气新鲜，温度不宜超过 36℃，以防止高温使菇蕾死亡；若畦床过干，不可用凉水直接喷洒原料或菇蕾，而要在棚边挖一小坑，铺上薄膜，放入凉水，预热后使用。整个出菇过程要严格控制温度、湿度，并适当通风。草菇对光照无特别要求，出菇期给予散射光即可保证子实体正常发育。草菇虫害主要有螨类、菇蝇和金针虫等，可在铺料前用 90% 敌百虫 700～800 倍液处理土壤或用 80%敌敌畏乳油 800~1 000 倍液喷雾防治。

9. 采收

草菇子实体发育迅速，出菇集中，一般现蕾后 3~4d 采摘，每茬采收 4~5d，每天采 2~3 次。隔 3~5d 后，第二茬又产生；一般采 2~3 茬，整个采菇期 15d 左右，第一茬菇约占总产量的 80%以上。当子实体由基部较宽、顶部稍尖的宝塔形变为蛋形，菇体饱满光滑，由硬变松，颜色由深入浅，包膜未破裂，触摸时中间没空室时应及时采摘，通常每天早、中、晚各采收 1 次，开伞后草菇便失去了商品价值。

（三）草菇栽培中杂菌和害虫防治

1. 鬼伞菌

尽量选用新鲜培养料，使用前暴晒 2d，或用石灰水浸泡原料；控制培养料的含氮量，发酵料或发酵栽培时麦麸或米糠添加量不要超过 5%，畜禽粪以 3%为宜。无论用何种材料栽培，最好二次发酵，可大大减少鬼伞菌的污染；发酵时控制培养料的含水量在 70%以内，以保证高温发酵获得高质量的堆料，同时，培养料拌料时调节培养料的 pH 值至 10左右。

（2）霉菌

常见的有绿色木霉、毛霉和链孢霉。防治霉菌常用的药液有 5%的石炭酸、2%的甲醛、1∶200 倍的 50%多菌灵、75%甲基托布津、pH 值为 10 的石灰水。此外，往污染处撒石灰面，防治效果也很好。

（3）菇螨

将棉球蘸敌敌畏，放在床架底料面上，然后用塑料布覆盖床面，利用药物挥发熏蒸料面，毒死螨虫；用 50%的氧化乐果 1 000 倍液、菊乐合酯 1 500 倍液、螨特 500 倍液喷雾杀螨；用洗衣粉 400 倍液连续喷雾 2~3 次，也有很好的杀螨效果；将新鲜猪骨放在菇螨出没危害的床面上，相间排放，待螨虫群集其上时，将骨头置开水中片刻即可杀螨虫，反复进行几次，直到床面上无螨为止。

（4）菇蝇

在菇场四周设排水沟，排除积水，并定期用 0.5%敌敌畏喷杀；培养料进行二次发酵，杀死料内幼虫和卵；用黑光灯诱杀。

第六节 秸秆栽培木腐生菌类技术

一、技术原理与应用

木腐生菌类是指生长在木材或树木上的菌类，如香菇、木耳、灵芝、平菇、茶树菇等。玉米秸、玉米芯、豆秸、棉籽壳、稻糠、花生秧、向日葵秆等均可作为栽培木腐生菌的培养基料。目前，棉籽壳价格持续上涨，利用秸秆进行平菇类的栽培已经成为首选。木腐生菌种类较多，对生长环境的要求并不相同，但是栽培环节比较相似。下面以平菇栽培为例进行详细介绍：

（一）栽培时间的确定

平菇发菌时间一般是 30d 左右，发菌期的核心环节是控温。生产者应该根据当地的气候条件安排播种时间，以发菌完成后 60d 内白天菇棚温度在 8~23℃为宜。

（二）场地选择

平菇抗杂能力强，生长发育快，可利用栽培的环境较多，如闲置平房、菇棚、日光温室、塑料大棚等。可因地制宜，以利于发菌、易于预防病虫害、便于管理、能充分利用空间、提高经济效益为基本原则。

（三）原料准备

可用来栽培平菇的培养料种类很多，所有农林废弃物几乎都可以作为平菇栽培的主料，包括各类农作物秸秆、皮壳、树枝、刨花、碎木屑等。平菇栽培的氮源添加物主要包括麦麸、米糠、豆饼粉、花生饼粉等辅料。常用配方如下：

配方 1：玉米芯 80kg，麦麸 18kg，石灰 2kg。

配方 2：玉米芯 80kg，麦麸 15kg，玉米粉 3kg，石灰 2kg。

配方 3：玉米芯 40kg，棉籽壳 40kg，麦麸 18kg，石灰 2kg。

配方 4：棉秆粉 40kg，棉籽壳 40kg，麦麸 18kg，石灰 2kg。

上述配方均要求料水比为 1∶（1.3~1.4）。

（四）品种选择

由于平菇栽培种类多，商业品种也很多，性能各异，可以依据不同用途划分品种类型。栽培者应当按照市场需求选择品种。一般来说，依据色泽可以将平菇划分为黑色种、浅色种、乳白色种和白色种四大品种类型。依据子实体形成的温度范围可以分为低温品种、中低温品种、中高温品种、高温品种和广温品种。

（五）培养料的预处理和发酵

首先将麦秸、玉米芯等秸秆物料粉碎至适宜大小，然后与辅料混合均匀，加水搅拌至含水量适宜后上堆，加覆盖物保温、保湿，每堆干料 1 000~2 000kg。堆较大时中间要打通气孔。一般发酵 48~72h 后料温可以升至 55℃以上，此后保持 55~65℃，24h 后翻堆，使料堆内外交换，再上堆，水分含量不足时可加清水至适宜。当堆温再升至 55℃时计时，再保持 24h 翻堆，如此翻堆 3 次即发酵完毕。发酵好的培养料有醇香味，无黑变、酸味、氨味和臭味。

二、常见平菇栽培方式

一般说来，平菇的栽培方式有很多种。按栽培场所分，有室内大床栽培、阳畦栽培、地道栽培、塑料大棚栽培等。按栽培方式分，有瓶栽、块栽、床栽、袋栽、畦栽、箱栽等。按培养料处理情况分，有熟料栽培（不发酵、灭菌）、生料栽培（不发酵、不灭菌）和发酵料栽培（发酵、不灭菌）。下面将详细描述一些常见的栽培方式：

（一）地面块栽

将培养料平铺于出菇场所的地面上，用模具或挡板制成方块。大块栽培一般长 60~80cm，宽 100~120cm。小块栽培一般长 40~50cm，宽 30~40cm。这种栽培方式适用于温度较高的季节。优点是功效高，透气性好，散热性好，发菌快，出菇早，周期短。不足之处是空间利用率低。

具体做法是将调制好的培养料装在布包里，包与包之间有一定间隙，在高压灭菌下保持 1.5h。有的地方采用蒸锅消毒，锅中水开后保持 6~8h，趁热出锅。在接种箱（室）里把培养料装入铺有塑料薄膜的箱中，压实包紧。待温度降到 30℃以下时接种，然后排去薄膜中的气体，卷好接缝口，放在架上或堆成品字形，在低温条件下培养。另外，生料也可栽培，方法是将培养料消毒后装箱筐培养。可采用 1‰~3‰的高锰酸钾或 1%的生石灰进行消毒。

当菌丝长满整个培养基后，即可除去盖在箱筐上的塑料薄膜，培养出菇。也可除去箱筐，将栽培块移到培养室架子上，进行管理，促其出菇。一般可收 3~4 茬菇。

（二）塑料袋栽培

这一方法是将培养料分装于塑料袋内，生料栽培或熟料栽培。这种方法栽培出菇期将菌袋码成墙状，打开袋口出菇。塑料袋一般选用聚丙烯或农用塑料薄膜，制成 23cm×45cm 或 28cm×50cm 规格的袋子，装入培养料后，用橡皮筋扎口。消毒时，袋与袋之间可用纸或其他东西隔开。聚丙烯耐压性能好，可用高压灭菌法。聚乙烯耐温、耐压性能差，宜用常压灭菌。常压灭菌时，锅盖要盖好，冒气后维持 6h 以上；高压灭菌时，袋料要压紧。中间打洞，袋与袋之间有空隙，以利于灭菌彻底。温度上升或消毒后放气速度要缓慢，以免袋子破损。

生料塑料袋栽培：常用的方法是袋内先装一层 10cm 厚的浸拌好的培养料，用手按实；铺一薄层菌种后，再装料，共数层，至满为度。然后，把袋口扎好，培养 30d 左右，待菌丝长满、菌蕾出现时解开扎口。注意喷水，可连收 2 次。

塑料袋栽培方式的优点是空间利用率高，便于保湿，出菇周期长。不足之处是透气性能差，散热性能差，发菌慢，出菇晚。因此，在栽培过程中要多给予通风，菌袋刺孔通气。

（三）室内大床栽培

室内大床栽培，菇房要坐北朝南，要求明亮，有保温、保湿、通风换气等优良条件。床架一般南北排列，四周不要靠墙，床面宽 1m 左右，过宽不利于菌丝发育。每层相距 67~83cm。床架间留走道，宽 67cm，上层不超过玻璃窗，以免影响光照。床底铺竹竿或条编物，要铺严；防止床上床下同时出菇，分散营养。

室内床架栽培比露地栽培更易控制温度、湿度，受自然条件的影响较小。

调制培养料时，要求水分适当，干湿均匀，不宜过夜，料面平整，厚薄一致。如棉籽壳栽培，料厚 13~17cm，天暖季节可薄一些。培养料调好后应立即上床。床上先垫一层报纸，再将棉籽壳平铺到床上，点菌种时可层播、面播。播后稍加拍实，然后立即用塑料薄膜覆盖。播种后，如薄膜上凝集大量水珠，应将薄膜掀去 1~2d，防止表面菌丝徒长，以后根据情况可适当通风，直至出菇。

床架栽培多在室内，也可以在半地下室或地下室内进行。半地下室或地下室栽培平菇，要注意以下几点：一是防止杂菌污染，地下室一般湿度很高，杂菌多，连年多次栽培更应注意消毒工作；二是地下室不利于菌丝发育，因温度低，应采用地上发菌，即把培养料装入木模内点好菌种，用塑料纸包严，置 25℃ 左右处培养，待菌丝充分发育后去掉薄膜，再移入地下室；三是出菇期间加强通风，注意光照，促进子实体的分化。

（四）阳畦栽培

平菇的阳畦栽培是近年来创造和推广的一种大规模栽培的方法。阳畦栽培不需要设备。成本低，产量高，发展很快。

建造阳畦时，应选背风向阳、排水良好处。挖成坐北朝南的阳畦，规格各有不同，一般畦长 10m、宽 1m、深 33cm，畦北建一风障，畦南挖一北高南低的浇、排水沟，床底撒些石灰。垫上薄膜，然后铺料。畦上自西向东每隔 15cm 设一个竹架，以便覆盖塑料薄膜，防风、遮阳、避雨。春末、秋初温度高的加盖苇席等遮阴。

阳畦栽培，春、秋可种两次。春播一般在 2 月下旬至 3 月中旬，秋播在 8 月下旬至 9月。春播要早，秋季适晚播，温度低，菌丝发育慢，但健壮。播种后紧贴畦面覆盖一层无色塑料纸或地膜，在畦上做一弓形竹架，加盖一层薄膜，压好四周，以利于保温保湿。有条件时用黑色薄膜遮盖。春末秋初，在畦上用苇席或秸秆等搭明棚，避免阳光直射。

（五）段木栽培

段木栽培树种应选择材质较松、边材发达的阔叶树，不采用含松脂、醚等杀菌物质的针叶树。

平菇对单宁酸较敏感，如壳斗科的栗树等不大适于种平菇。较适宜的树种是胡桃、柳树、法桐、杨树、榆树、蜜柑、枫杨、梧桐、枫香、无花果等。适宜砍伐期一般从树木休眠期到第二年新芽萌发之前。截段后立即接种，按 2 寸×3 寸的距离打孔。段木含水量保持在 50%~70%。接种孔的大小要一致，接种后洞孔用树皮盖塞严。这样菌种接入后不易脱落，否则在发菌过程中由于水分散失，菌种干燥收缩，翻堆时容易脱落，造成缺穴。菌丝长满木墩后，可将墩按 7cm 的距离放入浅土坑内，覆土一层，木段略外露一点，让菌丝向土中生长，吸取水分和养料，但需用茅草遮盖。当温度适宜时，培养管理。一般春季点菌，秋季可出菇，这样可出菇 2~3 年。

三、平菇栽培技术流程

（一）地面块栽工艺流程

地面块栽工艺流程主要包括发酵、进料、播种、覆盖、发菌、出菇期管理和采收几个环节。

1. 发酵

按前述方法进行培养料的发酵。

2. 进料

进料前要将发菌场地清理干净，灭虫和消毒。将地面灌湿，以利于降温。发酵完毕后，将料运进菇棚，散开，使料降温。

3. 播种

当料温降至30℃左右或自然温度即可准备播种。操作开始前要做好手和工具的消毒。播种多为层播，即撒一层料播一层种，三层料三层种，播种量以15%左右为宜，即每100kg干料用15kg菌种（湿重）。播种时表层菌种量要多一些，以布满料面为宜。这样既可以预防霉菌的感染，又可以充分利用料表层透气性好的优势，加快发菌，可有效缩短发菌期，从而早出菇。

播种时要注意料的松紧度要适宜。过松时影响出菇；过紧则影响发菌，造成发菌不良或发菌缓慢，甚至滋生厌氧细菌。

4. 覆盖

播种完毕后，将菌块打些透气孔，在表面插些木棍，以将薄膜支起，便于空气的交换。再将薄膜覆盖于表面，注意边角不要封严，以防透气不良。

5. 发菌

地面块栽均为就地播种、就地发菌。发菌期应尽可能地创造避光、通风和温度适宜的环境条件。发菌的适宜环境温度为20~28℃，发菌期每天要注意观察、调整。温度较高的季节要特别注意料温，料中心温度不可超过35℃，发现霉菌感染，及时撒石灰粉控制蔓延；表面有太多水珠时，要及时吸干。要通风透气，最好每天换气30min左右。温度较高的季节可夜间开窗或者掀开地脚；高温季节要严防高温烧菌和污染，采取的措施是夜间通风降温，白天加强覆盖和遮阴。

6. 出菇管理

在较适宜的环境条件下，经20~30d的培养，即可见到浓白的菌丝长满培养料。当表面菌丝连接紧实、呈现薄的皮状物时，表明菌体已经具备出菇能力，应及时调整环境条件，促进出菇。促进出菇的具体方法如下：一是加大温差，夜间拉开草帘；二是加大空气相对湿度，每天喷雾状水3~5次；三是加大通风，每天掀开塑料薄膜1~2次；四是加强散射光照，每天早晚掀开草帘1~2h；五是当原基分化出可明显区别的菌盖和菌柄后，将塑料薄膜完全掀开。根据栽培品种的适宜温度，控制菇房条件。一般而言，应该保持温度在12~20℃、空气相对湿度85%~95%、二氧化碳低于0.06%、光照50lx以上。

7. 采收

在适宜的环境条件下，子实体从原基形成到可采收需 5~6d。子实体要适时采收，以市场需求确定采收最佳时期。如果市场需求的是小型菇，就要提早采收。采收时要整丛采下，注意不要带起大量的培养料，尽可能减少对料面的破坏。采菇后，要进行料表面和地面的清理。之后，盖好塑料表面薄膜养菌。一般养菌 4~6d 后，即可出二茬菇。

（二）平菇墙式袋栽工艺流程

平菇墙式袋栽是目前平菇栽培中最常见的栽培模式，分为生料栽培和熟料栽培两种。

1. 平菇熟料栽培工艺

（1）制袋

通常采用聚乙烯或聚丙烯塑料袋，以直径 20~27cm、长 45cm 左右、厚度 0.04cm 左右为宜，袋两头均开口。

（2）灭菌和接种

分装后菌袋应该立即灭菌，一般不使用高压锅，使用自砌的蒸锅进行常压灭菌，要求锅内物料 100℃至少 10h。灭菌后要冷却至料温 30℃以下时方可接种。在菇棚接种，可以两头接种，也可以打孔接种。

（3）发菌

发菌期要求的条件与地面块栽大致相同。不同的是，由于菌袋不易散热，低温季节可以密度大些，以利于升温，促进发菌；高温季节密度小些，不可高墙码放，要特别注意随时观察料温并随时控制在适宜的温度范围内。发菌期的管理要点：每天观察温度，以便及时调整。温度较高的季节要特别注意料温，中心温度不可以超过 35℃，超过 35℃要及时散堆，并通风换气及时降温。菌丝长到料深 3cm 左右后要翻堆，以利于菌袋发菌均匀。菌丝长至 1/3~1/2 袋深时要刺孔透气。培养菌袋通常采用单排叠堆的方式排放，亦可"井"字形排放，亦可搭床架排放，可充分利用空间。

（4）出菇管理

当菌丝长满全袋后，要适当增加通风和光照，温度控制在 15~20℃，空气相对湿度保持在 85%~95%。当子实体原基成堆出现后，松开袋口，增加塑料薄膜保湿。出菇可以采取就地出菇或搬至出菇场地出菇。就地出菇时，原先排放较密集的应重新排放，排与排间的距离以采摘方便为标准。出菇前要给予一定的散射光，增加通风，适当增大日夜温差，增加空气相对湿度，从而刺激子实体的形成。

（5）采收

采收平菇要适时，一般七成熟即菇体颜色由深变浅、菌盖边缘尚未完全展开、孢子未弹射时采收最好。如果菌盖边缘充分展开，不但菇体纤维增加，影响品质，而且释放的孢子会引起部分人过敏，同时还会影响下一茬菇的产量。采摘时一手按住培养料，一手抓住菌柄，将整丛菇旋转拧下，将菌柄基部的培养料去掉。每采完一次菇后，都应及时打扫卫生。正常情况下，秋末、冬季、春初的料袋可收 4~5 茬菇，春末、夏季、秋初只能收 2~3 茬菇，如果管理不善，杂菌害虫严重者只能收一茬菇，甚至无收成。平菇越嫩越好吃，幼菇口感良好，既滑又爽。如果管理得当，可采收 6~8 茬菌盖 3cm 左右的幼菇。

（6）清场、废料处理

通常情况下，采收 5 茬菇后，大多数菌袋内的营养已消耗殆尽，为了充分利用场地，应及时清场。清场后认真打扫卫生、消毒，供下次使用。采后清理包括三个方面：一是清理菇体，去除污染；二是清理料面，去除菇根；三是清理地面，清除残渣废料。采收完的料袋有多种处理方法：一种是将所有的料袋去掉，废料作为有机肥，用于种菜、种果或养花；另一种是将菌丝仍较好的料袋脱去塑料袋，搬至塑料大棚或果林下，覆盖营养土，适当喷水，可出 1~2 茬菇，出菇后废料直接作肥料；还有一种方法是将未受污染的料集中晒干或直接用作鸡腿菇等食用菌的栽培原料。

2. 平菇生料袋栽工艺

（1）栽培时间的选择

平菇生料袋栽在温度较低的北方较易获得成功。如果在气温较高、湿度较大的地方，要进行生料栽培平菇，除要求栽培者有丰富的经验外，还要选择在气温较低的 1 月底至下年的 3 月初，通常在 11 月底至 1 月初接种，12 月底至 3 月初出菇。在海拔高、温度较低的山区，生料袋栽的时间可适当提前和延长。

（2）制袋

平菇生料袋栽的塑料袋通常采用长 40cm 左右、宽 24cm 左右、厚 0.03cm 的聚乙烯塑料袋。

（3）栽培基料

原料用棉籽壳、质量相对好的废棉渣，有时也用稻草。辅料通常用磷肥、石膏粉、石灰，很少用麸皮等营养丰富的辅料。此外，还要适当添加多菌灵或克霉素剂等杀菌剂。

（4）菌丝培养

生料袋栽在菌丝培养时，料袋的排放方式与熟料栽培有些不同。培养料袋的排放方式主要有两种：一种是将料袋单层横放在培养架上，另一种是单层竖放在水泥地面上，袋与袋间的距离视气温高低而定，气温高时相距远些，气温低时相距近些。一般接种后 2~3d 即可看到菌丝从菌种块上萌发。室温会逐渐上升，若气温超过 28℃ 时，要加强通风。可用铁丝在接种层部位打孔供通气换气，一般每个接种层等距离打 5~6 个孔，孔深 3cm 左右。

若接种后气温低于 10℃，可用薄膜覆盖保温，但必须在气温相对较高的中午掀开薄膜，20d 左右菌丝即可长满全袋。

（5）出菇管理

生料袋栽出菇管理时，温度、湿度、光照、通风等管理与熟料袋栽出菇管理相同，但生料袋栽的出菇方式有所不同。在培养架出菇时，通常将料袋的单层排在培养架上，相距约 2cm，待菌丝长满即将出菇时，在料袋上方用消毒的锋利小刀划 4 个"X"口，划的"X"长 2cm 左右。但划口时不要伤及子实体原基。待子实体成熟采收后，将料袋上下翻转，用同样的方法划"X"口即可。采菇后，上下调转，再划 3 个"X"口，出完 4 茬菇后，营养已基本消耗完，可参照熟料袋栽的后期处理方法处理。

若在地面竖直排放出菇，就先调整好料袋间的距离，一般每 4 袋一排，袋与袋之间的行距约 35cm，袋距 2cm 左右，两排之间的人行过道以 60cm 为宜。在调整位置的过程中，用消毒的锋利小刀在接种处划"X"口，每层等距离划 3 个口，靠地面底层暂不划。菇采完后，将料袋上下调转，用同样的方式划"X"口，位置与第 1 次的错开。两次划口并采收菇后，可将料袋横排，并将袋纵向剪开，但不要去掉，很快又会出一茬菇。

（6）采收

生料袋栽的采收及废料处理与熟料袋栽的方法相同。

三、阳畦栽培工艺流程

（一）菇床选择

应选择避风向阳、近水源、排水畅、家禽家畜危害少的空地或耕地或果园的林间空地挖制菇床。菇床畦南北向，深 10cm 左右，宽 1m，长任意。床中央留一条 10cm 左右宽的水泥埂或留一条小沟即成。挖好菇床后，再用 1% 的石灰水或石灰粉消毒。

（二）培养料配制

平菇培养料资源丰富，棉籽壳、麦秸、稻草、木屑、甘蔗渣、玉米芯、油菜籽壳均可培养，但以棉籽壳的产量最高，经济效益好。棉籽壳培养料的配制：一般用干燥新鲜无霉变的棉籽壳 95.98 份，先暴晒 1~2d，堆放在水泥场上，加入石膏 2 份、过磷酸钙 2 份，再加 0.02 份多菌灵或托布津农药，以防培养时杂菌污染。在此基础上还可加入少量尿素，但不能过多，否则菌丝生长好而子实体发育差，产量反而不高。培养料拌匀后加水，随拌随加，使棉籽壳吸足水分和营养液。一般每 50kg 棉籽壳加水 60~75kg，用手紧捏培养料，以指缝间有水滴下为度，此时约含水 68%。由于很多杂菌喜偏酸性环境，在生产上常将培养料配成中性或偏碱性，以抑制杂菌生长。

（三）播种

培养料拌好后即可铺入菇床。一般每平方米铺料 10~15kg，厚 10~15cm。铺好弄平，再接上平菇菌种，接菌量为每平方米 4~6 瓶。播种时铺一层料，下一层菌种，如此一般 2~3 层为宜。播后用木板轻轻地把菌种和培养料拍实，成龟背形。料面铺上旧报纸和塑膜，以保温保湿，最后在膜面上盖上草帘即可。

（四）床面管理

床面覆盖塑膜、草帘后，平菇菌丝就会在料内很快生长。一般经 20~30d 菌丝就会长满在整个培养料上。当菌丝已发到床底时，表明料面上的菌丝已成熟。当菌丝开始在料面上形成一堆堆小米粒状的小黄珠时，表明子实体已开始形成。此时要去掉报纸，待有 60% 以上床面有小菇蕾时，即可架起塑膜，方法是用竹片弧形撑于畦的两边，上盖塑膜。平菇为好气性真菌，在子实体发育阶段需散射光，因此，在架膜后每天应揭膜通气 1~2 次。当菇盖长至 5 分硬币大小后，要在畦沟灌水或畦面多次少量喷水，使畦内空气湿度保持在 80%~90%，菇蕾就会迅速长大，并很快成为一朵朵的平菇。

在子实体生长阶段若发现床面出现青绿色或黄黑色的小点，这是杂菌，应立即增加通风次数和延长通风时间，然后用生石灰覆盖或用 0.2% 多菌灵液浇灌病点。

（五）采收

当平菇菇体颜色成灰白色或深灰色、菌盖有光泽时即可采收。平菇的采收应及时，若不及时采收，就会"散孢"，即弹射出大量的孢子繁殖，菇体很快老化，从而失去食用价值。采收时，用利刀割取整丛菇体，或转动菌体收割，防止平菇破碎或料面拔散。平菇采收后，菇床要揭膜通风，并停水 1~2d，然后盖膜保温保湿，进行下一茬菇的管理。

四、注意事项

（一）发菌不良

发菌不良主要分为两种情况：第一种是菌种萌发缓慢，生长缓慢，甚至不萌发，生长到一定时期不再生长；第二种是菌丝生长纤细无力，稀疏松散。第一种情况，多是培养料含水量过高，透气性差，甚至滋生厌氧细菌。这种情况需要散开袋口并打孔通气，以增加培养基料中氧气的供给，并降低含水量。第二种情况，原因可能是菌种本身带有细菌或活力较弱，或发菌期透气不足，持续高温高湿。若属于菌种本身的问题，则很难补救。如果是由于环境条件不适，则需要加强通风排湿和降温。这种情况发菌期要适当延长，不可过早给予出菇刺激，否则可能会影响产量。

（二）出菇推迟

在生产过程中有时会出现发菌良好，却不及时出菇的情况。主要有以下几方面的原因：一是料中含水量不足，平菇子实体形成的基质最适含水量为70%左右，若含水量过少，则需要及时补足水分；二是通风不良或者光照不足，发菌过程中菌丝会产生大量的二氧化碳，若通风不良，会使料中沉积的二氧化碳不能及时散出，导致浓度过高，这种情况应及时打开袋口或者在袋上打孔；若是块栽，则需要每日掀动几次薄膜以增加氧气的进入，同时菇房加强通风。若是光照不足，子实体形成也会推迟，为了及时出菇，可在菌丝长满前5~7d增加光照。

（三）死菇

死菇是平菇栽培中最常见的问题之一，分三种情况。一是干死菇，表现为幼菇干黄，手用力捏时无水流出，含水量明显不足。这主要是湿度不够所致。原因可能是不当通风、料内含水量不足、大气相对湿度太低或者阳光直射造成的，应当加强水分管理。二是湿死菇，表现为幼菇呈水渍状，后变黄甚至腐烂，用手稍捏就会有大量水滴出。主要原因是喷水过重，使幼菇子实体水分饱和而缺氧窒息而死。菇房内喷水过量同时通风不及时或菇根部积水常造成湿死菇，应当进行适当的通风和水分管理。三是黏死菇。表现为幼菇先是生长缓慢，继而渐渐变黄变湿，最后表面变黏。这种情况常出现在老菇房的第二茬及其以后。

（四）畸形菇

畸形菇产生的主要原因是通风不良，菇房内二氧化碳浓度过高或者空气相对湿度过高引起的，需要采取相应的措施。

（五）分化迟、生长慢

如果平菇从出现原基开始，几日后外形未见变大，不见柄和盖的分化，只是原基不断膨大，表明通气不良，应边通风边加强水分管理，以促分化。

第七章　水稻栽培技术

第一节　水稻栽培技术

一、稻田整地

稻田整地提倡秋季干耕加春季水整。

（一）秋季干耕

1. 秋耕的具体作用

通过秋季耕翻能够冻垡晒垡，熟化土壤，促进土壤微生物的活动，加速土壤养分分解；释放、氧化土壤中产生的还原性有毒物质；切断土壤毛细管，控制返盐；翻压杂草和减少病虫害基数。另外，还能够争抢农时，为下一年早育苗、早灌田、早插秧创造有利条件。

2. 秋耕的方法

（1）秋耕的作业时间

为了延长晒垡时间，秋整地时间应尽量提早。当土壤耕层的含水量下降到20%左右，耕垡不起泥条时即可开始作业。为了提早进行秋整地，在水稻收割前要彻底疏通各级排水渠道，降低地下水位，增强土壤渗透性，加速减少土壤含水量，并要及时腾地、晾地，为及时秋整地创造条件。做到早干早耕，提高耕地质量，加快耕地速度，力争在大地封冻前全部耕完。

（2）秋耕地的深度

稻田秋耕深度要因地制宜，具体情况具体对待。

对排水良好、肥力较高的老稻田，要适当深耕，以耕深18~22厘米为宜。此深度可保证秸秆残茬有效掩埋，熟化耕作层，为水稻高产创造良好的基础条件。另一方面，高产水稻的根系主要分布在0~18厘米的土层内，约占总根量的90%以上，耕深18~22厘米完全能够满足高产水稻根系发育要求。

对沙壤地、旱改水地，要适当浅耕，以耕深 12~15 厘米为宜。因为沙壤地和旱改水地土壤渗漏性强，如耕得过深，会破坏犁底层，加重漏水漏肥。

对重盐碱地和新开荒地，必须浅耕，以耕深 10~12 厘米为宜。因浅耕能使表层土壤风干晒透，有利于脱净盐碱，创造出 10 厘米左右的土壤淡化层，保证插秧后正常缓秧；反之，如果耕得过深，耕层盐碱淋洗不净，插秧后缓苗慢，甚至很难保苗。

3. 秋干耕的质量要求

同一块田内耕深要一致，不出墒沟，不起高垄，耕后田面平整；要扣垡严密，紧密衔接，到头到边，不重不漏。

（二）春季水整

1. 春季水整地的作用

通过泡田、洗盐、耙、耖、搅浆、整平等措施，为插秧及以后的秧苗生长、大田管理创造良好的土壤条件。

2. 春季水整地的方法

（1）淡水洗盐

在秋耕晒垡的基础上，于插秧前 7~10 天，先干耙 1~2 遍，或直接不耙，然后灌水将土垡淹没，泡田 2~3 天后，将水排出田外，称为洗盐。试验证明，每一次洗盐的脱盐率不同，第一次洗盐的脱盐率高，第二次脱盐率较低，第三次脱盐率更低。所以，轻盐渍土（以氯化钠为主的盐含量<0.2%）可以不洗盐，中度盐渍土洗盐 1~2 次，重度盐渍土洗盐 2~3 次。每次灌水量以 200 毫米为宜。

（2）施肥、泡田

在洗盐过后，施足底肥，灌水 150 毫米泡田。

（3）起浆，整平

泡田 2~3 天后，用水耙机具耙地 3~4 遍，或用水田搅浆平地机平地 2~3 遍，打碎泥土，使稻田起浆好而平。

（4）保水沉淀

稻田起浆、整平后，保水 5 厘米左右，沉淀泥浆，等待插秧。

3. 春季水整地质量要求

通过春季水整地，使稻田达到"平、透、净、齐、深、匀，格田大小适中，沉淀时间适度"，含盐量降到 0.15% 以下的要求。

"平"，格田内高低差不大于 3 厘米，做到灌水棵棵到，放水处处干。

"透"，将耕作层耙透，使稻田具有足够的墒土层，利于根系发育。

"净"，捞净格田植株残渣。

"齐"，格田四周平整一致，田埂横平竖直。

"深"，整地深浅一致，搅浆整地深度 12~15 厘米。

"匀"，全田整地均匀一致，尤其要注意格田的四周四角。

"格田大小适中"，重盐碱地格田面积以不超过 1 亩为宜；新开垦的重盐碱地，地不平，格田面积以不超过 0.5 亩为宜，随着种稻年限的增长，地势渐平，逐步扩大格田面积。盐碱轻的、较平坦的盐碱地，格田面积可大一些，以利于整地、方便灌排为准。

"沉淀时间适度"，一般搅浆整平后，沙质土壤沉淀 1 天，壤质土壤沉淀 2 天，黏质土壤沉淀 3 天。判断沉淀时间是否适度的方法是：田面指划成沟慢慢恢复是最佳沉淀状态，此时正适宜插秧；指划不成沟，说明沉淀时间不够，不能插秧；指划成沟，但不恢复，说明沉淀过度，两者都保证不了插秧质量。

二、稻田施肥

（一）氮肥的施用方法

不同的品种类型，氮肥的施用方法不同。

对于早熟品种，采取"前促"施肥法。这种方法的特点是，集中前期施氮，确保足够的亩穗数。一般氮肥做基肥的比例达 80% 以上，并早施、重施分蘖肥，酌情施穗肥或不施。

对于中熟品种，采取"前促、中控、后补"施肥法。这种方法的特点是，前期早施分蘖肥，确保足够穗数；中期晒田控氮，控制无效分蘖，拔节前后 10 天内控制氮肥施用，预防倒伏；后期补氮，增加穗粒数。一般氮肥做基肥的比例达 60%~70%，分蘖肥 10%~20%，穗肥 20% 左右。

对于具有 6 个以上伸长节间的晚熟品种，采取"前稳、中促、后保"施肥法。这种方法的特点是，在确保足够穗数的基础上，主攻穗大、粒多、粒饱。一般氮肥做基肥的比例为 50% 左右，分蘖肥 15%，壮秆拔节肥 15%，保花肥 20%。

如果稻田肥沃，对于中、晚熟品种，限制产量提高的因素已经不是亩穗数不足，也不是亩颖花数不足，而是颖花败育的问题。所以应减少前期氮肥施用比例，增加后期氮肥比例，采取基肥占 35%，壮蘖肥占 15%，保花肥占 25%，粒肥占 25% 的施肥方法。

（二）磷、钾、锌肥的施用

磷肥在洗盐后、最后一次泡田前一次性做底肥施入；钾肥 50% 做底肥施入，50% 做穗肥追施；锌肥全部做底肥一次性施入。

（三）有机肥的施用

有机肥以和磷肥、锌肥等一起，在洗盐后、最后一次泡田前，做基肥施入为好。

三、稻田灌溉

（一）渠系设置

1. 以水定稻

必须有水才能种稻，即使节水种稻也必须有一定的灌溉条件。现在，一亩春稻的灌溉定额为800~1 000立方米，要根据水源大小确定种稻面积。

2. 排灌渠系分开

水稻生长期间既需要田面保持一定的水层，又需要地下水位在50~70厘米以下，这样有利于耕作层的洗盐脱渍，改良土壤；增加下层土壤空气，促进根系向深层扩展；同时避免病虫害传播。因此在渠系设置上应排灌渠系分开，灌排方便。

3. 水旱划片种植

新稻区内，既有水稻，又有旱稻，因此在种植布局上，必须做到统一规划，水旱作物分开，连片种植，避免"水包旱"或"旱包水"。在水旱交界处，挖深沟隔离，解决水旱田的矛盾。

（二）灌溉技术

稻田灌溉的总原则是：薄水插秧，寸水活棵，浅水攻蘖，深水护穗，干湿交替促灌浆。

1. 插秧前灌溉

一般先灌离水源近的，后灌离水源远的；同一片地，可先灌地势高的，后灌地势低的；如果一方地高低不平，可以做成格田，高地高灌，低地低灌。灌水前，要将排孔堵好，以防漏水。洗盐阶段，每次灌水200毫米，泡2~3天后排净，然后再灌；灌水次数视盐碱程度而定，重盐碱地灌水2~3次，中轻度盐碱地灌水1~2次。泡田时，灌水150毫米。

2. 插秧时灌溉

插秧时稻田应灌薄水，处于见泥见水状态。

3. 返青时灌溉

插秧后，秧苗5~7天的返青期，稻田灌水适当加深至3~5厘米，但是绝不能淹没了秧苗心。

4. 分蘖期灌溉

分蘖期灌溉，以水稻够苗（水稻总茎数等于要求的亩穗数的 1.2 倍左右时）为界，之前应浅水灌溉，水层一般为 1.5~3 厘米，含盐量低的老稻田也可保持土壤水分饱和即可，但绝不能受旱，否则，严重影响分蘖发生，减产严重；之后，为控制分蘖发生，要适度晒田。

5. 拔节长穗期灌溉

此期是水稻一生需水最多的时期，也是对水分反应最敏感时期，缺水受旱会造成小穗败育，或增多不孕小花数。另外，保持适宜的水层可以调节气温变化，减少高温或低温引起的小穗败育。晚熟品种拔节期，早、中熟品种穗分化初期，灌水不宜过深，以 3~4 厘米为宜，否则茎基部气腔加大，茎秆强度减弱，容易倒伏；之后，水层宜加深至 5~7 厘米。到齐穗前 3~5 天要排水轻晒田。

6. 抽穗结实期灌溉

抽穗开花期是对水较为敏感的时期，不能缺水；灌浆期是水稻需水较多的时期，但又不能长期保持深水层而加速叶片和根系的老化。一般要求，在抽穗开花期采取浅水灌溉，以后采用干干湿湿，以湿为主的灌溉方法，以达到田间水气协调，保持根、叶的活力，提高结实率，增加粒重。一般收割前 7 天断水，以便收割。

四、品种与种子选择

（一）品种选择的方法

品种选择要遵循"五项原则"：

第一，合法性原则。该原则是指品种已经通过省或国家品种审定委员会的审定，并适宜在该地区销售、推广。

第二，适应性原则。该原则有两层意义：一是所选品种要适应当地的光、温等生态条件。例如，原产南方的晚熟籼稻，具有耐热、感光性强等特性，引到北方种植就要考虑积温能否满足其要求，是否能安全齐穗。二是所选品种要适应当地的生产条件和生产习惯。例如，施肥水平不高，习惯于前期施肥多的地方，更适合于分蘖力强的多穗型品种；施肥水平较高，但稻田肥力较差的稻田，更适宜于大穗数品种；穗粒兼顾型品种适应于各种条件的稻田。

第三，市场需要原则。现在，稻农种植水稻的主要目的不是为了自己食用，而是为了市场销售。所以，所选品种的稻米质量是否得到市场认可很重要；否则，销售价格低，或者根本销不出去。

第四，抗病原则。选用抗病品种可以有效减轻病虫危害。例如，选用抗病品种防治"稻瘟病""黑条矮缩病""条纹叶枯病"，会起到事半功倍的效果，大幅度节省防治成本。

第五，综合评价原则。每一个品种都有自己的优缺点，所以，要充分了解品种的特征特性，分析自己的栽培条件或栽培目的，按照"算账不吃亏"的原则，选择优点多、缺点少，效益最好的品种。

（二）种子购买注意事项

决定了种植的品种后，购买种子时应做到"七个注意"：

一是注意不购买没有品种生产经营权的单位生产的种子。

二是注意不购买没有固定经营场所、没有种子经营许可证和营业执照的经销商的种子。

三是注意不购买没有品种说明书或品种简介的种子。品种说明书应注明品种的特性、适应区域、栽培要点、注意事项等。

四是注意不购买没有合格证的种子。优质稻种均有检验合格证，标示检验日期、检验员编号、专用印章等。

五是注意不购买包装不规范的种子。种子包装袋上应注明品种名称、种子数量、质量指标、生产日期、经营许可证编号、检疫证书编号、生产厂商及联系电话等信息。

六是注意不购买质量不合格的种子。水稻大田用种质量标准为：纯度，常规种子99%，杂交种96%；净度，98%；发芽率，常规种85%，杂交种80%；含水率，籼稻13%，粳稻14.5%。购种时，存在以下现象说明种子可能不合格：目测种子的粒型、粒色不一致；种子里有土粒、沙子，或用手插入种子袋内，抽出后手背上、指缝里有灰尘等；用牙咬种子，声音不清脆；种子外表不鲜净，呈黄色，有霉味或异味，种胚颜色发暗；种子外壳呈黑褐色或有不规则的麻斑点。购种后，要及时进行发芽率试验，发芽率低于85%的要及时更换。

七是注意保留购种票据。票据不仅是检验种子经营单位或个人是否具备种子经营资格的必然环节，同时还是购种凭证。一旦因种子质量发生民事纠纷，票据则是重要证据。票据应写清品种名称、单价、购种数量、金额，并有经营单位财务章和经手人签名。

五、水稻育秧

（一）播种期的确定

1. 安全播种期

春稻育秧，播种过早，遇到低温寒流，会造成烂秧死苗；播种过晚，浪费光热资源，缩短了水稻生长发育期，会造成减产。所以，必须掌握安全播种期。水稻正常出苗温度为 15℃，露地育秧，在日平均气温稳定上升到 10~12℃ 时播种，秧畦白天可有 5 小时在 15℃ 以上，能够满足秧苗正常出苗要求。因此，以春天日平均气温稳定回升到 10~12℃ 时的日期为水稻安全播种期。

在具体播种时，还要注意天气预报，掌握在"冷尾暖头"，抢晴播种。这样，播种后只要有 3~5 个晴天，幼根扎下后，再来寒流，秧苗就不容易受害了。

2. 安全齐穗期

对于北方稻区，水稻播种期必须和安全齐穗期相照应，以防抽穗扬花期遇到低温冷害，影响开花受精，导致大量空秕。水稻安全齐穗期的指标为日平均气温不低于 20℃，日最高气温不低于 23℃，田间空秕率不超过 30%。例如，如果一个品种的生育期为 160 天，齐穗后的成熟期为 40 天，则其最晚播种期为 4 月 30 日。

3. 安全揭膜期

采用保温育秧时，水稻播种期还要考虑到安全揭膜期。安全揭膜期的指标为：日平均气温 13℃ 以上，最低气温 7℃ 以上，叶龄 2.5~3 叶。通常地膜覆盖育苗播种期可比露地育苗提早 7~10 天。

（二）播种量的确定

确定播种量要根据秧龄长短、育秧期气温高低、品种特性以及对秧田分蘖要求来确定。凡秧龄长、育秧期气温高、秧苗生长快的宜稀播；反之，凡秧龄短、育秧期温度低、秧苗生长慢的可密播。要求秧苗在秧田生长期间分蘖，带蘖移栽的均要稀播。育秧的发展趋势是降低播种量，培育带蘖壮秧。一般来说，培育秧龄 15 天以内的小苗，亩播种量为 200 千克左右；培育秧龄 20 天以内的小苗，亩播种量为 150 千克左右；培育秧龄 30 天左右的大苗，亩播种量为 60~70 千克；如果培育 40 天以上的老壮秧，亩播种量以 30~40 千克为宜。

如果盘育机插小苗，每标准盘播种量为 110~130 克。标准盘为 58 厘米×28 厘米×2.8 厘米。

（三）秧龄的确定

从高产栽培出发，要求秧苗在移栽后至少长出 3 片叶后再分化幼穗，而水稻开始幼穗分化时的叶龄余数一般为 3，即在本田生长期中至少再长出 6 片叶，才能使稻苗生长健壮，避免早穗、小穗现象。因此，适龄秧龄的上限是品种的主茎总叶数减去 6。例如，如果品种的主茎总叶数为 16 片，则其叶龄上限为 10 片叶；如果品种的主茎叶数为 14，则其叶龄上限为 8 片叶。

移栽的叶龄下限一般为人工插秧 4.5 叶龄，机械插秧 3.5 叶龄。

（四）壮秧标准

1. 适宜人工插的壮秧标准

人工插秧通常插大苗，即秧龄 30 天左右，叶龄 4.5~6.5 叶的秧苗。要求叶片宽大坚挺，叶鞘较短，基部粗扁，带有分蘖；叶色青绿，无虫伤、病斑，黄叶、枯叶少；根系发达，短白根多，无黑根、腐根；苗高 15~20 厘米；秧苗生长整齐，达到 "一板秧无高低，一把秧无粗细"。秧苗光合能力强，干物重与苗高的比值为 3~3.5 毫克/厘米，碳氮比 15 左右。秧苗发根能力强，植伤率低，返青快。

2. 适宜机插的壮秧标准

机插一般插小苗，即秧龄 15~20 天，叶龄 3.5~4.1 叶的秧苗。机插秧关键是质量标准化。要统一用与插秧机械配套的育秧盘育秧，秧苗整齐，分布均匀，每个孔 4~6 苗；盘根结实，每盘秧以 58 厘米×28 厘米×（2~2.5）厘米成片而不散；四角垂直方正，不缺边、缺角；插秧时秧块土壤含水量 40%（用手指按底土，能稍微按进为宜），每秧块重量以 4~5 千克为宜；苗高 10~15 厘米左右，叶色青绿，叶片挺健，无虫伤、病斑，根白而多。

（五）秧田整地

秧田要选择地势平坦、背风向阳、灌溉方便、土质肥沃、含盐量小于 0.1%，近邻大田之处，并要结合整地，施足底肥。秧田选好后，最好固定作为秧田，不要每年变动，以便于培肥秧田。

底肥施用要掌握 "腐熟、速效、适量、浅施" 的原则。第一、二年的秧田，最好每平方米施微生物有机肥（酵素有机肥）5 千克、磷酸二铵 20 克、尿素 5 克。将肥料均匀撒施秧田后，深翻 10 厘米，翻 3 遍，使之与肥土充分混合。

秧田整地要求既要透水，以利种子发芽出苗；又要通气，以便秧苗扎根生长，利于防止烂秧，培育壮秧。这样的秧田称为通气秧田。

将秧田整成通气秧田的关键是改水耕水作为干耕干做，即先把田耕耙整细，起沟做畦，施用底肥，把畦面泥块打碎耙平，然后于播种前 3~5 天放水浸泡，再进一步把畦面整平抹光。要求畦宽 150~170 厘米（或视塑料薄膜幅宽而定），沟深 26 厘米，达到 "上糊下松、沟深面平、肥足草净" 的要求。

（六）种子处理

1. 种子准备

一般按每亩本田（大田）3~4千克准备种子。

2. 晒种

浸种前将稻种晒2~3天，以增强种皮的透性，提高酶活性，促进发芽，提高发芽率和发芽势。

3. 选种

播种前应对种子进行精选，以剔除空秕、虫伤、病害粒和杂草种子等，选出粒饱、粒重、大小整齐一致的种子。通常用盐水、泥浆水或硫酸铵水选种。无芒粳稻采用比重为1.11~1.13（能将生鸡蛋浮出5分硬币大小的面积）的泥浆水或硫酸铵水；籼稻或有芒粳稻采用比重1.05~1.10（能将生鸡蛋浮出2分硬币大小的面积）的泥浆水或硫酸铵水。选出的好种子要用清水冲洗干净。

4. 药剂浸种

介绍两种方法。

第一种方法：将选好的种子，按10%二硫氰基甲烷乳油（浸种灵）2毫升+25%吡虫啉悬浮剂4克，兑水10千克，浸种5千克的比例，浸种80小时以上（4月中旬水温10℃时），可预防干尖线虫病、恶苗病、秧田期稻飞虱及稻蓟马危害。

第二种方法：用16%的咪鲜胺·杀螟丹400~600倍液，浸种80小时以上（4月中旬水温10℃时），可预防干尖线虫病、恶苗病。

由于种子吸水速度与温度有关，所以不同温度下浸种时间长短不一，要以种子吸足水分为依据。种子吸足水分的标准是：吸收其自身重量40%的水分，吸足水分的稻谷，谷壳透明，米粒腹白可见，剥去颖壳后，米粒易折断而无响声，用手能碾碎。

药剂浸种后，为预防死苗和多种苗期病害，培育壮苗，或者用1 000倍的20%恶霉·稻瘟灵（移栽灵）再浸种10分钟（如果是催芽播种，也可以在催芽后浸芽谷10分钟）；或者捞出控水30分钟后，用25%的甲霜灵拌种，一般100克25%的甲霜灵拌40千克干种子。

5. 催芽

将用药剂浸好的种子捞出控干（不用清水冲洗）进行催芽，有90%左右的种子露白时催芽结束。催芽的要求是"快、齐、匀、壮"。

"快"是指在3天内催好芽；"齐"是指发芽率达到90%以上；"匀"是指芽长整齐一致；"壮"是指幼芽粗壮，根、芽比例恰当，颜色鲜白，气味清香，无酒味、无霉粒。

催芽过程分为高温破胸（露白）、降温（增湿）催芽、摊晾炼芽三个阶段。

高温破胸。自种谷上堆至胚突破谷壳露出白点时，称为破胸阶段。此阶段要求谷堆迅速升温，粳稻要求达到35℃，不超过38℃；籼稻要求达到38℃，不超过40℃。在上述温度下，籼稻8~10小时，粳稻10~12小时即可全部破胸。在早春低温季节催芽时，为达到高温破胸要求，常在种谷上堆前，用45℃温水淘拌2~3分钟，然后趁热上堆。种子堆下垫稻草，上盖覆盖物保温。

降温（增湿）催芽。自种谷破胸至谷芽伸长达到播种要求为催芽阶段。根据"冷长芽、热长根；湿长芽、干长根"的经验，在破胸后，种子堆宜保持25~30℃的温度，超过35℃易发生高温烧芽。在齐芽后要适当喷水降温和保持种谷含水量，增加翻拌次数，以促进幼芽生长，抑制幼根过度伸长。

摊晾炼芽。在谷芽催好后（手工播种的芽长不超过2毫米；机械播种的芽长不超过1毫米），置于室内摊晾芽半天再播种，这有利于增强谷芽对播种后的自然环境的适应能力。催芽后，如果遇到寒潮侵袭或其他原因不能及时播种时，更须摊放晾芽，控制根芽生长。

（七）播种

1. 播种时间

秧床上的水渗下，床面呈糊烂状态时就可播种了。

2. 撒谷、塌谷

将称量好的种子分2~3次均匀撒播于床面，然后用平板锹将种子抹进床泥中，使之含七露三。

3. 盖种

用细土在种子之上覆盖0.5~1厘米，千万不要盖厚了，达到喷水不露籽的程度即可。

4. 盖膜

用0.012毫米的膜，将秧床盖严。膜离床面应有25厘米左右的空间。

（八）育秧的主要方式及技术要点

1. 湿润育秧

根据秧苗生育特性和栽培管理特点，湿润育秧可分立苗期、扎根期和成秧期三个时期。

（1）立苗期

从播种到一叶一心期，即在芽鞘节根大部形成期为立苗期。

此期特点：秧苗耐低温能力较强，而对氧的反应敏感，通气状况是影响根、芽健壮生长的主要因素。

管理目标：出齐苗、立好苗，防止烂种、烂芽。

主要措施：只在沟中灌水，保持田面湿润通气，而不灌水上畦，促使种子迅速伸根立苗。但如遇到暴雨袭击，应在畦面上保持 3~5 厘米的水层，防止冲乱谷粒；雨停后，要立即将水排出。在盐碱地，出苗前要排净沟中积水，出苗后要勤换水，防止返盐。

（2）扎根期

从一叶一心到三叶期，即在开始长出不定根时为扎根期。

此期特点：秧苗处在断乳期，耐低温能力大幅度降低，既怕夜晚霜冻，也怕烈日高温；同时，秧苗扎根需要氧气，而秧苗通气组织没有形成，仍不能长时间有水层。

管理目标：控上促下，促进秧苗扎根，防止烂秧、死苗。

主要措施：灵活掌握水层，防冻防晒，一般"天寒时，日排夜灌；天暖时，日灌夜排"，保持秧田既有水，又通气。要及时施用"离乳肥"。虽然稻谷中的养分在三叶期才耗尽，但米粒中糊粉层和胚乳中蛋白质早在一叶期便分解完毕，所以，离乳肥宜在一叶一心期施用，一般每平方米施尿素 8 克。

（3）成秧期

三叶期以后为成秧期。

此期特点：三叶期以后，秧苗通气组织形成，光合作用增加，生理需水增多。

管理目标：控下促上，防止秧根深扎，不利起秧。

主要措施：秧床上要经常保持 3 厘米左右的浅水，以利秧苗长身。如秧苗有缺肥现象，可酌情施用"提苗肥"，一般每平方米 5 克尿素；若有披叶现象，可适当晒田。在拔秧前 4~5 天，每平方米施尿素 8 克作"起身肥"，以提高叶片内含氮量，增强秧苗发根力，利于插秧后能迅速返青分蘖。

另外，此期也要注意防治杂草。一般亩用2.5%五氟磺草胺（稻杰）40 毫升加水 15 千克，在秧田放水后茎叶喷雾，喷后 24 小时复水。

2. 塑料薄膜育秧

塑料薄膜育秧是在湿润育秧的基础上，加盖塑料薄膜保温，在春寒时提早育秧的一种方法。盖膜方式有平铺式和拱式两种：平铺式，要在秧床四周起高埂，撑起地膜，以免地膜紧贴地面，影响出苗；拱式，要先搭架再盖膜。平铺式，保温效果较差，要在两叶一心期及时揭膜；拱式，秧苗在膜内的生长空间大，揭膜期可延迟。

水稻育秧常用无孔白膜，提倡用 0.012 毫米以上的膜，其膜内温度比气温高 5~6℃。因此，当日平均气温稳定上升到6℃以上时即可播种。

塑料薄膜育秧成败的关键是及时通风、灵活炼苗，其管理分为三个阶段：

（1）密封期

从播种到一叶一心期为薄膜密封期。此期要求创造高温、高湿条件，促进迅速伸根立苗。膜内温度宜保持 30~35℃，如果达到 35℃，则须打开薄膜两头，通风降温，防止烧芽，待温度下降到 30℃时，再行封闭。在密封期间，一般不灌水。

（2）炼苗期

从一叶一心到两叶一心为炼苗期。此期膜内温度宜 25~30℃，当晴天上午膜内温度接近适温时，就要通风；如遇 13℃以下低温天气，仍应密封。炼苗要"两头开门，侧背开窗；日揭夜盖，最后全揭"，使秧苗逐步适应外界条件。白天通风时应在畦面上灌浅水，晚上盖膜时再退掉。一叶一心时，可结合白天灌水，每平方米施尿素 8 克，作为"断乳肥"。

（3）揭膜期

从两叶一心到三叶一心为揭膜期。当秧苗经过 5 天以上炼苗，苗高 6~10 厘米，秧龄 2.5~3 叶，日平均气温稳定上升到 13℃，没有 7℃以下的低温出现时，可揭膜。揭膜前在畦面上必须灌深水护苗，以防温、湿度变幅过大，造成青枯死苗。三叶一心后，畦面可经常保持 2~3 厘米浅水层，起秧前 5~7 天每平方米施尿素 8 克，作为"送嫁肥"。

3. 旱育秧

旱育秧是从播种开始，在整个育秧过程中只维持土壤湿润，而始终不保持水层的育秧方式。旱育秧苗矮壮，根系发达，返青快，分蘖早，成穗多，而且秧龄弹性大，可以培育老壮秧，延迟插秧时间。

旱育秧的成败关键是，培养肥沃、酸性的育秧床，以防秧苗黄枯、死苗；预防草害、鸟害。

（1）秧田选择

选用土壤肥沃、靠近水源、便于管理、含盐量低于 1%的园田。选后长期固定不变。

（2）苗床培肥

第一次搞旱育秧，可在秋季早些时候进行耕翻、碎土、做床、施肥、刨床等工作。秧床一般宽 110 厘米、长 10~15 米。每平方米施腐熟优质有机肥 15 千克，分三次撒在床面，撒一次刨床一次，使肥与 15 厘米土层均匀混合。

（3）苗床调酸

调酸工作在秋天进行。每平方米施入硫黄粉 100 克，分三次均匀撒入床面，刨床三次，与 10 厘米土层均匀混合。硫黄粉施用的数量，可根据秧床的碱性程度调整，以将秧床 pH 值调到 4.5~5.5 之间为宜。

（4）施好底肥

播种前浇底墒水之前，每平方米施硫酸铵 30 克，磷酸二铵 50 克。均匀撒入床面，刨床三次，与 10 厘米土层混合均匀。

（5）浇底墒水和土壤消毒

将床面四周挖沟，同时做成高 25 厘米的土坡，床面净宽 100 厘米。在播种前一天浇透底墒水，结合浇水将床面进一步抹平。然后，于傍晚或第二天早晨，每平方米用 2 毫升"移栽灵"（20%的恶霉·稻瘟灵乳油）兑水 2 千克，均匀喷洒床面。

（6）育秧期管理。

第一期：播种至一叶一心。此期要注意保温、保湿。在膜内距地面 3 厘米处放一温度计，随时观测温度。播种至立锥，膜内温度超过 35℃时及时通风降温；立锥至一叶一心，膜内温度超过 25℃时及时通风。

第二期：一叶一心至两叶一心。此期要控制湿度，尽量不要浇水。从一叶一心开始，每天上午 8 点将膜打开，以通风降湿，下午 4 时将膜关闭。阴天的中午也要打开 2 小时进行通风换气。

第三期：两叶一心至移栽。此期要充分浇水，第一次浇水要将床土浸透，以后每天早晨浇水一次，但田面不能积水。在没有 7℃以下低温时，将膜揭去，但不能让雨淋。插秧前 5 天，结合浇水，每平方米施硫酸铵 20 克，用作"起身肥"。另外，此期要注意杂草防治，防治药剂有"五氟磺草胺（稻杰）""苯·二氯"等。

4. 工厂化盘育秧

盘育秧可培育适宜机插的标准化秧苗，提高插秧劳动效率，减轻劳动强度；提高插秧质量，缩短缓苗期，增加水稻产量。更重要的一点是，采用水稻盘育秧技术，可以实现工厂化集中育秧，种稻者可以变购种为购苗，省去了育秧的麻烦，是今后水稻生产的发展方向。其技术要点如下：

（1）种子准备

种子收获后，要及时进行以下处理，以备第二年使用。

第一，种子烘干。种子收获后，利用烘干设施，将种子含水量降到安全含水量以下。籼稻水分不高于 13.0%，粳稻水分不高于 14.5%。

第二，脱芒。为使稻种包衣均匀，播量均匀，将稻种用脱芒机去芒。

第三，选种。可采用机械，运用风选或重力选原理，将不饱满的种子去掉。

第四，包衣消毒。将选出的饱满种子用水稻种子包衣剂包衣，达到消毒的作用。

（2）秧盘准备

第一，以每亩本田 30 盘准备秧盘。

第二，选用内口长 58 厘米、宽 28 厘米、高 2.5 厘米，每盘 648 孔的毯式秧盘。

（3）种子处理

第一，晒种。浸种前，选晴好天气将种子晒 1~2 天。

第二，破胸。采用蒸气控温室，温度控制在 35~38℃；破胸率达 90% 以上时，降温至 20~25℃ 晾种。

（4）播种

采用机械化精量播种。

第一，每盘播种量。常规种子为每平方厘米 2~3 苗，折合每孔 5~7 苗；杂交种子每平方厘米 1~2 苗，折合每孔 3~5 苗。

播种前，用 10~20 只空盘试播，取其中正常播种的 5 盘种子称重，计算平均每盘播种量。根据试播情况调整播种量，确保达到要求的播种量。

第二，调节铺土量。盘内底土厚度为 18~20 毫米，要求铺土均匀、平整。

第三，调节洒水量。要求秧盘上底土表面无明水，盘底无滴水，播种覆土后能湿透盘土。

第四，调节覆土量。覆土厚度为 3~5 毫米，要求覆土均匀，不露籽。

（5）摆盘

将播种覆土后的秧盘运到温棚中。留出管理的通道，依次将秧盘平铺整齐，盘与地面接触要严密，盘与盘间的飞边重叠。摆盘后喷水，湿透盘土，但不积水。

（6）秧苗期管理

水分管理。采用微喷设备浇水。微喷浇水近似雾化喷发，以微粒状渗入盖土，可使水温自然提升 2~3℃，对种子发芽有增温作用，促进早生快发，还可使秧盘覆土渐层湿润，避免喷壶水柱式疾速喷而造成的覆土板结。播种出苗期，封闭大棚，保温、保湿，促进出苗；出苗后见干浇水，浇则浇透。喷水的时间以水温与棚温最接近的早晨为好。

温度管理。播种出苗期，棚内温度控制在 30~32℃，可促进种子提早出苗，实现苗齐、苗壮；秧苗一叶一心期后，要加强通风炼苗，绝不能高温徒长，温度不宜超过 25℃。秧苗两叶一心后，随着气温的升高，逐渐放大通风口，让秧苗适应外界自然条件，直至昼夜通风或揭去棚膜。

肥料运筹。一叶一心期施"断乳肥"，以每盘 4~5 克硫酸铵，结合喷水均匀喷施；移栽前 3~5 天施"送嫁肥"，以每盘 4~5 克硫酸铵，结合喷水均匀喷施。

六、插秧

（一）适期早插秧

在培育适龄壮秧和精细整地的基础上，必须做到适期早插秧，才能早返青、早分蘖，充分利用生长季节，延长本田营养期，实现早熟高产。

温度是影响适期早插秧的最重要因素。据研究，粳稻在日平均气温13℃时插秧，返青需要14天，且返青不良，死苗较多；日平均气温15℃时插秧，返青较顺利，需7~10天，且返青后生长正常，死苗较少；日平均气温20℃时插秧，只需4~6天即可返青。但温度过高也不利于返青，因为高温下秧苗植伤率高、植伤重。一般来说，若要水稻秧苗正常返青需要日平均气温14℃以上，为此，常将日平均气温14℃的日期，称为水稻安全插秧期下限。

如果是麦茬稻，此时气温已高，必须抢时早插，否则缩短本田营养生长期，难以高产。据研究，早熟粳稻、早中熟粳稻从插秧到幼穗分化分别需要10天、20天以上的时间；早熟、早中熟、中熟、中晚熟品种从插秧到出穗分别需要40天、50天、60天、70天以上的时间。一个品种在当地的插秧适期的上限，就是当地安全齐穗期减去该品种所必需的本田营养生长期。

（二）实行合理密植

1. 合理密植必须处理好的关系

水稻要高产，必须在保持个体健壮生长的前提下，促进群体最大发展，其关键是处理好以下几方面的关系：

一是叶面积和光能利用率的关系。在一定范围内，叶面积随着植株密度提高而增大，单位叶面积的物质积累量，即净同化率几乎没有下降或下降很少，在这个范围内，密度越高，叶面积越大，产量越高。但叶面积增加到一定程度，就会出现相互遮光现象，群体叶面积增大，个体通风透光不好，下层叶片枯萎，单株绿叶面积减少，净同化率下降，导致产量降低。所以，合理密植既要掌握好插植密度，又要加强田间管理，调控水稻群体叶面积达到适宜状态。一般品种群体最大叶面积指数（出现在孕穗末期）以5~7为宜，7以上会造成稻田郁蔽，5以下光能利用率不高，达不到高产目的。

二是穗多与穗大的关系。水稻每亩穗数与每穗粒数和粒重之间存在着相互制约的关系，因此，水稻栽培不能单纯追求穗多，而应当在保持一定穗数的基础上争取穗大、粒重。掌握适宜穗数，是水稻合理密植的一个中心问题。

三是株数与穗数的关系。水稻密植主要通过增加插植株数，增加每亩穗数。但当株数增加到一定程度时，个体生长受限，由于群体的自动调节作用，使分蘖数减少，甚至发生死蘖、死株，增株不增穗的现象，而且株数多的穗小，产量降低。因此，在不同插植密度最后达到相同穗数的情况下，应该寻求插植株数的下限。

四是主茎与分蘖的关系。增加亩穗数有两种方法：一是增加插植株数，增加主茎穗，依靠主茎增产；二是培育壮苗，减少插植株数，增加分蘖，依靠分蘖增产。据湖南省农业科学研究院研究，水稻主茎和分蘖间的养分有互相交流的现象。在分蘖期，主茎流入分蘖的光合产物比分蘖流入主茎的多 16.7%，促进分蘖的生长；出穗期，各自保持相对独立性，很少交流；乳熟期，分蘖中的光合产物有一部分转向主茎穗部。因此，一般情况下，带适量分蘖的主茎穗，总比不带分蘖的大。由此可见，要取得水稻高产，既要依靠主穗增产，又要保证一定数量的早期分蘖成穗。

2. 合理密植的主要内容

水稻栽培合理密植包括以下几个方面：

第一，确定每亩穗数。水稻的适宜穗数和单茎、单蘖的叶面积及群体适宜的叶面积指数之间有密切关系。当群体叶面积指数一定时，单茎、单蘖的叶面积越大，适宜的穗数越低；反之，单茎、单蘖的叶面积越小，适宜的穗数越多。

水稻品种不同，适宜的穗数不同。凡是株型紧凑、叶片挺直、开度小、茎秆粗壮的品种，较株型松散、叶片披散、茎秆细弱的品种的单茎、单蘖叶面积要小，而群体适宜的叶面积指数较高，适宜的穗数较多。因此，粳稻比籼稻、矮秆品种比高秆品种、多穗型品种比大穗型品种的适宜穗数都高。水稻品种的生育期不同，单茎、单蘖叶面积亦有很大差别，适宜的穗数也就有很大不同。早熟品种的生育期短，单茎、单蘖叶面积小，适宜穗数多；反之，晚熟品种生育期长，单茎、单蘖叶面积大，适宜穗数就少。

此外，由于各地气候、土质不同，水稻高产适宜的穗数也有很大差别，有随着纬度升高而增加的趋势。北方稻区的北部，一般种植早、中粳品种，每亩适宜穗数为 40 万左右；中部种植中粳中晚熟品种，适宜穗数 35 万左右；南部种植中粳及晚熟中粳品种，适宜穗数 30 万左右。

第二，确定每亩适宜苗数。每亩适宜苗数确定要把握好"三个相关""两个原则"。

稻田肥力与插植苗数相关。"肥田靠发，瘦田靠插"。从多数情况看，肥力瘠薄的低产田块，栽插苗数相当于适宜穗数的 80% 左右；肥力较高的中产田块，栽插苗数相当于适宜穗数的 60% 左右；肥沃的高产地块，栽插苗数相当于适宜穗数的 40% 左右。如果种植杂交稻，则应相应减少 50% 的栽植苗数。

品种特性和每亩适宜苗数相关。生育期长的品种分蘖期长，分蘖穗比例高；多穗型品种分蘖势强，都应减少插植苗数，多争取些分蘖穗。相反，生育期短的品种，分蘖时间短；大穗型品种分蘖势弱，就必须增加插植苗数，多依靠主茎成穗。

插秧早晚与每亩适宜苗数相关。插秧时间早，本田有效分蘖时间长，则可少插一些苗；反之，插秧时间晚，本田有效分蘖期短，则可多插一些苗。

无论哪种情况，均应掌握两个原则：一是栽插苗数都不宜超过适宜穗数；二是栽插苗数要保证在拔节前 15 天左右，全田总茎数达到适宜穗数。

3. 适宜的插植方式

确定了每亩适宜的插植苗数后，就要根据每穴适宜的插植苗数确定每亩穴数；再根据每亩穴数，配置行距、穴距。

第一，每穴插植苗数。每穴插植苗数少，个体间互相影响小，通风透光条件好，有利于个体发育；但过少的穴苗数，会大幅度增加插秧的用工，也没有必要。据研究，在不同的行、穴距下，凡每穴插 6 苗的，有效穗数均多于插植苗数，单株有一定数量的分蘖成穗；每穴插 10 苗以上，很少有分蘖发生；当每穴插 12 苗时，有效穗数少于插植苗数，说明由于个体生长不好，不但分蘖不能成穗，而且有些插植的基本苗也不能成穗。可见，无论穴、行距如何，每穴插植苗数都不宜过多。如果要增加插植亩苗数，就应该增加亩穴数，而不应该通过增加每穴苗数去实现。一般认为，每穴插 5~6 苗比较合适。

第二，亩适宜穴数。

$$亩适宜穴数 = \frac{亩适宜插植苗数}{每穴插植苗数}$$

第三，行、穴距配置。亩穴数确定好后，如何在田间排列，才能既有利于田间管理，又有利于通风透光，发挥密植的优势呢？目前生产上有三种方法：

（1）方形插植法

行、穴距相等或接近相等的插植方法称方形插植法。这种方法适宜于密度较小、亩穴数较少的稻田。在低密度条件下，行、穴距呈方形配置有利于稻株向四周均衡发展，有利于个体发育，也便于中耕。但当密度较高时，如粳稻亩穴数超过 2 万，方形插植法将会封行过早，反而不利于稻株健壮生长。

（2）长方形插植法

行距大于穴距的插植方法称长方形插植法。这是一种比较常见的、适应性广的插植方式。中、低产田宜采用 18~22 厘米的行距、10~12 厘米的穴距；高产田宜采用 25~30 厘米的行距、10~12 厘米的穴距。近年来，不少地区采用了宽行距、窄穴距，东西向的栽插方法。

（3）宽窄行插植法

将行距分为宽窄两种的插植方法称宽窄行插植法。这种插植法仅在高度密植稻田中应用。它通过宽行提高通风透光性，通过窄行提高密度。据中国农业科学院研究，在每亩都插 4 万穴的情况下，采用 16 厘米×10 厘米的长方形插植法，即行距 16 厘米、穴距 10 厘米的插植法，在拔节期间基部光照强度仅为自然光照强度的 19.4%；而采用（23+10）厘米×10 厘米的宽窄行插植法，即大行 23 厘米、小行 10 厘米、穴距 10 厘米的插植方法，在拔节期间基部光照强度为自然光照强度的 41.5%。但这种插植方法比较费工，且管理不便。

（三）提高插秧质量

水稻插秧质量要求概括为"浅、匀、直、满"。

1. 坚持浅插

"深不过寸，浅不漂秧，半寸为宜"，这是对插秧深度的要求。秧苗发根分蘖需要较高的温度和充足的空气。据观察，表层 3.3 厘米处土温比 6.7 厘米处高 2℃ 左右，如插秧过深，低蘖位的分蘖芽处于土温低、通气性不好的土层中，不能萌发而休眠，分蘖节的节间便伸长，形成"地中茎"，造成分蘖位上移，分蘖发生晚；而且养分过多消耗于"地中茎"生长，秧苗发根力差，常导致僵苗不发。

2. 插秧要匀

"行距、穴距均匀，每穴苗数均匀，秧苗大小一致"，这是对插秧"匀"字的要求。为确保插秧质量，应采用"拉线标记"插秧；插秧前观察、计算好大、小秧苗可插面积，将大、小秧苗分开插。

3. 插秧要直

"秧要插得挺"，这是对插秧"直"字的要求。不能插成风吹就倒的"顺风秧"，也不能插成秧苗横着的"烟斗秧"，更不能执秧向前，插成"拳头秧"，否则，灌水后易漂秧。

4. 插秧要满

"插秧到边到角，不浪费稻田面积"，这是对插秧"满"字的要求。

第二节　水稻病虫草害防控技术

一、病害防治

（一）立枯病

1. 症状

该病主要发生在秧田期。幼苗发病，在谷壳或秧苗基部，出现赤色绒毛状物，秧苗枯萎，基部腐烂，一拔就断。成秧期，初发病在茎基部出现椭圆形褐色病斑，在谷壳或秧苗基部出现赤色绒毛状物，叶子白天萎蔫，晚上恢复；以后病斑渐凹陷，发展到绕茎一周时，病部缢缩干枯，但病株不倒伏，故称"立枯"。

2. 发病规律

水稻立枯病主要是立枯丝核菌引起的病害。立枯丝核菌为弱寄生性菌，可在土壤中、稻株病残体上寄生 2 年，但环境条件不适或稻株健壮时不表现病症。一般来说，病菌发病适温为 20~30℃，13℃以下、40℃以上，繁殖受抑制。育秧过程中，水肥措施失当，施用了未腐熟的有机肥，长期淹水，土壤中水气矛盾协调不好，都会加重病害发生。

3. 防治措施

（1）适期播种

在日平均气温稳定在 14℃以上时播种。

（2）选种

要通过适宜的选种手段，将秕谷除去，只播种饱满的好种子。

（3）搞好种子消毒灭菌处理

用 20%移栽灵 1 000 倍液浸芽谷 10 分钟，或者用 20%移栽灵 2 000 倍液+25%咪鲜胺 4 000 倍液浸种，可以很好地预防水稻烂秧。

（4）搞好秧床消毒

落谷前，每平方米用 20%移栽灵 2 克，兑水 2 千克，喷浇床面，可以很好地预防烂秧发生。

（5）科学施肥

在培肥秧床或制作育秧土时，要施用充分腐熟的有机肥，禁止使用没有经过腐熟的有机肥；要适量施用化肥。

（6）搞好水层管理

要根据秧苗生长发育规律浇灌秧苗，干湿有度，协调好水与气的关系。

（二）绵腐病

1. 症状

发病较早，一般在播种后 5~6 天就可发病，主要为害幼芽与幼根。初发时，受害部位出现乳白色胶状物，以后长出白色绵状物，最后变成土黄色，种子内部腐烂，幼苗枯死。

2. 发病规律

绵腐病主要是由水霉和绵霉引起的病害，病菌在土壤中越冬，随灌溉水传播，特别是播种出苗期间遇到持续低温、幼苗期遇持续阴雨天或大水长期浸泡，易引起绵腐病的大发生。

3. 防治措施

参照立枯病的防治措施。

（三）青枯病

1. 症状

叶片先卷成筒状，继而发黄，但根部未死，最后全株枯死变红，状若落叶的松针，成团成片死亡。

2. 发病规律

青枯病不是病原菌引起的，它是生理性病害。该病主要是因根部吸水不能满足上部茎叶蒸腾需要，致使稻苗体内水分代谢不平衡引发的。因此，多发生于低温迅速转暖的天气条件下。

3. 防治措施

一是有机肥施用前一定要充分腐熟，要少量施用化肥。

二是促进立苗扎根。无论哪种育苗方式，立苗期（播种至一叶一心期）保持床面湿润，床面不上水，促进秧苗扎根。

三是注意水温调节。湿润育秧的扎根期（一叶一心至三叶一心期）遇低温时，夜灌昼排；遇高温时，昼灌夜排。薄膜覆盖育秧的，炼苗期白天通风炼苗时，畦面要上水，晚上盖膜时再将水排净；揭膜期，揭膜前床面上深水护苗。

四是喷施具有细胞膜稳定功能的叶面肥或植物抗逆剂。

（四）恶苗病

1. 症状

病谷粒播后常不发芽或不能出土。

秧田期发病，多数病苗比健苗细高，叶片叶鞘细长，叶色淡黄，根系发育不良。也有少数病苗比健苗矮。部分病苗在移栽前死亡，在枯死苗上有淡红或白色霉粉状物，即病原菌的分生孢子。

秧田发病，分蘖少或不分蘖；节间明显伸长，节部常有弯曲露于叶鞘外，下部茎节逆生多数不定须根；剥开叶鞘，茎秆上有暗褐条斑；剖开病茎可见白色蛛丝状菌丝，以后植株逐渐枯死。湿度大时，枯死病株表面长满淡褐色或白色霉粉状物，后期生黑色小点即病菌囊壳。病轻的提早抽穗，穗形小而不实。抽穗期谷粒也可受害，严重的变褐，不能结实，颖壳夹缝处生淡红色霉；病轻不表现症状，但内部已有菌丝潜伏。

2. 发病规律

恶苗病是由串珠镰刀菌引起的病害。该菌在新陈代谢过程中，产生赤霉素、赤霉酸、镰刀菌酸、去氢镰刀菌酸等物质，前两种物质可引起稻株徒长，后两种物质可抑制稻株生长。病菌不能在土壤中越冬，主要是种子带菌越冬，也有在稻草上越冬的，所以，最初侵染主要是种子带菌引起。较高的温度是诱发恶苗病最主要的外因。恶苗病菌侵染稻株最适温度为35℃，引起稻苗徒长的最适温度是31℃，25℃以下病苗就大幅度减少。据试验，30℃以上高温催芽的，恶苗病发病率为22%~25%；25~30℃催芽的，发病率为3%。另外，施用未腐熟肥料，偏施氮肥，长时间高温阴雨等都会易发恶苗病。

3. 防治措施

一是建立无病留种区，不在发生恶苗病的稻田留种。

二是选择抗病稻种。

三是搞好药剂浸种。选用咪鲜胺、抗菌剂402、1%石灰水或二硫氰基甲烷常温浸种。

四是要施用腐熟有机肥，氮磷钾配合施肥。

（五）细菌性褐斑病

1. 症状

水稻细菌性褐斑病又称细菌性鞘腐病，可为害叶片、叶鞘、茎、节、穗、枝梗和谷粒。

叶片染病，初为褐色水渍状小斑，后扩大为纺锤形或不规则赤褐色条斑，边缘出现黄晕，病斑中心灰褐色；病斑常融合成大条斑，使叶片局部坏死，多不见菌脓；有时可见黄褐色菌脓，病叶发黄。

叶鞘受害，多发生在幼穗抽出前的穗苞上，病斑赤褐，短条状，后融合成水渍状不规则大斑，后期中央灰褐色，组织坏死；剥开叶鞘，茎上有黑褐色条斑，剑叶发病严重时抽不出穗。

穗轴、颖壳等部受害，产生近圆形褐色小斑，严重时整个颖壳变褐，并深入米粒。

2. 发病规律

细菌性褐斑病的致病菌是丁香假单孢菌丁香致病变种，属细菌。病菌在种子和病组织中越冬。从伤口侵入寄主，也可从水孔、气孔侵入。细菌在水中可存活20~30天，随水流传播。暴雨、台风可加重病害发生。偏施氮肥，灌水过多或灌串水，易发病。偏酸性土壤发病重。

3. 防治措施

一是浅水勤灌，不要长时间深灌。

二是配方施肥，不要偏施氮肥。

三是要灌排分开，不回灌、串灌。

四是对发病稻田，要及时放水晒田；并选用 27.12% 碱式硫酸铜（铜高尚）每亩 60~90 毫升、2% 春雷霉素水剂每亩 100~200 毫升、10% 氯霉素可湿性粉剂 60~70 克/亩，或 72% 农用链霉素 15~30 克/亩，兑水 5 千克，弥雾机茎叶喷雾。

（六）条纹叶枯病

1. 症状

苗期发病，心叶基部出现褪绿黄白斑，后扩展成与叶脉平行的黄色条纹，条纹间仍保持绿色。品种间表现有差异，有的品种心叶黄白、柔软、下垂，呈枯心状；有的品种不呈枯心，表现为黄绿相间的条纹，分蘖减少，提早枯死。条纹叶枯病引起的枯心，与螟虫钻心引起的枯心相似，但是无蛀孔，无虫粪，不易拔断。

分蘖期发病，先在心叶下一叶出现褪绿黄斑，后扩展形成不规则黄白条斑，老叶不显病；有的枯心，有的不枯心，病株常枯孕穗，或穗小畸形不实。

拔节后发病，在剑叶下部出现黄绿色条纹，不枯心，但穗畸形，结实粒少。

2. 发病规律

该病为病毒性病害。主要由灰飞虱带毒传播。病毒可在虫体内增殖，也可经卵传递。病毒在带毒灰飞虱体内越冬，成为主要初侵染源。在麦田中越冬的若虫，羽化后在麦田中繁殖，然后迁飞至秧田或本田为害；水稻收获后，又迁飞至麦田越冬。所以，条纹叶枯病的发生程度与灰飞虱的虫量、带毒虫率有很大关系。春季气温偏高，虫口多发，则病重。

3. 防治措施

一是尽量避免与麦田插花种植。

二是种植抗病品种。

三是治虫防病。坚持"切断毒链，治虫控病"的防治策略，多个环节防治灰飞虱。首先，要抓好冬麦田防治关，在灰飞虱迁飞前，一般于 5 月上旬前，用吡虫啉、啶虫脒、丁硫克百威等喷雾，将其歼灭在麦田中。其次，搞好水稻吡虫啉浸种，预防秧田灰飞虱危害。一般用 10% 吡虫啉 2 克，兑水 10 千克，浸种 5 千克，常温浸种至种子吸足水为止。再次，搞好稻田周围杂草清理，及时防治稻田灰飞虱危害。最后，在病症初显时，亩用 8% 宁南霉素（菌克毒克）45 毫升，兑水喷雾。

（七）胡麻斑病

1. 症状

胡麻斑病从苗期到抽穗成熟期都可发生。

秧苗受害，在叶片和叶鞘上的病斑多为椭圆形或近圆形，深褐色至暗褐色，有时病斑相连成条状，严重时引起秧苗枯死。

成株叶片受害，发病初期为褐色小点，后扩大成芝麻粒大小的椭圆形褐色病斑，周围有黄色晕圈，斑上隐见轮纹，老病斑中央呈黄褐色或灰白色，严重时叶片病斑密布，导致叶片干枯。

穗颈、枝梗感病，形成棕褐色条状大斑。

谷粒受害，受害早的病斑呈灰黑色，可扩展到整个谷粒；受害迟的病斑形状、色泽与叶片上的相似，只是病斑较小，边缘不明显，多个病斑可相互接合。

植株各部病斑在湿度大时，均可产生黑色霉层。

2. 发病规律

胡麻斑病为真菌性病害，俗称"饥渴病"，多发生于肥力不足、盐碱较重的瘠薄稻田。该病往往与条纹叶枯病相随而生，条纹叶枯病重的稻田，胡麻斑病也重；该病往往与稻瘟病相背，胡麻斑病上升为主要病害时，稻瘟病则下降。稻瘟病等多数病害往往在雨水多、湿度大的年份发病重，而胡麻斑病在雨水大的年份反而轻。

（3）防治措施

一是选用抗病品种。

二是加强稻田培肥。对盐碱瘠薄稻田，要落实好洗盐、增施有机肥、配方施肥等措施，为水稻生长创造良好的肥水环境。

三是药剂浸种。播种前选用 10% 二硫氰基甲烷（浸种灵）5 000 倍液 +25% 咪鲜胺（使百克）2 000 倍液，浸种 90 小时左右，以杀灭种子上携带的胡麻斑病菌，同时防治水稻恶苗病、干尖线虫病和稻瘟病。

四是化学防治。选用苯醚甲环唑·丙环唑（爱苗）15~20 毫升/亩，兑水 30 千克，在水稻抽穗前 7 天左右（大部分剑叶叶枕始露出）和齐穗期各喷施 1 次，对防治胡麻斑病等病害、预防水稻早衰及降低空秕率和增加千粒重都有较好效果。

（八）小球菌核病

1. 症状

小球菌核病主要为害稻株下部的叶鞘与茎秆。为害叶鞘，形成黑色椭圆形或纺锤形病斑，病斑可扩大至整个叶鞘，表面常生一些霜状物。为害茎秆，常在基部离水面 10 厘米左右处，形成黑褐色线条状病斑，严重时茎秆整段变黑腐朽，仅留维管束，很易拔断，全株枯萎或贴地倒伏，秕谷率增加，千粒重降低。剖开叶鞘或茎秆的腐朽组织，可看到大量黑色菌核。

2. 发病规律

小球菌核病为真菌性病害，菌核在稻草、稻桩、土壤中越冬。割稻时，菌核遗留在田中，第二年灌水后，菌核漂浮在水面，插秧后附在秧苗基部，在适宜条件下萌发开始初次侵染。小球菌核病为弱寄生菌，将它接种于健壮稻株上不发病；而将它接种于生长衰弱的植株上易发病。凡在水稻抽穗期前后，低温、多雨、寡照；施氮肥多而迟，磷、钾肥不足；长期深水灌溉等，都有利于该病发生。一般在分蘖盛期开始发病，抽穗期大量发生，乳熟期以后病情迅速加剧。

3. 防治措施

一是选用抗病品种。

二是消灭菌源。对发病稻田的稻桩，耕翻后拣出田外烧毁；将病稻草作燃料，不要还田。第二年灌水整田时，在下风的田边，打捞菌核，集中焚烧深埋。

三是加强肥水管理。氮、磷、钾搭配施肥，防止氮肥过多、过迟，引起稻株贪青晚熟；孕穗后要浅水勤灌，既要防止长期深水灌溉，又不能后期断水过早。

四是药剂防治。在水稻拔节期和孕穗期，亩用 25% 咪鲜胺 60 毫升，兑水 30 千克喷雾，要将药液喷到基部叶鞘上。另外，喷施多菌灵或多菌灵加福美双，对该病也有较好的防治效果。

（九）稻瘟病

1. 症状

根据为害时期、部位不同，稻瘟病分为苗瘟、叶瘟、节瘟、穗颈瘟、谷粒瘟。

苗瘟，发生于三叶前，由种子带菌所致。病苗基部灰黑，上部变褐，卷缩而死，湿度较大时病部产生大量灰黑色霉层。

叶瘟，分蘖至拔节期为害较重，分为慢性型、急性型、白点型、褐点型。慢性型叶瘟，开始在叶上产生暗绿色小斑，逐渐扩大为梭形斑，常有延伸的褐色坏死线，病斑较多时连片形成不规则大斑。急性型叶瘟，在叶片上形成暗绿色近圆形或椭圆形病斑，病叶两面都产生褐色霉层。白点型叶瘟，多在嫩叶上产生白色近圆形小斑，不产生孢子。褐点型叶瘟，多在老叶上产生针尖大小的褐点，只产生于叶脉间，产生少量孢子。

节瘟，常在抽穗后发生，初在稻节上产生褐色小点，后渐绕节扩展，使病部变黑，易

161

折断。

穗颈瘟，初形成褐色小点，发展后使穗颈部变褐，也造成枯白穗。

谷粒瘟，产生褐色椭圆形或不规则斑，可使稻谷变黑。有的颖壳无症状，护颖受害变褐，使种子带菌。

2. 发病规律

稻瘟病为真菌类病害，病菌以分生孢子和菌丝体在稻草和稻谷上越冬。翌年产生分生孢子借风雨传播到稻株上，侵染致病，形成中心病株。该病的发生和流行主要受品种抗性、肥水管理和气候条件等因素的影响。种植非抗性品种；偏施氮肥、穗肥过多；连续阴雨、温度在 25~28℃、相对湿度 90% 以上，容易导致该病发生和流行。

3. 防治措施

一是选用抗病品种。

二是播种前用咪鲜胺或抗菌剂 402 浸种。

三是合理施肥管水。以有机肥为主，化肥为辅；底肥足，追肥早，巧补穗肥；节氮增施磷钾肥，防止偏施氮肥，以增强植株抗病力，减轻发病。

四是早查早治叶瘟。在水稻生长期间要经常查看病情，如发现发病中心要及时全田喷药防治。可选用的药剂有稻瘟灵、咪鲜胺、抗菌剂 402、春雷霉素。

五是重点预防穗瘟。在破口前 7 天左右、齐穗期各喷药一次，药剂选用同上。

（十）纹枯病

1. 症状

纹枯病俗称"云纹病""花足秆""烂脚瘟"。叶鞘染病在近水面处产生暗绿色水浸状边缘模糊小斑，后渐扩大呈椭圆形或云纹形，中部呈灰绿或灰褐色，湿度低时中部呈淡黄或灰白色，中部组织破坏呈半透明状，边缘暗褐。发病严重时数个病斑融合形成大病斑，呈不规则状云纹斑，常致叶片发黄枯死。叶片染病，病斑也呈云纹状，边缘褪黄，发病快时病斑呈污绿色，叶片很快腐烂。茎秆受害症状似叶片，后期呈黄褐色，易折。穗颈部受害，初为污绿色，后变灰褐，常不能抽穗，抽穗的秕谷较多，千粒重下降。湿度大时，病部长出白色网状菌丝，后汇聚成白色菌丝团，形成菌核，菌核深褐色，易脱落。高温条件下病斑上产生一层白色粉霉层，即病菌的担子和担孢子。

2. 发病规律

纹枯病为真菌类病害，菌核在土壤中越冬，有时也能以菌丝和菌核的形式在稻草或杂草上越冬。水稻收割时，落入稻田中的菌核是翌年主要的初侵染源。纹枯病在水稻的一生中都可形成危害，但最主要的危害时期有两个：第一个在水稻分蘖盛期至拔节初期；第二个在孕穗至抽穗后 15 天。其中，第二个时期是危害的最主要时期，特别是孕穗至籽粒灌浆初期，如遇阴雨天气，病情发展将非常迅速，甚至从剑叶叶鞘发展到正在抽穗的谷壳上。

3. 防治措施

一是清除菌源。春天灌水泡田时（此时菌核上浮），打捞菌核，带出田外烧掉或深埋。做到病草不还田，同时铲除田边杂草。

二是加强肥水管理。贯彻"浅水勤灌，及时晒田，干干湿湿促灌浆"的用水原则，避免长期深灌，以水控病。同时，合理施用氮肥，注意氮、磷、钾肥的合理搭配。

三是药剂防治。发病初期，亩用 5%井冈霉素 150~200 毫升，兑水 75 千克，对水稻中下部进行喷雾或泼浇。

（十一）白叶枯病

1. 症状

叶尖或叶缘先发病，病斑与健部交界明显，交界波浪形，有菌脓、菌胶或菌粒。

2. 发病规律

白叶枯病为细菌类病害，主要在稻种、稻草和稻桩上越冬。据研究，重病田稻桩附近土壤中的细菌也可越年传病。播种病谷，病菌可通过幼苗的根和芽鞘侵入。病稻草和稻桩上的病菌，遇到雨水就渗入水流中，秧苗接触带菌水，病菌从水孔、伤口侵入稻体。水稻生长前期由于温度低，菌量较少，一般看不到症状，直到温度较高时才爆发出来。病斑上的溢脓，可借风、雨、露水和叶片接触等进行再侵染。雨水多、湿度大、温度较高是其流行的条件，最适宜流行的温度为 26~30℃，20℃以下或 33℃以上病害停止发生发展。所以，7、8 月份是该病的高发期。

3. 防治措施

一是加强检疫。不从病区引种，病区换用无病种子或选用抗病丰产性好的品种。

二是农业防治。合理施肥，浅水勤灌，适时晒田。

三是化学防治。播种前用 300 倍三氯异氰尿酸（强氯精）浸种 12 小时（浸后一定要用清水清洗干净）。水稻生长期间，按照"发现一点治一片，发现一片治全田"的防治策略，选用 25%噻枯唑（叶枯宁）可湿性粉剂每亩 100 克，或 10%氯霉素可湿性粉剂每亩 100 克，加入 50 克"天达 2116"，兑水 45 千克，混合喷雾，也可用 72%农用链霉素 1 000 倍液喷雾。

（十二）干尖线虫病

1. 症状

干尖线虫病主要为害叶片和穗部，水稻孕穗后症状明显，叶尖褪绿呈半透明，扭曲成纸捻状。水稻成熟期穗部变褐直立，穗小粒少，颖壳松裂，露出米粒。将稻谷颖壳用镊子捏碎，或将稻苗生长点剪碎，置于表面皿上加少量水，其上游离出的线虫可用 12~25 倍解剖镜观察。

有些品种干尖线虫病不表现症状，但产量降低。

2. 发病规律

干尖线虫以幼虫或成虫在谷粒颖壳中越冬，在土壤中不能越冬。翌年播种后线虫复苏，或直接侵入寄主的芽尖，或游离于土壤溶液中，遇到幼芽，从芽鞘缝隙侵入幼苗生长点、叶芽细胞外，刺吸细胞液，致使叶形成干尖。

3. 防治措施

一是加强检疫。不从病区调运种子；种子田中发现病株，该田中的种子须报废。

二是搞好种子药剂处理。用药剂浸种是杀灭颖壳中线虫的最佳方法，一旦错过这个时期，线虫进入生长点就很难用药防治了。一般选用 10% 二硫氰基甲烷（浸种灵）3 000 倍液常温浸种 3~4 天；也可选用 16% 的咪鲜胺·杀螟丹 400~600 倍液，浸种 80 小时以上（4 月中旬水温 10℃ 时）。

（十三）稻曲病

1. 症状

稻曲病只发生在水稻穗部，为害部分谷粒。受害谷粒内形成绿色绒状球，这种球开始很小，长在颖壳内，以后渐大，长出颖壳外，反将颖壳包在里面。病粒比一般谷粒肥大，起初为黄色，以后转为橘红色，最后变成黄绿或墨绿色。通常穗上出现几个病粒，但有时也可出现十个以上的病粒。

2. 发病规律

稻曲病是一种子囊菌引起的病害。病菌可通过病种传播，落入土壤的病菌也是第二年病菌的来源。高温（28℃ 左右）、高湿促进稻曲病的发展，氮肥多也助长病害流行。

3. 防治措施

稻曲病以预防为主，最佳防治时机有两个：一是全田 1/3 以上茎秆最后一片叶子全部抽出，即俗称"大肚期"时用药（距出穗时间 7~10 天），此时正是病菌的初侵染高峰期；二是破口始穗期。选用 30% 苯甲·丙环唑乳油（爱苗）20 毫升，兑水 45 千克喷雾。

二、虫害防治

（一）稻水蝇

1. 危害特征

稻水蝇属双翅目水蝇科，别名水稻蝇蛆。稻水蝇是盐碱地稻区苗期重大害虫，可造成毁灭性灾害。以幼虫为害，蛀食刚萌动露白的稻种，造成烂种缺苗；咬食或钩断水稻初生根和次生根，造成漂秧；幼虫夹在稻根上化蛹，一株水稻苗的根系上常有百十头蛹整齐地排列在根上，严重阻碍稻根正常生长，致使稻株矮小瘦弱。

2. 生活习性

稻水蝇一年可发生四代以上，以成虫在土块下、田埂缝隙中、排渠碱皮下和芦苇等杂草的落叶下越冬。稻水蝇喜好盐碱，幼虫水生。稻水蝇成虫有很强的趋光性，用波长3 650埃的黑光灯可大量诱集稻水蝇成虫，成虫喜欢集栖于水面脏泡沫层上、污水面上活动，凡有死水聚集的地方都有成虫活动。气温升高时尤其活跃，互相追逐交尾，取食水面上漂浮的腐败有机物并在漂浮物上产卵。水面漂浮物多的地方招引和聚集的成虫越多，产卵越多，幼虫密度也越大。由于漂浮物常被风吹到田边地埂处，所以幼虫及蛹多分布于稻田地边、地角中。

3. 防治措施

一是彻底改治盐碱稻田。稻田要灌排配套，土地平整，洗盐压碱。

二是推广插秧种植，减少幼虫蛀食机会。

三是采取浅水勤灌、适时晒田的原则，创造不利于成蝇栖息和产卵的环境。

四是化学防治。将田水放浅至1~2厘米后，亩用90%的美曲膦酯晶体100克，稀释1 000倍后喷雾或泼浇水稻根部。

（二）稻摇蚊

1. 危害特征

稻摇蚊属双翅目摇蚊科，其幼虫俗称红线虫。在北方水稻区的直播稻田和秧田中有时可造成毁灭性灾害，盐碱地稻田尤为严重。秧田出苗期和本田返青到分蘖期受害最重。稻摇蚊幼虫生活在稻田水底，蛀食萌动的稻种，为害水稻的幼芽及胚根，导致绵腐病发生，造成烂种、黄苗、死苗；幼虫为害稻根，造成偏根苗、独根苗和无根苗，加之幼虫蠕动，常出现倒苗、浮苗现象。当浮苗现象出现时，幼虫已大多接近老熟。

2. 生活习性

稻摇蚊一年约发生 4 代以上，除以成虫越冬外，也有以幼虫或蛹在草根泥土中越冬的。春天，成虫栖息在水田边和渠道附近的杂草上，黄昏和清晨无风或阴天时，可见成虫成群飞舞，飞行时犹如旋风卷起的尘土，密度大时如一缕炊烟，且鼓翅成声，定向徐徐做"之"字形移动，飞行高度 1~3 米。成虫喜选盐碱土、黑土、草炭土产卵。初孵幼虫先取食卵囊内的胶质，3~4 天后破囊而出，食苔藓或刚萌芽的稻种，或食秧苗幼芽和嫩根，一棵稻秧上可有 10 余只幼虫寄生。幼虫生活在污泥中的稻根上，以泥沙碎草做筒巢，受惊时即从筒巢中逸出，在水中做蛇形游动。也有的种类不做巢或某一时期不做巢。

3. 防治措施

一是清除杂草，消灭成虫越冬场所。

二是适当早播。采用薄膜育秧，加强田间管理，可避免受害。

三是晒田。发现幼虫为害时，排水晒田，可使幼虫干死。

四是药剂防治。同稻水蝇。

（三）稻水象甲

1. 危害特征

稻水象甲属鞘翅目象甲科。幼虫在水稻根内和根上取食，1~3 龄幼虫蛀食根部，4 龄后爬出稻根直接咬食根系。幼虫密集根部取食，刮风时植株倾倒，甚至被拔起浮在水面上，受损严重的根系变黑腐烂，致使稻株生长受阻，最终导致严重减产。成虫多在叶片的叶缘或中间沿叶脉方向啃食叶肉，留下表皮，形成长短不等的长条白斑，长度不超过 3 厘米。

2. 生活习性

稻水象甲在北方一年一代。以成虫在稻田埂、渠边土中、芦苇根部越冬，4 月初出土活动，取食白茅、芦苇嫩叶，4 月下旬出现秧苗后，转移至秧田为害。由于气象因素，这段时间的迁移有早有晚，或断断续续地进行。5 月份插秧后，再次迁飞至本田为害。5~6 月是成虫为害盛期；7 月是幼虫为害盛期。稻水象甲在一天中的取食时间是上午 9 点以前、下午 5 点以后，中间时间主要是避开高温和长波强光，在水中活动。

3. 防治措施

一是加强检疫。禁止从疫区调运稻草、稻谷、秧苗等。

二是化学防治。防治稻水象甲成虫，每亩用 48% 毒死蜱 150 毫升兑水 30 千克喷雾；防治稻水象甲幼虫，每亩用 48% 毒死蜱 200 毫升拌 30 千克细土撒施。

（四）稻蓟马

1. 危害特征

稻蓟马属缨翅目蓟马科。蓟马以成虫、若虫锉吸稻株汁液为害，使稻株出现花斑、表皮破损、组织失水、卷叶等症状。拔节以前的幼苗期、分蘖期是稻蓟马为害最重的时期，一般有若虫 1~2 只可引起卷尖；5~8 只可使叶片大部分卷起；10 只以上便能使全叶纵卷。为害穗部的蓟马常食颖壳内壁或子房，影响结实，并使颖壳变褐色或成秕谷。

2. 生活习性

稻蓟马生活周期短，发生代数多，世代重叠。稻蓟马有较大的耐寒力，在积雪下可以长期存活，常以成虫在麦田，在禾本科杂草上越冬。稻蓟马的成虫、若虫均怕光，常藏身卷叶尖或心叶内，早晚及阴天外出活动；有明显趋嫩绿稻苗产卵习性，卵散产于叶脉间，幼穗形成后则以心叶上产卵为多；喜湿润环境，低龄若虫能在水滴中生活，高龄若虫和成虫也能带水生活。初孵幼虫集中在叶耳、叶舌处，更喜欢在幼嫩心叶上为害。7、8 月高温多雨时，稻蓟马多发生为害；秧苗期、分蘖期和幼穗分化期，是稻蓟马的严重为害期。

3. 防治措施

一是清除田边杂草，尽量避免麦稻插花种植；合理施肥，避免偏施氮肥。

二是搞好药剂浸种，一般用 25% 吡虫啉悬浮剂 4 克，兑水 10 千克，浸种 5 千克。

三是水稻生长期间，10% 吡虫啉可湿性粉剂 1 500 倍液喷雾，亩喷药液 30 千克；45% 马拉硫磷乳油 120 毫升/亩，兑水 40 千克喷雾。

（五）稻纵卷叶螟

1. 危害特征

稻纵卷叶螟属鳞翅目螟蛾科，别名刮青虫，以幼虫为害水稻。初孵幼虫先从叶尖沿叶脉来回走动，然后钻入心叶或由稻蓟马为害形成的卷叶中食叶肉，出现针头状白色小点，很少结苞。二龄开始在叶尖或稻叶的上、中部吐丝，缀连成小苞，也称"卷尖期"，幼虫啃食叶肉，受害处呈透明白条状。三龄后开始转苞为害，虫苞多为单叶纵卷。四龄后转株频繁，虫苞大，抗药性强，危害重。

2. 生活习性

稻纵卷叶螟抗寒力弱，无滞育现象，成虫白天群集在生长茂密、荫蔽、嫩绿、避风和湿度较大的稻田里或草丛中。夜间飞出活动，有一定趋光性，成虫寿命平均约 7 天，产卵期 5~7 天。雌蛾产卵有选择性，喜在生长嫩绿、叶片宽软的稻田产卵。

稻纵卷叶螟发生程度受迁入虫源数量、迁入后气候条件、水稻品种及长势等因素影响。一般阴雨、寡照、高湿有利于该病发生，干旱、高温对其发育不利；糯稻重于黏稻，粳稻重于籼稻，叶色深绿宽软比叶色浅淡挺直窄的品种重。成虫喜欢栖息在生长茂密的稻田，在生长嫩绿的稻苗上产卵（一般为散产，大发生时几粒连在一起，多产于叶上部、叶背）。水稻不同生育期对幼虫结苞、成活有影响，以分蘖期、孕穗期成活率最高。同一生育期，食心叶存活率高，食全部展开叶存活率低。

3. 防治措施

稻纵卷叶螟幼虫一旦超过 2 龄，即快速卷叶，卷叶后药剂难以接触虫体，防治效果差。因此，要适期防治。

一是农业防治。选择抗（耐）虫品种；推行壮秧稀植栽培技术，增加田间通风透光条件，降低田间湿度；科学用水，氮、磷、钾合理搭配，防止稻苗旺长，后期贪青迟熟。

二是化学防治。在幼虫 1 龄盛期或百丛有新束叶苞 15 个以上时，用 5%阿维菌素（爱维丁）每亩 200 毫升或 15%阿维·毒死蜱（卷叶杀）每亩 200 毫升，兑水 50 千克，喷雾。

（六）稻飞虱

1. 危害特征

稻飞虱又称稻虱，属同翅目飞虱科。稻飞虱成虫、若虫都能为害水稻，在稻丛下部刺吸汁液，消耗稻株养分，并能从唾液腺分泌有毒物质（酚类物质和多种水解酶），引起稻株中毒萎缩。稻飞虱产卵时，其产卵器能划破水稻茎秆和叶片组织，使稻株丧失水分。另外，由于稻飞虱刺吸取食，可在稻株上残留很多不规则伤痕，影响水分和养分的输送，同化作用因而减弱，致使稻苗萎缩黄化或枯死。稻飞虱的分泌物常招致霉菌滋生，影响光合作用和呼吸作用。

褐飞虱为害严重时，稻丛基部常变黑发臭，甚至整株枯死。水稻孕穗、抽穗期受害后，稻叶发黄，生长低矮，形成"黄塘"，影响抽穗结实；至乳熟期田间常因严重受害而呈点、片枯黄、倒伏，俗称"冒穿"或"透顶"，造成谷粒千粒重下降、秕粒增多，甚至颗粒无收。

灰飞虱除本身为害水稻外，还传播水稻矮缩病和条纹叶枯病。

2. 生活习性

褐飞虱是南方性害虫，在北方不能越冬，嗜食水稻，对植株营养状况反应很灵敏，以孕穗至开花期的水稻对其生长发育和繁殖最为有利，此时稻株中水溶性蛋白含量高，田间虫口密度上升得快。

白背飞虱的越冬范围较褐飞虱稍广，其越冬北界大概在北纬 26 度左右。白背飞虱生活习性与褐飞虱十分相似，但其繁殖能力较褐飞虱低，一头雌虫一般可产卵 85 粒左右，而褐飞虱可产 300~700 粒。另外，白背飞虱群集拥挤的习性较差，田间虫口密度稍高，即迁飞转移。

褐飞虱、白背飞虱属喜湿种类，多雨、高湿有利于发生。

灰飞虱抗寒力和耐饥力强，在北方以若虫在田边草丛、稻根丛或落叶下过冬，而以背风向阳、温暖处最多。3 月开始活动，从越冬场所迁入已萌芽的草地和麦田，然后进入水稻秧田、大田为害。灰飞虱食性杂，寄主广，不耐高温且喜通透性良好的环境，在田间栖息部位较高，并常向田边移动集中，因此田边虫量多，危害亦重。7~9 月雨量少，有利于灰飞虱发生。

3. 防治措施

一是合理密植；及时拔除稻田杂草；科学水肥管理，防止水稻贪青徒长。

二是稻田养鸭。一般每亩地放养 15 只鸭子，就能控制稻飞虱危害，也能消除田间杂草。

三是药剂防治。25% 噻嗪酮（扑虱灵）可湿性粉剂每亩 25~30 克，加水 50 千克喷雾。

（七）二化螟

1. 危害特征

二化螟属鳞翅目螟蛾科，俗名钻心虫、蛀心虫、蛀秆虫等，以幼虫为害水稻。初孵幼虫群集叶鞘内为害，造成枯鞘，2 龄以上幼虫蛀入稻株内为害。在水稻分蘖期，咬断稻心，形成枯心苗；孕穗期形成死孕穗；抽穗期形成白穗；乳熟期至成熟期为害造成虫伤株。被二化螟为害的稻株，遇大风易倒折，用手轻轻一提很容易抽出，可见虫口和二化螟的粪便。

2. 生活习性

越冬成虫 5 月中下旬至 6 月初出现，白天潜伏在稻丛或杂草丛中，晚上出来活动，有明显趋光、趋嫩性。雌虫羽化后 1~2 天交配产卵，3~5 天为产卵高峰，喜欢将卵产在植株高大粗壮、叶色浓绿的稻株上。秧苗期或分蘖期，卵块主要产在叶正面离叶尖 4~6 厘米处；以后多产在离水面 6 厘米以上的叶鞘上。卵经 7~8 天孵化。一代幼虫出现在 6 月中下旬，然后沿稻叶向下爬行或吐丝下垂，从靠近水层的叶鞘缝隙中侵入，或在叶鞘外选择一定部位蛀孔侵入，蛀食禾心，形成枯心苗。一代成虫出现在 7 月底 8 月初。二代幼虫出现在 8 月上旬，蛀食稻秆，一条幼虫可为害 8~10 株水稻。9 月上旬在稻茎中化蛹，而后变蛾飞出产卵，孵化后准备越冬。

温湿度对二化螟发生影响很大。24~26℃，相对湿度 80%~90% 有利于卵的孵化和幼虫成活。7、8 月份多雨、潮湿，温度偏低或田间荫蔽、湿度大，二化螟发生重；反之，在降雨偏少，高温、干旱的年份，则发生轻。

3. 防治措施

化学药剂防治是当前控制水稻二化螟为害的重要措施。二化螟是钻蛀性害虫，一旦幼虫蛀入茎秆内，防治效果较差。二化螟幼虫从孵化到蛀入茎秆大约需要半个月时间，所以这段时间是防治最佳时间。防治过早，虫卵未孵化为幼虫，药剂不能发挥作用；防治过晚，幼虫蛀进茎秆，防治药效差。因此，判断防治二化螟的时间非常关键。一般情况下，从6月中旬开始观察水稻茎秆在水面上10厘米左右位置，当叶鞘出现不规则变黄现象，重者伴有褐色条纹时，扒开叶鞘，在叶鞘内会发现二化螟幼虫，此时是防治二化螟的最佳时间。可选择氯虫苯甲酰胺（康宽）10毫升/亩，或40%氯虫·噻虫嗪水分散粒剂（福戈）8克/亩，兑水30千克，茎叶均匀喷雾。

（八）水稻潜叶蝇

1. 危害特征

水稻潜叶蝇属双翅目水蝇科，幼虫为害水稻。幼虫钻入叶内潜食叶肉，残留上、下表皮，使受害叶片呈现不规则白色条斑，其中可见乳白色或黄白色长形无足的小蛆形状的幼虫，后期还可见小而长的褐色至黄褐色多节的长条形两头尖的蛹。水稻潜叶蝇影响水稻的缓苗、分蘖，发生量多、为害重时可造成稻叶枯死、腐烂。

2. 生活习性

水稻潜叶蝇发育离不开水，灌深水有利于其发育；喜低温，只在水稻生长前期形成危害，危害盛期为5月，进入6月以后，气温升高，稻株长壮，潜叶蝇一般不会再形成危害。

3. 防治措施

一是培育壮秧。

二是带药移栽。在移栽前一天，选用1.8%阿维菌素可湿性粉剂2 000倍液喷雾。

三是消灭大田边上的杂草。

四是本田潜叶蝇发生严重时，可选用1.8%阿维菌素可湿性粉剂2 000倍液喷雾。

第八章　玉米种植技术

第一节　玉米种植技术

一、玉米全膜双垄沟播栽培技术

（一）适用范围

适应在年降雨 250~450mm 的干旱半干旱区应用推广。

（二）栽培技术要点

1. 选茬整地

选择土层深厚、土质疏松、肥力中上的旱川地或梯田地，以豆、麦、马铃薯茬为宜。前茬作物收获后及时整地，要求达到地面平整、土壤细绵，无土块，无根茬。

2. 科学施肥

施肥以农家肥为主，氮、磷、钾肥配合，结合秋季耕耱一次性施入农家肥 3 000kg 亩。起垄前，亩施尿素 28kg，过磷酸钙 70kg，硫酸钾 15kg，或亩施尿素 21kg，二铵 18kg，硫酸钾 15kg。

3. 选用良种

海拔 2 000m 以下地区选用沈单 16 号、承单 20 号等中晚熟品种，海拔 2 000~2 300m 地区选用中早熟或早熟品种。

4. 起垄

用划行器在距地边 35cm 处划行，小行靠地边，宽 40cm，大行宽 70cm，在小行地表按施肥标准一次性撒施化肥，然后用步犁沿小行划线向中间来回翻耕起小弓形垄，垄高 5 ~10cm。两小弓形垄中间为 70cm 宽的大垄，将起小垄时形成的犁沟沿土刮至大垄中间形成大弓形垄，脊高 5cm，大小弓形垄中间为播种沟，每个播种沟对应一大一小两个集雨垄面。缓坡地沿等高线开沟起垄，要达到垄沟、垄面宽窄均匀，垄脊高低一致。大小垄共宽110cm。从一边开始一直起到另一边。第一道垄结束后，再起第二道垄。地下害虫危害严重的地块，亩用40%甲基异柳磷乳油0.5kg加细沙土50kg制成毒土撒施于垄沟内。杂草危害严重的地块，亩用50%乙草胺乳油100g兑水50kg全地面喷雾。

5. 覆膜

选用120cm宽、厚度为0.008～0.01mm的地膜覆盖。膜与膜间不留空隙，相接覆盖，相接处必须在小垄中间垄脊处，在相接处用细土压住地膜，覆膜时地膜要与垄面、垄沟贴紧，两边地膜拉直压实，每隔2～3m压一土腰带。覆膜后一周左右，待地膜紧贴垄面或降雨后，在垄沟内每隔50cm打微孔，使垄沟内的集水能及时渗入土壤。主推秋覆膜和春季顶凌覆膜。

6. 适时播种

时间以4月中、下旬为宜，在播种孔点播，深3～5cm。每穴2粒种子，用细砂或草木灰封孔口。种植密度3 000～4 000株/亩（株距×行距＝32～40cm×55cm）。

7. 田间管理

（1）苗期管理

苗期管理的重点是保全苗，促壮苗。出苗前，雨后由于降水集中于种子周围，易形成板结，需人工及时破除。出苗后要及时放苗，发现缺苗时要及时催芽补种或结合间苗移苗补栽。3～4叶期间苗，4～5叶期定苗，每穴留1株壮苗，及时掰叉、锄草。

（2）中期管理

中期管理以促壮秆、增大穗为主，大喇叭口期在降水前后追施1次攻穗肥，一般追施尿素8kg/亩。并及时防治病虫害。

（3）后期管理

后期应重视防早衰、增粒重。若发现植株发黄，在降水前后再追1次攻穗肥，一般追施尿素5kg/亩。在雄穗抽出2/3时要隔行隔株去雄，但地块四周不去雄。成熟后及时收获。

二、全膜双垄沟播玉米套种冬油菜栽培技术

（一）整地施肥

选择坡度在15°以下的地块，前茬作物收获后及时深耕灭茬，耕深达25～30cm，耕后及时耙糖，做到地面平整、无根茬、无坷垃。起垄前地表均匀撒施优质腐熟农家肥5 000～7 000kg/亩，划行后将尿素25～30kg/亩、普通过磷酸钙50～70kg/亩、硫酸钾15～20kg/

亩、硫酸锌2~9kg/亩或玉米专用肥80kg/亩,混合均匀,撒施于小垄的垄带内。

(二) 起垄覆膜

早春3月上中旬土壤解冻15cm时起垄覆膜,每幅垄分为大小两垄,垄幅宽110cm。选用厚度为0.008~0.010mm、宽120cm的地膜。沿地边线开5cm深的浅沟,地膜展开后,将靠边线的一侧用土压在浅沟内,另一侧在大垄中间,并每隔2~3m横压一土腰带。覆完第1幅膜后,将第2幅膜的一边与第1幅膜在大垄中间相接,膜与膜不重叠,从下一大垄垄侧取土压实,依次类推铺完全田。覆膜时要将地膜拉展铺平,从垄面取土后应随即整平。覆盖地膜后7d左右,在沟中间每隔50cm打直径3mm的渗水孔,以便垄沟的集雨入渗;要经常沿垄沟逐行检查,发现破损及时用土盖严,以防大风揭膜。

(三) 选用良种

玉米宜选择株型紧凑、抗病性强、品质优良的品种沈单16号、豫玉22号、酒试20等;油菜宜选用天油5号、天油6号、天油7号等,甘蓝型品种02N-杂2等。所用种子在播前均要进行包衣处理。

(四) 适期播种

玉米的适宜播期为4月中下旬。玉米播种时将种子破膜穴播在沟内,每穴下籽2~3粒,播深3~5cm,株距35~40cm,播种密度以3 000~3 500株/亩为宜,播后随即踩压播种孔,用细沙土封严播种孔,以防播种孔散墒和遇雨板结影响出苗。

(五) 田间管理

玉米出苗期要及时检查,土壤如遇雨板结,要及时破土引苗,发现缺苗断垄要及时坐水移栽,然后用细湿土封住膜孔。幼苗4~5片叶时定苗,每穴留苗1株,除去病、弱、杂苗,保留生长整齐一致的壮苗。全膜玉米生长旺盛,常常产生大量分蘖(杈),消耗养分,定苗后至拔节期间要勤查勤看,及时将分蘖彻底从基部掰除。大喇叭口期用玉米点播器或追肥枪在株间打孔追施尿素15~20kg/亩。玉米全膜双垄沟播后,水肥热量条件好,双穗率高,如出现第3穗,应尽早掰除。油菜扬花期应适期喷施硼肥,防止落花落果,秕籽秕粒。玉米后期管理的重点是防早衰、增粒重、防病虫。要保护叶片,提高光合强度,延长光合时间,促进粒多、粒重。肥力高的地块一般不追肥以防贪青。若发现植株发黄等缺肥症状时应及时追施增粒肥,一般以追施尿素15kg/亩为宜。

（六）适时收获

当玉米苞叶变黄、籽粒乳线消失、籽粒变硬有光泽时收获。果穗收后搭架晾晒，防止淋雨受潮导致籽粒霉变，待含水量小于13%后脱粒，贮藏或销售。果穗收后将秸秆砍倒放在地膜上保护地膜和油菜，以保油菜安全越冬。油菜一般当植株大部分叶片开始干枯脱落，全田70%~80%角果淡黄色、籽粒变褐变硬时，趁阴天或清晨露水未干时抢收，随收随运，收获后在场上堆放3~5d后熟，然后摊晒脱粒。

三、一膜两年用玉米栽培技术

（一）根茬还田

第一年玉米收时，高茬收割秸秆（地上15cm左右），所留玉米根系及茎秆经高温多雨季节土壤微生物的分解还田，增加土壤有机质。

（二）冬季保护地膜

在上年玉米收获后，用土将破损处封好，玉米秸秆垂直于膜面放置或留高茬，严防牛羊践踏，保护好地膜。

（三）春季清除秸秆

播前一周左右将玉米秆运出，扫净残留茎叶，用土封住地膜破损处。

（四）播种

1. 播种时间

当气温稳定在≥10℃时播种，一般是4月中下旬。

2. 种植方式

用玉米点播器错开上年播种孔打孔点播。播种不宜过早，以防晚霜冻危害，造成缺苗现象。应采用双籽点播，点播后用细沙或沤熟的粪土封穴覆盖，防止播种孔大量散墒和遇雨板结影响出苗。

（五）选用良种

玉米选用适宜当地自然条件、抗旱丰产性能好的优良品种。沈单16号、豫玉22号、金穗系列、金源系列、酒试20等。原则上使用包衣种子，对于少数未经包衣或包衣药剂针对性差，播前必须进行药剂拌种。

（六）合理密植

玉米肥力较高的旱川地、沟坝地、梯田地株距 28~40cm，亩保苗 3 000~4 300 株；肥力较低的旱坡地早中熟品种适当加大株距 35~43cm，亩保苗 2 800~3 500 株。用自制玉米点播器按要求的株距与上年播种孔相错 10~15cm 点播，播后封好播种孔。

（七）田间管理

重点是在生长期分次追肥，追肥均采用打孔或用追肥枪在两株中间追施。

1. 苗期管理

玉米出苗前，由于降水主要集中在种子周围，易形成板结，应人工破土引苗；出苗后要及时查苗放苗，放苗后封好口。拔节期用追肥枪或打孔追施尿素 20~25kg，过磷酸钙 20~30kg，硫酸锌 2~3kg。

2. 中期管理

当玉米进入大喇叭口期，即 10~12 片叶时，用追肥枪在相邻两株玉米间打孔每亩追施尿素 15~20kg。

3. 后期管理

玉米后期应重视防早衰、增粒重。若发现植株发黄，再追施 1 次攻粒肥，一般每亩追施尿素 3~5kg。在雄穗抽出 2/3 时隔行隔株去雄。

（八）适时收获

当玉米苞叶变黄、籽粒乳线消失、籽粒变硬有光泽时即可收获。根据籽粒灌浆进程及籽粒乳线情况，在条件允许的情况下尽量晚收，以保证籽粒的充分灌浆和成熟。改变过去"苞叶变黄、籽粒变硬即可收获"为"苞叶干枯、黑层出现、籽粒乳线消失即籽粒生理成熟时收获"。

（九）残膜回收

玉米收获后，耙除田间残膜，并注意回收。

第二节　玉米病虫防治技术

玉米侵染性病害种类占玉米病害总数的80%以上，是为害玉米生产的主要因素。因此，侵染性病害的诊断技术对有效防治玉米病害的发生显得尤为重要。

一、真菌病害

（一）种子腐烂

种子腐烂通常是由镰孢菌、腐霉菌、立枯丝核菌引起的。该病在玉米播种后遭遇持续低温阴雨天气发病较为普遍，是玉米缺苗的主要原因之一。

1. 症状

玉米种子在萌发过程中，遭受土壤或种子携带的真菌侵染，引起种子腐烂或根腐。

2. 发生规律

土壤中的病菌或依附在种皮上的病菌在种子萌发时直接穿透种皮或从种皮的开裂处侵入种子，或种子内部的病菌直接从休眠状态转入生长状态。由于玉米种子内含有大量的淀粉，成为这些土壤中致病菌大量、快速繁殖的营养基础，因此病菌在种子内扩展极快，能够在较短的时间内占据全部种子，引起细胞组织崩溃，严重者造成种子整体腐烂，无法继续生长成为幼苗。病菌能够在侵染种子后形成各种孢子，借助灌水、降雨等条件在土壤内进一步扩散，也可以通过菌丝生长，向相邻幼苗扩展，引起根腐等病。在排水不良、低温、土壤湿度大、播种过深和土壤黏重的条件下，易发生种子腐烂；甜玉米由于含糖量高，更易被各种致病菌侵染引起种子腐烂。

3. 防治方法

一是选用良种，测定发芽率，发芽率低于85%时要更换种子或加大播种量。

二是适时播种。土壤表层5~10cm地温稳定在10℃~12℃，土壤含水量在60%以上，方可播种。

三是选用适宜种衣剂进行种子包衣。

四是其他种子处理措施。用ABT4号生根粉15~20mg/kg溶液浸种6~8h，或用0.3~0.5mg/kg的芸苔素内酯溶液浸种12h后播种，促壮苗早发、增强抗逆力。

五是提倡采用地膜覆盖。

六是提高播种质量。

（二）苗枯病

该病是一种重要的苗期病害，由轮枝镰孢菌、禾谷镰孢刀菌、玉米丝核菌等多种真菌单独或复合侵染引起，是苗期玉米根部或近地茎组织腐烂的总称。种子可带菌传播，病菌也可随病残体越冬成为未来的初侵染。低温高湿气候条件，有利于病害发生和流行。

1. 症状

玉米苗枯病一般在苗期发生，先在种子根和根尖处产生褐变，后扩展到整个根系，根毛减少，无次生根或少有次生根，并向上引起茎基部水浸状腐烂。叶鞘变褐色并呈撕裂状，叶片变黄，叶缘呈枯焦状，心叶卷曲易折，随后自下而上叶片逐渐干枯，无次生根的则死苗，有少量次生根的形成弱苗。危害轻的幼苗地上部分无明显症状，多在叶尖处发黄，并逐渐向叶片中部发展，严重的心叶逐渐青枯萎蔫。

2. 发病规律

种子、病残体和土壤带菌。发病严重的主要原因是秸秆还田面积的迅速增加及持续秸秆还田，多年连作导致的土壤中病菌数量大和种子带菌所致。种子带菌是苗枯病发生早并能形成中心病株的主要原因。病菌的芽管和菌丝与玉米种子或幼苗接触，从种皮裂口、幼嫩部位伤口侵入或直接侵入萌发的种子、侧根或幼茎，菌丝体在细胞内生长繁殖、引起组织崩解和死亡。气候条件是发病的主要诱因，春播玉米4月下旬至5月上旬，阴雨天较多，地温低，发病率高。未包衣或未使用杀菌剂拌种的田块，沙质土、地势低洼、播种过深、苗期生长弱的地块，麦套玉米田和连年种植玉米的地块发病重。田间管理粗放、地下害虫严重的地块发病重。品种间的抗性差异明显。吉单118、吉单119、吉单131、中单206等发病较重，而郑单958、豫玉22、登海11、丹玉13和掖单2号、苏玉1号发病较轻。

3. 防治方法

一是选用抗病品种。

二是合理施肥、加强栽培管理。合理施肥，增施磷肥，加强苗期田间管理，促苗早发和生长健壮，提高抵抗能力；雨后及时划锄，打破土壤板结，增强土壤通气性，促进根系生长发育，提高抗病能力；收获后及时清除残枝败叶，减少越冬病原菌。

三是种子处理。采用种衣剂包衣或用三唑类杀菌剂等拌种、浸种。

四是及时喷药。可选用甲基托布津（甲基硫菌灵）或多菌灵等药剂喷雾防治，重点喷施玉米苗基部或根部。

（三）大斑病

玉米大斑病是大斑突脐孢菌，有性态为大斑刚毛球腔菌引起的以叶部产生大型病斑症状为主的玉米病害，又称条斑病、煤纹病，主要分布在北方春玉米区和南方高海拔山区。

1. 症状

主要危害玉米叶片，严重时苞叶和叶鞘上也可见连片病斑。常由植株下部叶片先开始发病，向上扩展。发病初期，叶上出现水浸状青灰色斑点，以后逐渐沿叶脉向两端扩展，形成中央黄褐色、边缘褐色的梭形大斑，有些病斑可长达 20mm。叶片上病斑多时，常导致整叶枯死。湿度大时，病斑在叶正反两面产生大量灰黑色霉层，即病菌的分生孢子梗和分生孢子。病斑能结合连片，使植株早期枯死。

2. 发病规律

菌丝体或分生孢子在病残体内外越冬。田间传播发病的初侵染菌源主要来自玉米秸秆上越冬病组织重新产生的分生孢子。孢子借风雨和气流传播。玉米大斑病的流行除与玉米品种感病程度有关外，还与当时的环境条件关系密切。温度 20℃～25℃、相对湿度 90% 以上利于病害发展。气温高于 25℃ 或低于 15℃，相对湿度小于 60%，持续几天，病害的发展就受到抑制。在春玉米区，从拔节到出穗期间，气温适宜，又遇连续阴雨天，病害发展迅速，易大流行。土壤肥力差，玉米孕穗、出穗期间氮肥不足发病较重。低洼地、密度过大、连作地易发病。中国北方各地 6～8 月份气温大多处于发病适温范围，因此这 3 个月的降雨天数和降雨量是发病轻重的决定因素。如田间病斑出现较晚的年份，不论后期气候条件如何，大斑病的发生都不会太重。品种间抗病性差异很大。

3. 防治方法

一是种植抗病品种。根据各地的优势小种选择抗病品种。

二是减少菌源。发病初期，及时摘除病株底部病叶并带出田间销毁；秋收后清除田间遗留的病残体，集中烧毁，或深耕深翻，压埋病原，促进植株残体腐烂。

三是加强田间管理。增施有机肥，增施磷钾肥，科学排灌，合理安排株行距提高田间通风透光能力，降低田间湿度，促使玉米健壮生长，增强抗病力，有助于延缓病害发生过程。土壤有机质含量低、通透性差的单作田及玉米多年连作田有利于该病发生。

四是化学防治。用 50% 多菌灵可湿性粉剂 500 倍液，或 50% 退菌特可湿性粉剂 800 倍液，或 80% 代森锰锌可湿性粉剂 500 倍液，或 40% 克瘟散乳油 500～800 倍液，农抗 120 水剂 200 倍液，于玉米抽雄期喷 1～2 次，每隔 10～15 天喷 1 次。

（四）小斑病

小斑病的病原菌为小斑离蠕孢。玉米小斑病，又称玉米斑点病、玉米南方叶枯病，是玉米生产上危害严重的病害之一。

1. 症状

玉米小斑病主要发生在叶片上，但也侵染叶鞘、苞叶、果穗。叶片上病斑比大斑病小得多，但病斑数量多。初侵染斑为水渍状半透明的小斑点，后逐渐扩大形成不同形状的黄褐色病斑。受病原生理小种和寄主抗病性影响，叶片上常见症状有 3 种：一是典型症状为病斑受叶脉限制，椭圆形或近长方形，黄褐色，边缘深褐色；二是病斑不受叶脉限制，多为椭圆形，灰褐色是病斑为小点状坏死斑，黄褐色，周围有褪绿晕圈。

2. 发病规律

小斑病菌现已知有三个生理小种。"0" 小种分布最广，主要侵害叶片；"T" 小种，对具有 T 型细胞质的玉米有专一的侵害能力，可以侵入花丝、籽粒、穗轴等，使果穗变成灰黑色造成严重减产。另外还有 "C" 小种。病菌以菌丝和分生孢子在病株残体上越冬，翌年 5、6 月温度比较适宜时产生大量分生孢子，成为初次侵染源。分生孢子靠风力和雨水的飞溅传播，在田间形成再次侵染。其发病轻重，和品种、气候、菌源量、栽培条件等密切相关。抗病力弱的品种在生长期间露日多、露期长、露温高、田间闷热潮湿以及地势低洼、施肥不足等情况下，发病较重。在 7~8 月气温达 25℃ 以上最适于该病流行，这期间若降雨日多、雨量大、湿度高，小斑病会严重发生。多雨潮湿条件下，病斑上可见黑褐色霉层。此外，土壤有机质含量低、通透性差的单作田及玉米多年连作田有利于该病发生。

3. 防治方法

一是因地制宜选种抗病品种，如农大 108、郑单 958、成单 10 号等。

二是加强栽培管理，在拔节及抽雄期追施复合肥，及时中耕、排灌，促进健壮生长，提高植株抗病力。

三是清洁田园，将病残体集中烧毁，减少发病来源。

四是药剂防治，发病初期及时喷药，常用药剂有 50%多菌灵可湿性粉剂 500 倍液，或 65%代森锰锌可湿性粉剂 500 倍液，或 70%甲基托布津（甲基硫菌灵）可湿性粉剂 500 倍液，或 75%百菌清可湿性粉剂 800 倍液，或农抗 120 水剂 100~120 倍液喷雾。从心叶末期到抽雄期，每 7 天喷 1 次，连续喷 2~3 次。

（五）锈病

玉米锈病包括普通锈病、南方锈病、热带锈病和秆锈病 4 种，我国目前只有前两种锈病。普通锈病的病原为高粱柄锈菌，南方锈病病原为多堆柄锈菌。

1. 症状

玉米锈病主要危害叶片，也可侵染叶鞘、苞叶和雄穗，其中，普通锈病在叶片上常产生长条状、略突出叶片表面的孢子堆，叶片表皮破裂后，散出褐色的粉末。南方锈病发病时，在叶片上散生黄色小斑点，病斑逐渐隆起，呈圆形或椭圆形，黄褐色或红褐色。植株生长后期，两种锈病都会在病斑上逐渐形成黑色突起，破裂后散出黑色粉状物，为病菌冬孢子。玉米锈病发生造成植株叶片褪绿、不能正常进行光合作用。严重时，叶片上布满孢子堆，叶片干枯，植株提早衰老死亡。

2. 发病规律

玉米锈病主要在 7 月、8 月、9 月雨季发病。高温多湿、多雨、多雾季节常易引起病害流行；种植密度大，通风透光差，地势低洼地，偏施、多施氮肥的田块发病严重。

3. 防治方法

由于锈病是气传病害，后期发病，喷雾防治效果不理想，应注重及早防治。目前采取的主要防治措施包括：

一是选育和利用抗病或中等抗病的品种。目前夏玉米区多数与掖 478 有亲缘关系的品种感南方锈病，郑单 958、浚单 20、中科 11、先玉 335 和鲁单 9006 属于感病品种；自交系齐 319 抗南方锈病，组配的鲁单 981、鲁单 50 抗性较好；农大 108、中科 4 号和登海 3 号、蠡玉 16、金海 5 号等有一定的抗性。

二是施用酵素菌沤制的堆肥，增施磷钾肥，避免偏施、过施氮肥，提高寄主抗病力。

三是加强田间管理，清除田间病残体，集中深埋或烧毁，以减少侵染源；适度用水，雨后注意排渍降湿。

四是在感病品种连片种植且阴雨连绵的情况下，要密切注意观察病害发生情况，早防早治，力求在零星病叶期及时防治。在发病初期喷施 25% 三唑酮可湿性粉剂 1 500~2 000 倍液，或 25% 敌力脱（丙环唑）乳油 3 000 倍液，12.5% 速保利（R-烯唑醇）可湿性粉剂 4 000~5 000 倍液，隔 10 天左右 1 次，连续防治 2~3 次，控制病害扩展。

（六）顶腐病

玉米顶腐病是一种新病害，主要由土壤中的轮枝镰孢菌亚黏团变种引起。危害损失重，潜在危险性较高，症状表现为单果穗小，籽粒不饱满。

1. 症状

该病可在玉米整个生长期侵染发病：一是苗期表现症状。主要表现为植株生长缓慢，叶片边缘失绿、出现黄色条斑，叶片皱缩、扭曲，重病苗也可见茎基部变灰、变褐、变黑而形成枯死苗。二是成株表现症状。成株期病株多矮小，但也有矮化不明显的，其他症状更呈多样化：感病叶片的基部或边缘出现"刀切状"缺刻，叶缘和顶部褪绿呈黄亮色，严重时1个叶片的半边或者全叶脱落，只留下叶片中脉以及中脉上残留的少量叶肉组织；叶片基部边缘褐色腐烂，叶片有时呈"撕裂状"或"断叶状"，严重时顶部4~5叶的叶尖或全叶枯死；顶部叶片蜷缩成直立"长鞭状"，有的在形成鞭状时被其他叶片包裹不能伸展形成"弓状"，有的顶部几个叶片扭曲缠结不能伸展，缠结的叶片常呈"撕裂状""皱缩状"；穗位节的叶片基部变褐色腐烂的病株，常常在叶鞘和茎秆髓部也出现腐烂，叶鞘内侧和紧靠的茎秆皮层呈"铁锈色"腐烂，剖开茎部，可见内部维管束和茎节出现褐色病点或短条状变色，有的出现空洞，内生白色或粉红色霉状物，刮风时容易折倒；穗位节叶基和茎部发病发黄，叶鞘茎秆组织软化，植株顶端向一侧倾斜；有的品种感病后顶端叶片丛生、直立；感病轻的植株可抽穗结实，但果穗小、结籽少；严重的雌、雄穗败育、畸形而不能抽穗或形成空秆。

2. 发病规律

病原菌在土壤、病残体和带菌种子中越冬，成为下一季玉米发病的初侵染菌源。种子带菌还可远距离传播病害，使发病区域不断扩大。顶腐病具有某些系统侵染的特征，病株产生的病原菌分生孢子还可以随风雨传播，进行再侵染。不同品种感病程度不同，一般杂交种的抗病性强于自交系；不同栽培条件下的发病程度存在差异，一般来说，低洼地块、土壤黏重地块发病重，特别是水田改旱田的地块发病更重；而山坡地和高岗地块发病轻；种子在土壤中滞留时间长，幼苗长势弱，发病重；在水肥条件较好、栽培密度过大、超量施氮、多年连茬种植的地块，以及播种过早过深的地块发病重；杂草丛生、管理粗放的田块发病较重；高温、高湿、降雨天气有利于其发生及流行。

3. 防治方法

一是加强田间管理。及时中耕排湿提温，消灭杂草，防止田间积水，提高幼苗质量，增强抗病能力。对发病较重地块更要做好及早追肥工作，合理施用化肥，要做好叶面喷施锌肥和生长调节剂，促苗早发，补充养分，提高植株抗逆能力。

二是剪除病叶。对玉米心叶已扭曲腐烂的较重病株，可用剪刀剪去包裹雄穗以上的叶片，以利于雄穗的正常吐穗，并将剪下的病叶带出田外深埋处理。对严重发病难以挽救的地块，要及时毁种。

三是药剂防治。用种子重量的0.2%~0.3%，剂型为75%百菌清可湿性剂，50%多菌

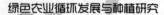

灵可湿性粉剂或 15%三唑酮可湿性粉剂等广谱内吸性强的杀菌剂拌种。发病初期可选 300 倍的 58%甲霜灵锰锌，或 500 倍的 50%多菌灵加硫酸锌肥，或 500 倍的 75%百菌清加硫酸锌肥（锌肥用量应根据不同商品含量按说明用量的四分之三）喷施，同时将背负式喷雾器喷头拧下，沿茎基部灌入，每病株灌施药液 50~100mL。

（七）茎腐病

玉米茎腐病又称青枯病、萎蔫病、茎基腐病，是成株期茎基部腐烂病的总称，属世界性病害。由禾谷镰孢菌、轮枝镰孢菌和腐霉菌等多种病原菌单独或复合侵染引起的土传病害，在侵染循环上又与苗枯病、穗腐病等有关，影响因子复杂，防治比较困难。茎腐病为世界性病害，在年度间和地区间发病差异主要受气象和环境条件影响。一般年份发生率 5%~10%，严重年份可达 20%~30%，个别地区可高达 50%~60%，减产 35%，重者甚至绝收。

1. 症状

在玉米灌浆期根系开始发病，乳熟后期至蜡熟期为发病高峰期。从始见青枯病叶到全株枯萎，一般 5~7d，发病快的仅需 1~3d，长的可持续 15d 以上。玉米茎腐病在乳熟后期，常突然成片萎蔫死亡，呈青枯状或黄枯状。先从根部受害，最初病菌在毛根上产生水渍状淡褐色病变，逐渐扩大至次生根，直到整个根系呈褐色腐烂，根的皮层易剥离、松脱，须根和根毛减少，整个根部易拔出；逐渐向茎基部扩展蔓延，茎基部 1~2 节处开始出现水渍状梭形或长椭圆形病斑，随后很快变软下陷，内部空松，一掐即瘪，手感明显。节间变淡褐色，果穗苞叶青干，穗柄柔韧，果穗下垂，不易掰离，穗轴柔软，籽粒干瘪，脱粒困难。感病植株由于输导组织遭到破坏，直接影响玉米水肥吸收和营养代谢，引起叶片干枯，根系变黑腐烂、失去支撑力，植株早衰死亡，对玉米产量和质量影响较大。

2. 发病规律

病菌在土壤中和病残体上越冬，种子表面也可携带病菌，传播病害。土壤中的越冬菌源在玉米播种后至抽雄吐丝期陆续由根系入侵，在植株体内蔓延扩展。玉米散粉至成熟期的气候条件，特别是雨量与发病关系十分密切，高温、高湿利于发病，雨后暴晴，常出现发病高峰。玉米生育期和病害关系密切，乳熟期以后为发病高峰期。玉米品种间抗病性有显著差异，矮秆、早熟品种和双穗玉米发病重。种植密度过大，偏施氮肥，施用未经腐熟的秸秆肥，将病菌带入田间，发病重。地势低洼、排水不良易积水的地块发病也重。轮作，高畦栽培，排水良好及氮、磷、钾肥比例适当地块植株健壮，发病率低。

3. 防治方法

一是选种抗病品种。

二是农业措施。玉米收获后彻底清除田间病株残体，集中烧毁或高温沤肥，减少田间初侵染菌源。合理密植，改造下湿地，以增强玉米抗性。合理施肥，不偏施氮肥，增施钾肥，控制土壤水分避免田间积水，可明显降低发病率。有条件的实行轮作倒茬防止土壤中病原菌积累，可有效减轻病害。

三是药剂防治：一种是药剂拌种。可用 25% 三唑酮可湿性粉剂 100~150g，兑水适量，拌种 50kg，或采取种子包衣可有效减轻茎腐病的发生。另一种是在发病初期喷根茎，可用 50% 速克灵可施性粉剂 1 500 倍液、65% 代森锰锌可湿性粉剂 1 000 倍液、50% 多菌灵可湿性粉剂 500 倍液，70% 甲基硫菌灵可湿性粉剂 500 倍液，每隔 7~10d 喷 1 次，连治 2~3 次。

（八）丝黑穗病

玉米丝黑穗病俗称乌米、哑玉米，是玉米的主要病害。病原为丝轴团散黑粉菌。

1. 症状

此病属芽期侵入、系统侵染性病害。病原菌由玉米幼芽侵入，扩展到幼苗生长点后，随植株生长扩展到全株，一般在穗期表现典型症状，主要为害雌穗和雄穗，一旦发病，往往不能结实。受害严重的植株苗期可表现症状，分蘖增多呈丛生型，植株明显矮化，节间缩短，叶色暗绿挺直，有的品种叶片上则出现与叶脉平行的褪绿黄白色条斑，有的幼苗心叶紧紧卷在一起扭曲呈鞭状。成株期病穗分两种类型：一种是黑穗型，受害果穗较短，基部粗顶端尖，不吐花丝，除苞叶外整个果穗变成黑粉包，其内混有丝状寄主维管束组织。另一种是畸形变态型，雄穗花器变形，不形成雄蕊，颖片呈多叶状；雌穗颖片也可过度生长成管状长刺，呈"刺猬头"状，整个果穗畸形。田间病株多为雌雄穗同时受害。

2. 发病规律

土壤带菌是最重要的初侵染来源，其次是粪肥，再次是种子。玉米丝黑穗病在种子萌动到五叶期都能感病，发病轻重取决于品种抗病性和土壤内越冬菌源数量以及播种至苗期环境因素。病菌冬孢子萌发后在土壤中直接侵入玉米幼芽的分生组织，病菌侵染最适时期是从种子破口露出白尖到幼芽生长至 1~1.5cm 时，幼芽出土前是病菌侵染的关键阶段。发生适温为 20℃~25℃，适宜含水量为 18%~20%，土壤冷凉、干燥有利于病菌侵染。近年丝黑穗病发生较重的原因一是暖冬气候，有利于病原菌越冬，同时，大面积多年连作也造成土壤大量带菌；二是玉米品种间抗病性差异较大，病田大多种植的是感病品种；三是播种期低温、土壤干旱，种子在土壤中存留时间长，出苗慢，病原侵染机会增多；四是目前推广的种衣剂中，多是防治地下害虫和苗期病害的药剂，针对性不强，或有效成分不足，对丝黑穗病防效差。

3. 防治方法

一是选用品种。选用抗病自交系，种植抗病杂交种。

二是调整播期和提高播种质量。适当推迟播期，播前选种、晒种提高种子发芽势。精细整地，适当浅播，足墒下种。这些措施均可促进快出苗、出壮苗，减少病原菌的侵染机会，提高植株的抗病能力。

三是采用全膜覆盖技术。全膜覆盖可提高地温，保持土壤水分，使玉米出苗和生育进程加快，从而减少发病机会。

四是拔除病株和摘除病瘤。发现病株、病瘤，及早拔除，要做到早拔、彻底拔，并带出田外深埋，减少菌源。

五是药剂防治。坚持在播前用药剂处理种子，最常用的种子处理方法是药剂拌种。可用 15% 三唑酮可湿性粉剂或 50% 甲基硫菌灵可湿性粉剂按种子重量的 0.3%~0.5% 拌种。也可用 12.5% 的烯唑醇可湿性粉剂或 2% 戊唑醇拌种剂按种子重量的 0.2% 拌种。用 15% 腈菌唑 EC 种衣剂按种子重量的 0.1%~0.2% 拌种，防效优于三唑酮，具有缓释性和较长的持久性。

（九）穗腐病

玉米穗（粒）腐病在各玉米产区都有发生。为多种病原菌侵染引起的病害，主要通过造成果穗腐烂而直接引起减产，被产毒真菌侵染的籽粒不能做粮食或饲料，失去经济价值。此外，由于种子带菌还会引起田间大量死苗，曲霉菌中的黄曲霉不仅为害玉米等多种粮食，还产生有毒代谢产物黄曲霉素，引起人和家畜、家禽中毒。

该病是世界玉米产区普遍发生的严重病害，一般品种发病率 5%~10%，感病品种发病率可高达 50% 左右。此外，穗（粒）腐病对鲜食和加工甜糯玉米的影响较大，对制种玉米的产量及发芽率也有较大影响。生产中，部分品种感病严重，特别是高赖氨酸玉米和糯质、甜质及结构疏松的粉质型玉米更易感病。穗期虫害（主要是玉米螟、黏虫、象甲虫、桃蛀螟、金龟子、蜡类和棉铃虫）严重发生的条件下，也会加重该病的发生。

1. 症状

症状因病原菌的不同而有差异，主要表现为整个或部分果穗或个别籽粒腐烂，其上可见各色霉层，严重时，穗轴或整穗腐烂。果穗及籽粒均可受害，被害果穗顶部或中部变色，并出现粉红色、蓝绿色、黑灰色或暗褐色、黄褐色霉层，即病原菌的菌丝体、分生孢子梗和分生孢子。病粒无光泽，不饱满，质脆，内部空虚，常为交织的菌丝所充塞。果穗病部苞叶常被密集的菌丝贯穿，黏结在一起贴于果穗上不易剥离。

2. 发病规律

玉米穗（粒）腐病是一种气传性、局部侵染的病害，病原菌从玉米苗期至种子贮藏期均可侵入与为害，而霉烂损失主要发生在果穗成熟期和收获风干过程中。病菌以菌丝体、分生孢子或子囊孢子附着在种子、玉米根茬、茎秆、穗轴等植物病残体上腐生越冬，翌年在多雨潮湿的条件下，孢子成熟飞散，落在玉米花丝上兼性寄生，然后经花丝侵入穗轴及籽粒引起穗腐，有些病原菌还可通过疏导组织由根或茎传到穗轴。穗腐的发病程度受品种、气候、玉米螟等害虫为害、农艺活动、果穗（原粮、种子）贮藏条件等多种因素影响。收获期连续降雨及收获后遇阴雨天气，会加重籽粒的霉变，籽粒中霉菌毒素的累积量增大。

3. 防治方法

玉米穗腐病的初侵染源广，湿度是关键，因此在防治策略上，必须以农业措施为基础，充分利用抗（耐）病品种，改善贮存条件。

一是农业防治。选用抗病品种。在发病严重地区，应选种抗性强、果穗苞叶不开裂的品种。实行轮作，清除田间病株残体，加强田间管理，合理密植，合理施肥，地膜覆盖，适期早播，站秆扒皮促早熟。注意防虫、减少伤口。折断病果穗霉烂顶端，防止穗腐病再新扩展。充分成熟后及时采收，充分晾晒后入仓贮存。

二是化学防治。一种是种子包衣或拌种。可用20%福·克种衣剂包衣，每100kg种子用药440~800g，或用30%多福·克种衣剂包衣，每100kg种子用药200~300g。另一种是防治穗虫。在籽粒建成初期，及时防治害虫（主要是玉米螟、黏虫、象甲虫、桃蛀螟、金龟子、蜻类和棉铃虫）对穗部的危害。第一种是大喇叭口期，用20%井冈霉素可湿性粉剂或40%多菌灵可湿性粉剂每亩200g制成药土点心，可防治病菌侵染叶鞘和茎秆。吐丝期，用65%的可湿性代森锰锌400~500倍液喷穗，以预防病菌侵入果穗。

（十）瘤黑粉病

该病病原为玉蜀黍黑粉菌，属于担子菌亚门。该病是一种世界性玉米病害，在我国各地发生普遍，且春播区较夏播区更为严重。由于形成的黑粉瘤消耗大量的植株养分或导致植株空秆不结实，因此减产严重。

1. 症状

玉米瘤黑粉病可以发生在玉米生长的各个阶段和玉米地上部的任何部位，植株地上幼嫩组织和器官均可发病，被侵染部位产生形状各异、大小不一的瘤状物。病瘤初呈银白色，有光泽，内部白色，肉质多汁，并迅速膨大，外露，表面变暗，略带淡紫红色，内部则变灰至黑色，失水后当外膜破裂时，散出大量黑粉，即病菌的冬孢子。果穗发病可部分或全部变成较大瘤体，叶上发病则形成密集成串小瘤。同一植株上常可多处生瘤，也可在同一位置上有数个病瘤聚集在一起。

2. 发病规律

病菌以冬孢子在田间土壤中、地表、病残株上以及混在粪肥中越冬，成为来年主要初侵染源，种子表面带菌，对病害的远距离传播有一定的作用。越冬冬孢子在条件适宜时产生担孢子和次生担孢子，二者经风雨传播到玉米幼嫩组织上，萌发并直接穿透寄主表皮或经伤口侵入。菌丝在组织中生长发育，并产生一种类似生长素的物质，刺激局部组织的细胞旺盛分裂，逐渐肿大成菌瘿，内生大量的冬孢子进行再侵染。在玉米的生育期内可进行多次侵染，在抽穗前后一个月内为玉米黑粉病的盛发期。一般杂交种比其亲本自交系或一般品种抗病力强，果穗的苞叶厚而紧的较为抗病，耐旱的品种也较为抗病。距村较近的地块由于有较大量的菌源，一般发生较重。连作地块发病重，合理轮作有助于减少病菌侵染。雨水多和湿度大利于发病。少雨干旱的年份也常发生较重，因为微雨、夜露就可以满足黑粉病菌孢子萌发和侵染的需要。螟害、冰雹、暴风雨以及人工去雄造成的伤口，也有利于病害发生。

3. 防治方法

一是减少菌源。在病瘤成熟破裂前及时割除并深埋；玉米收获后清除田间病株残体并将带病瘤茎秆深埋销毁；秋季深翻土壤，促进病残体腐烂，减少初侵染菌源。

二是选用抗病品种。一般甜玉米最易感病，耐寒和果穗苞叶长而薄的品种较抗病；马齿型玉米较抗病，杂交种一般较自交系抗病。尽管迄今未发现免疫品种，但不同品种间的抗、耐病性差异明显，可选择发病轻或果穗不发病的品种。

三是加强栽培管理。合理密植，施用充分腐熟有机肥，平衡施肥并增施含锌硼微肥，防止过量施氮，灌溉要及时，特别是在抽穗前后易感病的阶段，必须保证水分的充分供应。

四是轮作倒茬。发病重的地块可以采用玉米、马铃薯、小麦等作物三年轮作的方法。

五是及时防治虫害。如玉米螟、蓟马、蚜虫等，减少由于虫害而造成的伤口感染。

六是药剂防治。用50%福美双可湿性粉剂以种子重量的0.2%拌种，或20%粉锈宁（三唑酮）乳剂200mL拌种50kg，或50%多菌灵可湿性粉剂按种子重量的0.5%~0.7%拌种；在玉米抽雄前喷50%的多菌灵或5%福美双，防治1~2次，可有效减轻病害。由于玉米瘤黑粉病初侵染时间长，而药剂残效期短，所以玉米生育期间喷药防治效果往往不太理想。

（十一）疯顶病

玉米疯顶病由大孢指疫霉引起，又称丛顶病，是一种毁灭性玉米病害。可侵染玉米、小麦、水稻、高粱等多种禾本科作物和杂草。

1. 症状

病株 6~8 叶开始显症，可形成分蘖，有时一株有 6~10 个分蘖，叶片变窄，质地坚韧，叶鞘表面呈疣状。典型症状发生在抽雄后，有多种类型：一是雄穗畸形，全部雄穗异常增生，畸形生长，小花转变为变态小叶，小叶叶柄较长，簇生，使雄穗呈刺头状；二是雄穗部分畸形，雄穗上部正常，下部大量增生呈团状绣球，不能产生正常雄花；三是果穗变异，果穗受侵染后发育不良，不抽花丝，苞叶尖变态为小叶并呈 45° 角簇生，严重发病的雌穗内部全为苞叶，果穗分化为多个小穗，但均不结实，穗轴呈多节茎状，不结实，发病较轻的雌穗结实极少且籽粒瘦小；四是叶片畸形，上部叶和心叶共同扭曲成不规则团状或牛尾巴状，植株不抽雄；五是植株轻度或严重矮化，上部叶似簇生，叶鞘呈柄状，叶片变窄；六是植株超高生长，有的病株疯长，植株高度超过正常高度 1m，头重脚轻，易折断。

2. 发病规律

该病属土传、种传系统侵染性病害，一些病株同时伴有玉米瘤黑粉病发生。病菌在苗期侵染植株，并随植株生长点的生长而到达果穗与雄穗，玉米播后到苗期是主要感病期。受疯顶病侵染的玉米一般不能结实，少数轻病株（5%左右）也能正常结实形成种子，因此带病种子也是传病的一个重要途径。病菌在淹水条件下萌发产生游动的孢子侵入寄主，多雨年份及低洼积水田块较易发病，低温也利于病害发生。

3. 防治方法

一是玉米收获后及时清除田间病残体，深翻土壤，促进病残体腐烂。

二是加强种子检疫，避免从病区调种，杜绝病原传入。

三是常年发病地块选种抗病品种，并与非禾本科作物如棉花或豆类轮作。

四是搞好玉米健康栽培，平整土地，整治排灌系统，提高田间排水能力，防止苗期田间积水。

五是播前选用杀菌剂进行拌种，如58%甲霜灵·锰锌可湿性粉剂或4%杀毒矾可湿性粉剂以种子重量的0.4%拌种均有一定的防治效果。发病初期用53%金雷多米尔锰锌水分散粒剂400~600倍液均匀喷雾。

二、细菌及病毒病害

（一）细菌性茎腐病

玉米细菌性茎腐病又称烂腰病，病原为软腐欧文氏菌玉米专化型、玉米假单胞杆菌。

1. 症状

主要为害中部茎秆和叶鞘，玉米 10 多片叶时，叶鞘上初现水渍状腐烂，病组织开始软化，散发出臭味。叶鞘上病斑不规则，边缘浅红褐色，湿度大时，病斑向上下迅速扩展，严重时植株常在发病后 3~4 天病部以上倒折，溢出黄褐色腐臭菌液。干燥条件下扩展缓慢，但病部也易折断，造成不能抽穗或结实。

2. 发病规律

病菌在土壤中病残体上越冬，翌年从植株的气孔或伤口侵入。玉米 60cm 高时柔嫩组织易发病，害虫为害造成的伤口利于病菌侵入。此外害虫携带病菌时可起到传播和接种作用，如玉米螟、棉铃虫等虫口数量大则发病重。高温高湿利于发病。地势低洼或排水不良，密度过大，通风不良，施氮过多，伤口多发病重。轮作，高畦栽培，排水良好及氮、磷、钾肥比例适当地块，植株生长健壮，发病率低。

3. 防治方法

一是农业防治。实行轮作，尽可能避免连作，收获后及时清洁田园，将病残株妥善处理，减少菌源。加强田间管理，采用高畦栽培，严禁大水漫灌，雨后及时排水，防止湿气滞留。

二是及时治虫防病。苗期开始注意防治玉米螟、棉铃虫等害虫。

三是田间发现病株后，及时拔除，携出田外沤肥或集中烧毁。

四是必要时于发病初期剥开叶鞘，用熟石灰 1kg，兑水 5~10kg 涂刷有效。

五是在玉米喇叭口期喷洒 25% 叶枯灵或 20% 叶枯净可湿性粉剂加 60% 瑞毒铜或瑞毒铝铜或 58% 甲霜灵·锰锌可湿性粉剂 600 倍液有预防效果。

六是发病后马上喷洒 5% 菌毒清水剂 600 倍液或农用硫酸链霉素 4 000 倍液，防治较好。

（二）玉米矮花叶病

该病病原是甘蔗花叶病毒。

1. 症状

在玉米整个生长期都可感病，尤以苗期受害最重。玉米三叶期即可显症，最初在幼嫩的心叶基部叶脉间出现许多椭圆形褪绿小点或斑纹，沿叶脉排列成断续的、长短不一的条点，随着病情发展，症状逐渐扩展至全叶，在粗脉之间形成几条长短不一颜色深浅不同的褪绿条纹，脉间叶肉失绿变黄，叶脉仍保持绿色。随着玉米生长，病情逐渐严重，病叶叶绿素减少，叶色变黄，从叶尖叶缘开始逐渐出现紫红色条纹，最后干枯，病株黄弱瘦小，生长缓慢，株高常不到健株的 1/2，穗小、籽粒干瘪不饱满，严重的不能抽穗而提早枯死。

感病时期越早，植株矮化越显著。

2. 发病规律

该病毒主要在雀麦、牛鞭草等寄主上越冬，是重要的初侵染源，带毒种子发芽出苗后也可成为发病中心。病毒主要靠蚜虫的扩散而传播。传毒蚜虫有玉米蚜、桃蚜、棉蚜、禾谷缢管蚜、麦二叉蚜、麦长管蚜等 23 种蚜虫，均以非持久性方式传毒，其中玉米蚜是主要传毒蚜虫，吸毒后即传毒，但丧失活力也较快；病汁液摩擦也可传毒。染病的玉米种子也有一定传毒率，一般在 0.05% 左右。除侵染玉米外，病毒还可侵染马唐、虎尾草、白茅、画眉草、狗尾草、稗、雀麦、牛鞭草、苏丹草等。病毒通过蚜虫侵入玉米植株后，潜育期随气温升高而缩短。该病发生程度与蚜量关系密切。生产上大面积种植易感病和易感蚜虫品种以及当对蚜虫活动有有利的气候条件时，即 5—7 月凉爽、降雨不多，蚜虫迁飞到玉米田吸食传毒，大量繁殖后辗转为害，易造成该病流行。近年我国玉米矮花叶病北移大面积发生。一是主推玉米品种和自交系易感蚜虫和不抗病，自然界毒源量大，气候适于媒虫繁殖、迁飞等。二是种子带毒率高，初侵染源基数大。

3. 防治方法

玉米矮花叶病防治主要通过以下综合措施：

一是选用抗病、耐病品种。自交系黄早四具有很好的抗病性，其组配的杂交组合对矮花叶病表现抗病。

二是调节播期，使幼苗期避开蚜虫迁飞高峰期。

三是加强田间管理，及时中耕除草，结合间苗，在田间尽早识别并拔除病株。

四是治蚜防病。在矮花叶病常发区，可用内吸杀虫剂包衣，以控制出苗后的蚜虫为害。在玉米播种后出苗前和定苗前，用 10% 吡虫啉 30g/亩+5% 菌毒清 100mL/亩喷雾，既杀虫，也起到一定的减轻病害作用。

（三）玉米条纹矮缩病

玉米条纹矮缩病简称玉米条矮病，是由玉米条纹矮缩病毒侵染引起的病害。

1. 症状

病株节间缩短，株型矮缩，初期上部叶片稍硬、直立，沿叶脉出现连续的及断断续续的淡黄色条纹，自叶基部向叶尖发展。后期，叶脉向上产生坏死斑，呈灰黄色或土黄色，病叶提前枯死，病株上部多向一侧倾斜。叶鞘、茎秆、雄花的小梗及苞叶均可受害，产生淡黄色条纹及褐色坏死斑。

2. 发病规律

玉米条纹矮缩病病毒（MSDV）由灰飞虱传播，冬小麦病株和带毒灰飞虱是本病的初·

侵染源。灰飞虱最短获毒时间和传毒时间均在 8h 以上，体内循回期最短为 5 天，不经卵传毒。带毒灰飞虱若虫在田埂、渠边的杂草根际或枯枝落叶下越冬，第二年春季，越冬若虫在新长出的杂草嫩苗及临近麦苗上为害，成虫出现后，迁飞扩散，辗转在小麦、玉米、高粱上为害，传播病毒，造成病害流行。不同品种间发病轻重不同，大面积种植感病品种可造成病害流行，杂草生长旺盛，食料丰富，利于灰飞虱生长繁殖。

3. 防治方法

同玉米矮花叶病。

三、虫害

（一）玉米螟

玉米螟即亚洲玉米螟，俗名钻心虫，属鳞翅目螟蛾科，是玉米的主要虫害，也为害高粱和谷子等作物。

1. 为害症状

在玉米心叶期，初孵幼虫大多爬入心叶内，群聚取食心叶叶肉，留下白色薄膜状表皮，呈花叶状；2、3 龄幼虫大多爬入心叶内潜藏为害，心叶展开后，出现整齐的排孔；此后，陆续蛀入茎秆继续为害，蛀孔口常堆有大量粪渣；雄穗被蛀，常易折断，影响授粉；苞叶、花丝被蛀食，会造成缺粒和秕粒；茎秆、穗柄、穗轴被蛀食后，形成隧道，破坏植株内水分、养分的输送，使茎秆倒折率增加，籽粒产量下降。初孵幼虫可吐丝下垂，随风飘移扩散到邻近植株上。

2. 形态特征

成虫黄褐色，雄蛾体长 10~13mm，翅展 20~30mm，体背黄褐色，腹末较瘦尖，触角丝状，灰褐色，前翅黄褐色，有两条褐色波状横纹，两纹之间有两条黄褐色短纹，后翅灰褐色；雌蛾形态与雄蛾相似，色较浅，前翅鲜黄，线纹浅褐色，后翅淡黄褐色，腹部较肥胖。卵，扁平椭圆形，数粒至数十粒组成卵块，呈鱼鳞状排列，初为乳白色，渐变为黄白色，孵化前卵的一部分为黑褐色（为幼虫头部，称黑头期）。老熟幼虫，体长 25mm 左右，圆筒形，头黑褐色，背部颜色有浅褐、深褐、灰黄等多种，中、后胸背面各有毛瘤 4 个，腹部 1~8 节背面有两排毛瘤，前后各两个。蛹，长 15~18mm，黄褐色，长纺锤形，尾端有刺毛 5~8 根。

3. 发生规律

从东北到海南一年发生 1~7 代。温度高、海拔低，发生代数较多。通常以老熟幼虫在寄生植物的茎秆、穗轴内或根茎中越冬，次年 4~5 月化蛹，蛹经过 10d 左右羽化。成虫夜间活动，飞翔力强，有趋光性，寿命 5~10d，喜欢在离地 50cm 以上、生长较茂盛的玉米叶背面中脉两侧产卵，一个雌蛾可产卵 350~700 粒，卵期 3~5d。幼虫孵出后，先聚集在一起，然后在植株幼嫩部分爬行，开始为害。初孵幼虫，能吐丝下垂，借风力飘迁邻株，形成转株为害。幼虫多为 5 龄，3 龄前主要集中在幼嫩心叶、雄穗、苞叶和花丝上活动取食，被害心叶展开后，即呈现许多横排小孔；4 龄以后，大部分钻入茎秆和果穗、雌雄穗穗柄。在茎秆上可见蛀孔，蛀孔外常有玉米螟钻蛀取食时的排泄物。玉米螟的危害，主要是叶片被幼虫咬食后，会降低其光合效率；雄穗被蛀，常易折断，影响授粉；苞叶、花丝被蛀食，会造成缺粒和秕粒以及穗腐和粒腐；茎秆、穗柄、穗轴被蛀食后，形成隧道，破坏植株内水分、养分的输送，使茎秆倒折率增加，籽粒产量下降。玉米螟适合在高温、高湿条件下发育，冬季气温较高，天敌少，有利于玉米螟的繁殖，危害较重。卵期干旱，玉米叶片卷曲，卵块易从叶背面脱落而死亡，危害也较轻。

4. 防治方法

目前，玉米螟的防治技术已比较成熟，通过种植抗虫品种，采取赤眼蜂、白僵菌、Bt 颗粒剂等生物防治，频振式杀虫灯灯光诱杀等物理防治，杀虫剂喷雾或颗粒剂灌心以及寄生菌剂灌心等均可防治。

一是农业防治。采取秸秆粉碎还田、沤肥或作饲料，力争在 4 月底前因地制宜地将寄主秸秆处理掉，可有效降低虫口密度，减轻田间螟害。选育和推广抗虫品种，加快转基因抗虫玉米的产业化进程，是未来的发展方向。

二是物理防治。在玉米螟发蛾始盛期在玉米地附近开阔地，按 200 亩玉米设置一盏高压汞灯，下设药池，或按 50 亩玉米设置一盏黑光灯、频振式杀虫灯，诱杀玉米螟成虫。

三是化学防治。一种是颗粒剂灌心。在玉米心叶末期施用农药颗粒剂，毒杀心叶内玉米螟幼虫。药剂可用 50% 辛硫磷 10mL，兑水少许，均匀喷拌在 8~10kg 的细煤渣或细砂上，配制 0.1% 辛硫磷毒渣，每株玉米施 1~2g；或每亩用 1% 杀螟灵颗粒剂或 3% 辛硫磷颗粒剂 250g 均匀拌入 4~5kg 细河沙；或用 25% 杀虫双水剂 200g，拌细土 5kg，制成毒土；用 0.1% 或 0.15% 氟氯氰颗粒剂，拌 10~15 倍煤渣颗粒，每株用量 1.5g，颗粒剂点心。第二种是药液灌心：在玉米心叶末期，用 90% 晶体敌百虫 1 000 倍液灌心，每株灌 10mL；或用 25% 杀虫双水剂 500 倍液，每株 10mL 灌雄穗。第三种是药液灌穗：玉米露雄时，用 50% 敌敌畏乳油 800~1 000 倍液，或氰戊菊酯乳油或 2.5% 溴氰菊酯乳油 1 000~1 500 倍液灌注雄穗，或喷洒在雌穗顶端的花丝基部，使药液渗入花丝杀死在穗顶危害的幼虫。

（二）黏虫

黏虫，又名行军虫、剃枝虫、五色虫，属鳞翅目夜蛾科。幼虫取食的食物种类较多，主要为害稻、麦、玉米、高粱、糜子、甘蔗、青稞等禾本科作物。

1. 为害症状

主要以幼虫咬食叶片。小麦成熟后，黏虫向玉米地迁移。1~2龄幼虫取食叶片造成孔洞，3龄以上幼虫危害叶片后呈现不规则的缺刻，暴食时，可吃光叶片。大发生时将玉米叶片吃光，只剩叶脉，造成严重减产，甚至绝收。特别是小麦和玉米带田间作或麦田套播玉米，小麦黄熟后，稍不注意，因玉米苗小株少，可迅速全田被毁。当一块田玉米被吃光，幼虫常成群列纵队迁到另一块田为害，故又名"行军虫"。

2. 形态特征

成虫体长17~20mm，淡黄褐色或灰褐色，前翅中央前缘各有2淡黄色圆斑，外侧圆斑后方有1小白点，白点两侧各有1小黑点，顶角具一条伸向后缘的黑色斜纹。卵馒头形，单层成行排成卵块。幼虫6龄，体色变异大，腹足4对，高龄幼虫头部沿蜕裂线有综黑色"八"字纹，体背具各色纵条纹，背中线白色较细，两边为黑细线，亚背线红褐色，上下镶灰白色细条，气门线黄色，上下具白色带纹，蛹长19~23mm，红褐色。

3. 发生规律

典型的迁飞性害虫，每年3~8月中旬顺气流由南往偏北方向迁飞，8月下旬~9月又随偏北气流南迁。国内由南到北每年依次发生2~8代。在1月等温线0℃（约北纬33°）以北不能越冬，需每年由南方迁入；1月等温线0℃~8℃（33°N~27°N）区域多以幼虫或蛹在稻茬、稻田埂、稻草堆、菱白丛、莲台、杂草等处越冬，1月等温线8℃（约27°N）以南可终年繁殖，主要在小麦田过冬为害。成虫飞翔力强，有昼伏夜出习性，对灯光、糖醋液有较强趋性，喜食花蜜。雌虫产卵有趋向黄枯叶片习性，适宜条件下每雌一生可产卵1 000粒，最多达3 000粒。在玉米苗期卵产在叶片尖端，成株期产在苞叶或花丝等处，形成纵卷条状卵块，每块卵20~40粒，多者达200~300粒。幼虫孵化后先吃掉卵壳，后爬至叶面分散为害，3龄后有假死习性。幼虫老熟后在植株附近钻入表层土中筑土室化蛹。发生数量与迟早取决于气候条件，成虫产卵适温15℃~30℃，最适温19℃~21℃；相对湿度低于50%产卵量和交配率下降，低于40%时一龄幼虫全部死亡。成虫产卵期和幼虫低龄时雨水协调、气候湿润，黏虫发生重，气候干燥发生轻，尤其高温干旱不利其发生。但雨量过多、特别是暴雨或暴风雨时可显著降低种群数量。低温时黏虫钻在玉米芯里，高温时潜伏在叶片背面，温度适宜时在叶片正面为害。

4. 防治方法

（1）诱杀成虫和诱集产卵。

①草把诱杀

发蛾始盛期，在麦田、谷田每亩用5个大谷草把，分别吊在离地1~1.5m高的木棍上，每隔 20~30m 插一个，每日清晨抖草把，把落在地上的蛾子踩死。发蛾高峰期，可在田内插小谷草把，诱集成虫产卵，每亩地可散插 10~15 个小谷草把，草把应高出作物 30~40cm。大、小草把都应 5d 换一次，换下后立即烧毁。

②糖醋诱杀

取红糖 350g、酒 150g、醋 500g、水 250g、再加 90%的晶体敌百虫 15g，制成糖醋诱液，放在田间 1m 高的地方诱杀黏虫成虫。

（2）控制越冬虫源

秋季结合中耕铲除杂草，控制黏虫，减少越冬虫源；减少小麦种植面积，能够有效压低越冬虫量，控制次年的一代虫源。麦茬地要在玉米出苗前消灭地面和麦茬上的害虫。

（3）保护和利用天敌

黏虫天敌种类很多，如鸟类、蛙类、捕食和寄生性昆虫、线虫、微生物等，保护天敌生活环境，增加天敌数量，能够对黏虫防治发挥重要作用。

（4）人工防治幼虫

在黏虫量发生不大、劳动力充裕的情况下，可用手捏心叶杀死里面的幼虫。

（5）药剂防虫

应在幼虫 3 龄前及时防治。

①昆虫生长调节剂喷雾

低龄幼虫期用 5%卡死克乳油 4 000 倍液、灭幼脲 1 号、灭幼脲 2 号或灭幼脲 3 号 500~1 000 倍液，也可用 15%灭幼脲 1 号 1.5g 兑水 200mL，或 25%灭幼脲 3 号 10g 兑水 200 毫克，进行低容量喷雾防治，防治黏虫幼虫效果好，且不杀伤天敌，对农作物安全，用量少，不污染环境。

②化学农药喷雾

可选用 5%来福灵（S-氰戊菊酯）3 000 倍液，或 20%杀灭菊酯 2 000 倍液，或 50%辛硫磷 1 000 倍液，或 25%快杀灵（氰戊·辛硫磷）乳油 1 500 倍液，或 10%阿维高氯 1 000 倍液进行喷雾防治。虫龄大时要适当加大用药量；同时，虫量大的田块，可以先拍打植株将黏虫抖落地面，再向地面喷药，可收到良好的效果；施药时间最好选在晴朗的早晨或傍晚，以提高防治质量。

（三）棉铃虫

棉铃虫也叫青虫、棉桃虫等，鳞翅目夜蛾科，是世界性大害虫。棉铃虫食性杂、寄主种类多。

1. 为害症状

幼虫钻蛀果穗，蛀食籽粒，加重穗腐病发生。取食心叶可造成虫孔，较玉米螟危害的虫孔粗大，被害部边缘不整齐，被害株上常见粒状粪便。幼虫有转株为害的习性，田间发生有典型的中心株。

2. 形态特征

成虫体长 16~17mm，前翅颜色变化较大，雌蛾多黄褐色，雄蛾多绿褐色，外横线有深灰色宽带，带上有 7 个小白点，肾形纹和环形纹暗褐色。卵半球形，初产时乳白色，直径 0.5~0.8mm。幼虫体长 40~45mm，头部黄褐色变化很大，大致可分为黄白色型、黄红色型、灰褐色型、土黄色型、淡红色型、绿色型、黑褐色型、咖啡色型、绿褐色型等 9 种类型。蛹纺锤形，长 17~20mm，第 5~7 腹节前缘密布比体色略深的刻点，尾端有臀刺 2 枚。

3. 发生规律

一年可发生 2~4 代，以滞育蛹越冬。第一代成虫始见于 6 月上中旬，中下旬盛发；第二代成虫始见于 7 月上中旬，盛发于中下旬；第三代成虫始见于 8 月上中旬。以第四代滞育蛹越冬，成虫有趋光性，对黑光灯趋性强，对半枯萎的杨树枝把也有很强的趋性，成虫产卵量平均 1 000 余粒，在生长旺盛且抽穗早的玉米田比长势差的玉米田产卵量明显多。产卵部位多在雌穗刚吐出的花丝上和刚抽出的雄穗上。幼虫孵化后先食卵壳，以后取食幼嫩的叶片、花丝与雄穗。幼虫 3 龄前多在外面活动为害，这是施药防治的有利时机，3 龄以后多钻蛀到苞叶内为害果穗，取食量和对玉米穗的危害程度明显比玉米螟大。幼虫共 6 龄，末龄幼虫入土化蛹。棉铃虫喜中温高湿，各虫态发育的最适温度为 25℃~28℃，相对湿度为 70%~90%，6—8 月降水量达 60~100mm 时，利于棉铃虫的严重发生。

4. 防治方法

（1）农业防治

玉米收获后，及时深翻耙地及实行冬灌，可大量消灭越冬蛹。在玉米地边种植诱集作物如洋葱、胡萝卜等，于盛花期可诱集到大量棉铃虫成虫，及时喷药，聚而歼之。各代棉铃虫成虫发生期，在田间设置黑光灯，杨树枝把，可大量诱杀成虫。

（2）生物防治

在棉铃虫卵盛期，人工饲养释放赤眼蜂或草蛉。也可在卵盛期喷施每毫升含 100 亿个以上孢子的 Bt 乳剂 100 倍液，或喷施棉铃虫核多角体病毒（NPV）1 000 倍液，或多杀菌素、甲氨基阿维菌素等。

（3）化学防治

可在幼虫 3 龄以前，用 75% 拉维因 3 000 倍液，每亩用 35% 硫丹乳油 100~130mL 兑水喷雾，也可使用昆虫生长调节剂类药剂如：24%美满（甲氧虫酰肼）悬浮剂 2 500 倍液、20%米满（虫酰肼）悬浮剂 1 500 倍液；5%卡死克（氟虫脲）乳油 1 000 倍液、5%氟铃脲乳油 1 000 倍液、5%抑太宝乳油 1 000 倍液，美除（虱忙脲）等。

（四）地老虎

地老虎属鳞翅目夜蛾科。取食各种植物幼苗，玉米、高粱、谷子等禾本科作物和棉花、烟草等经济作物以及蔬菜、豆类等受害严重。

1. 为害症状

幼虫啃食叶片，造成小孔洞和缺刻；或将幼苗近地面茎部咬断，整株死亡；有时仅为害生长点；严重时造成缺苗断垄。

2. 形态特征

地老虎成虫体长 16~23mm，翅展 42~54mm，全体黄褐色至灰褐色。雌蛾触角丝状，雄蛾触角双栉齿状。前翅长三角形，前缘至外缘之间色深，从翅基部至端部有基横线、内横线、中横线、外横线、亚外缘线和外缘线，内横线与中横线之间以及中横线与外横线之间分别有 1 个环形纹和肾形纹，内横线中部外侧有 1 个楔形纹，在肾形纹与亚外缘线间有 3 个剑形纹，两个指向内方，一个指向外方。后翅灰白色，脉纹及边缘色深，腹部灰黄色。卵粒直径约 0.5mm，半球形，表面有纵横隆起线，顶端中心有精孔。初产时白色，后渐变黄色，近孵化时淡灰紫色。老熟幼虫体长 37~47mm，长圆柱形。头黄褐色，胴部灰褐色，体表粗糙，布满圆形深褐色小颗粒，背部有不明显的淡紫色纵带，腹部第一至八节背面各节各有前、后两对毛片，前一对小且靠近，后一对大而远离。臀板黄褐色，其上有 2 条黑褐色纵带。蛹体长 18~24mm，赤褐色，有光泽，末端色深，具一对分叉的臀棘。

3. 发生规律

一般发生 2~3 代，春季虫源是由南方迁飞而来。地老虎成虫昼伏夜出，黄昏后活动最盛，飞翔力很强。成虫需补充营养 3~5d，对黑光灯、糖蜜、发酵物具有明显的趋性。成虫交配后即可产卵。卵多产于植物茎叶上，以株高 3cm 以下的幼苗叶背和嫩茎上为多，也有一部分产在土面上。地老虎幼虫 6 龄，少数个体可达 7~8 龄。3 龄前昼夜危害，啃食叶片，造成小孔洞和缺刻。3 龄后白天潜伏在植株根部周围土壤里，夜间出来为害，从茎基部将植株咬断，造成缺苗。5~6 龄取食量最大。因春季气温较低，第一代幼虫历时长达 30~40d。幼虫老熟后在土层 6~10cm 深处筑土室化蛹。月平均温度 13℃~25.8℃，地老虎各虫态的生长发育均最适宜，超过 30℃，成虫不能产卵且寿命缩短，若继续升温，会引起大量死亡。地老虎喜潮湿，在湿润地区多有分布。若秋季降雨多，翌年春季地老虎发生量大，危害重。但积水过多，幼虫经长时间淹水后易死亡。在地势低洼、地下水位高、土壤

比较疏松的沙质壤土，易透水，排水快的田块，地老虎发生多。

4. 防治方法

（1）农业防治

深耕细作，合理倒茬。铲除地埂杂草，清洁田园，合理施肥，不施未腐熟的肥料，减少其产卵量。

（2）物理措施

一是组织人工捕捉。在田间寻找刚出现的萎蔫苗、枯心苗，拨开萎蔫苗周围泥土，挖出地老虎的幼虫处死。或在被咬植株附近灌水，幼虫很快会爬出土面，即可捕杀。二是利用黑光灯诱杀，根据成虫具有较强趋光性，在成虫发生期夜间采用黑光灯、频振式杀虫灯进行诱杀，每盏频振式杀虫灯控制面积 30~40 亩，可有效诱杀地老虎成虫，降低虫卵量 70%左右。对蝼蛄、蛴螬、金针虫、地老虎、金龟甲、玉米螟和玉米枯心夜蛾均有很好的防效。三是对砂壤地和虫口密度大的地块可采取灌水淹杀的措施。

（3）药剂防治

一是种衣剂包衣。采用有效杀虫成分的种衣剂包衣。二是毒饵诱杀。用 90%敌百虫 300g 加水 2.5kg，溶解后喷在 50kg 切碎的新鲜杂草上（地老虎喜食的灰菜、刺儿菜、苦荬菜、小旋花、苜蓿、艾蒿、青蒿、白茅、鹅儿草等杂草），傍晚撒在大田诱杀，亩用毒饵 25kg。也可把麦麸等饵料炒香，每亩用饵料 4~5kg，加入 90%敌百虫的 30 倍水溶液 150mL，拌匀成毒饵，于傍晚撒于地面诱杀。也可采用糖醋盆诱杀，按糖 6 份、醋 3 份、酒 1 份、水 10 份、90%敌百虫 1 份调制，于成虫盛发期装盆放于田间诱杀。三是药剂喷洒。定苗前每平方米有幼虫 0.5~1 头，或定苗后每平方米有幼虫 0.1~0.3 头（或百株幼苗上有虫 1~2 头）时，选下列药剂之一：40.7%毒死蜱乳油，亩用 90~120g 兑水 50~60kg；50%辛硫磷乳油 800 倍液；2.5%溴氰菊酯 3 000 倍液；20%氰戊菊酯 3 000 倍液；90%敌百虫 800 倍液，于幼虫 1~3 龄期喷雾。

（五）蛴螬

蛴螬是鞘翅目金龟子科中金龟子幼虫的统称。俗名地狗子、土蚕、金龟子等，为重要的地下害虫。按蛴螬食性可分为植食性、粪食性、腐食性三类。其中植食性蛴螬食性广泛，危害多种农作物、经济作物和花卉苗木，喜食刚播种的种子、根、块茎以及幼苗，是世界性的地下害虫。

1. 为害症状

蛴螬栖居土中，啃食萌发的种子，咬断幼苗的根、茎，断口整齐平截，可造成地上部萎蔫，田间缺苗断垄或毁种。有些种类成虫取食花器和叶片。害虫造成的伤口有利于病原菌侵入，诱发病害。

2. 形态特征

蛴螬体肥大，体型弯曲呈 C 型，多为白色，少数为黄白色。头部褐色，上颚显著，腹部肿胀。体壁较柔软多皱，体表疏生细毛。头大而圆，多为黄褐色，生有左右对称的刚毛，刚毛数量多少常为分种的特征。如华北大黑鲤金龟的幼虫为 3 对，黄褐丽金龟幼虫为 5 对。蛴螬具胸足 3 对，一般后足较长。腹部 10 节，第 10 节称为臀节，臀节上生有刺毛，其数目的多少和排列方式也是分种的重要特征。

3. 发生规律

蛴螬是杂食性害虫，主要为害小麦、大麦、玉米、高粱、粟、豆类、花生、甘薯、蔬菜、甜菜、甘蔗等，也为害果树和林木及其幼苗。大田作物受幼虫及成虫为害后，造成缺苗断垄或使植株发育不良，严重时造成毁灭性灾害。金龟子取食多种果树和林木的叶片，有的种类也为害作物叶、花、果穗等。生活史较长，除成虫有部分时间出土外，其他虫态均在地下生活。在中国完成一代的时间一般为 1~2 年到 3~6 年。以幼虫和成虫越冬。蛴螬有假死和趋光性，并对未腐熟的粪肥有趋性。白天藏在土中，晚上 8—9 时进行取食等活动。蛴螬始终在地下活动，与土壤温湿度关系密切。当 10cm 土温达 5℃ 时开始上升土表，13℃~18℃ 时活动最盛，23℃ 以上则往深土中移动，至秋季土温下降到其活动适宜范围时，再移向土壤上层。因此蛴螬对果园苗圃、幼苗及其他作物的为害主要是春秋两季。土壤潮湿活动加强，尤其是连续阴雨天气，春、秋季在表土层活动，夏季时多在清晨和夜间到表土层。

4. 防治方法

（1）农业防治

实行水、旱轮作；在玉米生长期间适时灌水；精耕细作，及时镇压土壤，清除田间杂草；大面积春、秋耕。发生严重的地区，秋冬翻地可把越冬幼虫翻到地表使其风干、冻死或被天敌捕食；同时，应防止使用未腐熟有机肥料，以防止招引成虫来产卵。

（2）物理方法

有条件地区，可设置黑光灯诱杀成虫，减少蛴螬的发生数量。

（3）生物防治

利用茶色食虫虻、金龟子黑土蜂、白僵菌等。

（4）药剂防治

一种是种子包衣。采用有效杀虫成分的种衣剂包衣（丁硫克百威）。第二种是土壤处理。用 5% 杀虫双颗粒剂 1~1.5kg 加细土 15~25kg，或 50% 辛硫磷乳剂 100mL 拌细炉渣 15

~25kg，在耕地前撒在地面，耙入地中，可杀死蛴螬和金针虫。第三种是毒饵诱杀。每亩地用25%辛硫磷胶囊剂150~200g拌谷子等饵料5kg，或50%辛硫磷乳油50~100g拌饵料3~4kg，撒于种沟中，亦可收到良好防治效果。

（六）金针虫

金针虫是鞘翅目叩头甲科叩头甲幼虫的统称，为重要的地下害虫，危害植物根部、茎基、取食有机质。为害玉米的主要有沟金针虫、细胸金针虫、褐纹金针虫。北起黑龙江、内蒙古、新疆，南至福建、湖南、贵州、广西、云南均有分布。

1. 为害症状

成虫在地上取食嫩叶，幼虫为害幼芽和种子或咬断刚出土的幼苗，有的钻蛀茎或种子，蛀成孔洞，致受害株干枯死亡，造成缺苗断垄。

2. 形态特征

成虫一般颜色较暗，体形细长或扁平，具有梳状或锯齿状触角。胸部下侧有一个爪，受压时可伸入胸腔。当叩头虫仰卧，若突然敲击爪，叩头虫即会弹起，向后跳跃。幼虫长圆筒形，体表坚硬，蜡黄色或褐色，末端有两对附肢，体长13~20mm。

3. 发生规律

为害玉米的有沟金针虫、细胸金针虫和褐纹金针虫三种，常见的有沟金针虫和细胸金针虫，主要以幼虫在地下为害玉米幼苗根茎部，可咬断刚出土的幼苗，被害处不完全咬断，断口不整齐，也可蛀入种子和已长大的幼苗茎基部里取食为害，蛀成孔洞。被害株则干枯而死亡。金针虫的生活史很长，因不同种类而不同，常需3~5年才能完成一代，各代以幼虫或成虫在地下越冬，越冬深度约在20~85cm间。越冬成虫于4月上旬开始活动，5月上旬为活动盛期。成虫白天躲在田中或田边杂草中和土块下，夜晚活动，雌成虫不能飞翔，行动迟缓有假死性，没有趋光性，雄成虫飞翔能力较强。卵产于土中3~7cm深处，卵孵化后，幼虫直接为害作物，土壤温湿度对沟金针虫影响较大，10cm处土温达6℃时，幼虫和成虫就开始取食为害；夏季温度升高时，则幼虫又可向土壤深处转移。金针虫适于旱地，但对土壤水分有一定的要求，其适宜的土壤含水量为15%~18%；如春季雨水较多，土壤墒情较好，为害加重。成虫昼伏夜出，有假死性，对腐烂植物的气味有趋性，常群集在腐烂发酵气味较浓的烂草堆和土块下。幼虫耐低温，早春上升为害早，秋季下降迟，喜钻蛀和转株为害。土壤温湿度对其影响较大，幼虫耐低温而不耐高温，地温超过17℃时，幼虫则向深层移动。耕作栽培制度对金针虫发生程度也有一定的影响，一般精耕细作地区发生较轻。耕作对金针虫既可有直接的机械损伤，也能将土中的蛹、休眠幼虫或成虫翻至土表，使其暴露在不良气候条件下或遭到天敌的捕杀。在一些间作、套种面积较大的地区，由于犁耕次数较少，金针虫为害往往较重。

4. 防治方法

一是用 40%毒死蜱 100 倍液或防地下害虫种衣剂进行拌种。二是耕翻土壤，减少土壤中幼虫存活数量。发生严重时可浇水迫使害虫垂直移动到土壤深层，减轻为害。三是苗期可用 40%的毒死蜱 1 500 倍或 40%的辛硫磷 500 倍与适量炒熟的麦麸或豆饼混合制成毒饵，于傍晚顺垄撒入玉米基部，利用地下害虫昼伏夜出的习性，即可将其杀死。

（七）玉米旋心虫

玉米旋心虫属鞘翅目叶甲科，俗称玉米蛀虫。寄主是玉米、谷子、杂草。

1. 为害症状

以幼虫蛀入玉米苗基部为害，蛀孔褐色，土壤中有害病原菌易从蛀孔侵染植株，造成花叶或形成枯心苗，重者植株畸形，分蘖较多，形成"君子兰苗"。玉米旋心虫为害植株症状与玉米病毒病和缺锌症等相近，要注意区分，其主要区别是旋心虫为害后在玉米根茎处留有褐色蛀孔或裂痕。

2. 形态特征

成虫体长 5~6mm，全体密被黄褐色细毛。胸节和鞘翅上布满小刻点。鞘翅翠绿色，具光泽。雌虫腹末呈半卵圆形，略超过鞘翅末端，雄虫则不超过鞘翅末端。卵椭圆形，长约 0.6mm 左右，卵壳光滑，初产黄色，孵化前变为褐色。幼虫体长 12mm，头褐色，腹部姜黄色，中胸至腹部末端每节均有红褐色毛片，中、后胸两侧各有 4 个，腹部 1~8 节，两侧各有 5 个。蛹为裸蛹，黄色，长 6mm。

3. 发生规律

北方年发生 1 代，以卵在土中越冬。5 月下旬至 6 月上旬孵化，7 月上、中旬为幼虫发生盛期，7 月下旬在土内化蛹，8 月上、中旬成虫羽化出土，并产卵越冬。成虫白天活动，幼虫昼伏夜出，有假死性。卵多散产于玉米田疏松土中或植物根部。成团，多者达几十粒，每头雌虫产卵 20 余粒。幼虫多潜伏于玉米根际附近，自玉米苗近地面根茎处蛀入为害，有顺垄转移多株为害习性，当玉米苗长至近 30cm 左右后，很少再转株为害，幼虫老熟后于根际附近 2~3cm 深处作土室化蛹，蛹期 5~8d。据调查，玉米四密 21、四密 25 等品种受害较重，而农大 3138、中单 2 号和新铁 10 号明显较轻；种同一品种，前茬是玉米的该虫发生较重，前茬种马铃薯、豆类作物的几乎未见被害；覆土越深发生越重；水浇地、低洼地、碱地发生重。

4. 防治方法

一是因地制宜选用抗虫品种。二是虫害严重发生地块，实行轮作倒茬。三是清洁田园。精耕细作，消灭越冬卵；结合间苗、定苗，拔除被蛀苗株；结合整地，捡出玉米根茬，携出田外，集中处理，降低虫源基数。四是定苗后至拔节前人工捕捉，能减少为害，降低基数。五是药剂防治。用含吡虫啉、锐劲特或丁硫克百威成分的种衣剂包衣，在为害初期用40%辛硫磷乳油1 000~1 500倍液灌根，或用敌百虫、毒死蜱灌根。也可每亩用25%甲萘威可湿性粉剂，或用2.5%的敌百虫粉剂1~1.5kg，拌细土20kg，搅拌均匀后，在幼虫危害初期（玉米幼苗期）顺垄撒在玉米根周围，杀伤转移危害的幼虫。还可以用90%晶体敌百虫1 000倍液，或用80%敌敌畏乳油1 500倍液喷雾，每亩喷药液60~75kg。

（八）大青叶蝉

大青叶蝉为分布广泛的杂食性害虫，可为害玉米、高粱、稻、麦、豆类、蔬菜、果树等。

1. 为害症状

成虫和若虫刺吸茎叶汁液。玉米和高粱被害叶面有细小白斑，叶尖枯卷，幼苗严重受害时，叶片发黄卷曲，甚至枯死。

2. 形态特征

雄成虫体长7~8mm，雌成虫9~10mm。头橙黄色，头顶有1对多边形黑斑；前胸背板黄色，上有三角形绿斑。前翅革质绿色微带青蓝，端部色淡近半透明；前翅反面、后翅和腹背均黑色，腹部两侧和腹面橙黄色。足黄白至橙黄色，附节3节。卵为长卵圆形，微弯曲，一端较尖，长约1.6mm，乳白至黄白色。若虫与成虫相似，共5龄。初龄灰白色；2龄淡灰微带黄绿色；3龄灰黄绿色，胸腹背面有4条褐色纵纹，出现翅芽；4、5龄同3龄，老熟时体长6~8mm。

3. 发生规律

北方年发生3代，以卵于树木枝条表皮下越冬。4月孵化，在杂草、农作物及蔬菜上为害，若虫期30~50d，第1代成虫发生期为5月下旬-7月上旬。各代发生期大体为：第1代4月上旬-7月上旬，成虫5月下旬开始出现；第2代6月上旬-8月中旬，成虫7月开始出现；第3代7月中旬-11月中旬，成虫9月开始出现。发生不整齐，世代重叠。成虫有趋光性，夏季颇强，晚秋不明显，可能是低温所致。成虫、若虫日夜均可活动取食，产卵于寄主植物茎秆、叶柄、主脉、枝条等组织内，以产卵器刺破表皮成月牙形伤口，产卵6~12粒于其中，排列整齐，产卵处的植物表皮成肾形凸起。每雌可产卵30~70粒，非越冬卵期9~15d，越冬卵期达5个月以上。前期主要为害农作物、蔬菜及杂草等植物，至9、10月农作物陆续收割、杂草枯萎，则集中于秋菜、冬麦等绿色植物上为害，10月中旬第3代成虫陆续转移到果树、林木上为害并产卵于枝条内，10月下旬为产卵盛期，直至秋后，以卵越冬。

4. 防治方法

一是及时清除田间杂草，清除秋冬落叶，集中深埋或烧毁，可减少越冬成虫。二是成虫发生期用黑光灯诱杀成虫。

（九）玉米蚜

玉米蚜俗称"腻虫""蚁虫"，刺吸式害虫，属同翅目蚜科。

1. 为害症状

蚜虫喜欢幼嫩组织，有趋糖性，抽雄前为害心叶，也常在叶鞘和节间为害，后期主要集中在雄穗和雌穗部位为害。玉米蚜虫以成、若蚜刺吸植物汁液，苗期蚜虫群集于心叶，作物受害严重时，生长发育不良以至死亡。穗期蚜虫严重时自果穗以上所有叶片、叶鞘及果穗苞内、外，遍布蚜虫，称"黑株"。在刺吸汁液同时，还分泌大量蜜露，使叶面形成一层黑霉，影响光合作用和籽粒灌浆；发生在雄穗上常影响授粉，造成产量损失，同时还传播玉米矮花叶病病毒和红叶病病毒，造成更大损失。

2. 形态特征

无翅孤雌弱体长卵形，长 1.8~2.2mm，活虫深绿色，披薄白粉，附肢黑色，复眼红褐色。腹部第 7 节毛片黑色，第 8 节具背中横带，体表有网纹。触角、喙、足、腹管、尾片黑色。触角 6 节，长度短于体长 1/3。喙粗短，不达中足基节，端节为基宽的 1.7 倍。腹管长圆筒形，端部收缩，腹管具覆瓦状纹。尾片圆锥状，具毛 4~5 根。

有翅孤雌蚜长卵形，体长 1.6~1.8mm，头、胸黑色发亮，腹部黄红色至深绿色。触角 6 节比身体短。腹部 2~4 节各具 1 对大型缘斑，第 6、7 节上有背中横带，8 节中带贯通全节。

3. 发生规律

一年发生约 10 余代，以成、若蚜在麦类及禾本科杂草心叶里越冬。次年开始活动，先在麦类心叶处繁殖为害。当麦类开始黄熟便陆续产生有翅蚜迁飞到玉米等作物上。在玉米上，未抽雄前多群集心叶刺吸，孕穗打苞时群集剑叶正反面为害，在扬花期气温较适宜时，数量可迅速增加，因此防治适期应在抽雄前为宜。入秋后玉米逐渐枯黄，气温下降，再次产生有翅迁移蚜向秋玉米、晚熟夏玉米上转移为害。秋玉米黄熟时产生最后一次有翅迁移蚜，向麦苗和附近向阳处杂草上转移，繁殖 1~2 代后越冬。旬平均气温 23℃ 左右，相对湿度 85% 左右，如玉米又值抽雄扬花期间，最适于玉米蚜的繁殖。玉米蚜的大发生主要受玉米品种抗性以及气候条件影响。高温、干旱有利于玉米蚜生长发育和繁殖，大雨对玉米蚜存活不利。

4. 防治方法

（1）药剂熏蒸

在玉米大喇叭口期（此时为玉米蚜发生的初盛期），用80%敌敌畏0.5kg，兑水50kg，配制成高浓度药液，再将剪成8cm左右长的麦秸放入药液中浸泡1h制成"毒麦秆"，取出后每株玉米心叶内插入3根"毒麦秆"，防治效果可达90%以上。

（2）喷雾防治

在玉米抽穗初期调查，当百株玉米数量达4 000头，有蚜株率50%以上时，应进行药剂防治。药剂可选用10%吡虫啉可湿性粉剂1 000倍液，或20%康福多（吡虫啉）浓可溶剂8 000倍液，或70%艾美乐（吡虫啉）水分散剂20 000~25 000倍液，0.36%绿植苦参碱水剂500倍液，或10%高效氯氰菊酯乳油2 000倍液，2.5%三氟氯氰菊酯2 500倍液，或50%抗蚜威可湿性粉剂2 000倍液。

第九章　大豆高产栽培

第一节　高油大豆高产栽培技术

高油大豆作为我国重要的经济作物，农业技术人员应该明确其高产栽培技术的基本特点，遵循其生产规律，完善高产栽培管理工作，实现高油大豆的高产。

高油大豆种植与生产能够有效提高当地的农业市场竞争力，同时还能够起到优化产业结构的作用，有效提高农户的收入水平，促进当地农业发展。从本质上进行分析，高油大豆指的是含油率超过21%、蛋白质含量超过3 800（干基）的主要用于榨油的大豆。对于大豆来说，其脂肪含量是重要的经济性状，只有具备较高的脂肪含量，大豆才能够体现出较高的经济价值。

一、高油大豆高产栽培技术的基本特点分析

（一）品种的重要性

从基因遗传学方面来看，农作物品种带有较多的遗传物质，使得品种成为遗传的主体，因此我们可以认为，高油大豆的高产特性会受到品种的影响。根据相关试验调查结果，高油大豆的品种特性能够影响大豆油分的含量，其影响程度可达到80%，而其余的种植条件、气候环境、栽培管理技术等因素对于大豆油分的影响只有20%。也就是说，在遭受外界环境以及栽培技术的变化影响情况下，只要大豆品种具有较高的含油量，那么栽培出的大豆就能够保持一定的含油量。从这样的现象可以看出，大豆品种的遗传性能是非常稳定的，同时也是保持大豆油量的基本要素。如果种植人员只是从外界种植环境以及栽培管理技术等方面进行改善的话，那么能够对大豆油量造成的影响是非常小的，可能只会提高或降低大概20%的油量。因此，要想实现高油大豆的高产，种植人员就应该合理选择大豆品种，重视品种的性能。除此之外，种植人员在进行高油大豆品种选择的时候还应该考虑品种的产量，如果品种具有较高的油量，但是产量却非常低，这也很难提升大豆的市场

竞争力，难以得到农户的欢迎。种植人员不仅要重视大豆的品种特性，同时还应该重视品种的高产性能，只有结合两者的影响才能够实现高油大豆的高产，进而获得最大的油分产量，提高产业的经济效益，促进农业发展。

（二）生产的区域性

根据对高油大豆生长阶段状况的了解可以发现，其油分的积累在大豆开花至成熟之前都呈现出上升的趋势，最快的油分积累期就是大豆开花之后的 30d 内，等到高油大豆生长成熟之后，其内部的油分就会逐渐降低。因此，从高油大豆开花到成熟的阶段是其油分积累的关键时期，种植人员应该重视在该阶段对高油大豆的栽培管理，改善其生长的环境，为其提供充足的养分，这样才能促进高油大豆油分的积累。除此之外，在高油大豆开花到成熟的阶段，如果种植人员能够为其提供充足的光照与适量的水分，就能够进一步促进高油大豆油分的积累。这就说明，在高油大豆种植管理的过程中，各地应该根据自身的自然条件与气候特征实施科学化的栽培管理，这样才能够提高其油分的积累量。

（三）高油和高产的同一性

从生理学和基因角度来看，高油大豆自身的营养成分都是通过光合作用合成的，而光合作用的原料就是大量的碳水化合物。因此，种植人员应该对大豆子实的组成进行分析，其包含五部分内容，包括水分、矿物质、碳水化合物、蛋白质以及脂肪。其中脂肪也是通过光合作用消耗碳水化合物转化形成。也就是说，只有想办法提高光合作用的效率，才能促进农作物内部碳水化合物的积累，进而提高其他有机物的转化率。通过以上分析，我们可以认为大豆的高油与高产是存在同一性的。因此，种植人员在进行栽培管理的时候应该遵循科学化的原则，这样才能提高其内部的油分积累，同时实现高油大豆的增产。

（四）施肥的调控性

高油大豆在生长过程中需要大量的营养，因此，种植人员还应该重视施肥管理，落实施肥的调控性。作为高油大豆种植的关键环节，种植人员在施肥的时候应该遵循科学化的原则，通过优化施肥管理环节提高其油分含量。经过对高油大豆生长规律的研究能够发现，如果其生长土壤的肥力比较低的话，那么适当增加肥料的施用量能够有效提高大豆内部的蛋白质与油分含量。而在施肥总量固定的前提下，通过对肥料结构以及用量的调整就能提高大豆内部营养物质的转化率，进而提高其油分积累。

（五）收获的及时性

作为高油大豆种植管理的重要环节，种植人员应该及时收获大豆，这样才能实现高产。大豆生长的时间与收获的时机都是非常重要的，只有充分成熟的高油大豆才能实现高产，未成熟的大豆往往难以提高油分的积累量以及有机物的有效转化。但是如果收获时间较晚，导致高油大豆充分成熟之后出现了油分降低的情况也会影响高油大豆的油分总量。因此，种植人员必须选择合适的时机进行收获管理，才能确保其拥有最大的油分含量。

二、高油大豆高产栽培技术应用要点

（一）种子处理

当种植人员根据当地的具体条件选择了合适的大豆品种之后，还需要进一步对种子进行处理。首先，人们需要对种子进行筛选，将其中存在病害、破损的种子去除。之后再使用机器对种子品质进行检验，同时提高种子的纯度，只有种子的纯度在98%以上，其整体发芽率在90%以上，才能进行播种。其次，种植人员还应该进行拌种处理，通过拌种根瘤菌的方法提高种子根系的固氮性能，进而提高后期的产量。最后就是进行包衣处理，这一步能够消除种子表面的寄生病菌，实现前期的病虫害防治，降低病虫害发生的概率。

（二）播种管理

种植环境与自然条件会直接影响高油大豆的最终产量，因此，种植人员在播种之前应该精心挑选种植土地，尽量选择那些透气性强、土壤肥沃、水分较高的土地进行高油大豆的种植。除此之外，种植人员在种植过程中还应该防止出现大豆连作的情况，连作会导致病菌的残留，同时还会降低土壤的养分，破坏土壤的结构，很难保障大豆的健康成长。高油大豆具有较为固定的生长周期，其一个完整的生长周期为5个月，其中的每个生长阶段都具有很强的关联性，播种时间会影响生长周期，同时影响大豆生长的情况，最终影响大豆油分的积累情况。因此，种植人员应该适时播种，与其他大豆相比，高油大豆应该提前7d左右进行播种，这样才能够提高大豆的含油量。

（三）水肥管理

养分与高油大豆的产量有密切的联系，因此，种植人员应该开展科学化的水肥管理工作，保障高油大豆生长过程中营养充足。水肥管理中最重要的就是基肥和追肥，基肥一般以有机肥为主，如果种植土壤情况不好，营养成分较少，种植人员应该在施肥时增加一些微量元素与化肥。与其他农作物对比可以发现，由于大豆根部具有固氮的功效，这导致高油大豆在生长的过程中对于氮肥的需求量是比较小的，针对这样的生长特性，种植人员在大豆的生长旺盛期应该适量追加尿素及锰、锌等元素肥料。同时还应该根据实际生长状况进行浇水，保障大豆生长所需的水分，提高高油大豆的产量。

（四）中耕除草

高油大豆种植过程中，农户还应该定期进行杂草的清理，如果放任杂草的生长，那么杂草就会与大豆抢夺生存资源，同时还会消耗大豆的营养成分，造成大豆的减产。因此，种植人员应该重视中耕除草，在清除杂草的同时还能够疏松土壤，提高土壤的透气性，进而促进大豆根部的固氮效应，实现高油大豆的增产。

（五）病虫害防治

高油大豆在种植过程中常见的病虫害包括灰斑病、斑点病等，如果大豆患有以上病害，就会影响大豆脂肪的形成，进而降低大豆的含油量，影响大豆的经济效益。除此之外，食心虫也是常见的虫害之一，会严重影响高油大豆的生长。以上就是高油大豆种植过程中需要重点防治的病虫害，种植人员可以使用 40% 多菌灵悬浮剂进行喷施，预防病虫害。

综上所述，高油大豆的高产能够有效提升当地的农业经济水平，因此，种植人员应该掌握高油大豆栽培管理技术的要点，促进高产栽培技术的推广应用，进而提高高油大豆的产量，促进当地经济作物的整体效益。

第二节　大豆病虫防治技术

在所有食物当中，大豆中的植物蛋白质最多，同时也是炼制食用油的重要原材料。在满足人体健康需求的同时，大豆根部共生的根瘤菌可以固定空气中的氮，对于提升土地肥力、减少对化肥的过度依赖也有着很明显的效果。

一、我国大豆发展现状

中国大豆消费量巨大，曾经是世界上最大的大豆生产国，现在变成每年不得不向外国进口大量大豆，以满足作为粮食和油料作物的需求。因此，我国实施"大豆复兴战略计划"，全面推进国内实现大豆方面的"扩面、增产、提质、绿色"。扩大面积、增加单产、提高质量、绿色发展就是这四点具体的解释。在国家政策和市场环境的双重作用下，我国大豆种植品质将会得到进一步发展。

二、大豆病虫害防治技术

病虫害防治技术使用包含直接成本与间接成本，直接成本是农民使用技术时投入的资金，是农民在决策上关注的焦点。简单而言，如果投入的资金大于最后的收成，农民将不会使用这种病虫害防治技术。在实际生活中，病虫害防治技术还包含不可见的大量间接成本。而间接成本主要是由于化学农药的大量使用，造成使用者中毒、农产品过量农药残留、地下水污染等一系列环境和社会问题，这些都是化学农药的使用对于环境的污染以及对于社会秩序的破坏的集中体现。病虫害的直接成本一般由使用者或者购买者承担，容易引起农民、社会、政府的重视；间接成本则是没有明确的责任分配，是由社会全体承担。随着某项病虫害防治技术的大规模推广，使用者或者农民的直接成本将会逐渐降低，而社会全体承担的间接成本则会逐步增加。而环境因素则会随着技术规模扩大而增加，社会成本会在刚开始缓慢降低，到达一定程度后迅速攀升。所以，如何权衡这两者之间的平衡，不光是农民群体需要考虑的问题，更是整个社会都应该关注的重点。

（一）病害防治技术

1. 大豆立枯病的防治

大豆立枯病是发生在大豆苗期的一种病症，又称"死棵""猝倒""黑根病"。发病症状：大豆立枯病仅在幼苗期发生，幼苗和幼株主根及近地面茎基部出现红褐色稍凹陷的病斑，皮层开裂，病菌的菌丝由无色转变为褐色。病害严重时，会致植株发育迟缓，使其茎叶皮层开裂。发病条件：连作发病重，轮作发病轻。因病菌在土壤中积累，从而在本年或者近几年集中爆发，对植株造成严重的危害。种子质量差发病重。立枯病的病原可由种子传播，与种子抗病性逐年衰退有关。如果保存种子不当，导致其发霉变质，一定要尽快丢弃，避免影响到其他种子。具体防治方法：选用抗病品种、药剂拌种，浇水要根据土壤湿度和气温确定。

2. 大豆根腐病的防治

大豆根腐病是一种主要发生在大豆根部，造成大豆根系不发达，根瘤少、地上部分矮小瘦弱，叶色淡绿，分枝、结荚明显减少的植物类疾病。其具体症状：初期茎基部或胚根表皮出现淡红褐色不规则的小斑，后变红褐色凹陷坏死斑，绕根茎扩展致根皮枯死。受害株根系不发达，根瘤少、地上部矮小瘦弱，叶色淡绿，分枝、结荚明显减少。防治方法：种子处理；将土地翻松，使埋藏于土中的病原体、病残体加速在自然界的腐烂、分解；深沟高畦栽培，雨停不积水。

3. 大豆菌核病的防治

大豆菌核病是大豆在种植到 7 月下旬之后易发作的真菌病害。苗期症状会使幼苗倒伏、死亡；成株期症状可使荚内种子腐烂、干皱、无光泽，严重时导致植株不能结粒。防治方法：可以通过禾本科非寄主作物实行 3 年以上轮作，合理密植，提高大豆的抗病能力；发病田收获后应进行秋季深翻整地，达到减少菌源的目的。

（二）虫害防治技术

1. 大豆胞囊线虫的防治

大豆上的主要虫害之一。世界各大豆产区均有发生。该虫害一旦发生，轻则使大豆减产 10%～20%，重则可达 30%～50%，甚至某些产区因大面积发生而颗粒无收。防治方法：目前应采用合理轮作为好。也可以选育抗病品种，减轻发病概率。还可以利用药剂进行防治。

2. 大豆食心虫的防治

大豆食心虫俗称大豆蛀荚虫、小红虫等。其幼虫蛀食豆荚，导致豆粒残破，影响后续大豆结粒。防治方法：选用抗虫品种，合理轮作，秋季要进行大规模的翻耕，提高越冬死亡率，减少虫卵基数；利用大豆食心虫的天敌赤眼蜂对其进行无环境污染的生物防治；可以采取敌敌畏熏蒸、喷粉、喷雾等药剂防治。

第十章　马铃薯种植

第一节　马铃薯生产技术

一、露地马铃薯标准化栽培技术

（一）选茬整地

选择土层深厚、土质疏松的小麦、豆类、胡麻、玉米等茬口种植，轮作方式以豆类—小麦—玉米—马铃薯3年制为宜。前茬收获后应及早深松耕，一般3年应深松耕1次，深松耕可打破犁底层，为马铃薯根系生长和块茎膨大创造适宜的土壤环境。

（二）选用良种

应大力推广抗病、高产良种的优质脱毒种薯，充分发挥良种的增产效益。近几年主要有陇薯3号、庄薯3号、青薯9号、青薯168、新大坪等优良品种。

（三）科学施肥

重点推广测土配方施肥技术，在亩施3 000kg优质农家肥的基础上，二阴区亩施奔马牌马铃薯专用肥80kg，或亩施尿素31kg、磷肥80kg、硫酸钾22kg，或亩施尿素23kg、二铵21kg、硫酸钾22kg。半干旱区亩施奔马牌马铃薯专用肥60kg，或亩施尿素23kg、磷肥58kg、硫酸钾17kg。或亩施尿素17kg、二铵15kg、硫酸钾17kg。干旱区亩施奔马牌马铃薯专用肥40kg；或亩施尿素13kg、磷肥38kg、硫酸钾11kg；或亩施尿素9kg、二铵10kg、硫酸钾11kg。化肥最好结合播种一次性集中施入籽垄和空行中，施肥深度要求达到15cm以上。

（四）种薯精选及处理

种薯带菌是造成马铃薯发病的主要原因。为了切断病源，预防病害，种薯出窖后一要晾晒 3~4d，播前 1~2d 将种薯切成半两以上的切块，每个切块需带 1~2 个芽眼；二要严格挑选，淘汰病烂薯块及杂薯；三要刀具消毒，当切刀切到病薯时淘汰病薯，并用 1‰ 的高锰酸钾溶液消毒；四要将切好的薯块用稀土旱地宝浸种，或用甲霜锰锌拌种，待阴干后播种。

（五）适期播种

二阴区无霜期短，要适时早播，播种适期为 4 月下旬至 5 月上旬；干旱区要适当晚播，播种适期为 5 月上、中旬，此时播种不但能使马铃薯生长需水和自然降水得到最大程度吻合，而且能使马铃薯结薯期避开高温阶段，有利于马铃薯块茎膨大和产量提高。

（六）规范种植

二阴区主要推广种二空二模式，行距 40cm，株距 40~50cm，亩保苗以 3 500~4 000 株为宜，半干旱区应选用种一空二模式，行距 50cm，株距 40~45cm，亩保苗以 3 000~3 500 株为宜，干旱区主要推广种一空二模式，行距 50cm，株距 45~50cm，亩保苗以 2 500~3 000 株为宜。播种深度以 10~15cm 为宜。其播种顺序是先施肥，再下种薯，然后用脚踩压种薯，使其和土壤紧密接触。

（七）田间管理

重点抓好四项田间管理工作：一是查苗补苗。出苗前遇雨及时松土破除板结；幼苗出齐后，应检查出苗情况，对缺苗的要及时补苗。二是中耕培土。全生育期至少中耕培土 3 次，幼苗期结合中耕培土浅培土 1 次，现蕾期至初花期遇透雨进行第二次培土，结合培土亩施尿素 10kg，薯块膨大期遇雨进行第三次培土，以清除垄面裂。中耕培土是马铃薯增产的一项重要措施，不但可使马铃薯多结薯，结大薯，而且还可提高马铃薯品质。三是及早防治晚疫病。四是喷施膨大素等植物生长调节剂可控制地上茎叶徒长，促进地下块茎膨大，从而提高产量。

（八）及时收获，安全贮藏

待 2/3 的叶片变黄，植株开始枯萎时应及时收获，以防霜冻。马铃薯安全贮藏必须做到以下几点：一是收获、运输和贮藏过程中，要尽量减少和避免机械创伤；二是入窖前晾晒并严格挑选薯块，病薯烂薯和带伤的薯块不能入窖；三是入窖前要把贮藏窖旧土铲除，并用甲醛和高锰酸钾熏窖消毒；四是贮藏期间秋春两季要通风降温，以防热窖，冬季要注意防寒。

二、马铃薯黑色全膜覆盖栽培技术

（一）选茬整地

选择土层深厚、土质疏松、肥力中上的旱川地、梯田地、沟坝地或15°以下的缓坡地，前茬作物以小麦、豆类、胡麻、玉米等茬口为宜。前茬作物收获后及时深耕灭茬，深耕达到25~30cm，一般3年应深松耕1次，深松耕可打破犁底层，为马铃薯和块茎膨大创造适宜的土壤环境，耕后及时耙糖，最好运用旋耕机旋耕。覆膜前打糖收墒，力求做到土壤细绵，地表平整，无土块，无根茬。为防止地下害虫为害，每亩用50%辛硫磷乳油或40%甲基异柳磷乳油500ml兑水2~3kg稀释后加细沙土50kg拌匀，制成毒土直接撒施于犁沟或撒施于地表后立即翻耕。

（二）配方施肥

坚持重施农家肥，氮、磷、钾配合施用的原则。在亩施3 000kg优质农家肥的基础上，二阴区亩施马铃薯配方肥80kg，或亩施尿素31kg、过磷酸钙80kg、硫酸钾22kg。或亩施尿素23kg、二铵21kg、硫酸钾22kg，半干旱区亩施马铃薯配方肥60kg，或亩施尿素23kg、过磷酸钙58kg、硫酸钾17kg。或亩施尿素17kg、二铵15kg、硫酸钾17kg，干旱区亩施马铃薯配方肥40kg，或亩施尿素13kg、过磷酸钙38kg、硫酸钾11kg，或亩施尿素9kg、二铵10kg、硫酸钾11kg。化肥最好结合播种一次性集中施入，施肥深度要求达到15~20cm。

（三）起垄覆膜

整地施肥后，应立即起垄覆膜，大垄宽70cm、高10cm，小垄宽40cm、高5cm。要求垄沟、垄面宽窄均匀，垄脊高低一致，垄面要拍平整细，达到"光、圆"标准。选用120cm宽、厚度为0.012mm的黑色地膜，覆膜时地膜要与垄面、垄沟贴紧，膜与膜间不留缝隙，相接覆盖，地膜相接处必须在小垄中间垄脊处，在相接处用细土压住地膜，两边地膜拉紧压实。为提高工效，提倡机械起垄覆膜，覆膜后，每隔2~3m压一土腰带。覆膜后在垄沟内每隔50cm打微孔，使垄沟内的集水能及时渗入土壤。

（四）选用脱毒种薯

二阴区、半干旱区重点推广陇薯3号、陇薯6号、庄薯3号、青薯9号、青薯168；

干旱区重点推广新大坪，搭配种植大白花。要依托脱毒种薯生产优势，普及脱毒种薯应用。

（五）种薯处理

为了切断病源，预防病害，种薯出窖后，进行严格选种，剔除病、虫、烂及杂薯，播前 10~15d 进行晒种催芽，播前 1~2d 将种薯切成 25~50g 大小的薯块，每个薯块需带 1~2 个芽眼；切薯时要严把刀具消毒关，用 0.1% 的高锰酸钾进行刀具消毒，剔除病烂薯块。薯块切好后，干旱半干旱区每亩种子用稀土旱地宝 100g 兑水 5kg 浸种 10min，待阴干后播种；二阴区每亩种子用 58% 的宝大森 200g 进行拌种，以达到防病防虫、保苗、增产的作用。

（六）适期合理密植

播期在二阴区以 4 月上、中旬为宜，亩保苗 3 500~4 000 株；半干旱区以 4 月中、下旬为宜，亩保苗 3 000~3 500 株；干旱区以 4 月下旬、5 月上旬为宜，亩保苗 2 500~3 000 株。播种时用小铁锹或点播器在大垄垄侧距集流沟 10cm 处播种。

（七）田间管理

重点抓好三项田间管理工作：一是查苗补苗。出苗前遇雨及时松土破除板结；地膜种植的出苗时如幼苗与播种孔错位，应及时放苗。对出苗情况应及时检查，对缺苗的要及时补栽。二是及早防治晚疫病为主的各类病害。三是喷施膨大素等植物生长调节剂可控制地上茎叶徒长，促进地下块茎膨大，从而提高产量。

（八）收获贮藏

待 2/3 的叶片变黄，植株开始枯萎时应及时收获，以防霜冻。结合秋收，清除地膜，以免造成土壤污染。马铃薯安全贮藏必须做到以下几点：一是收获、运输和贮藏过程中，要尽量减少和避免机械创伤；二是入窖前晾晒并严格挑选薯块，病薯烂薯和带伤的薯块不能入窖；三是入窖前要把贮藏窖旧土铲除，并采取点燃硫黄粉或用甲醛和高锰酸钾溶液熏蒸等办法进行窖体消毒；四是藏期间秋春两季要通风降温，以防热窖，冬季要注意防寒。

三、马铃薯半膜垄播栽培技术

地膜马铃薯具有早出苗、早成熟、早上市，高产量、高效益的优点。

（一）适用范围及品种

该项技术适合在干旱半干旱区不保灌水川地中推广应用，主要品种为大西洋、夏波蒂、费乌瑞它、新大坪等。

（二）关键栽培技术要点

1. 选茬整地

选择地势平坦，保水保肥性能好，土壤肥力较好的地块种植，前茬以小麦、豆类最好。玉米、胡麻茬次之，忌重茬和对口茬。前茬收获及时深耕整地，水浇地冬前浇足底墒水或播前灌足春水，旱地搞好伏秋深耕，纳雨蓄墒。覆膜前精细整地，做到土绵墒足，保证播种质量。

2. 科学施肥

地膜马铃薯不便追肥，因此要将农肥、化肥做底肥一次性施足，化肥在起垄覆膜前要集中施入垄内。具体施肥标准：在亩施优质农家肥 3 000kg 的基础上，亩施奔马牌马铃薯专用肥 60~80kg，或亩施尿素 20~30kg、磷肥 60~80kg、硫酸钾 20kg，或亩施尿素 17~22kg、二铵 15~20kg、硫酸钾 20kg。

3. 精选良种

应选用陇薯 3 号、陇薯 5 号、陇薯 6 号等抗病优质高产品种。播前严格挑选种薯，淘汰病烂薯块，切薯时一定要严把刀具消毒关，当切到病薯时要淘汰病薯，并用 0.1‰ 的高锰酸钾溶液消毒，其次是要将切好的种薯用稀土旱地宝浸种，以达到防病防虫、保苗、增产的作用。

4. 起垄覆膜

整地施肥后，抢墒起垄覆膜，垄高 10~15cm，垄面呈拱形，垄底宽 60cm，膜间距 40cm，起垄时要求按垄拉线，垄面要拍平整细，达到"光、圆"标准。起垄作床用 80cm 宽的超薄膜覆盖。水地播前整地后立即覆膜，旱地要播前抢墒起垄覆膜。覆膜时要求拉紧地膜，使之紧贴垄面，两边用土压实。为防大风揭膜，每隔 4~5m 要压一条土腰带。

5. 适时早播

地膜马铃薯以提早上市为目的，应适时早播，播期以 3 月下旬至 4 月上旬为宜。

6. 规范种植

种植方法以先覆膜后播种为好。播种时用小铲在垄面上按行距 40cm、株距 40cm 的尺寸挖窝点播，一垄种两行马铃薯，亩保苗以 3 500 株左右为宜。播种深度 10~13cm，播种后及时用湿土封严播种孔，以防跑墒。

7. 田间管理

一是破除板结，引苗出膜。出苗前遇雨，易造成播种孔局部板结，要及时破除板结。播种后 2~5d 要经常检查幼苗出土情况，苗孔错位时要引苗出膜，以免烧苗，造成缺苗断垄，然后用细土封严播种孔。二是清除杂草，马铃薯现蕾期要在垄间深锄，清除杂草，疏松土壤，减少养分和水分消耗，提高垄间接纳雨水和向膜内渗透水分的能力。三是喷施膨大素防止徒长。对生长偏旺的地块，喷施膨大素可控制地上茎叶徒长，促进地下块茎膨大。四是及早防治晚疫病等各类病害。五是及时采收，当 2/3 的叶片变黄，植株开始枯萎时应及时收获。收获后及时清除废膜，以防污染土壤。

四、马铃薯膜侧沟播栽培技术

马铃薯膜侧沟播栽培技术是农业科技人员针对日益频繁严重的干旱，导致干旱区马铃薯不能适期下种和出苗而提出的一项主动抗旱栽培技术。该项技术的原理是沟垄相间，垄上覆膜，沟内种植，利用光滑膜面对天然降水进行二次分配和空间积聚，将有限的降水集蓄于播种沟的种子周围，实现小雨资源有效化，明显改善旱作农田的水分供应状况，有利于马铃薯出苗和生长。

（一）选茬整地

选择地势平坦，土层深厚，土壤疏松的旱川地和梯田地，茬口以小麦、豆类、胡麻、玉米等茬口为好。前茬收获后，早耕深耕，纳雨蓄墒，秋末结合浅耕，耙耱收墒整地，达到地平土细，上虚下实，以提高播种质量。

（二）配方施肥

在施肥上必须坚持测土配方施肥和采用量足、集中深施的原则，一般要求在亩施有机肥 3 000kg 的基础上，亩施奔马牌马铃薯专用肥 40~60kg，或亩施尿素 13~23kg、磷肥 38~58kg、硫酸钾 11~17kg，或亩施尿素 9~17kg、二铵 10~15kg、硫酸钾 11~17kg。具体施肥方法是结合挖窝点播，将农肥和化肥全部深施。

（三）精选良种

品种应选当地主栽品种。播前严格挑选种薯，淘汰病烂薯块。尽量精选 100g 左右的无病小整薯播种，播前 1~2d 用稀土旱地宝浸种，待阴干后播种。

（四）起垄覆膜

以 100cm 为一带，垄底宽 60cm，膜间距 40cm，垄高 10~15cm，垄面呈拱形。起垄时要求按垄拉线起垄。垄面要拍平整细，达到"光、圆"标准。起垄后用 75~80cm 的超薄膜覆盖。要求达到条带宽窄一致，地膜两边压实，隔 3~4m 在膜上打一土腰带，以防大风揭膜，盖膜后遇雨及时松土，防止板结。

（五）规范种植

播种时间不受土壤墒情限制，和当地大田播种时间相同。马铃薯集流沟内地膜两边缘处种植，一沟 2 行，行距 40cm，株距 40~60cm，亩保苗 2 000~3 000 株。播种时株距要求在靠近膜近处挖窝点播，一窝施一锹土粪，一小把化肥，播前用铁锹将土粪、化肥和土壤充分混合均匀，然后点播马铃薯，播种深度 10~15cm。

（六）田间管理

一是破除板结，播种后遇雨要及时破除板结，促进出苗。二是清除杂草，马铃薯苗期要在播种沟内深锄，清除杂草，疏松土壤，减少养分和水分消耗。三是揭膜培土，在现蕾期遇雨应及时揭膜培土。四是重视晚疫病防治，当大田出现中心病株后，及时用药，每隔 7~10d 防一次，连续防治 2~3 次。五是及时收获，当 2/3 的叶片变黄，植株开始枯萎时应及时收获。收获后及时清除废膜，以防土壤污染。

五、菜用型马铃薯无公害标准化栽培技术

（一）品种选择及布局

菜用型品种选择食用品质优良，口感好，干物质含量中等，淀粉含量较低的品种，可作为菜用的马铃薯品种有青薯 9 号、青薯 168、台湾红皮等。菜用品种宜在城郊水川地、二阴区种植。

（二）合理选地，减少病害

种植菜用品种要选择地势较低，土松地肥，土层深厚，易于排水的土地。要求土壤为微酸性和中性土壤，若是偏碱性土壤，薯块易得疮痂病。

（三）深耕松土，耙糖保墒

前茬作物收获后，及时深耕，采用机耕，步犁深翻，人工深翻等措施，耕深达到 20cm 以上，促使晒垡，接纳雨水。秋后结合浅耕，及时耙糖保墒，为播种创造有利条件。

（四）增施肥料，实施配方施肥

菜用型马铃薯，需要吸收大量的养分，故应重施基肥，1 500~2 000kg 目标产量，一般要求亩施优质农家肥 3 000kg 以上，配合施用尿素 17kg，过磷酸钙 50~60kg（或尿素 12~14kg，磷酸二铵 15~12kg），硫酸钾 10~15kg，结合播种集中一次性施入。

（五）搞好土壤处理，提高品质

在地下害虫严重的地块，结合整地亩用 250ml 辛硫磷兑水 3~5kg，拌入 50kg 细干土（沙）制成毒土，均匀撒于地表，耕翻入土，或直接撒入播种沟。

（六）种子处理

选用薯色光亮、薯芽饱满，形状整齐，无伤无损，无病斑的幼嫩薯作种薯，淘汰薯形不整齐，有裂痕、畸形薯，表皮粗糙老化的老龄薯块。整薯种块重 50g 左右为宜。播前 10~15d，将种薯放置在 15℃~20℃ 的条件下晒种催芽，播前 1~2d，将种薯切成 20~50g 大小的块，每个切块带 1~2 个芽眼。切块时要尽量利用顶端优势，50g 左右的薯块不用切块，可整薯播种；50~100g 的种薯可从顶芽处劈开，切成两块；100~150g 的种薯先将尾部切下三分之一，然后从顶芽处劈开，共切成 3 块；150~200g 的种薯先顺顶芽处劈开后，再从中间横切一刀，共切成 4 块。切薯时用高锰酸钾对切刀消毒，切成的薯块用药剂拌种，放在阴凉处晾干即可播种。

（七）适时播种，合理密植

播期要根据当地气候条件确定适宜播期，一般在 4 月中旬至 5 月播种为宜。播种密度为 2 500~3 000 株为宜，种植采用宽窄行模式。播种深度为 10cm。

（八）加强田间管理

第一，出苗后及时查苗补苗。

第二，当苗高至 18cm 左右时，锄草松土；现蕾至初花期，抢墒培土，培土高度 15~18cm，当土壤墒情好时追施适量氮肥；盛花期喷洒 2~3 次磷酸二氢钾，每次每亩 150~

120g，兑水 40~50kg。

第三，现蕾至开花期进行人工摘蕾打花，以利节约养分，提高产量，但在打花时一定要掌握好度，做到打实不打空，否则会造成烂秧，反倒影响产量。

第四，传毒蚜虫可采用 10% 吡虫啉 1 500 倍液、50% 抗蚜威可湿性粉剂 2 000~3 000 倍液、3% 啶虫脒 3 000 倍液等农药交替喷施防效很好。

第五，晚疫病应提早防治，当田间内发现晚疫病中心病株时应立即拔除，带出田间深埋，并用农药交替喷施防治。

（九）收获

当田间 80% 地上茎叶枯黄时，块茎表皮变粗，即达到成熟，进行收获。收获时剔除病薯烂薯，妥善保管待售。

六、高淀粉型马铃薯无公害标准化栽培技术

（一）品种选择及其布局

选择淀粉含量高，生育期较长的陇薯 3 号、庄薯 3 号、陇薯 6 号、新大坪等。适宜种植区为干旱半干旱区。

（二）选地

选择土层深厚，土壤疏松、富含有机质、排灌方便且前茬为非茄科作物，未施过残效期长的双子叶除草剂的地块种植。

（三）整地

前茬收获后及时翻耕晒垡，秋后浅耕，打糖去除杂草。有灌溉条件的地区，最好灌足冬水。

（四）施肥

增施优质农肥，定量配方施肥，适量早施追肥，切忌施氮过量。亩施优质农家肥 3 000~5 000kg，尿素 17~20kg，过磷酸钙 50~60kg（或尿素 12~14kg，磷二铵 15~20kg），硫酸钾 10~15kg。其中 2/3 氮肥作底肥，1/3 作追肥，其他肥料结合播种一次性施入。

（五）选种

播前 15d，将种薯从窖中取出，拣出病烂薯之后，放于通风透光处晒种催芽，播前一

天，将种薯切成 25~40g 大小的块，每个切块需带 1~2 个芽眼，切到病薯时，切刀用 75% 酒精或 0.1‰高锰酸钾溶液消毒，最后将切块用草木灰拌种，摊开晾晒。

（六）播期

适宜的播期为 4 月中旬~4 月下旬。

（七）密度

干旱半干旱山坡地以 2 500~3 000 株/亩，二阴区梯田地及川水保灌区以 3 500~4 000 株/亩为宜。播种时均采用宽窄行形式种植。

（八）中耕培土

现蕾前中耕 10~13cm，现蕾期培土 15~20cm。

（九）病虫防治

1. 病毒病防治

在苗期喷洒一次 20%的病毒 A500 倍液或 1.5%植病灵乳油 1 000~1 500 倍液，现蕾前要及时拔除病毒感染的花叶、卷叶、叶片皱缩、植株矮化等症状的病株。

2. 传毒蚜虫和其它地上害虫防治

出苗后 25d，采用 10%吡虫啉 1 500 倍液、50%抗蚜威可湿性粉剂 2 000~3 000 倍液、3%啶虫脒 3 000 倍液等农药交替喷施三次。其它地上害虫可结合防蚜，喷洒特效杀虫剂防治，特别注意防治斑潜蝇，可选用斑潜净、虫螨克、扑虱灵等农药根据说明剂量防治。

3. 早、晚疫病防治

该类品种易感晚疫病，应提早防治，田内发现有早、晚疫病病株时应立即拔除，带出生产区深埋，并及时用农药喷洒，每隔 7~10d 喷洒一次，生育期共喷 3~4 次。

4. 地下害虫防治

有地下害虫的地块，结合整地亩用 250ml 辛硫磷兑水 3~5kg，拌入 50kg 细干土（或河沙）制成毒土翻入地块。

5. 细菌性病害

用菜丰宁 4 000 倍液，农用链霉素 1 000 倍液，新植霉素 4 000~5 000 倍液进行防治。

（十）收获

当田间 80%茎叶枯黄萎蔫时割去地上部分茎叶，防止茎叶病害传到薯块。6~7d 后收获，剔除病烂薯，适当晾晒，避免机械损伤。

七、加工专用型马铃薯无公害标准化栽培技术

（一）品种选择及布局

专用型品种分为薯条加工型、薯片加工型和全粉加工型三类，薯片加工型品种选用大西洋，薯条加工型品种选用夏波蒂，全粉加工型品种选用 LK99。专用薯要求在海拔 1 750m 以上，且具有补灌条件或无旱灾的阴湿区种植。

（二）选茬整地

要求土层深厚，肥力中上，易于排灌，为保证种植质量必须选择在三年以上轮作，无茄科作物的地块种植，耕地深度在 30cm 以上，打耱整平。

（三）种薯处理

播前 10~15d 将种薯置于 15℃~20℃ 条件下催芽晒种，待芽长 5mm 左右变紫色时切块。一般要求单块重 20~50g（最好选用整薯播种）。切块时进行切刀消毒，最好用两把切刀交替在 1‰ 高锰酸钾溶液浸泡消毒，或用 75% 酒精擦拭消毒。专用薯退化快，留种最多不能超过 3 年，最好每年从专业种薯生产公司购进一、二级种薯，增产效果显著。

（四）播种

1. 适时播种

川水区、低海拔区适宜播期为 4 月下旬~5 月上旬，高海拔区适宜播期为 5 月上旬~5 月下旬。地膜种植可提早 15~20d。

2. 合理施肥

专用型品种对肥水要求高，必须做到配方施肥，在亩施优质农肥 3 000kg 以上的基础上配合施用尿素 17~20kg，过磷酸钙 50~65kg（或尿素 12~14kg，磷酸二铵 15~20kg），硫酸钾 10~15kg，其中农肥、磷钾肥作基肥，一次性施入，三分之一的氮肥作生长期追肥。

3. 播种技术

川水地起垄种植，一般垄高 8~10cm，垄面宽 60cm，垄沟 40cm，垄上种 2 行，株距 27~30cm，亩保苗 4 500 株左右。旱地采用种二空二模式或坑种。

（五）田间管理

1. 苗期管理

幼苗出土后，及时深耕一次，使土壤疏松，提高地温，以利植株生长。苗期结合除草浅培土一次，并结合降雨或灌水追肥一次。

2. 现蕾期管理

现蕾期要进行第二次中耕培土，垄高 20cm 左右，如果肥力不足，结合降雨或灌水追肥或者叶面喷施。

3. 开花期管理

开花期根据降雨情况（如土壤持续干旱 15d 以上）适时灌水。

4. 结薯期管理

根据土壤墒情一般不浇水，避免植株徒长和高温高湿引发晚疫病，同时及时拔除杂草。

5. 收获期管理

当田间 80% 的地上茎叶枯黄萎蔫时割秧，6~7d 后收获，收获后剔除病烂薯，适当晾晒，避免机械损伤。

（六）病虫害防治

1. 病毒病防治

在苗期喷洒一次 20% 的病毒 A500 倍液或 1.5% 植病灵乳油 1 000~1 500 倍液，现蕾前要及时拔除病毒感染的花叶、卷叶、叶片皱缩、植株矮化等症状的病株。

5. 传毒蚜虫和其他地上害虫防治

出苗后 25d，采用 10% 吡虫啉 1 500 倍液、50% 抗蚜威可湿性粉剂 2 000~3 000 倍液、3% 啶虫脒 3 000 倍液等农药交替喷施三次。

3. 早、晚疫病防治

该品种易感晚疫病，应提早防治，田间发现有早、晚疫病病株时应立即拔除，带出生产区深埋，并及时用农药喷洒，每隔 7~10d 喷洒一次，生育期共喷 3~4 次。

4. 地下害虫防治

有地下害虫危害的地块，结合整地亩用 250ml 辛硫磷兑水 3~5kg，拌入 50kg 细干土（或河沙）制成毒土翻入地块。

5. 细菌性病害

用菜丰宁 4 000 倍液，农用链霉素 1 000 倍液，新植霉素 4 000~5 000 倍液进行防治。

九、马铃薯种薯催壮芽技术

播前催壮芽可促使播后早出苗、出苗整齐、作物生长一致，早结薯、早成熟，获得高产，春薯催大芽播种催芽可增产 10% 以上。在生长季节短的情况下，播前催芽尤其重要。

（一）药剂拌种防腐烂

种薯受冻发生腐烂时，剔除受冻种薯后，用 70% 甲基托布津 2kg 加 72% 的农用链霉素 1kg 均匀拌入 50kg 滑石粉成混合药粉剂，每 50kg 种薯用 2kg 混合药拌匀，防止种薯腐烂。

（二）催芽过程

1. 暖种催芽

在较温暖的室内或防雨大棚内（18℃~20℃），地上铺垫 10cm 左右湿润沙土或疏松细土。将种薯摊成薄薄的一层后，上盖厚 5cm 左右过筛的沙土或细土，用水壶喷水湿润土壤（以半湿状态为宜，手握刚成团为宜），若温度过低于 18℃，上面再覆盖秸秆、草帘等后保温催芽。

2. 保湿防腐

在催芽过程中如覆盖沙土变干用洒水壶喷水。要防雨、防晒，防止催芽种薯腐烂。

3. 降温壮芽

等幼芽长出 5mm 左右，揭去覆盖物和土，给种薯适当降温（12℃~15℃）或移至温度较低处，并逐渐暴露在散射光下壮芽。块茎堆放以 1~2 层为宜，不要太厚，并每天小心轻翻，使发芽均匀粗壮，避免下层薯块芽太长。若种薯在贮藏过程中已发芽，应将种薯放在散射光下壮芽。

（三）催芽注意事项

一是不能将种薯直接放在太阳光下直射；二是小心处理种薯、轻拿轻放，防止断芽；三是种薯应放在通风良好的地方；四是避免雨淋和霜冻。

十、马铃薯种薯切块技术

（一）种薯大小与切块方法

50g 以下小薯可整薯播种；50~100g 薯块，纵向一切两瓣；100~150g 薯块，一切三开纵斜切法，即把薯块纵切三瓣；150g 以上的薯块，从尾部根据芽眼多少依芽眼螺旋排列纵斜方向向顶斜切成立体三角形的若干小块，且每小块要有 2 个以上健全的芽眼。切块时充分利用顶端优势，尽量带顶芽。切块应在靠近芽眼的地方下刀，以利发根。

（二）节块大小

每千克种薯切 25 块左右，单块重 35~40g。每个切块带 2~3 个健全的芽眼。

（三）切种时间

一般在播种前 3~4d。

（四）切刀消毒

切块使用的刀具用 75% 的酒精或 0.5% 的高锰酸钾水溶液消毒，做到一刀一沾，每人两把刀轮流使用，当用一把刀切种时，另一把刀浸泡于消毒液中，换一把刀防止切种过程中传播病害。发现烂薯时及时淘汰，切刀切到烂薯要把切刀擦拭干净后再消毒。

（五）防止切块腐烂的措施

切块后采用草木灰或药剂拌种。

1. 草木灰拌种

切块后每 50kg 种薯用 2kg 草木灰和 100g 甲霜灵加水 2kg 进行拌种，拌种后不积堆、不装袋，置于闲房地表 24~48h 后即可播种。

2. 药剂拌种

切块用 70% 甲基托布津 2kg 加 72% 的农用链霉素 1kg 均匀拌入 50kg 滑石粉成为粉剂，每 50kg 种薯用 2kg 混合药拌匀，要求切块后 30min 内，均匀拌于切面。

（六）种薯切块注意事项

一是当播种地块的土壤太干或太湿、太冷或太热，尤其是土壤墒情太湿，不宜切块；二是种薯的生理年龄太老，即种薯发蔫发软、薯皮发皱、发芽长于 2cm 时，切块易引起腐烂，不宜切块；三是切块不宜过小，越小腐烂率越高；四是切块时注意剔除杂薯、病薯和纤细芽薯；五是切刀一定要消毒，避免因切块增加病害传播和引起种薯块腐烂而导致缺苗。许多病害如马铃薯病毒病、晚疫病、青枯病、环腐病等均可通过切块用的刀传播。

十一、马铃薯掰芽育苗补苗繁殖技术

（一）循环切芽快繁技术

1. 催芽

方法与"马铃薯种薯催壮芽技术"中暖种催芽相同，不同的是要让芽长到 2~3cm 时，才在散射光下放置 2~3d。

2. 作畦

选择背风向阳不积水的地方，按宽 1m，长依种薯量而定。挖深 40cm 的池，下铺 15cm 的马粪或干草，洒水使粪湿润，上面再铺 3~5cm 混合土（1 份有机肥，2 份大粒砂子均匀混合）浇湿后，将已催芽种薯尾部向下置于混合土上，种薯与种薯之间间隔 1cm。大小不同的种薯要分开。然后覆盖湿润的混合土（配比同上）10~12cm，再用小拱棚封闭，棚内温度 25℃ 以下即可（地温 15℃~20℃ 为宜）。注意浇水不可太湿。

3. 切芽移栽

当幼芽出土时，将种薯取出，切下 5~6cm（2~3 节）的芽，栽入装满营养土（1 份有机肥，2 份风沙土）的营养钵置于小拱棚，芽顶叶和地平面持平，或直接栽入露地需补苗处，浇水保持湿度，温度不超过 25℃。将母薯再栽入原池盖膜。约 10~15d，再进行第二次剪芽，以此类推。一般用 5~10kg 种薯可繁殖 4 000 株，种植一亩。

4. 掰芽移栽

为了简便也可采取掰芽的方法。即当幼芽出土时，将种薯取出，从幼芽基部带根毛一起掰下，栽入装满营养土（1 份有机肥，2 份风沙土）的营养钵，置于小拱棚，芽顶叶和地平面持平，或直接栽入露地需补苗处，浇水保持湿度，温度不超过 25℃。将母薯再栽入原池盖膜。约 10~15d，再进行第二次剪芽，以此类推。一般用 25kg 种薯可繁殖 4 000 株，种植一亩。

5. 露地切芽和掰芽移栽补苗

注意尽量多利用田间已发芽的幼芽长相健康的种薯，尽量保持在最短时间内补齐苗。

（二）分苗移栽技术

当田间苗高 6cm 左右时，把植株基部的土扒开，将侧枝带根从基部掰开，移栽到准备好的地块，并立即浇水。分苗移栽最好选择在下午或者阴雨天进行，这样移栽成活率高。

（三）单芽繁殖

种薯催出芽后可将每个芽眼纵切两块后播种，这样比一般切块方法提高繁殖系数一倍，但大田移栽易引起缺苗，可以利用于网棚种薯繁殖。

十二、马铃薯芽栽技术

马铃薯芽栽是利用马铃薯幼芽不带病菌，采用育苗芽栽进行提纯复壮的农业栽培技术。既能有效地解决马铃薯生产中因种薯带细菌性病害而引起的缺苗断垄的问题，扩大繁殖系数，又可恢复品种的优良种性，为马铃薯的丰产丰收奠定良好的基础。

（一）选种晒种

薯块出窖后，进行严格的选种，剔除病、虫、烂薯，选择幼嫩、大小均匀、表皮无龟裂、具有本品种特性的薯块作种薯，并晒种3~4d。

（二）育芽

选背风向阳、土壤肥沃、墒情较好的地块。首先挖宽150cm，深35cm的苗床，长度以育苗的数量而定；其次将备好的种薯顶部朝上，种薯之间留3cm左右的空隙，整齐摆放在苗床上；三是育苗时间要晚，比当地正常播期晚7~10d；四是覆土厚度7~10cm，并在地面加盖麦草，底墒不足时及时浇水。

（三）选芽

等苗床内育芽长出4~6片叶子时即可掰芽，掰芽时先把苗床内的种薯取出，将苗连根带芽一起掰下，淘汰病芽、弱芽，挑选长10~15cm且根系多、叶片深绿的胖嫩芽移栽。一边掰芽一边栽植，切忌长时间曝晒，如需第二次育芽，掰芽后把种薯再埋到芽床内育苗。

（四）科学施肥

施肥以农家肥为主，氮、磷、钾肥配合，结合秋季耕地每亩一次性施入农家肥3000kg。播种时亩施尿素25~30kg、过磷酸钙60~80kg、硫酸钾15kg，或亩施尿素21~26kg、二铵17~22kg、硫酸钾15kg。

（五）栽植

亩保苗 4 000~4 500 株，移栽时用犁开沟，将薯芽根甩展，斜放在犁沟内，先盖些湿土，用脚踏实，使苗根与土壤紧密接触，一边移栽一边覆土，覆土时使 4~6 片叶的芽苗露出 2~3 片叶子，未出土的苗芽不宜露出地面。移栽时如土壤墒情过差，可采取先移栽后覆土再浇水的办法解决干旱问题。底肥应施入空犁沟内。

（六）管理

移栽半月后可锄草松土，若有缺苗，要及时进行补苗。苗高 20~30cm 时起垄培土，遇雨后要及时松土保墒，以防板结。晚疫病防治以预防为主，发现中心病株立即拔出深埋，及时用 70%甲基托布津可湿性粉剂，或 58%甲霜灵锰锌，或 64%恶霜锰锌 500 倍液交替喷雾，每隔 7d 喷一次，连喷 2~3 次。

（七）收获

芽栽种薯收获要早于商品薯，待植株 2/3 茎叶变黄时收获，收获前收割马铃薯茎叶，防止茎叶部病害传导到块茎上，收获后晾晒一周单独贮藏留作种薯。

十三、马铃薯小整薯栽培技术

（一）定义

小整薯栽培是选择 50~100g 嫩薯，剔除病薯、伤薯、畸形薯，不经过切块直接进行栽培，可提高马铃薯的抗旱能力和抗病性、防止品种种性退化，对种子起到提纯复壮作用的一项栽培技术。

（二）栽培技术要点

1. 选种

整薯栽培技术成败的关键在于所选小薯是否符合要求。为了确保选种质量，一般要经过 2 次选种过程。

一是在马铃薯收获时进行初选种。这时应尽量避免造成人为的损伤。选好后的种子不要急于入窖，应放置在散射光下处理一段时间，使之变青，待气温降到 5℃左右时入窖储存。这样的种薯表皮不易破损，耐储存，不烂窖。

二是为了清除未被发现的或在储存过程中逐渐显病的烂薯、异色薯，一般在播前 20d

左右提前出窖进行筛选。选好后的种薯可利用播前这段时间进行催芽处理，以备播种。

小整薯的选种应在生长旺盛、品种纯度高的田块中进行。这样的小整薯增产效果最为显著。

2. 适期播种

一般以气温稳定在7℃~8℃时种植较为适宜。

3. 合理密植

株距为40~50cm，行距为50~60cm，亩保苗保持在2 500~3 000株为宜。一般早熟品种应密植，中晚熟品种可适当稀植。

（三）其他技术

选地选茬整地、施肥、田间管理同马铃薯常规栽培技术。

十四、马铃薯脱毒苗繁育技术

（一）材料选择与处理

将适宜于当地栽培的马铃薯品种的块茎打破休眠期后置于20℃~22℃的条件下使其发芽。

（二）脱毒苗的制取

1. 薯芽处理

将发芽的薯块放于散射光下使其芽尖成绿色。

2. 脱毒苗培养

从薯块上将绿芽掰下，切下0.5~1cm芽尖用自来水冲洗1~2min，再用无菌水冲洗1~2min，然后浸入75%的酒精中浸泡30~40s，进行灭菌处理，再用无菌水冲洗3~5次，置于无菌滤纸吸干水分，在无菌条件下剥去带一个叶原基的茎尖生长点（0.2~0.5mm）并迅速接入组织脱毒培养基中。然后将三角瓶置于22℃~25℃、光照强度2 500~3 0001x，光照时数14~18h的条件下，培养25~30d后可看到伸长的小茎，叶原基形成可见的小叶，此时及时转入无生长调节剂的培养基地。30~50d后即能发育成3~4个叶片的苗子。以单株为系数重复以上制取过程3~4次。最后将形成的苗子以单株按单节切段进行扩繁，每隔15~20d繁殖一次。

3. 脱毒苗繁殖

第一，一般情况下，基础苗的繁殖要求相对高温、弱光照，使其节间距拉长，木质化程度相对较低，以利于再次繁殖早出芽及快速生长，加快总体繁殖系数。其具体条件为：培养温度25℃~27℃，光照强度为2 000~3 000lx，光照时间为10~14h，并采用在人工培养室进行培养。在每一代快繁中，切段底部（根部）的脱毒苗转入生产苗进行繁殖。其他各段仍作为基础苗再次扦插。

第二，生产苗的繁殖要求相对低温、强光照，使苗壮、茎间短、木质化程度高，这一结果利于移栽，且成活率高。具体条件为：培养温度22℃~25℃，光照强度为3 000~4 000lx，光照时间为14~16h，采用自然光照室内进行培养。20~25d为一个周期，待苗长出5叶大约5cm以上，从培养室取出打开顶盖，在室外锻炼4~6d即可移栽。

十五、马铃薯脱毒微型种薯栽培技术

（一）脱毒种苗选择

生产微型薯种苗要求叶片3叶以上，长度5cm、健壮、无污染，在自然光照下打开器具盖锻炼4~6d后移栽。

（二）生产措施

1. 基质

蛭石。大规模使用蛭石，安全、运输强度小，且易操作，还能再次利用，蛭石要求pH值≤8.2，颗粒直径2~4cm，膨松及杂物少。

2. 使用方法

将蛭石装入生产容器或平铺于地面，但要和土壤隔离。厚度为8~10cm，用水浇透，直至有部分水从蛭石中渗出，减少蛭石盐分的积累。

3. 栽培环境及处理技术

有基质栽培，最好采用日光节能温室或全自控温室，以便于生产间隙期高温处理并预防病毒病源。因为马铃薯的常见病毒在58℃以上会自然死亡，从而有利于地面或起架再次种植。

4. 土壤处理

将日光温室或自控温室土壤，除去杂草整平，然后在地表每亩施纯氮4~5kg，纯磷3~4kg，纯钾4~5kg。同时喷施杀伤力强的农药3911乳剂或甲基异柳磷和防治细菌性病害的农用链霉素及适当施用一些腐熟、无病害（特别是病毒病）的农家肥。将化肥、农药及农家肥同时翻埋于深15~20cm土壤，最后地表整平夯实。

5. 设施安排

在整理好的地表上，平铺尼龙网纱或其他与土壤隔离且通气透水的隔离层，在隔离层上用无菌新砖分成1~1.2cm宽且与棚等长的小区，基质（蛭石）直接倒入小区中，然后在日光温室的屋顶棚膜下面安装防虫网及备用的遮阳设施（冬季可用草帘或保温被代替）。

6. 棚内高温处理

在完成以上工作后，将温室的棚膜封闭，去掉上面遮阳的一切障碍物，使其棚内温度升高，通常天晴时高温可达60℃~70℃，连续处理6~7d后，即可杀死真菌、细菌和病毒。

7. 种苗移栽

将自然光照锻炼的脱毒苗，从试管中取出，洗去培养基，用生根剂（萘乙酸）浸泡3~5s，然后移于蛭石中，脱毒苗以2叶露出蛭石为好，栽苗密度为180~220株/m^2。

8. 保湿

将移栽于蛭石的脱毒苗用小拱棚覆盖（白色棚膜为宜），苗成活后，取掉小拱棚（5~8d）。保湿阶段不能使蛭石干涸；湿度应达成100%；温度25℃~28℃，若温度太高，如大于30℃则会产生烧苗现象。

9. 浇水

保湿阶段结束后（苗成活），要及时浇水，整个生育期含水量以50%~60%（将蛭石用手捏，蛭石能成块但不出水）为宜。

10. 喷农药

微型薯整个生育期要及时防治病害，特别是真菌病害。喷施方法为：每周喷一次，用量看说明，多种农药交替使用。根据经验，代森锰锌、甲霜灵锰锌、霜霉疫净、杀毒矾、安泰生、雷多米尔是几种控制真菌的较为有效的农药。第一次防病害时最好用代森锰锌或甲霜灵锰锌，以后如不遇特殊情况一般不再用。对马铃薯晚疫病提倡以预防为主，防治结合。

对已生产一次微型薯的地块和再次利用的蛭石，必须注意细菌性病害的防治。其防治措施是将1 280万~1 300万单位的医用青霉素（不能用农用链霉素）兑水10~15kg并与0.1‰的高锰酸钾混合，喷洒于铺平的蛭石中，然后用水浇透，使一部分药剂进入土壤，并在苗子保湿期再用医用青霉素喷防一次。

11. 管理

待苗子长到7~8叶时，培蛭石一次（5~6cm厚）。注意防止病源的侵入，特别是病毒的侵入，严格控制带病植物、带病昆虫进入温室网棚，棚内禁止吸烟。

12. 收获

待80%的薯块长至1.5g以上时及时收获。

13. 微型薯保存

微型薯收获后及时晾晒，并喷杀防治真菌和细菌农药一次，待表皮无水分后入窖贮藏。窖温 1℃~10℃ 为宜，湿度 50%~80%。

十六、马铃薯脱毒原种高产栽培技术

马铃薯脱毒种薯种植，除满足马铃薯一般的栽培技术之外，还有一些特殊的技术要求。马铃薯脱毒原种栽培就是将脱毒苗生产的微型种薯（原种）在大田种植、收获的栽培技术。

（一）注意事项

1. 防止病毒感染

在病毒病多发区采用网棚种植；在病害少的地区如高海拔（适宜种马铃薯的海拔范围）或与马铃薯等同病源作物的地方采用自然隔离种植。

2. 严格选种和施肥

微型薯休眠期较长，忌种植未通过休眠期的原种，且属忌氯作物，不能施含氯的肥料；原种生产要求种植在水肥条件较好的地块。

（二）产量指标及构成因素

1. 产量指标

每亩产量 1 300~1 800kg。

2. 构成因素

每亩保苗 9 000 株，单株产量 0.15~0.2kg。

（三）农艺措施

1. 播前准备

（1）选茬

前茬以禾本科（冬春麦）及豆类作物为好，忌连作，轮作年限应在 3 年以上，不宜与茄科（烟草）等作物轮作。

（2）整地

马铃薯是地下茎作物，对土壤孔隙度要求较高，前作物收获后，及时深耕 20~25cm，犁土晒垡，秋末浅耕耙糖保墒，达到墒饱地平，土壤疏松。地下害虫和鼠害严重地块，结合耕地每公顷施 4.5~7.5kg 辛硫磷毒土防治。

（3）种薯（原种）选择和处理

选择已通过休眠期（开始露芽），粒重1.5g以上的无病毒和其他病害的原种。

2. 科学施肥

施肥以农家肥为主，氮、磷、钾配合，结合秋末浅耕一次性施入。一般亩施优质农家肥5 000kg，纯氮15kg、纯磷（P_2O_5）15kg，纯钾20kg。

3. 精细播种

（1）适期播种

播种期以10cm地温稳定在8℃～10℃为宜，一般以4月下旬至6月上旬为宜。

（2）合理密植

原种生产的原则是增加繁殖系数，因此密度要大，一般生产密度为9 000株/亩。

（3）播种方式

实行双垄沟种植，即每垄种两行，垄幅宽为80cm，垄高为20cm左右。垄上行距为30cm，以垄中线为界等距种植，株距24cm。播种深度为10～12cm，一般采用开穴点播或机械种植方式。

（4）地膜覆盖栽培

地膜覆盖栽培是解决高海拔地区前期地温低的一项有效措施，其栽培要点是垄上覆膜，其他栽培同上。

4. 田间管理

（1）查苗补苗

出苗后及时查苗补苗，保证全苗。

（2）中耕除草

现蕾前（苗高16～20cm）中耕10～13cm，现蕾期浅耕6～10cm，起到松土、除草、保墒的作用。

（3）培土

现蕾期从垄的两侧各取5～6cm的土，从垄沟取6～8cm的土培放在垄面，使之形成18～20cm高的垄，结合培土亩追施速效氮肥2.7kg，速效钾3kg。

（4）病虫害防治

马铃薯病害防治是重中之重，原则是以预防为主，防治结合。一般要求每隔7～10d交替喷施宝大森、代森锰锌、甲霜灵·锰锌、霜毒疫净、杀毒矾、克锰、安泰生、雷多米尔等农药；如果雨水多，湿度大时，要求一周喷一次。

（5）防冻

在高海拔地区没有绝对无霜期，种植马铃薯在苗期注意防霜冻，特别是地膜覆盖种植更为重要，方法为烟雾法。

（6）灌水

苗出全后和现蕾期后各补灌一次水。注意补灌时不能积水，要求全面灌溉。

5. 收获与贮藏

（1）适时收获

茎叶呈黄色，中基部叶片枯萎，薯皮老化，薯块易从脐部脱落时及时收获。

（2）贮藏

入窖前清除病、烂薯和有伤口的薯块，入窖时轻放，防止碰伤，窖内薯堆不宜过厚，堆放数量不能超过窖容 2/3，有效面积堆放薯应在 $250 \sim 320 kg/m^2$ 为宜。贮藏期间两头防热，中间防冻，窖温保持 $1℃ \sim 3℃$，并注意通气。

十七、一膜两年用马铃薯栽培技术

一膜两年用马铃薯栽培技术就是利用上一年种植全膜双垄沟播玉米后未揭的地膜第二年继续种植马铃薯的一项节本增效技术。其技术核心是覆盖一次地膜用两年，其技术优点是能最大限度地保蓄土壤水分，减轻冬春季节土壤水分的蒸发，有利于春播；又使地表免受降雨的冲刷和风蚀。

（一）选用品种

半干旱山区选抗旱性好的优良品种，如新大坪、陇薯 6 号、陇薯 3 号；浅山二阴区应选择丰产、抗病性强的优良品种，如陇薯 6 号、庄薯 3 号。

（二）适期播种

一般在四月中下旬播种为宜。在大垄垄侧距集流沟 10cm 处用点播器打开第一个播种孔，将土提出，孔内点种，打第二个孔后，将第二个孔的土提出放入第一个孔口，用铲轻轻一磕，覆盖住第一个孔口，以此类推。株距为 60cm 左右，每亩保苗 1 800~2 000 株。

（三）田间管理

苗期管理，播种后遇雨，在播种孔上易形成板结，应及时破除板结，以利出苗，出苗时如幼苗与播种孔错位，应及时放苗，出苗不齐的应及时补栽。现蕾期要及时摘花打顶，适期叶面追肥。块茎膨大期，在地膜上适量盖土，降低垄内温度，创造冷凉的土壤环境，以利块茎膨大，对脱肥地块进行根部追肥。晚疫病防治，以预防为主。

（四） 适时收获

待 2/3 的叶片变黄、植株开始枯萎时应及时收获。结合秋收，清除地膜，以免造成土壤污染。

第二节 马铃薯病虫害防治

一、真菌性病害

（一） 晚疫病

晚疫病是马铃薯的一种暴发性毁灭性病害。在高湿、多雨、冷凉的条件下病害迅速扩散蔓延，7~10d 之内可使植株地上部分全部枯死，田间一片焦枯，造成减产 10%~50% 不等。

1. 症状

主要侵染叶片、茎和薯块，被侵染的叶片最初在叶尖、叶缘或叶片凹陷处产生暗绿色小病斑；在潮湿条件下，病斑迅速扩大，呈水渍状不规则暗绿色，病斑周围病健组织交界处有黄色晕圈，边缘可见到由菌丝体形成的白色霜霉层，叶片背面多于正面。病害发生严重时，病斑扩展到主脉、叶柄和茎部，茎叶黑褐色，叶片枯死下垂，茎秆倒伏。在高温干旱条件下，病斑停止扩大，并形成坏死区或症状表现不明显，鉴定时将病叶采回，经表面消毒后将叶片放入培养皿中，在 15℃~18℃ 条件下保湿培养，经 4~5d 在叶面上若能长出霜状霉层，可初步诊断为晚疫病，经进一步检验即可确定。被侵染薯块表面有褐色小斑点，逐渐扩大，形成稍凹陷的淡褐色至灰紫色的不规则病斑，切开病薯可看到由表向内扩展 1cm 左右的一层锈褐色坏死斑，与健康组织界限不整齐。病薯在高温多湿条件下，常伴随其他病菌侵染而腐烂。薯块在田间发病，严重的在收获期开始腐烂，也可以在田间被侵染而入窖后大批腐烂。

2. 发病规律

病菌主要以菌丝体在病薯中越冬。由于部分带病种薯（>1%）并不表现任何感病的症状，所以即使严格挑选也无法保证所有种薯不带病。播种带病薯块，可导致不发芽或发芽后在出土前死亡，感病轻的种块其病原菌能够侵染到幼芽上，幼芽出土后形成中心病株。早期是从病株下部叶片开始发病，多从叶尖或叶缘开始，初为水浸状褪绿斑，周围具浅绿晕圈，湿度大时病斑迅速扩展成黄褐至暗褐色大病斑，并扩大至叶的大部或全叶，界限不明显，常在病健交界处产生一圈稀疏白霉，即病菌孢囊梗和孢子囊，雨后或清晨尤为明显，发病严重时，叶片背面布满霉层。早期的茎部侵染过程受温度影响较大，病斑的发展速度通常比叶部侵染的发展速度要慢得多。茎部感染在相当长的时间内都具有产生孢子囊的能力，在潮湿的环境下茎部病斑产生孢子囊借风雨传播进行再侵染，在中温（13℃～20℃）高湿（77%以上）条件下，病害由点到面，迅速扩展蔓延。在马铃薯生长后期除了叶部感染以外，茎部的感染通常也很严重，常导致病害大面积流行。叶片和茎秆上病斑产生的孢子囊还可随雨水或灌溉水渗入土中侵染薯块形成病薯，成为翌年初侵染源。相关的研究表明，在马铃薯生长后期的茎部感染比叶部的感染导致的薯块感病更为严重。原因是受侵染后块茎产生的孢子囊很容易被雨水冲刷下来引起地下薯块的感染，可以感染生长于深达 10cm 处的块茎。块茎也可能在挖薯时，由于接触感病的茎叶或带病的土壤而受感染。而且茎部侵染在高温下依旧保持活性和侵染能力，在 30℃ 高温条件下叶部侵染不会产生孢子囊，而茎部侵染依然可以产生多达 20 000 个孢子囊。马铃薯晚疫病的发展必须有一定的温度和湿度条件，病菌喜中低温和高湿度条件，相对湿度 95% 以上，18℃～22℃ 有利于孢子囊的形成，冷凉（10℃～13℃）保持 1～2h 又有水滴存在时，有利于孢子囊萌发产生游动孢子，温暖有水滴存在，利于孢子囊直接产生芽管。侵染后潜育期的长短取决于气温的变化。在感病品种上，最低温（夜间）为 7℃ 及最高温（日间）为 15℃ 时，潜育期为 9d，当夜间温度为 17℃ 及日间温度为 28℃ 时，潜育期最短时间为 3d。在良好的天气条件下，有一些零星病株经过 10～15d 能够感染全田。因此，多雨年份、空气潮湿、多雾条件下发病重。种植感病品种，只要出现湿度高于 95% 持续 8h 以上，日均气温 17℃ 左右，叶片上有水滴持续 14h 以上，该病即可发生，在干燥天气时，病株干枯，在潮湿天气时则腐败。

3. 防治方法

（1）种植抗病品种

根据气候条件和地理条件选择适宜的抗病品种。

2. 严格精选种薯，淘汰病薯

要在秋收入窖、冬藏查窖、出窖、切块、春化等过程中，每次都要严格剔除病薯，有条件的要建立无病留种地，进行无病留种。

3. 加强栽培管理

（1）合理施肥，合理密植

重施氮肥可使马铃薯茎叶发生徒长，徒长和密度过大，会造成花期茎叶量过大，田间荫闭，不利于植株间通风透气，尤其是多雨季节，田间湿度上升，促使病害提早发生，并加快在田间的传播速度，导致病害流行。所以，在施肥上要控制氮肥用量，增施磷钾肥，促使马铃薯健壮生长，提高抗病能力，减轻病害。种植密度按不同区域合理安排，一般干旱区种植密度可控制在 2 000~2 200 株/亩；半干旱区可控制在 3 500 株/亩以内；二阴区及阴湿区种植密度控制在 4 500 株/亩左右；早熟性好的品种以 5 000~5 500 株/亩为宜，在晚疫病重发区，应适当降低种植密度。

（2）深培土，减少病菌侵染薯块的机会

种薯播种时，深度应保证在 5cm 以上，并分次培土，厚度也应超过 10cm，使病菌不易侵染到薯块上，降低块茎带菌率，减少烂薯损失。

（3）收获时精细操作

最大限度减少块茎伤口。

4. 种薯处理

（1）拌种

播种前 7~10d 将种薯摊开放在通气良好的房间，隔天翻动薯块，拣除病烂薯，用 72%的霜脲·锰锌（克露）、70%甲基托布津或 50%多菌灵和滑石粉，按 0.05：0.05：1 的比例混合后拌种，或选用 80%丙森锌（大生 M-45）、70%甲基托布津和 95%的滑石粉，以 3：2：95 的比例混合后拌种，每千克混合剂可处理 100kg 种薯，或选用 58%甲霜灵·锰锌可湿性粉剂 75~100g 加细土或细灰 2~3kg 混合均匀后干拌在 100kg 种薯上，拌药后的种块应晾干（一般为 1d），使薯块切口木栓化后播种。

（2）浸种

切种后用 72%的霜脲·锰锌（克露）可湿性粉剂 500 倍液浸种 5min，捞出晾干后播种，或选用 58%甲霜灵·锰锌可湿性粉剂 75~100g 加 2~3kg 水均匀喷洒在 100~150kg 种薯表面；避光晾 2h 以上，待药液吸收后播种，干旱地区还可用 58%甲霜灵·锰锌可湿性粉剂和稀土旱地宝各 100g（适宜干旱半干旱地区）加水 30kg，将 100kg 种薯浸入其中 10~30min，捞出晾干后播种。上述处理可推迟晚疫病发生时期，减轻发病程度。

5. 消灭中心病株

当在田间发现中心病株时，将病株连同薯块一起挖出，带出田外深埋，病穴内用生石灰撒施消毒或用霜脲氰（杜邦抑快净）1 000~1 500 倍液杀菌剂喷雾，对土壤进行消毒处理，对病株周围 25m 范围内的植株及地表也要进行喷药处理。

6. 喷药控制

要制订合理的病虫害控制全程用药方案，预防为主，是晚疫病防控的重要措施。也可在发病前每亩选用 75%代森锰锌水分散剂或 70%丙森锌（安泰生）可湿性粉剂 75~100g 喷雾预防；发病期（8 月下旬至 9 月下旬）每亩可选用 65%霜霉威·氟吡菌胺悬浮剂（银法利）75~100g；50%氟吗锰锌可湿性粉剂（施得益）、80%代森锰锌可湿性粉剂（疫卡），58%甲霜灵·锰锌可湿性粉剂（宝大森）或者40%烯酰吗琳可湿性粉剂100g，兑水60~75kg均匀喷雾，每隔7~10d喷一次，根据田间发病情况和近期降雨情况连喷2~5次。

（二）早疫病

早疫病也称轮纹病、夏疫病，是马铃薯普遍发生的病害，凡是种植地区均有发生，近几年发生危害呈上升趋势，干燥高温条件下常见此病发生，特别是干旱地区或瘠薄地块因早疫病危害所造成的损失不亚于晚疫病。该病潜育期短，侵染速度快，除为害马铃薯外，还可为害番茄、茄子、辣椒、龙葵、烟草及其他茄属植物。

1. 症状

主要危害叶片，也可侵染茎秆和薯块。叶片受害最初出现黑褐色水浸状小斑点，然后逐渐扩大形成褐色病斑，病斑上有同心轮纹，很像树的年轮。病斑多为圆形或卵圆形，有的病斑受叶脉限制呈多角形。严重时病斑相连，整个叶片干枯，通常不落叶，湿度大时叶片上产生黑色绒毛状霉层，即病原菌的分生孢子和分生孢子梗，一般从植株下部叶片开始发病，逐渐向上蔓延，严重发病时大量叶片枯死，田间出现一片枯黄。茎、叶柄受害多发生于分枝处，病斑褐色，线条形，稍凹陷，扩大后呈灰褐色长椭圆形斑，有轮纹。块茎发病后薯皮上产生暗褐色凹陷的圆形或近圆形或不规则形病斑，大小不一，边缘清晰并微隆起，有的老病斑出现裂缝，皮下浅褐色呈海绵状干腐。

2. 发病规律

病菌以分生孢子或菌丝体在土壤中的病残体或病薯上越冬，翌年种薯发芽时病菌开始侵染。带病种薯发芽出土后，其上产生的分生孢子借风、雨传播，并产生分生孢子进行多次再侵染使病害扩展蔓延。当叶片有结露或有水滴时，分生孢子萌发，从叶片气孔、伤口或穿透表皮直接侵入。病菌易侵染老叶片，遇有小到中雨或连续阴雨，田间湿度高于70%，该病易发生和流行。条件适宜时，病菌潜育期极短，5~7d后又长出新的分生孢子，引起重复侵染，经过多次再侵染使病害蔓延扩大。

土壤瘠薄或肥力不足的田块发病重。沙质土壤肥力不足或肥料不平衡或缺锰发病重；病毒病、黄萎病或线虫病以及虫害严重时发病重；生长衰弱的田块发病重；收获时机械损伤多，贮藏期温度偏高（10℃以上）的薯块发病重。过早过晚栽种，氮磷肥量多可增加感病性，适当增施钾肥可提高抗病性。此外，生长期营养不良，遭干旱、冰雹、虫害或其他灾害时，早疫病发生更重。早疫病对气候条件的要求不如晚疫病严格，较高的温度和湿度有利于发病。通常温度在15℃以上，相对湿度在80%以上开始发病，25℃以上时只需短期阴雨或重露，病害就会迅速蔓延。因此7~8月雨季温湿度合适时易发病，若这期间雨水过多、雾多或露重则发病重。

3. 防治方法

（1）加强栽培管理

选择土壤肥沃的高燥田块种植，实行轮作倒茬，增施有机肥，土壤有机质含量低的地区应制订合理的施肥计划，根据土壤养分分析报告，配方施肥，增施钾肥，提高寄主抗病能力是防治此病的主要栽培措施。清理田园病残组织，做好邻近番茄、茄子、辣椒等茄科类作物早疫病防治；重病地最好与豆科、禾本科作物轮作 3~4 年。清除田间病残体，减少初侵染源。

（2）合理贮运

收获充分成熟的薯块，尽量减少收获和运输中的损伤，病薯不入窖，贮藏温度以 4℃ 为宜，不可高于 10℃，并且通风换气；播种时剔除病薯。

（3）药剂防治

在病害发生前或发生初期，用 77% 氢氧化铜（可杀得）可湿性粉剂 500 倍液、46.1% 氢氧化铜（可杀得 3 000）水分散粒剂 1 000 倍液、80% 丙森锌（大生 M-45）可湿性粉剂 600 倍液、75% 百菌清可湿性粉剂、64% 恶霜·锰锌（杀毒矾）可湿性粉剂、72% 霜脲·锰锌（克露）可湿性粉剂、70% 代森锰锌可湿性粉剂、10% 苯醚·甲环唑水分散剂 2 000 倍液、10% 多抗霉素可湿性粉剂（宝丽安）1 000 倍液喷雾，喷药时不断改变喷头朝向，将药液均匀喷施到叶片正反面，使叶片均匀附着到药液且不下滴。

（三）黑痣病

又叫马铃薯立枯丝核菌病、茎基腐病、丝核菌溃疡病或黑色粗皮病，是以带病种薯和土壤传播的病害。随着人们对晚疫病和早疫病的控制，马铃薯黑痣病上升为马铃薯主产区的重要病害。

1. 症状

主要危害幼芽、茎基部及薯块。幼芽染病腐烂，形成芽腐，不能正常出土，导致缺苗断垄；幼茎发病，呈黑褐色腐败而地上部无症状。其枯死幼茎下新生的第二、第三次幼茎，亦受侵染，导致萌芽延迟，造成缺苗或出苗不齐。能正常出苗的多为细茎，生长中期茎基部或地下茎上出现褐色病斑，下叶黄化卷曲，顶叶变小，微有萎蔫而伸展不良，并呈紫红色。茎基部褐色凹陷斑，大小 1~6mm，病斑及其周围常覆有紫色菌丝层；有时茎基部及块茎上生有大小不等（1~5mm）、形状各异（块状或片状）的黑褐色菌核。感病轻的在地下茎部产生凹陷的褐色病斑，植株矮小，顶端丛生；发病严重的植株顶部叶片向上卷曲并褪绿，茎上病斑环剥，使皮层坏死，地上部枯萎。匍匐茎也出现红褐色病斑、褐色至黑褐色病斑，病斑围绕匍匐茎一周，顶端即腐烂，停止生长。由于匍匐茎变短，新块茎聚集于主茎附近。土壤湿度大时，茎基部产生不定根，由于这种同化物向地下部的输送受阻，病斑上部的节异常肥大，茎基部就会长出气生薯。在近地面和茎基部产生灰白色菌丝层，茎表面呈粉状，容易被擦掉，被粉状物覆盖的茎组织正常。病斑上或茎基部常覆盖紫色菌丝层，茎基部及薯块上形成大小不等、形状各异的块状或片状、散生或聚生的菌核，即病原菌的休眠体，菌核不容易被清洗掉。有的薯块因受侵染造成破裂、锈斑或末端坏死等。块茎之间的接触，导致表面呈龟甲症状。

2. 发病规律

病菌以菌核在病薯或残落于土壤中越冬。在适宜条件下，菌核萌发并侵染幼苗、匍匐茎和薯块，低温、多湿、排水不良有利于该病的发生，带菌种薯是翌年的主要初侵染源，又是远距离传播的主要途径。播种病薯或在病土中播种，病菌可在幼芽经伤口或直接侵染，引起发病，造成芽腐或形成病苗。病菌可经风雨、灌水、昆虫和农事操作等传播蔓延，扩大危害，发病后上下扩展造成地上萎蔫或地下薯块带菌，产生菌核越冬。病菌喜温暖潮湿的条件，菌丝生长最低温度4℃，最高32℃~33℃，最适温度23℃，34℃停止生长，菌核形成最适温度23℃~28℃。在北方春寒、潮湿条件易于发病；春季播种早，土温较低时发病重；土质黏重、低洼积水的翻浆地，不易提高地温，易于诱发黑痣病；病区连作地块发病较重。

3. 防治方法

（1）选用抗病品种

各地可因地制宜选择农艺性状和抗性优良的品种。

（2）适当推迟播种期

发病重的地区，尤其是早春冷凉地区，要适期播种，避免早播，或者适当浅播或垄播，提高地温，促早出苗。

（3）选用无病薯

在收获期、入窖前和播种前各挑拣薯块一次，去除表皮带有菌核的薯块，重病田块收获的薯块不能做种薯。

（4）轮作倒茬

一般发病田块与非禾本科作物实行3年以上轮作，重发田块实行5年以上轮作，防止菌核在土壤中积累，减少土壤中菌核数量。

（5）种薯消毒

播前可用3%的丙森锌（大生M-45）+2%的甲基托布津+95%的滑石粉混合剂，每千克混合剂处理100kg种薯，或者70%代森锰锌可湿性粉剂（安泰生）、80%丙森锌可湿性粉剂（大生M-45）、50%多菌灵可湿性粉剂、15%恶霉灵水剂500倍液，或50%福美双可湿性粉剂 1 000 倍液，或 5%井冈霉素水剂、20%甲基立枯磷乳油 1 500 倍液浸泡种薯 10min 后，捞出晾干播种，或用 2.5%咯菌腈种衣剂（适乐时）切种后进行包衣，每 100kg 种薯需 100~200ml 的种衣剂，阴干后播种。

（6）田间处理

播种时每亩用 25%嘧菌酯悬浮剂（阿米西达）40ml 兑水 30kg 喷施在播种沟内，播种后覆土；在出苗后发现有丝核菌侵染，用 25%嘧菌酯 1 000 倍液进行灌根治疗，每株灌 50ml 药液。

（四）干腐病

干腐病是一种普遍发生的块茎病害，田间染病，主要在贮藏期为害，其损失大小取决于马铃薯在田间的生长状况以及块茎的品质、运输和贮藏的条件等。

1. 症状

病斑多发生在薯块脐部或伤口处。初期在薯块表面出现暗褐色、稍凹陷的病斑，逐渐发展使薯皮下陷、皱缩或形成不规则的同心皱叠轮纹，其上着生白色、浅灰色、黄色或粉红色的绒状颗粒或霉状物即病菌子实体。切开病薯，可见浅褐色或暗褐色的腐败物质，发硬干缩，有的形成髓部空腔或裂缝，内有灰白色由菌丝形成的霉状物。湿度大时转为湿腐，发病部位呈肉红色糊状，无特殊气味，在干燥条件下，病薯变成坚硬的淀粉团。

2. 发病规律

该病为土传病害，病原菌主要以菌丝体或分生孢子在病残组织或土壤中越冬。主要通过采挖、运输、贮藏期间所造成的伤口或擦伤表皮处侵入，也可通过其他病虫害所造成的伤口侵入，还可通过皮孔、芽眼等自然孔侵入，在贮藏期病健薯接触易扩大危害。病害适宜发育温度为 15℃~20℃，5℃以下发展缓慢。贮藏前期发病较轻，随着贮藏时间延长和窖温的升高，该病危害逐渐加重。当窖温高、湿度大时，贮藏的大量薯块发病腐烂；翻窖、倒窖次数多，易造成新的机械损伤，对该病菌的侵入提供了有利条件，发病重；收获时气温低，湿度大，不利于伤口愈合，贮藏期发病重。

3. 防治方法

（1）清洁窖体，熏蒸消毒

薯块贮藏前半月，将窖内杂物全部清理干净。每立方米用 40%甲醛 32ml、水 16ml、高锰酸钾 16g，将甲醛和水倒入瓷器后，再加入高锰酸钾，稍加搅拌，关闭窖门和通气孔，熏蒸 48h 后揭开窖门和通气孔，通气 24h 后贮藏。

（2）先杀秧后收获

在收获前 10d，先用杀秧机或百草枯杀秧，或氢氧化铜（杜邦可杀得 3000）60g/亩与杀秧剂一起使用，或在单用杀秧剂杀秧后，全田喷施氢氧化铜（杜邦可杀得 3000），促使薯皮老化，保护地下薯块避免病菌侵染，减少储藏时马铃薯的烂薯率。

（3）晾晒薯块（种薯）

晴天收获，收获后的薯块应晾晒 2~3d，去掉表皮泥土，然后放在通气良好的棚内预贮 10~20d 再入窖，种薯在保证不受冻的情况下晾晒 10d 以上再入窖。

（4）控制窖温

贮藏早期适当提高窖温，加强通风，促进伤口愈合，以后窖温控制在 1℃~4℃，发现病烂薯及时剔除。

（5）喷洒药剂

贮藏前用 70%代森锰锌可湿性粉剂（安泰生）、80%丙森锌可湿性粉剂（大生 M-45）500 倍液；41%氯霉·乙蒜乳油（特效杀菌王）800 倍液；或用 0.2%甲醛溶液喷洒薯块，晾干后入窖贮藏。

（6）烟雾剂熏蒸

在贮藏期间，用百菌清、速克灵等烟雾剂熏蒸贮藏窖。

（7）防止切块被雨水淋湿或太阳直晒

种薯切块后防止切块被雨水淋湿或太阳直晒，切块风干后播种。

（五）湿腐病

1. 症状

马铃薯湿腐病主要危害叶片、茎和块茎，植株下部叶片和叶柄感病，会出现暗绿色病斑，继而软腐；茎基部感病出现暗褐色湿腐状病斑，并纵裂；块茎染病，病菌从伤口侵入，初侵染时病斑呈褐色水渍状，当病害扩展时，块茎肿大，薯肉组织呈黑色水孔状，用手挤压病薯，皮层开裂，并溢出大量液体。症状与细菌引起的软腐病大致相似，但颜色较深无臭味。

2. 发病规律

病菌在土壤中和受感染的薯块上越冬，通过伤口侵入薯块。当种薯播种后，切开的薯块较容易被侵染而腐烂。在收获时薯块未成熟或薯块碰伤后也容易被病菌侵染而引起湿腐。

3. 防治方法

（1）整薯坑种，防止种子带菌传播病害

整薯坑种的植密度保持到 1 800~2 000 穴/亩。

（2）防止创伤，剔除病薯

在收获、拉运、贮藏过程中造成的"伤口"是病菌入侵的主要途径，因此，在搬运中要轻拿轻放。入窖前剔除病、烂薯，在室内通风条件下存放（预贮）20~30d，待水分散失后入窖。预贮期间防止阳光照射，引起薯块变绿变味。

（3）贮藏期间注意排气降温

在外界气温高于-4℃时，保持窖内排气畅通，储藏期间温、湿度偏高时，要排气降温降湿，清明前后掰芽，翻动窖内薯块1次，剔除有病薯块。

（六）立枯病

立枯病又叫镰刀菌枯萎病，该病除侵染马铃薯外，还可危害番茄、球茎茴香、甜瓜、草莓等。

1. 症状

发病初期，下部叶片白天萎蔫，傍晚恢复，两天后，不再复原；植株矮化、丛生，叶片褪绿，黄化或呈青铜色，腋芽处着生气生薯。根系及茎基部皮层腐烂，剖开病茎，维管束变褐，湿度大时，病部常产生白色至粉红色菌丝，植株提早枯死。块茎表面有病斑或腐烂，茎末端变褐和在匍匐茎着生处腐烂，内部维管束变色。

2. 发病规律

病菌主要以菌丝体或厚垣孢子在土壤或栽培基质中越冬，可营腐生生活，为典型的土传病害。根或茎的腐烂处在潮湿环境中产生子实体，孢子借气流、雨水、灌溉水传播。病菌有时寄生在病株维管束中而无症状表现，有时进入维管束后能马上堵塞导管，并产出有毒物质，扩散并逐渐向上延展，导致病株叶片枯黄而死。镰刀菌枯萎病发病最适宜的温度为27℃至32℃，在20℃时病害发生趋向缓和，到15℃以下时则不再发病。在春夏季节，高温、干旱条件下植株生长势弱，病害发生较重；氮肥施用过多，以及偏酸性的土壤，也有利于病菌的生长和侵染，会促进病害的发生和流行。

3. 防治方法

第一，清除田间病残体，进行种薯生产时应对栽培基质实施消毒。

第二，选用无病种薯。

第三，合理密植，加强通风透气。

第四，发现病株应及时拔除并销毁，减少病菌的进一步扩散。

第五，药剂防治：可用25%嘧菌酯悬浮剂（阿米西达）1 000倍液，42%噻菌灵悬浮剂或50%多菌灵可湿性粉剂500~600倍液轮换灌根2至3次，即可有效地控制危害。

（七）黄萎病

又称马铃薯早死病或早熟病，是马铃薯上的一种重要病害，轻者损失20%~30%，重者损失达 50% 以上。

1. 症状

在整个生育期均可侵染。发病初期由叶尖沿叶缘变黄，从叶脉向内黄化衰弱，后由黄变褐干枯，但不卷曲，直到全部叶片提早枯死，不脱落。成株期发病，植株一侧叶片或全部逐渐萎蔫，引起植株凋萎。根茎染病初症状不明显，当叶片黄化后，剖开根茎处维管束已褐变，后地上茎的维管束也变成褐色。被侵染块茎维管束环呈淡褐色。严重者通过块茎扩展到茎的髓部，形成纵向的变色条带。受害重的块茎内部可形成空洞，围绕芽眼内形成粉红、棕红或棕褐色变色区，块茎染病始于脐部，有的病薯表面形成不规则的褐色的斑点，维管束变浅褐色至褐色，纵切病薯可见"八"字半圆形变色环。

2. 发病规律

病原菌以休眠菌丝和拟菌核在种子内外、病株残体、土壤肥料以及土壤中越冬，翌年条件适宜，通过根毛、伤口（包括不定根伸出点处的伤口）、枝条和叶面进行侵染。侵入后菌丝在细胞内和细胞间向木质部扩展。病菌进入导管内可大量繁殖，并随液流迅速向上向下扩展至全株，导致萎蔫，并使组织中毒变褐。分生孢子在田间随灌溉水、雨水、农事活动亦能传播侵染，但不起主要作用。病菌喜温暖和高湿的条件，20℃～26℃的温度，辅以土壤高湿度，利于病害发展，所以地势低洼，土质黏重，土壤阴湿，施用未腐熟粪肥，均会加重病情，灌水过大不仅会增加土壤湿度，并且降低了土温，不利于根部伤口愈合，利于病害发生，土壤中线虫和地下害虫多，发病也重，连作地块发病也重，和禾谷作物轮作病害减轻。

3. 防治方法

第一，选用抗病品种。

第二，与禾本科或豆科作物实行 4 年以上的轮作，避免重茬。

第三，加强田间管理。施用沤制充分腐熟的有机肥，在晴天浇水，勿大水漫灌，浇水后及时中耕，清除田间杂草，拔除病株，农事操作减少伤根，收获后清除田间病残体，减少侵染源。

第四，进行药剂拌种。播前用 50% 多菌灵可湿性粉剂 500 倍液或 70% 甲基托布津可湿性粉剂 800 倍液浸种 1h，捞出晾干后播种。

第五，土壤消毒。有条件的地方可用苯来特和杀线虫剂如棉隆等处理土壤，有一定的防效。

第六，药剂控制。发病初期用 50% 多菌灵可湿性粉剂 600 倍液或 50% 苯菌灵可湿性粉剂 1 000 倍液做叶面喷雾；也可用 50% 琥胶肥酸铜可湿性粉剂 350 倍液或 12.5% 增效多菌灵可溶剂 200～300 倍液灌根，每株浇 100ml。

（八）炭疽病

炭疽病的发生严重影响马铃薯的产量及药用价值，属我国检疫性病害。

1. 症状

主要危害叶片、地下茎和块茎。感病叶片早期叶色变淡，顶端叶片稍反卷，在叶片上形成圆形至不规则形坏死斑点，赤褐色至褐色，后期变为灰褐色，边缘明显，病斑相互结合形成不规则的坏死大斑，至全株萎蔫枯死。植株下部茎秆感病，其上形成梭形或不规则形白色病斑，病部边缘明显，后期在病部表面产生许多黑色小点，即病菌的分生孢子盘和分生孢子。茎基部空腔内长出很多黑色粒状菌核，地面至地下茎的皮层组织腐朽，易剥落，侧根局部变褐，须根坏死，引起植株萎蔫，病株易拔出。感病薯块形成黑褐色凹陷的病斑，病键部界限明显，病部周围有环状水浸斑，后期病斑皮层下产生的菌核突破皮层，形成许多明显的黑色小颗粒。

2. 发病规律

主要以菌丝体和菌核在薯块或病残体上越冬，菌核能在土壤中保持较长时间，菌丝体或菌核从土壤几厘米深处侵入茎基部皮层。在适宜的环境条件下，菌丝体可迅速到达植株的维管束，进入叶片。翌年春季产生分生孢子，借雨水飞溅传播蔓延。孢子萌发产出芽管，经伤口或直接侵入寄主。寄主生长后期，病斑上产生粉红色黏稠物，内含大量分生孢子，通过雨水传到健薯上，进行多次再侵染。沙质土壤、低氮、高温和排水不畅的地块发病重。马铃薯收获、拉运和贮藏过程中形成的伤口极易被感染，造成窖藏薯块腐烂。

3. 防治方法

第一，加强检疫，严禁从疫区调运种薯和种苗。

第二，清除田间病残体。

第三，重视栽培防病。选择土质肥沃的壤土种植；增施有机底肥和磷钾肥，避免偏施氮肥；避免田间积水，灌水或降雨后及时中耕松土，避免土壤板结和湿度过大，提高植株抗病力。

第四，严格挑选种薯，并进行播前种薯处理。可选用25%溴菌清可湿性粉剂（商品名：炭特灵）、70%甲基托布津可湿性粉剂600倍液浸种5～10min。

第五，清洁贮藏窖，通风降湿。彻底清除贮藏窖内残存物、土杂质，撒生石灰消毒，打开通气孔或窖口通风3～5d，然后入窖。

第六，药剂防治。发病初期开始喷洒50%敌菌灵可湿性粉剂400倍液；36%甲基硫菌灵悬浮剂、5%甲基砷酸铁铵水剂（田安）、50%多·硫悬浮剂、50%甲基硫菌灵可湿性粉剂500倍液；或25%溴菌清可湿性粉剂（炭特灵）600倍液，70%甲基托布津可湿性粉剂、50%多菌灵可湿性粉剂、80%炭疽福美双可湿性粉剂、2%春雷霉素水剂（加收米）800 倍液；或 25%丙环唑乳油（敌力脱）1 000 倍液；25%咪鲜胺（扑霉灵、丙灭菌、丙氯灵）可湿性粉剂 1 200 倍液，25%嘧菌脂悬浮剂、60%唑醚代森联水分散粒剂（百泰）、6%氯苯嘧啶醇可湿性粉剂（乐必耕）1 500 倍液；30%苯噻氰乳油（倍生）2 000 倍液，50%醚菌酯水分散粒剂（翠贝）3 000 倍液；还可用 10%苯醚甲环哇水分散粒剂（世高）6000 倍液喷施植株茎叶，保证不漏喷不重喷，以药液均匀展布不下滴为准；70%甲基硫菌灵可湿性粉剂 1 000 倍液加 75%百菌清可湿性粉剂 1 000 倍液，防效优于单用上述杀菌剂。以上药剂 7~10d 防治 1 次，连续防治 2~4 次。

（九）坏疽病

1. 症状

该病害主要为害叶片、茎秆和薯块。在叶片上主要出现失水状萎蔫，变黄，用手触摸有软绵的感觉，晴天表现得更加明显，一般在植株的一侧或复叶的一侧从下向上扩展，湿度较小时叶片纵卷，严重时整株萎蔫枯死，且带菌薯块不同芽眼所生长的植株发病严重程度不同。有些植株在马铃薯生长前期就出现枯死症状，但在枯死植株上没有发现病原菌所产生的分生孢子（组织分离培养可获得该病原），有些植株前期生长正常，后期表现出症状，即植株茎基部出现褐色病斑，并向上扩展，在茎和叶柄交接处症状明显，病组织变干凹陷，衰老的茎组织上产生大量的黑色小颗粒（病原菌分生孢子），叶片出现失水状萎蔫，逐渐枯死。在贮藏期薯块上初期多在伤口、脐部或芽眼处形成大小约 1cm 的凹陷病斑，病斑圆形、椭圆形或不规则形，以后逐渐扩大形成大型的斑，形状不规则，病斑颜色为土黄色、淡红色、淡紫色或淡褐色至褐色，病斑不变软，多数薯块病斑表皮皱缩，有隐约可见的指纹状同心纹，病健交界处呈深褐色，交界部位明显，后期在病斑中心可见突破表皮散生的小黑点（病原菌的分生孢子），逐渐发展为明显可见的黑色小颗粒（聚集成堆的分生孢子）。切开病薯，可见病部由外向内呈不规则形扩展，病部组织呈土黄色至褐色腐烂，病健交界处清晰，病薯上具有多个侵染点，导致整个薯块腐烂。在冷冻 4℃干燥的贮藏条件下病害发展最迅速。

2. 发病规律

带病种薯调运是该病害远距离传播的主要途径。病菌随马铃薯的种子，在茎蔓、病叶、杂草和土壤内越冬，带病的种子出苗后，在衰老的马铃薯茎秆和杂草上越冬，病株茎上产生大量的器孢子，在马铃薯整个生长期都可释放，借风雨传播进行多次再侵染。在马铃薯生长的中后期，7~9 月降雨多的条件下，病害迅速扩展，造成全田流行，分生孢子随雨水渗入到土壤内，造成薯块发病，该病菌在无寄主的条件下，能在土壤中腐生 2 年。土壤湿度大有利于病害发展，豌豆能被该病原菌侵染但不表现症状，马铃薯在收获、搬运与贮藏过程中形成的伤口极易被分生孢子感染，带病薯块与有伤口的薯块是造成窖藏马铃薯腐烂的重要病害。

3. 防治方法

（1）选种留种

挑选薯皮光滑细嫩，芽眼深浅一致，无病斑、无畸形、无龟裂、无杂薯的健康薯块作种子。

（2）防止创伤，捡除病薯

在田间收获时和拉运、贮藏过程中碰伤的"伤口"是病菌入侵的主要途径，因此，在搬运过程中，要做到轻拿轻放，入窖前捡除烂薯、病薯，在室内储存 20~30d，待水分散失后入窖，预贮期间防止阳光照射，引起薯块变绿变味。

（3）注意排气降温

在外界气温高于-4℃时，保持窖内排气畅通，储藏期间湿度或温度偏高时，需要排气降温降湿，清明前后掰芽，翻动窖内薯块 1 次，清除有病薯块。

（4）种薯处理

用 7.25%咯菌腈（亮盾）悬浮种衣剂 1kg 兑水 3~5kg 处理种薯 2 000kg。

（5）药剂防治

在马铃薯块茎膨大期用 32%嘧菌酯苯醚（阿米妙收）悬浮剂 1500 倍液或 72%霜脲·锰锌可湿性粉剂 300 倍液茎叶喷雾，每隔 7~10d 防治一次，连喷 3 次。

二、细菌性病害

（一）环腐病

1. 症状

该病属细菌性维管束病害。地上部感病，分枯斑型和萎蔫型两种。枯斑型多在植株基部的顶叶上先发病，叶尖和叶缘及叶脉呈绿色，叶肉为黄绿或灰绿色，具明显斑驳，且叶尖干枯或向内纵卷，病斑扩展，枯斑叶自下向上蔓延，最后全株枯死；萎蔫型初期从植株顶端的复叶开始萎蔫，似缺水状，逐步向下扩展，叶片不变色，中午时症状最明显，以后随着病情发展，全株叶片开始褪绿，内卷下垂，终致植株倒伏枯死。该病在田间表现不是一穴中所有主茎都有上述症状，有时一穴中仅有一个或两个主茎发病，也有地上部不显现病症的。横切茎基部，可见维管束呈浅黄色或黄褐色，有白色菌脓溢出。块茎发病，轻病薯外部症状不甚明显，发病严重时脐部周围有弹性变软之感。纵切薯块可见从脐部开始维管束半环变黄至黄褐色，或仅在脐部稍有变色，薯皮发软，脐部皱缩凹陷，重者可达一圈。发病严重时，用手挤压病薯，会有乳黄色的菌脓溢出，皮层与髓部发生分离。经贮藏，块茎芽眼变黑干枯或外表爆裂，播种后不发芽或发芽后在出土前枯死，或形成病株。

2. 发病规律

病菌在种薯中越冬，成为翌年初侵染来源。带病种薯播种后，发病重的薯块芽眼腐烂不能发芽，感病轻的薯块发芽成为田间病株，病菌沿维管束上升到地上茎，使茎部维管束变色，或沿地下匍匐茎进入新结薯块，使薯块感病。病菌主要通过切薯刀具传播，据试验，切一刀病薯，可连续传播 15~60 个健康薯块。病菌发育对温度适应范围广，最适温度 20℃~23℃，最高 31℃~33℃，最低 1℃~2℃，病菌在干燥条件下 50℃经 10min 致死，最适 pH 值 6.8~8.4，传播途径主要是在切薯块时，病菌通过切刀带菌传染。超过 31℃病害发展受到抑制，低于 16℃症状出现推迟。一般来说，温暖干燥的天气有利于病害发展，贮藏期温度对病害也有影响，在温度 20℃上下贮藏比低温 1℃~3℃贮藏发病率高得多。播种早发病重，收获早则病薯率低，病害的轻重还取决于生育期的长短，夏播和二季作一般病轻。

3. 防治方法

（1）建立无病留种田，生产无病种薯

当年种植的马铃薯田，在开花期进行严格的田间检查，选择健康植株，做上标记，收获时，先将做标记的健康种薯单收单贮，供下年做种用，也可以芽栽留种。

2. 整薯播种并留种，同时播前严格挑选种薯

播种前 7~10d 将种薯摊开在房间，厚度 2~3 层，隔天挑拣一次病烂薯，待幼芽长到火柴头大小，再放在散射光下晒种 2~3d，使芽和薯皮变绿时切薯播种。

3. 切刀消毒

种薯需要切块时，应准备 2 把刀具，将切刀放入 0.1%高锰酸钾溶液、75%的酒精中浸泡消毒，或切薯时，烧一锅（壶）开水，并放入少量食盐，将切刀煮沸 5~10min，待冷凉后再切薯。严格做到"一刀一薯"。

4. 拔除病株，淘汰病薯

在盛花期，深入田间调查，发现病株，及时连同薯块挖除干净，对降低发病率有一定的效果。种薯入窖时，挑除带病薯块，可避免烂窖。

5. 药剂防治

将种薯用 77%氢氧化铜可湿性粉剂（可杀得）500~700 倍液浸泡 3~5min，捞出晾干后播种。或每亩用 77%氢氧化铜可湿性粉剂（可杀得）130g 或 46.1%氢氧化铜（可杀得 3000）水分散粒剂 50g 叶面喷雾防治 1~3 次。

（二）黑胫病

黑胫病是马铃薯上普遍发生的病害，寄主范围极广，除为害马铃薯外，还可侵染茄科、葫芦科、豆科、藜科等100多种植物。

1. 症状

该病从苗期到生育后期均可发生，主要为害茎基部和薯块，发病重的薯块播种后不发芽，或刚发芽就烂在土中，发病轻的薯块能正常发芽出苗，成为田间病株。幼苗发病，植株矮小、节间缩短，叶片上卷，叶色褪绿，被侵染茎部维管束呈现典型的黑褐色腐烂，横切茎蔓可见3条主要维管束变为褐色，最终萎蔫而死，且根系不发达，易从土中拔出。发病早、发病重的病株早期就萎蔫枯死，不结薯，发病晚、发病轻的植株只有部分枝叶发病，症状不明显田间块茎发病始于脐部，纵切薯块，病部黑褐色，呈放射状向髓部扩展；横切薯块可见维管束呈黄褐色，用手挤压病部，薯皮和薯肉不分离。湿度大时，薯块呈黑褐色腐烂，散发恶臭味，有别于青枯病。发病轻的薯块，只在脐部呈现很小的黑斑，有时能看到薯块切面维管束呈黑色小点或断线状。

2. 发病规律

黑胫病初侵染源是带病种薯。病菌在未完全腐烂的薯块上越冬，先通过刀具切薯扩大传染，引起更多的薯块发病，再经过维管束和髓部进入茎部，引起植株发病。发病后大量细菌释放到土壤中，可在根系和某些杂草的周围生殖和繁殖，通过雨水、灌溉水从伤口或皮孔侵染对健康植株的幼根、新生的块茎和其他部分进行再侵染。感病薯块收获后成为翌年初侵染源，温暖潮湿病害蔓延迅速。发病植株残茬或块茎的存在，使细菌存活期延长。在贮藏期病健薯接触通过伤口或皮孔侵染；冷湿地区薯块伤口愈伤组织形成慢，易发病；切好的薯块堆放在一起，不利于切面伤口迅速形成木栓层，田间发病率增高；田间积水烂薯严重。温湿度是病害流行的主要因素。温暖潮湿病害蔓延迅速，冷湿地块薯块伤口木栓化速度慢易发病，田间积水烂薯严重。在潮湿的土壤和温度比较低时（一般不低于18℃～19℃），对欧氏杆菌的传播侵染有利。从腐烂的种薯里释放到土壤里的欧氏杆菌可存活不同的时间，这主要取决于土壤温度，土壤水分影响较小。2℃时细菌可存活80～100d。一些地下害虫如金针虫、蛴螬造成的伤口以及镰刀菌侵染，有利于此病的发生和加重。此外，中耕、收获、运输过程中使用的农机具以及雨水、灌溉等，都可能起传病的作用。贮藏窖内通风不好或湿度大、温度高，有利于发病。

3. 防治方法

第一，选用抗病品种和无病种薯，严格挑拣，淘汰病薯。

第二，切刀消毒。（方法见环腐病）。

第三，加强栽培管理。选择地势高、排水良好的地块种植，播种、耕地、除草和收获期都要避免损伤种薯。清除病株残体，避免昆虫从侵染源传播欧氏杆菌。注意农具和容器的清洁，降雨后及时疏松土壤，培土起垄，防止茎叶上的病菌趁雨水渗入土壤侵染新结薯块。

第四，小整薯播种。为了避免切刀传染，采用小整薯播种可大大减轻黑胫病的为害。

第五，药剂浸种。用0.1%的春雷霉素或0.2%的高锰酸钾药液浸种30min，捞出晾干后播种。

第六，拔除病株。田间发现病株时及时拔除，减少菌源量。

第七，药剂防治。发病初期用72%农用链霉素可湿性粉剂2 500倍液，或77%氢氧化铜可湿性粉剂（商品名：可杀得）、46.1%氢氧化铜（可杀得3000）水分散粒剂800倍液，或20%唑菌酮可湿性粉剂1 000倍液喷雾防治。

（三）软腐病

软腐病是马铃薯贮藏期间的一种主要细菌性病害，全球马铃薯产区都有分布，每年不同程度地发生。

1. 症状

主要为害叶片、茎及块茎。叶片感病，近地面的老叶先发病，病部呈不规则暗褐色病斑，湿度大时叶片腐烂。茎部感病多始于伤口，向茎秆内扩展，使茎内髓部组织腐烂，具恶臭，病茎上部叶片变黄，枝叶萎蔫下垂。马铃薯软腐病在田间和窖藏期均能浸染薯块，薯块受侵后，初期皮孔略凸起，逐渐成黄褐色或淡黄色圆形或近圆形水渍状斑点，直径1~3mm，以后扩展成不规则形大病斑直至整个薯块腐烂。在30℃以上时病薯内部组织崩解，质地软化，糜烂软腐，往往溢出多泡状黏稠液，发出恶臭；腐烂过程中若温度、湿度不适则病斑干燥，扩展缓慢或停止，呈灰色粉渣状。窖藏期温度高时能形成烂窖，造成严重损失。

2. 发病规律

病原菌潜伏在薯块的皮孔、表皮、病残体或土壤中越冬，带菌率可达100%，在种薯发芽及植株生长过程中，经伤口或自然裂缝或幼根传入薯块或植株，借雨水飞溅或昆虫传播蔓延。潜伏在薯块或植株上的病原菌，遇高温、高湿、缺氧，尤其是薯块表面有水膜存在时，从伤口、自然裂口或皮孔侵入薯块，在薄壁细胞间中大量繁殖扩展。同时分泌果胶酶溶解细胞中的果胶层，引起软腐。腐烂组织在冷凝水传播下侵染其他薯块，导致成堆腐烂。此外，由于病菌的寄主范围很广，其他感病植物也是重要的侵染来源。塘水、沟水及河水等也往往受到病菌污染，用于灌溉，也可引起侵染和危害。带菌的昆虫（如跳甲、蝇类等）和农具也是传病媒介或侵染来源。Eca 是指基因突变引起植株黑胫病，病菌可从蔓内侵入新薯块。带菌种薯是该菌远距离和季节间传播的重要来源。块茎未成熟，受伤，阳光的照射，其他病原物侵袭，温暖高湿和缺氧等都有利于块茎软腐。土壤温度在 20℃~25℃时，块茎是高度感病的；温度在 10℃以上有利于腐烂，较低的湿度抑制腐烂。引起腐烂的最适温度 25℃~30℃。因此土壤黏重，长期大水漫灌、淹水、积水，造成湿度大，通气差，发病重，引起腐烂更加严重。湿度大特别是块茎表面形成水膜及贮藏窖中相对湿度 90%以上，有利于软腐病的发展。在贮藏初期，往往因通风不良，而使块茎处于缺氧状态，这种条件有利于病菌侵染和薯块腐烂。过量施用氮肥也会提高感病性。

3. 防治方法

可从大田、入库和贮藏三个环节上抓好病害防治。

第一，选育推广抗病品种以及采用小薯整播是最好的防治方法。如需切块，则应在切前和切后都将种薯在 12℃~15℃的通风环境中放置数天，然后播种。

第二，加强田间管理，减少薯块带菌量，增施钙肥可提高细胞壁钙含量，增施磷肥可提高组织酚含量，均有利于增强薯块的抗病力，注意通风透光和降低田间湿度。

第三，避免大水漫灌，降雨后及时排出田间积水。

第四，及时拔除病株，并用生石灰撒施消毒，减少田间初侵染和再侵染源。

第五，发病初期喷施 50%DT 杀菌剂可湿性粉剂（琥胶肥酸铜）500 倍液，或 14%络氨铜水剂 300 倍液。

第六，收获时避免造成机械伤口，入库前剔除伤病薯，用 0.05%硫酸铜液剂或 0.2%漂白粉液洗涤或浸泡薯块可以杀灭潜伏在皮孔及表皮的病菌。

第七，适时收获，安全贮藏。到马铃薯充分成熟并使土壤温度降到 20℃以下时收获块茎，贮藏前剔除伤、病薯，贮藏中早期温度控制在 13℃~15℃，经 2 周促进伤口愈合后，在 5℃~10℃通风条件下贮藏。

（四）疮痂病

疮痂病是一种放线菌类土壤微生物引起的病害，夏季高温干旱地区易发生，一般减产 5%~10%，严重影响块茎的外观品质。

1. 症状

主要侵染块茎，块茎表面先产生近圆形至不定形木栓化疮痂状淡褐色细小隆起的病斑或斑块，扩大后形成褐色圆形或不规则形大斑，因木栓化使病斑表面质感粗糙，后期中央稍凹陷或凸起呈疮痂状硬斑块，病斑有扁平、凸起、深裂、网状四种类型，病斑仅限于皮层，不深入薯内，有别于粉痂病。但被害薯块质量和产量仍可降低，不耐贮藏，且病薯外观不雅，商品品级大大下降，造成经济损失。

2. 发病规律

病菌不但能在马铃薯上寄生，而且也能在土壤中营腐生生活，一旦传到新区，就能在当地病薯和土壤中越冬并存活多年，病土、带菌肥料及病薯是主要的初侵染源。在块茎生长早期表皮木栓化之前，病薯从伤口或皮孔侵入，当块茎表皮木栓化后，病菌侵入较困难。病菌发育适温为25℃~30℃，最宜相对湿度33%，适宜pH值5.2~8.6，一般以中性偏微碱性的沙壤土发病较重，中性或微碱性沙壤土发病重，酸性土壤很少发病。品种间抗病性有差异，白色薄皮品种易感病，褐色厚皮品种较抗病，据报道中薯3号不感染，中薯2号为轻感品种。

3. 防治方法

第一，选用抗病品种或从病田中严格挑选种薯（催芽前进行块选，催芽后仍要严格挑选）。

第二，实行5年以上的轮作，最好水旱轮作。适当施用酸性肥料和增施绿肥，可抑制发病；在块茎形成和膨大期间，有条件的地方应少量多次灌水，保持土壤湿润，防止干旱。

第三，种薯消毒。播种前用0.1%的HgCl$_2$液浸种8~10min之后用清水冲洗，再用种衣剂外包营养土播种，或用0.2%福尔马林（含甲醛40%）浸种2h，捞出晾干后播种、或种薯切口涂硫黄粉（勿涂草木灰，以提高酸性，抑菌生长）。

第四，药剂防治。在开花期用52%氢氧化铜可湿性粉剂（丰护安）、DT可湿性粉剂500倍液；47%春雷氧氯铜可湿性粉剂（加瑞农）、77%氢氧化铜可湿性粉剂（可杀得）600倍液喷雾；或46.1%氢氧化铜（可杀得3000）水分散粒剂800倍液；45%代森铵水剂900倍液；DTM（琥乙磷铝）可湿性粉剂1 000倍液；或选用72%农用链霉素可溶性粉剂、100万单位新植霉素5 000倍液等喷雾，施药间隔期7~10d喷一次，连喷2~4次。

三、病毒性病害

马铃薯病毒病是一个包括多种病毒病的综合名称。侵染马铃薯的病毒种类很多，全世界已经发现35种病毒，主要包括三类，一是病毒。主要有来自马铃薯本身固有的病毒如马铃薯X病毒（PVX）、马铃薯Y病毒（PVY）、A病毒（PVA）、S病毒（PVS）、皱缩花叶病毒（PVM）、卷叶病毒（PLRV）、马铃薯黄矮病毒（PYDV）、马铃薯奥古巴花叶病毒（PAMV）及马铃薯黄脉病毒等；来自其他寄主植物，能侵染马铃薯并使其致病的病毒如苜蓿花叶病毒（AMV）、黄瓜花叶病毒（CMV）、甜菜曲顶病毒（BCTV）、烟草脆裂病毒（TRV）、烟草花叶病毒（TMV）、番茄斑萎病毒病（TSWV）及马铃薯伪奥古巴病毒

（PBV）等。二是类病毒，目前只有马铃薯纺锤块茎类病毒（PSTVd）1 种。三是植原体（MLO）。有马铃薯紫顶萎蔫病（AYLMO）及马铃薯丛枝病（PWBLMO）2 种。在我国，已知的毒源种类有 10 种以上。主要的马铃薯病毒种类有马铃薯 X 病毒、Y 病毒、马铃薯卷叶病毒 PLRV、A 病毒及 S 病毒。对生产影响最大的病毒是 PVY 和 PLRV，其次是 PVX 和 PVA，PVS 影响较小。病毒通过接触、介体、种薯及土壤等途径进行传播，造成马铃薯产量下降。蚜虫是最主要传毒介体，传毒蚜虫有 10 多种，以桃蚜为主。蚜虫传毒类型分持久性传毒和非持久性传毒。持久性传毒：蚜虫必须刺吸带病毒的植株汁液，蚜虫一旦获得病毒，病毒在体内繁殖，终身带毒，有的将病毒传给下一代。卷叶病毒属持久性传毒。非持久性传毒：当蚜虫刺吸带病毒的植株汁液后，病毒在蚜虫口腔和内脏中携带，将病毒传给另一植株，当不再刺吸带病毒的植株时，蚜虫很快丧失传毒能力，Y 病毒属非持久性传毒。

（一）卷叶病毒病

1. 症状

被侵染的植株初期症状是顶部细嫩叶片直立、黄化，小叶沿叶脉向上卷曲，小叶基部边缘常呈紫红色。感病种薯播种出苗后，植株下部叶片卷曲，僵直，革质化，边缘坏死，随后上部叶片出现卷曲、褪绿，叶片背面紫红色，病株明显矮化、僵直、变黄，株形松散，用碘测定可看出叶片韧皮部有淀粉积累。植株晚期侵染可能不表现任何症状，使病害的诊断变得困难，病株所结薯块变瘦小，块茎切面有网状坏死。

2. 发病规律

PLRV 不能通过汁液接触传毒。在自然条件下，仅由蚜虫传毒或嫁接传毒。带毒薯块长成的植株成为病毒初侵染来源。田间最有效的传播媒介是桃蚜，其他蚜虫如马铃薯长管蚜等十多种均可将 PLRV 传播到马铃薯上，蚜虫为持久性传毒。蚜虫经较长时间饲毒后才能成为带毒蚜，一旦获毒，便终身带毒，但不传下一代，带毒无翅蚜可近距离传毒，带毒有翅蚜也可随气流迁飞进行远距离传毒。

3. 防治方法

第一，种植脱毒无毒良种。

第二，实施测土配方施肥，避免偏施氮肥。

第三，防治蚜虫。蚜虫发生初期，用 40%乐果乳油 1 000 倍液，或 2.5%溴氰菊酯乳油 4 000 倍液、20%氰戊菊酯乳油 4 000 倍液、10%吡虫啉可湿性粉剂 2 000 倍液喷雾，每亩喷施药液 45kg。每隔 10d 防一次，连防 2~3 次；

第四，喷药控制。在病毒病发生初期，喷施抗毒丰（0.5%菇类蛋白多糖水剂）300 倍液、20%病毒 A 可湿性粉剂 500 倍液、5%菌毒清水剂 500 倍液、1.5%植病灵乳油 1000 倍液，或 15%病毒必克可湿性 500 倍液喷雾，每亩喷施药液 45kg，每隔 7~10d 喷施一次，连喷 3~5 次。

（二）马铃薯 Y 病毒病

PVY 也称作条斑病毒、条点病毒、沿脉变色病毒、顶端坏死病毒和重花叶病毒。

1. 症状

随病毒毒株和品种不同，症状差异较大，由无症状到轻花叶、重花叶、粗缩和皱缩花叶、坏死条斑等。一些敏感品种，常在叶片背面叶脉上引起坏死条斑。有些品种还可在叶柄、茎上出现坏死条斑。当和 PVX、PVA 复合侵染时，常引起重皱缩花叶，叶肉凸和叶片向背面曲或向内曲，病株生长缓慢，表现矮化和很难开花，导致生育中期枯死。由带毒块茎长出的植株表现出叶片簇生、矮化、叶片变小变脆，Y 病毒是引起马铃薯退化的重要病毒。

2. 发病规律

在自然情况下，通过汁液、嫁接、蚜虫非持久性进行传毒。据报道传毒蚜虫种类近 15 种，但最有效的传毒介体是桃蚜，属非持久性传毒。有翅蚜的数量与 Y 病毒的感染程度有明显的关系，蚜虫传毒效率与病株上取毒时间的长短有关，取毒饲育或接毒饲育 1min 后，立即传毒，但不能终身带毒的跨龄传毒，病毒在蚜虫体内无循回期。马铃薯被病毒侵染后，影响发育的程度取决于湿度高低。高温有促进病毒增殖的作用。但在高山冷凉地区种植马铃薯，气温对病毒有抑制作用，并使症状减轻，甚至呈潜隐型，但植株体内仍有病毒存在。

3. 防治方法

同卷叶病毒病。

（三）马铃薯 X 病毒病

PVX 又称马铃薯普通花叶病毒或轻花叶病毒，也叫马铃薯潜隐病毒，是全球最早发现的马铃薯病毒，是马铃薯病毒中分布范围最广泛的一种。

1. 症状

X 病毒病的症状随马铃薯品种、病毒株系和环境条件而异，通常的症状为轻型花叶，有时产生斑驳或坏死斑，叶片颜色深浅不一，但叶片平展，不变小，不变形，不坏死。斑驳花叶常沿叶脉发展，有时在叶片褪绿部位上产生坏死斑点。有的株系在某些品种上引起过敏反应，产生顶端坏死，有的致病强株系可引起叶片皱缩，植株矮化。X 病毒与 A 病毒或 Y 病毒复合侵染可引起叶片卷曲、皱缩或坏死。通常薯块上无症状表现。

2. 发病规律

带毒种薯是田间初侵染来源。病毒很容易通过汁液接触传染，病健株在自然中的相互接触，可以传播病害，在田间，风、动物皮毛、机械作用均可有效传播病害，切刀可以传毒。昆虫蚜虫不能传播此病毒，但一些咀嚼式口器的如蝗虫等可以传毒，菟丝子也可以传毒，内生集壶菌的游动孢子可传播病毒，实生种子传毒问题尚未明确定论。病毒症状在16℃~20℃的相对低温下表现明显，而在 28℃以上时，症状表现轻微甚至隐症。病毒在植株体内的运转速度因株系、感染时间、品种特性以及植株内是否存在其他病毒而定，同时与植株的生育期有关，在发育早期感染此种病毒，病毒会很容易运转到新生块茎中，而在生育后期感染这种病毒，则很可能运转不到新生块茎中去。马铃薯不同品种抗性表现有差异，这种病毒在茎尖脱毒中较难脱掉。

3. 防治方法

第一，应用适合当地的抗病和耐病品种，尤其后者，耐病性品种可生产出高质量的块茎。

第二，选用无毒种薯。采用夏播留种、两季作、高山（低温区）留种、茎尖组织培养等方法，使马铃薯避开高温条件结薯，减少或避免种薯带毒。减缓下季生产田的毒源。

第三，采用栽培措施减轻病害。适时播种，高垄栽培，合理灌溉，增施肥料，增强植株的抗病性，缓解病情。

第四，适时防治传毒害虫（如蝗虫等），降低传病；早期清除田间的菟丝子等，防止病害扩展。

（四）马铃薯 S 病毒病

马铃薯 S 病毒（PVS）亦称马铃薯隐潜花叶病毒或轻皱缩花叶病毒，是影响世界马铃薯产量和品质的主要病毒之一。

1. 症状

因品种和病毒株系不同症状有所不同，在多数品种上引起叶脉颜色变深，叶片粗缩，叶尖下卷，叶色变浅；有的品种感病后产生轻度斑驳、脉带；有的品种后期叶片呈青铜色，严重皱缩，叶面产生小的坏死斑点，甚至落叶；有的品种症状不明显甚至无症状。

2. 发病规律

PVS 寄主范围较窄，能系统侵染的仅限于茄科的少数植物，能持续存在于薯块内，很容易通过汁液接触传播、嫁接传播或桃蚜、鼠李蚜传播，PVS 不能通过实生籽传播，但感病马铃薯的栽培、贮藏和加工过程中很容易在与之相接触的材料中找到有侵染性的 PVS 微粒。在田间 PVS 传播比 PVX 传播快。脱毒种薯大田种植后，由于毒源丰富，传播媒介大量存在，会很快重新感染上病毒。

3. 防治方法：

第一，种植脱毒种薯，大力推广一级良种生产商品薯。

第二，改进栽培技术措施。实行精耕细作，高垄栽培，及时培土，避免氮肥过多，增施磷钾肥，注意中耕除草。灌区要实行浅灌，防止漫垄。

第三，防治传毒媒介。加强预测预报，掌握蚜虫发生动态，必要时可选用下列农药进行防治。10%吡虫啉可湿性粉剂 2 500 倍液或 20%杀灭菊酯乳油 1 500 倍液或 40%克蚜星乳油 800 倍液或 35%卵虫净乳油 1 000~1 500 倍液、20%好年冬乳油 800 倍液，隔 7~15d 喷一次，连喷 2~3 次。交替用药，效果更好。

第四，拔除病株，消灭毒源，防止传播蔓延。

第五，药剂保护，防止病毒扩散。发病初期喷施抗毒丰（0.5%菇类蛋白多糖水剂）300 倍液、20%病毒 A 可湿性粉剂 500 倍液、5%菌毒清水剂 5.0 倍液、1.5%植病灵 K 号乳剂 1 000 倍液或 15%病毒必克可湿性粉剂 500~700 倍液可在一定程度上控制病情发展。

四、线虫

主要介绍三种线虫病。

（一）根腐线虫病

根腐线虫寄主范围很广，仅穿刺根腐线虫就多达 160 种植物以上，一般多生活在寄主根内或根际土壤中。

1. 症状

根腐线虫主要为害植株根部，通常仅为害根部皮层组织，出现褐色伤痕，外层破裂、腐烂；密度高植株矮化，叶片变黄、凋萎。其中某些种可严重为害块茎，引起块茎细胞死亡，表面产生黑褐色小斑点或褐色溃疡斑，形状不规则，周围有一圈稍凹陷，块茎产量和品质大大下降，贮藏中病斑扩展后引起薯块腐烂。根腐线虫还可以引起一些真菌（枯、黄萎病等）、细菌相伴侵入，加重为害。

2. 发生规律

根腐线虫是一种内寄生的可迁移性线虫，并在此部位进行取食、繁殖。不论雌雄，各龄虫态均可侵入根部表皮和块茎，并在其中产卵。幼虫、成虫都取食表皮的细胞并在皮内寄生。可侵染马铃薯根、匍匐茎、维管束。在种植期内可见各龄虫态，但四龄幼虫和成虫是主要越冬虫态。在缓慢脱水的土壤中线虫可存活，北方的种群耐寒。随着季节的变化，虫口数量也在不断变化，发育、繁殖最适温度为 16℃~20℃。根腐线虫可以和真菌相互作用，如马铃薯早衰复合病就是由穿刺根腐线虫和黄萎轮枝菌两种病原引起的。穿刺根腐线虫是内寄生可迁移性线虫，在各个龄期均可自由地在根内外移动。菌丝在细胞内和细胞间扩散，最后到达木质部，在这里分生孢子形成并随着汁液在植株体内传输，植株由此而被系统侵染，马铃薯早衰复合病症状最后形成。植株死亡后，菌丝可长满整个坏死组织，如果组织腐烂，则可形成无侵染活性的菌核进入土壤休眠，可使马铃薯减产 20%，如果连作发病更重，减产幅度更大。

3. 防治方法

第一，针对穿刺根腐线虫病是我国对外检疫性有害生物，要加强植物检疫，严禁从疫情发生国家和地区引种和调种。

第二，选育推广抗性品种，严格选种，种植不带线虫种薯。

第三，加强栽培管理，实行轮作。要合理耕作，实行 3 年以上轮作，茬口以禾本科作物为好，有条件的地方最好实行水旱轮作；种植前每亩施干燥鸡粪 150~200kg，有较高的防治效果。

第四，晚入窖。采取该种方法使薯块的田间热及呼吸释放于窖外，避免入窖后温度升高，致使线虫活动及繁殖过盛给储薯造成严重损失。

第五，播种前土壤熏蒸（在微型薯、原种生产田或小面积种植时可采用该方法）。棉隆98%~100%微粒剂每亩用有效成分 4.9~5.8kg，克线磷 10% 颗粒剂每亩用有效成分0.3~0.5kg，或丰索磷每亩有效成分 0.7kg，或涕灭威 15% 颗粒剂每亩用有效成分 0.2~0.7kg 与10~15kg 细土混匀，撒施，或沟施于 20cm 深沟内，施药后立即覆土或混土并浇水，15℃~30℃时，5~6d 后松土并种植；也可用 20%二溴氯丙烷颗粒剂于种植前沟施，每隔60cm开一条 15cm 深的沟，把药均匀撒入沟内覆土，每平方米用药 15~20g；也可用 30%除线特乳油 100 倍液淋浇播种沟，每亩用药液 150~250kg；还可用80%二氧异丙醚（DCIP）乳油，按亩用有效成分 4~6kg 药剂于移植前 7~10d 沟施或穴施，穴距30cm，用药覆土，一般可控制 2~3 年。

（二）腐烂茎线虫病

腐烂茎线虫，又叫马铃薯茎线虫、马铃薯腐烂线虫或甘薯茎线虫，是我国对外检疫性有害生物。

1. 症状

腐烂茎线虫主要为害寄主植物的地下部，马铃薯受害后，薯块表皮下产生小的白色斑点，以后病斑扩大并变成淡褐色，组织软化以致中心变空。植株地上部不表现明显症状，病害严重时，表皮破裂、皱缩，内部组织呈干粉状，颜色变深灰色、暗褐色至黑色，植株生长衰弱、死亡。在田间或贮藏期间，常易感染其他病菌，引起整个块茎腐烂。在马铃薯定植后，线虫自皮孔及芽眼附近的表皮进入幼小的薯块里。在马铃薯生育前期，只有少量线虫侵入薯块的皮下组织里，在块茎膨大及成熟期，在薯块上形成很小的白色斑点，大量线虫存在于病健交界处，病斑下面的组织软化并呈颗粒状。当薯块收获后，线虫随薯块入窖，一旦入窖较早或储藏量过大，大量产生呼吸热而导致温度升高时，线虫严重发生，更多的块茎组织受到危害，并导致青霉、曲霉等病菌对薯块造成二次感染。

2. 发生规律

腐烂茎线虫以卵、幼虫、成虫在病薯内越冬，或以成虫在土壤内越冬。用带虫的种薯育苗后，茎线虫从种薯芽苗的着生点侵入，沿髓或皮层向上移动。病薯苗栽入大田，茎线虫随之传入并生长发育，顺着根基进入薯块顶端移动，向薯块纵深为害，薯块生长阶段的最后一个月左右是为害盛期，同时线虫沿着茎薯向上移动为害蔓基部。无病薯苗栽入病地12h后，茎线虫大都可以从薯苗末端新生白根侵入。侵入在组织内的线虫在适宜条件下，便不断产卵繁殖为害。由于世代重叠，同一时期卵、幼虫、成虫兼有，虫态不整齐，收获时成虫、幼虫和卵都可存活于被害春、夏薯块内，在贮藏窖内或加工食用前，还可继续为害，引起更大损失。在田间缺少高等植物寄主时，腐烂茎线虫很容易在土壤中的杂草和习居的真菌上存活。对温度适应范围广，发育和繁殖温度为5℃~34℃，最适温度为20℃~27℃，在27℃~28℃、20℃~24℃、6℃~10℃下，完成一个世代分别为18d、20~26d、68d。当温度在15℃~20℃，相对湿度为90%~100%时，对马铃薯的危害最为严重。腐烂茎线虫的存活能力和耐低温、耐干燥能力较强，在田间土壤中可存活5~7年，在-15℃下停止活动但不死亡，在-25℃下7min才死亡；在薯干的含水量12.7%时死亡率仅24%，贮藏1年、2年、3年的薯干，其中的腐烂茎线虫的死亡率分别为24%、48%和97.5%，该线虫对高温的抵抗力不强，潜伏于薯块的线虫在48℃~49℃温水中10min，死亡率达98%。

腐烂茎线虫可以在病薯内和土壤内越冬或渡过非种植期，随着被侵染的种植材料如种薯和其他地下器官如鳞茎、根茎、块茎以及黏附的土壤进行传播，在田间还可以通过农事操作和水流传播。

3. 防治方法

第一，实施种薯种苗检疫，杜绝传播蔓延。不从病区调运种薯、种苗，若需调运，要进行严格检疫，严禁病薯、病苗调运，对经检疫未发现带病的种薯、种苗，也须经消毒处理后才能用于生产。

第二，建立无病留种地，选留无病种薯。

第三，培育无病壮苗。每年更换一次苗床，若用旧苗床，需经彻底清理，并用98%必速灭或95%棉隆粉剂处理后，更换无病土育苗。选用苗床，在种薯上床后，使床温达到28℃~30℃，减少病原线虫侵染，并促进快出苗、出壮苗。种薯在出窖后上床前，应精挑细选，并在51℃~54℃热水中浸10~12min，杀死表层线虫。苗床上使用的粪肥需充分腐熟，保证粪肥不带有线虫。

第四，加强田园卫生，清除病残体。在收获、加工、耕地、食用、入窖、出窖等各个环节，注意将病薯、病蔓集中晒干烧毁或高温堆沤，减少病原线虫数量，减轻发病。

第五，合理轮作，使用抗耐病品种。实行马铃薯与小麦、谷子、玉米、高粱和棉花轮作，选用抗性或耐性品种均能有效减轻病害。

第六，药剂防治。98%必速灭或75%棉隆粉剂熏蒸土壤，每亩用量250~300g，栽苗前3周垄行开沟，将药剂均匀撒施于沟底，立即覆土压实，栽苗前2d将施药沟松土放气。在栽苗时，可用克线磷、涕灭威等杀线剂穴施或浇灌。

（三）金线虫病

马铃薯金线虫又称金色球胞囊线虫或马铃薯胞囊线虫，是我国对外检疫性有害生物，是全世界毁灭性病害。除为害马铃薯外，还为害番茄、茄子和茄属的其他一些植物。

1. 症状

发病植株在田间呈块状分布。病株生长矮小、茎细长、开花少或不开花；叶片黄化、枯萎，受害严重时植株早死。病株根系发育不良，根表皮受损破裂，结薯少而小；开花期拔起根部，可见到许多白色或黄色的未成熟雌虫露于根表面。雌虫成熟后变为褐色胞囊，作物收获后这些胞囊遗留土壤中。

2. 发生规律

马铃薯金线虫是定居型内寄生线虫，以鞣革质的胞囊在土壤内越冬、滞育及度过不良环境，所以马铃薯金线虫的抗逆性强，如果土壤类型和温度合适，胞囊内的卵可以在土壤中存活28年。马铃薯金线虫适合在气候凉爽的地区发生。10℃是马铃薯金线虫发育的起始温度，发育适温为25℃，但在25℃以上发生量急剧衰减。

以线虫胞囊在病薯块、病根及土壤中越冬。翌年春季休眠孢囊里孵化出幼虫，幼虫侵入马铃薯根内，在根组织内生长发育，发育成成虫后钻到根表面，受精后雄虫回到土壤中，雌虫附着在根的表面，并长成新的胞囊。雌虫胀破胞囊外露，内有卵数十至数百粒。幼虫刚从根部钻出时为白色，以后4~6周变为金黄色阶段，有别于其他线虫。该虫抗逆性强，在干燥条件下，卵经9~25年不死。在田间自然条件下，线虫通过水流、灌溉水和雨水传播，农具和人的鞋底可携带线虫胞囊，搬运病土也可传播。远距离传播主要是借助人类的活动，通常是胞囊随着黏附在调运的薯块、苗木、砧木和花卉鳞球茎上的土壤进行。

3. 防治方法

（1）严格检疫

严禁从疫情发生国家和地区引种和调种。

（2）检验检疫

由于马铃薯被胞囊线虫为害后地上部所表现的症状不是特异性的，其他一些原因也可能造成同样的症状，所以准确可靠的检验检测必须在土壤或植株根上找到胞囊或雌虫或2龄幼虫，然后根据它们的形态特征进行鉴定。根上的胞囊通常肉眼可见。胞囊在不同发育期颜色不同，初期为白色，以后变为黄色到褐色。土壤中胞囊可以用漂浮法或过筛法分离，2龄幼虫可以用贝曼漏斗法、离心法或过筛法分离。

（3）轮作

发生区可实行马铃薯与非茄科作物10年以上的轮作。

（4）药剂防治

每亩用10%克线磷颗粒剂1.5~2kg沟施，有较好的防治效果。

五、生理性病害

生理性病害是指因植物体内发生生理紊乱或不良环境因素影响等原因而表现出的病变，并非被病菌侵染，所以又称非侵染性病害。

（一）粉红色芽眼病

1. 症状

在块茎顶部的芽眼周围出现粉红色病斑，后变成褐色，只为害块茎表面，但有时也能扩展到块茎内部。在薯块形成到收获期间，如土壤湿度大，症状最明显。典型的粉红变色区容易在潮湿土壤中刚挖出的薯块上看到，在干燥、未洗净的薯块上难以观察到，病斑通常在超紫色灯下发出荧光。

2. 发病条件

田间土壤高温高湿有利于粉红色芽眼病的发生，贮藏在高温、高湿条件下，病薯容易发生腐烂。

3. 防治方法

第一，遇降大到暴雨后要及时中耕松土，降低土壤含水量。

第二，薯块贮藏在冷凉较干燥的窖内，使病组织变干，防止薯块腐烂。

（二）畸形薯

1. 症状

畸形薯类型有

（1）肿瘤型

即块茎的芽眼部位凸出，形成瘤状小薯。

（2）哑铃型

在靠近块茎顶部长出同样大小的块茎，中间形成"细脖子"状，形似哑铃。

（3）次生块茎

即在块茎上再形成新的块茎，或在块茎上长出新的枝叶。

（4）链状二次生长

即在块茎上长出匍匐茎再形成块茎。

2. 发病条件

畸形薯大多数是由于块茎发生二次膨大而形成的。在块茎生长期，由于高温干旱使块茎停止生长，甚至进入休眠期，薯块表皮木栓化，形成周皮。随后由于降雨或灌水，恢复了适宜植株生长的环境条件，形成周皮的薯块不能继续膨大，新吸收的养分就运输到能够继续生长的部位，形成畸形薯。能继续生长的部位主要是芽眼、块茎顶端。有些畸形薯是土壤板结或太硬，块茎膨大时因土粒挤压而形成的。

3. 防治方法

第一，调整播种期，使块茎膨大期和当地降雨季节相吻合。

第二，及时灌水，经常保持土壤湿润，防止土壤过干。

第三，深松耙糖，保持土壤疏松。

第四，降雨后及时中耕松土，防止土壤板结。

（三）龟裂薯

1. 症状

块茎内部组织生长较表皮组织快，周皮产生裂缝，随着块茎膨大，裂缝变宽，形成裂口。

2. 发病条件

遇持续干旱，块茎生长缓慢，表皮形成周皮。遇雨后块茎膨大迅速而使周皮破裂。

3. 防治方法

同畸形薯。

（四）空心薯

1. 症状

多发生于块茎髓部，外部无任何症状。初时薯块中心组织呈水渍状或透明状，有的中心出现褐色坏死斑。后期块茎中心附近形成一个空洞。有时多个空洞连在一起，多数空洞呈透镜状或星状，其边缘多呈角状；有的在块茎内部出现裂缝；也有的空心形状呈球形或不规则形。空洞内壁呈白色、淡棕褐色至稻草黄色，形成不完全的木栓化层。通常，空洞随着块茎的生长而扩大。有时空心部位可见有霉菌，但很少由此而造成腐烂。

2. 发病条件

属于生理性病害。往往由于块茎发育过于迅速、组织扩展不均衡所致。导致这种现象的原因有多方面：

一是植株群体结构不合理时，导致一些薯块生长过于旺盛，内外组织发展不均衡，往往空心严重；

二是钾肥缺乏的影响，钾肥在临界含量以下可能是易患空心的因素之一；

三是钙缺乏也是造成空心的重要因素之一；

四是水分供应不合理时，前期水分缺乏，其后突然变为适于快速生长的环境条件，也会诱使块茎产生空心。这些情况，在生长季节或栽培管理适于薯块迅速膨大时，空心最为严重。很显然，迅速生长的块茎其空心率比生长较缓慢的高。相对的，栽培中缩小株间距离、增加钾肥用量，合理肥水管理等，可降低空心的发生率。不同的品种间发病率不同。

3. 防治方法

第一，栽植发病率低的抗性品种。

第二，密度合理，避免缺苗，调节株间距离，增加植株间的竞争，从而阻止块茎过速生长和膨大，降低空心的发病率。

第三，加强栽培管理，保证植株生长的水分供应，避免出现旱涝不均的情况，促进块茎均衡一致的发育速度。

第四，增施钾肥，减少空心发病率。

（五）黑心病

1. 症状

主要是薯块贮藏器受害。在块茎中心部分，形成黑至蓝黑色的不规则花纹，由点到块发展成黑心。随着发展严重，可使整个薯块变色。黑心受害处边缘界限明显。后期黑心组织渐变硬化。在室温情况下，黑心部位可以变软和变成墨黑色。不同的块茎对引起黑心的反应有很大的差别。

2. 发病条件

在不同的环境条件下，从内部变粉褐色到坏死，直至严重发展形成的黑心，均为缺氧引起。当氧气从块茎组织内部被排除或不能到达内部组织时，黑心会逐渐发展。同时，黑心病情发展受着温度的影响。温度较低时，黑心发展较为缓慢；但过低的温度（0℃～2.5℃）黑心发展较为迅速；而且在特高温度下（36℃～40℃），即便有氧气，但因不能快速通过组织扩散，黑心也会发展。因此，过高、过低的极端温度，过于封闭的贮藏条件（通透性差），均会加重黑心病情。

3. 防治方法

第一，收获后应将薯块放在通气干燥环境中预藏 7～10d，使薯块完成后熟阶段，进入休眠期再入窖贮藏。

第二，贮藏量应占窖体容积的 1/2～2/3 为宜。

第三，薯堆过大时应在薯堆中间设置通气道。

六、虫害

（一）地下害虫

地下害虫是指那些栖息在土壤中，取食作物、林果和牧草的根、茎、种子进行生长发育的地下害虫。具有种类多，分布范围广，食性杂，为害时间长的特点。中国的地下害虫主要有蛴螬、蝼蛄、金针虫 3 类，局部发生的有根蛆、根土蝽、拟地甲、根叶甲、根象甲、根天牛、蟋蟀、白蚁、根蚜、珠绵蚧、根粉蚜等。为害马铃薯的地下害虫主要类群及其种类有：

1. 蛴螬

蛴螬是鞘翅目金龟甲总科幼虫的总称，分布广、为害重的有小云斑金龟甲、黑绒金龟、粗绿黄丽金龟等 30 余种。

2. 金针虫

金针虫是鞘翅目叩头甲科幼虫的总称，主要有细胸金针虫、宽背金针虫、沟金针虫、暗黑金针虫等。

3. 蝼蛄

蝼蛄是直翅目蝼蛄科蝼蛄属，有华北蝼蛄、非洲蝼蛄 2 种。

4. 地老虎

地老虎属于鳞翅目夜蛾科，形成危害的有小地老虎、黄地老虎、大地老虎等 10 余种。

（二）蚜虫

危害马铃薯的蚜虫主要是桃蚜，又名烟蚜、菠菜蚜、波斯蚜、桃赤蚜、桃绿蚜，俗称腻虫、旱虫、油旱虫等，分类上属同翅目、蚜总科、蚜科。

1. 为害特点

主要危害桃、梨、杏等果树及茄科植物、十字花科蔬菜和瓜类等，除了直接吸食植物营养外，又是多种农作物病毒病的传毒介体，尤其是马铃薯病毒病（PVY、PVS、PVA、PLRV 等）大多数是桃蚜传播的。受害作物叶片和嫩枝叶卷缩、扭曲、变色，其分泌物可污染叶面，影响光合作用的正常进行，受害的马铃薯植株表现卷叶、皱缩、条斑坏死等症状，不仅直接造成当年减产，薯块品质下降，还会导致种薯性状的改变，造成来年更大的产量损失。

2. 发生规律

以卵越冬，有转主寄生的习性，一般夏寄主是油菜、马铃薯等十字花科、茄科作物，越冬寄主是桃、杏、梨等果树。冬前在桃、杏、梨等果树的芽腋、小枝杈、树皮裂缝中产卵，卵散产，一般一个芽腋处产 1~2 粒，枝条先端花芽丛簇中可见 4~6 粒，卵被附着丝固定。早春 4 月，卵孵化为干母，在越冬寄主上取食危害 2~3 代后，于 5 月上中旬产生有翅蚜，迁飞到马铃薯等夏寄主上行孤雌胎生繁殖危害。秋季（9 月下旬至 10 月上旬），又产生有翅蚜迁回越冬寄主上产生性蚜，10 月下旬果树落叶，雌雄性蚜交配后，产卵越冬。桃蚜繁殖力极强，每年发生的世代数因地区而异，在黄淮区，每年发生 24~28 代，在南方每年发生 30~40 代不等。在日平均温度较高的 6~8 月，每 7~9d 繁殖一代，气温下降后的 9~10 月，15d 左右繁殖一代，11 月虽可繁殖但数量极少。一只无翅雌蚜一生可产 60~70 头若蚜、但在温室内及温暖的南方地区，该虫终年营孤雌生殖，且无明显的越冬滞育现象，年发生世代多达 30 代以上。

桃蚜具有明显的趋嫩性，负趋光性，秋季有明显的伪死性，微受惊动，立即落地。有翅胎生雌蚜，对黄色有明显的趋性。春、秋两季发生危害严重，脱毒马铃薯网棚原种繁殖田发生重于大田。当 7 月中下旬，日平均温度达 20.8℃~24.1℃，最高温度接近 30℃时，虫口密度下降。

3. 防治方法

（1）铲除田间、地边杂草

有助于切断蚜虫中间寄主和栖息场所，消灭部分蚜虫。

（2）黄板诱蚜

在有翅蚜向薯田迁飞时，利用蚜虫趋黄性，将纤维板、木板或硬纸板涂成黄色，外涂

10 号机油或凡士林等黏着物诱杀有翅蚜虫。黄板高出作物 60cm，悬挂方向以板面向东西方向为宜。每亩 30 块左右即可。使用该种方法时最好群防群治，及时更换黄色板，否则会诱集累积周围的虫源，加重本田危害。

（3）种植诱集带

在马铃薯大面积种植区域，可在地块边缘种植不同生育期的十字花科作物，以诱集蚜虫，集中喷药防治，减少蚜虫对马铃薯的危害。

（4）银灰色避蚜

银灰色对蚜虫有较强的驱避性，可在马铃薯田块插竿拉挂 10cm 宽银灰色反光膜条驱避蚜虫，该法对蚜虫迁飞传染病毒有较好的防治效果。

（5）药剂防治方法

①拌种

用 70% 的吡虫啉种衣剂（商品名：高巧）23g，兑水 4kg，喷洒在 100kg 的种薯上进行拌种，阴干后播种；或用 70% 噻虫嗪干种衣剂（商品名：快胜、锐胜）1.8~2.5g，加 1kg 滑石粉，拌 100kg 种薯，阴干后播种，可控制苗期蚜虫为害。

②田间喷雾

由于蚜虫有瓢虫、草蛉、食蚜蝇、蜘蛛等多种天敌，所以在天敌主要繁殖季节应重视协调化防，当商品薯生产田瓢蚜比低于 1：150~200 头时，再进行化防。每亩可选用 10% 吡虫啉可湿性粉剂、2.5% 敌杀死（溴氰菊酯）乳油 1 000 倍液；48% 毒死蜱乳油（商品名：乐斯本）、20% 氰戊菊酯乳油 1 500 倍液；2.5% 氟氯氰菊酯乳油（商品名：功夫）、40% 乐果乳油、20% 丁硫克百威乳油（商品名：好年冬）1 000~1 500 倍液，1.8% 阿维菌素 2 000~3 000 倍液，50% 抗蚜威可湿性粉剂 3 000~4 000 倍液；70% 吡虫啉水分散剂（商品名：艾美乐）6 000 倍液；或每亩用 25% 的阿克泰水分散剂 1.6~3g 进行叶面喷施，喷药时注意使叶片正反面均匀着药，不重喷、不漏喷、药液不下滴。施药时间一般每隔 7~10d1 次，连续施药 2~3 次。

（三）马铃薯瓢虫

马铃薯瓢虫，又叫马铃薯二十八星瓢虫，俗称马铃薯瓢虫、花牛、毛虫、花大姐。马铃薯瓢虫分布甚广，我国南北方都有发生，但主要分布于我国北方地区，主要为害马铃薯、茄子、番茄，也可为害青椒、豆类、瓜类等蔬菜以及龙葵、曼陀罗、小蓟、灰菜、野苋菜等杂草。寄主达 8 科 25 种之多，马铃薯瓢虫尤为喜食马铃薯、茄子等茄科植物。以成、幼虫啃食叶片、果实和嫩茎，被害叶片叶肉被吃掉，残留表皮，外观出现许多不规则近乎平行的半透明弧状凹陷细纹，呈"天窗"状，后变为褐色斑痕，或者将叶片吃成穿孔仅留叶脉，危害严重时整株叶子被食而干枯死亡。茄果被啃食后形成许多凹陷纹，僵硬粗糙并有苦味，影响产量、降低品质，失去商品价值。

1. 农业防治

（1）捕杀越冬成虫，降低越冬虫源

10月下旬至11月中旬成虫越冬前，采用人工或化学农药喷洒消灭群集越冬的成虫。

（2）捕捉成虫，摘除卵块

分别在越冬代成虫发生盛期的5月下旬至6月初，第2代成虫发生盛期的7月底8月初，将成虫、卵块、幼虫、蛹摘除到塑料袋内带出田外集中消灭。

2. 化学防治

在卵孵化盛期至三龄幼虫分散前，用4.5%高效氯氰菊酯（欣绿）乳油，1~2g/亩；2.5%三氟氯氰菊酯（功夫）乳油，25~60ml/亩；2.5%溴氰菊酯（敌杀死）乳油，20~40ml/亩；加水50kg喷雾，7~10d喷药一次，视虫情防治1~2次，注意农药的交替使用。

（四）马铃薯块茎蛾

马铃薯块茎蛾是世界性重要害虫，也是重要的检疫性害虫之一。主要为害马铃薯、烟草、茄子，其次为番茄、曼陀萝、枸杞、龙葵、辣椒，还可寄生于酸浆、刺蓟、莨菪、颠茄、洋金花等植物。

此虫严重为害田间和仓储马铃薯。在田间为害茎、叶片、嫩尖和叶芽，被害嫩尖、叶芽往往枯死，幼苗受害严重时也会枯死。幼虫可潜食于叶片之内蛀食叶肉，仅留上下表皮，呈半透明状。在马铃薯贮存期为害更为严重，幼虫在块茎内部蛀食，造成弯曲隧道，蛀孔外有深褐色粪便排出，严重时整个薯块为之蛀空。受害薯块往往容易霉烂，甚至丧失食用价值，损失严重。马铃薯块茎蛾同时也是烟草的重要害虫，可潜食于叶片的上下表皮之间，形成大片褐色斑，烟叶在烧烤时易变色破碎，使烟叶质量、产量显著降低。

1. 发生规律

该虫主要以幼虫在仓库或田间残留的母薯、茄、烟等茎茬及残株败叶上或在贮藏的马铃薯块茎上越冬。成虫昼伏夜出，有趋光性。在田间卵产于植株的叶脉处和茎基部。在窖藏期，卵多产在薯块芽眼、破皮、裂缝等处。幼虫孵化后四处爬散，吐丝下垂，随风飘落在邻近植株叶片上潜入危害，在叶片上形成线形隧道。在块茎上则从芽眼蛀入，在薯块中形成弯曲的虫道，严重时薯块被蛀空，外形皱缩，腐烂。老熟幼虫在干燥的表土或叶背吐丝作茧化蛹。幼虫随薯块带入仓库，成虫可全年飞翔于仓库和田间产卵。该虫可以卵、幼虫、蛹随马铃薯块茎及包装物远距离传播，尤其是种薯调运传播的可能性更大。成虫飞行能力强，幼虫借风力吹送也可短距离传播。

2. 防治方法

（1）实行检疫措施

避免从疫区调运块茎。

（2）农业防治

冬季翻耕灭茬消灭越冬幼虫；彻底清除仓库的灰尘和杂物，用纱布钉好仓库门窗；选用无虫种薯；及时培土，在田间勿让薯块露出表土，以免被成虫产卵。

（3）药剂防治

药剂处理种薯：对有虫的种薯，用溴甲烷或二硫化碳熏蒸，也可用 25％喹硫磷乳油 1 000 倍液喷种薯，晾干后再贮存。成虫期防治：喷洒 10％菊·马乳油 1 500 倍液。

七、药害、烧肥及冻害

（一）药害

马铃薯药害分为当茬药害和残留药害。土壤处理不当易发生当茬药害，在科学、合理用药的前提下，除草剂用高量，遇低温高湿等不利条件易造成药害，叶片失绿、斑驳、扭曲、皱缩、卷曲，药害轻的通常在马铃薯生长前期可以恢复，对产量影响不大；除草剂残留药害在田间主要表现种薯腐烂不能出土，植株生长矮小、生长停滞、根毛少、结薯早，在苗期（团棵期）就能结薯；所结薯块畸形，开裂等症状。减产 50％~80％。除草剂使用不当，会造成马铃薯植株矮化、畸形，叶片黄化皱缩。

（二）烧肥

氮肥施用过量，造成薯块表面产生污色斑或坑状斑，严重的表现心叶腐烂。

（三）冻害

马铃薯块茎在田间和贮藏期都会遭受冷害和冻害。受冻块茎解冻后其组织逐渐变成桃红色、灰色、褐色或黑色。冻伤组织迅速变软、腐烂。因为韧皮部比周围薄壁细胞对低温更敏感，受冷害的块茎横切面出现网状坏死。网状坏死可布满整个块茎，也可能只分布于受害块茎的一侧。随着冷害的加重，维管束环周围出现黑褐色斑点。通常脐部附近更严重。

第十一章　设施蔬菜高产栽培技术

第一节　蔬菜的种类

一、蔬菜的种类与分类

蔬菜作物的种类非常繁多。掌握蔬菜的种类及其分类的基础知识，对蔬菜工作者而言具有重要意义。通常根据蔬菜生产和栽培技术的发展等需要，蔬菜可以根据形态、习性、用途等进行分类，也可以根据系统发育中的亲缘关系和演化进行分类。目前常采用的有植物学分类、食用器官分类、农业生物学分类等多个蔬菜分类系统。

（一）植物学分类

植物学分类是根据蔬菜植物的形态特征、系统发育中的亲缘关系进行的分类。目前我国栽培食用的蔬菜涉及藻类植物、菌类生物、蕨类植物、高等植物（被子植物）等6个门。其中，属于藻类植物的有9个种；属于菌类生物的有近350个种，其大部分为野生种，人工栽培的仅有20种左右；属于蕨类植物的有10个种左右，均为野生；大量的是被子植物门的高等植物，其涉及35个科、180多个种。植物学分类的优点是蔬菜植物按不同的科、属、种之间分类，在形态、生理、遗传，尤其是系统发育上的亲缘关系十分明确。明确蔬菜植物亲缘关系的远近，是进行蔬菜育种、提高栽培技术（包括实行轮作防病）的依据。

（二）按照食用部分分类

按照食用部分的器官形态，而不管它们在分类学及栽培上的关系，不包括食用菌等特殊的种类，只对种子植物而言，可分为根菜、茎菜、叶菜、花菜、果菜五个种类。

1. 根菜类

(1) 肉质根类

萝卜、胡萝卜、大头菜、芜菁、芜菁甘蓝、根用甜菜（红菜头）等。

(2) 块根类

豆薯、葛、牛蒡等。

2. 茎菜类

(1) 地下茎类

块茎类——马铃薯、菊芋；根状茎类——藕、姜；球茎类——慈姑、芋等。

(2) 地上茎类

嫩茎——莴苣、菜薹、茭白、竹笋、石刁柏等；肉质茎——榨菜、球茎甘蓝等。

3. 叶菜类

(1) 普通叶菜

小白菜、芥菜、菠菜、芹菜、莴苣、苋菜等。

(2) 结球叶菜

结球甘蓝、大白菜、结球莴苣、包心芥菜。

(3) 香辛叶菜

葱、韭菜、茴香。

(4) 鳞茎类（形态上是由叶鞘基部膨大而成）

洋葱、大蒜、胡葱、百合。

4. 花菜类

花椰菜、金针菜、青花菜、朝鲜蓟等。

5. 果菜类

(1) 瓠果类

南瓜、黄瓜、西瓜、甜瓜、冬瓜、瓠瓜、丝瓜、苦瓜、佛手瓜等。

(2) 浆果类

茄子、番茄、辣椒。

(3) 荚果类

菜豆、豇豆、刀豆、毛豆、豌豆、蚕豆等。

(4) 杂果类

菜用玉米、菱等。

这种分类方法的特点是它们的食用器官相同，可以了解彼此在形态上及生理上的关系。

（三）生物学分类

生物学分类是以蔬菜的生物学特性作为分类的依据，综合了前一方法的优点，比较适合于生产上的要求。这种分类法把蔬菜分为十三个大类。

1. 根菜类

包括萝卜、胡萝卜、大头菜、芜菁甘蓝、芜菁、根用甜菜等。这类蔬菜以其膨大的直根为食用部分，生长期中喜好冷凉的气候。在生长的第一年形成肉质根，贮藏大量的水分和糖分；到第二年开花结实，均用种子繁殖，要求疏松而深厚的土壤。

2. 白菜类

包括大白菜、小白菜等，均用种子繁殖，以柔嫩的叶丛、叶球、花球或花薹为食用。生长需要湿润、冷凉的气候和氮肥充足的肥沃土壤，如果温度过高、气候干燥，则生长不良。为二年生植物，在生长的第一年形成叶丛或叶球，到第二年才抽薹开花。

3. 甘蓝类

包括结球甘蓝、花椰菜、球茎甘蓝、抱子甘蓝、青花菜、芥蓝等。以柔嫩的叶丛、叶球、侧芽形成的小叶球、膨大肉质茎、花球或花茎为食用。生长需要温和、湿润的气候，适应性强。其特点是由种子发芽后长成一定大小的植株时才能接受温度感应而进入生殖生长发育阶段。

4. 芥菜类

包括有根芥菜、叶芥菜、茎芥菜、薹芥菜、子芥菜等。以膨大肉质根、嫩茎、花茎、侧芽，以柔嫩的叶丛、叶球、侧芽、肉质根、嫩茎或种子为食用。生长需要湿润、冷凉的气候。易受病毒病的危害。这类蔬菜含有含硫的葡萄糖苷，经水解后产生有挥发性的芥子油，具有特殊的辛辣味。

5. 绿叶蔬菜

这是一群在分类上比较复杂，都以其幼嫩的绿叶或嫩茎为食用的蔬菜，如莴苣、芹菜、菠菜、茼蒿、苋菜、蕹菜等。这类蔬菜大都生长迅速，其中的蕹菜、落葵等能耐炎热，而莴苣、芹菜则好冷凉。由于它们的植株矮小，常作为高秆蔬菜的间作作物或套作作物，要求土壤水分及氮肥不断供应。

6. 葱蒜类

包括洋葱、大蒜、大葱、韭菜等，叶鞘基部能形成鳞茎，所以也叫作"鳞茎类"。洋葱及大蒜的叶鞘基部可以发达成为膨大的鳞茎，而韭菜、大葱、小葱等则不特别膨大。性耐寒，除了韭菜、大葱、细香葱以外，到了炎热的夏天，地上部都会枯萎。在长光照下形成鳞茎，而要求低温通过春化。可用种子繁殖（如洋葱、大葱、韭菜等），亦可用营养繁殖（如大蒜、分葱及韭菜）。以秋季及春季为主要栽培季节。

7. 茄果类

包括茄子、番茄和辣椒。这三种蔬菜不论在生物学特性还是栽培技术上，都很相似：要求肥沃的土壤及较高的温度，不耐寒冷，对日照长短的要求不严格。长江流域各地，主要都是在冬前或早春利用温床育苗，到气候温暖后才定植到露地中去，为春夏季主要蔬菜。

8. 瓜类

包括南瓜、黄瓜、西瓜、甜瓜、瓠瓜、冬瓜、丝瓜、苦瓜等。茎为蔓性，雌雄异花且同株，有一定的开花结果习性，要求较高的温度及充足的阳光。尤其是西瓜和甜瓜，适于昼热夜凉的大陆性气候及排水好的土壤。在栽培上，可利用施肥及整蔓等来控制其营养生长与结果的关系。

9. 豆类

包括菜豆、豇豆、毛豆、刀豆、扁豆及蚕豆。除豌豆及蚕豆要求冷凉气候以外，其他豆类均要求温暖的环境。为夏季主要蔬菜之一。大都食用新鲜的种子及豆荚。豆类的根有根瘤菌，可以固定空气中的氮素。

10. 薯芋类

包括一些地下根及地下茎的蔬菜，如马铃薯、山药、芋、姜等。富含淀粉，耐贮藏。均用营养钵繁殖。除马铃薯生长期较短、不耐高温外，其他薯芋类均能耐热，生长期亦较长。

11. 水生蔬菜

这是一些生长在沼泽地区的蔬菜，主要有藕、茭白、慈姑、荸荠、菱和水芹菜等。在分类学上很不相同，但在生态上要求在浅水中生长。除菱和芡实以外，都用营养钵繁殖。生长期间，要求热的气候及肥沃的土壤。多分布在长江以南湖沼多的地区。

12. 多年生蔬菜

包括竹笋、金针菜、石刁柏、食用大黄、百合等。一次繁殖以后，可以连续采收数年。除竹笋以外，地上部每年枯死，以地下根或茎越冬。

13. 食用菌类

包括蘑菇、草菇、香菇、木耳等。其中有的是人工栽培的，有的是野生或半野生状态。

二、蔬菜对环境条件的要求

蔬菜的生长发育需要一定的环境条件，包括温度、水分、空气、土壤营养及生物条件等。各种蔬菜及其不同的生育期对环境条件的要求各不相同，只有了解蔬菜生长发育对环境条件的要求，才能正确采用栽培技术把蔬菜种植好。现将主要的环境条件与蔬菜栽培的关系简述如下：

（一）蔬菜对温度的要求

蔬菜对于温度敏感。在一定温度范围内，植株养分消耗低，积累多，生长发育好，能获得较高的产量。这一范围的温度即称为"适宜温度"。在适宜温度之外的最高温度和最低温度是植株生长发育对温度要求的极限，在这一极限以内，蔬菜虽然能生存，但会因生长不良或停滞而影响产量。这一限度之内的温度称为"适应温度"。当温度超过适应温度，蔬菜将不能进行正常的生理活动，会受到伤害而死亡。

1. 各类蔬菜对温度的要求

根据各类蔬菜对温度的要求不同，可以分为以下五类：

（1）耐寒蔬菜

包括大蒜、大葱、菠菜、白菜类中的耐寒品种等。能耐-1~-2℃的低温，短期内可忍耐-5~-10℃的严寒，生长适宜温度为15~20℃。

（2）半耐寒蔬菜

包括芹菜、莴笋、萝卜、胡萝卜、甘蓝类、白菜类及豌豆、蚕豆等。不能长期忍受-1~-2℃的低温，生长适宜温度为17~20℃，超过20℃时生长不良，它们所适宜和能适应的温度范围较小。在长江以南均能露地越冬。

（3）耐寒而适应性广的蔬菜

包括金针菜（黄花）、韭菜、石刁柏（芦笋）、茭白（蒿笋）等。它们的耐寒性与半耐寒蔬菜相似，但耐热力较强，其生长适温范围较广，适宜温度为12~24℃。到冬季，地上部枯死，而地下部的宿根越冬，能耐0℃以下甚至-10℃的低温。

（4）喜温蔬菜

包括番茄、辣椒、茄子、黄瓜、西葫芦、菜豆等。生长的适宜温度为20~30℃，当温度超过40℃时生长停止，而低于10~15℃时授粉不良，引起落花落果。这类蔬菜除茄子、辣椒外，其耐热力均较差，因此在长江以南采取春播或秋播，将结果期安排在适宜的季节。

（5）耐热蔬菜

包括南瓜、丝瓜、冬瓜、西瓜、甜瓜、豇豆、刀豆等。它们生长要求较高的温度，适宜温度为25~30℃，其中西瓜、丝瓜、甜瓜、豇豆在40℃高温下仍能正常生长。因此均采取春播夏收，把生长期安排在一年中温度最高的季节。

2. 不同生育期对温度的要求

（1）种子发芽期

种子发芽时要求较高的温度条件，一般喜温蔬菜种子为 25~30℃之间，耐寒蔬菜为 15~20℃之间。在其适宜温度内，温度升高，种子萌发及幼苗出土都加快；温度过低，则幼苗出土缓慢，出苗率降低或幼苗纤弱。

（2）幼苗期

蔬菜幼苗期适应温度的范围要比产品形成时期大，生长的适宜温度也比种子发芽时要低些。苗期温度过高，容易徒长，而不能成为壮苗。

（3）产品形成期

各类蔬菜在产品形成期要求的温度比较严格，适应范围较窄，温度过高过低都会影响产品器官的形成。如大白菜、甘蓝等，是以叶球为产品，在营养生长的前期温度要求比幼苗期高些，但在营养生长的中后期即结球时期则温度要求又要低些，否则叶球松散，产品质量差；茄果类、豆类、瓜类等蔬菜是以果实为产品，在开花结果的时期温度要求比幼苗期要高些，温度过高过低都会造成落花落果。因此，应尽可能将蔬菜产品形成期安排在温度适宜的季节里，以保证产品的优质高产。

（4）生殖生长及种子休眠期

各类蔬菜的生殖生长期（即开花结果）都要求较高温度，种子成熟时要求的温度更高。但是各类蔬菜的种子休眠期（包含作种子使用的器官）均要求低温，以降低呼吸强度，延长贮存时间。

3. 高温、低温对蔬菜的影响

（1）高温危害

各类蔬菜在超过生长适应温度范围的高温条件下，正常生理生化代谢受到影响，呼吸消耗大于同化积累，会使植株不能正常生长，影响花粉的发芽和花粉管的伸长，降低产品品质。如在高温下，甘蓝、大白菜结球不紧，萝卜肉质根变小、纤维增多；茄果类、豆类引起落花落果而降低产量。在高温或高温高湿条件下还会引起多种病害发生。

（2）低温危害

蔬菜遇过低的温度时，极易发生冻害和寒害，使植株停止生长，或引起落花落果，品质变劣，严重时使植株枯萎死亡。

4. 温周期的作用

（1）温周期的作用

"温周期"是蔬菜生长发育对昼夜温度周期性变化的反应。白天较高的温度有利于植株光合作用，夜间温度较低可抑制植株呼吸作用，减少消耗，有利于同化产物的积累。这种有规律的昼夜温差，对于蔬菜的生长发育是有利的，许多蔬菜都在这样变温的环境中才能正常生长。一般热带的蔬菜要求昼夜温差较小，约为 3~6℃，温带蔬菜为 5~7℃，沙漠或高原植物则为 10℃ 以上。

（2）春化作用

"春化作用"主要表现为低温对蔬菜发育所具有的诱导作用，只有通过此诱导作用蔬菜植株才能开花结果，从而完成生长发育的全过程。根据二年生蔬菜以及部分其他蔬菜通过春化的方式，可以分为两大类：

一是种子春化，即从种子开始萌动就可以接受低温通过春化。如大白菜、芥菜、萝卜、菠菜和莴笋等。

二是绿体春化，即要求幼苗长到一定大小才能通过春化。如甘蓝、洋葱、大蒜、芹菜等。这个"长到一定大小"通常用植株的茎粗、叶片数、叶面积来表示进入春化的时期。

通过春化要求的低温条件：白菜类及芥菜类在 0~8℃，萝卜在 5℃ 左右，甘蓝及洋葱在 0~10℃ 以下，芹菜 8℃ 左右。

春化要求的时间一般为 10~30 天左右，有些对春化要求不严格的品种如菜心或菜薹栽培的品种，在低温条件下约经 5 天左右就可通过春化。

了解"春化作用"对于掌握这些二年生蔬菜的播种期、控制未熟抽薹、减少生产上的损失，具有重要意义。

（二）蔬菜对光照的要求

光是蔬菜生长的必需条件，光照强度、日照时数、光质变化等直接影响蔬菜的产量、品质和成熟期。

1. 光照强度对蔬菜的影响

根据各类蔬菜对光照强度的要求，可以分为三大类：

（1）要求较强光照的蔬菜

包括瓜类、茄果类、豆类、山药和豆薯（地瓜）等。

（2）要求中等光照的蔬菜

包括洋葱、大蒜、大葱、大白菜、花椰菜、甘蓝、萝卜、胡萝卜、芥菜类等。

（3）要求较弱光照的蔬菜

主要是一些绿叶蔬菜如莴苣、菠菜、茼蒿、芹菜、小白菜及韭菜、小葱等。

在栽培上，光照的强弱必须与温度的高低相配合，才有利于蔬菜的生长发育。在适宜温度条件下，满足蔬菜对光照强度的要求，则生长健壮、产量高、品质好；反之，则植株生长不良，易落花落果和发生病虫害。

2. 日照时数（光周期）对蔬菜的影响

蔬菜在生长发育过程中需要一定的日照时数，才能正常生长，开花结实，即需要一定长短的昼夜交替的光周期条件。根据蔬菜开花结实对日照长短的要求，一般分为三种类型：

（1）长日性蔬菜

这类蔬菜需要较长的日照（12~14 小时以上）促进植株开花，在短日照下则延迟开花或不开花。包括大白菜、小白菜、甘蓝、花椰菜、芥菜类、萝卜、胡萝卜、芜菁、芹菜、菠菜、莴苣、蚕豆、豌豆及大葱、大蒜、洋葱等。

（2）短日性蔬菜

这类蔬菜需要较短的日照（12~14 小时以下）促进植株开花，在长日照下则延迟开花或不开花。包括豇豆、扁豆、苋菜、茼蒿、豆薯等。

（3）中光性蔬菜

这类蔬菜对日照时数的长短要求不严格，在较长或较短的日照条件下都能开花。包括番茄、辣椒、茄子、黄瓜、菜豆等。

了解蔬菜对日照时数的要求，对在栽培中正确选择品种，确定适宜的播种期很有指导意义。

3. 光质对蔬菜的影响

太阳光的可见光谱中，各种波长的光对蔬菜生长有着不同的影响。橙色、红色光对于光合作用最为有效，绿色光吸收最少。营养器官的形成需要蓝、紫和黄绿的光波，如球茎甘蓝在蓝光下球茎容易形成，而在绿光下不易形成。红色、橙黄色等光可促进蔬菜茎部伸长，而蓝、紫光等则有抑制茎节间伸长的作用。

在蔬菜育苗及进行保护地栽培时，应注意覆盖物的透光性，满足蔬菜生长发育对不同光质的要求。

（三）蔬菜对水分的要求

蔬菜产品大多柔嫩多汁，含水量在 90% 以上。在蔬菜生长发育中，水既是对营养物质吸收和运输的溶剂，又是光合作用中最主要的原料。因此，水分是蔬菜生长发育的最重要条件之一。

1. 蔬菜的需水规律

各类蔬菜的需水要求与其根系吸收能力和茎叶蒸腾消耗有关。根据各类蔬菜的需水规律，可以分为五类：

（1）耐旱性蔬菜

这类蔬菜适应于较低的土壤湿度和较干燥的空气环境，需水不多。具有强大的根群，吸水能力强，虽然叶面积大但表面有茸毛和裂刻，蒸腾作用小，水分消耗降低，抗旱力很强。如南瓜、苦瓜、西瓜、甜瓜等。

（2）半耐旱性蔬菜

这类蔬菜叶面积小，叶多呈管状或带状，表面有蜡质，蒸腾量不大，叶面消耗水分少，能忍受较低的空气湿度。但是根系入土浅，分布范围小，几乎无根毛，吸水能力弱，所以对土壤水分的要求比较严格，要经常保持土壤的湿润。如葱、大蒜、洋葱、石刁柏等。

（3）湿润性蔬菜

这类蔬菜叶面积较大，组织柔嫩，蒸腾量大，消耗水分多，但根系入土较浅，吸水能力较弱，因此要求较高土壤湿润度和空气湿度，需水量较大，在栽培上宜选择保水能力强的土壤，且经常灌溉。如白菜类、芥菜类、绿叶菜类、甘蓝、黄瓜等。

（4）半湿润性蔬菜

这类蔬菜叶面积虽然较大，但组织较硬，叶面多有茸毛，消耗水分不太多，而且根系比较发达，有一定抗旱能力。所以要求土壤湿度适中，栽培中适时适量进行浇水。如番茄、辣椒、茄子、豆类、根菜类等。

（5）水生蔬菜

这类蔬菜的叶面积大，组织柔嫩，蒸腾量大，消耗水分多，但根系不发达，吸水能力很弱，只能在浅水中或多湿的土壤中栽培，并适宜多雨多湿润气候条件下生长。如藕、菱白（蒿笋）、菱、芋头等。

2. 蔬菜不同生长时期对水分的要求

各类蔬菜在其生长的各个时期对水分的要求有所不同，但其基本规律为：从播种到收获，需水量是小—大—小的过程。

（1）种子发芽期

这一时期要求较高的土壤湿度，但各类蔬菜种子的吸水力、吸水量和吸水速度有所差异，吸水力小的种子比吸水力大的种子要求更高的土壤含水量。如白菜种子的吸水力较大，芹菜种子的吸水力较小，所以芹菜种子萌发时要求较高的土壤含水量。为了满足种子发芽期对水分的要求，播种前土壤应浇足水或进行浸种，播种后及时浇水。

（2）幼苗期

各类蔬菜在幼苗期，植株的叶面积小，蒸腾量也小，需水量不多。但由于此期根系弱小，而且分布浅，加之表层土壤湿度不稳定，易干旱缺水，因此在栽培上要特别注意苗期土壤湿度的保持。

（3）营养生长期

这一时期随着蔬菜植株的长大，叶面积不断增加，对水分的需要量也逐渐加大，是蔬菜生长需水最多的时期，应保持充足的水分。

（4）开花结果期

这一时期对水分的要求比较严格，浇水过多或过少都易引起落花落果。特别是果菜类蔬菜在开花初期应适当控制浇水，因水分过多会引起茎叶徒长，造成落花落果。因此，待第一果实坐稳果后再增加水分，即可满足不断开花结果对水分的需要。

（四）蔬菜对土壤与营养的要求

蔬菜的生长与土壤营养关系密切。由于蔬菜的复种指数高，产品器官生长迅速、质地鲜嫩，因此对土壤营养有较高的要求。

1. 土壤质地与蔬菜栽培

土壤质地与蔬菜的熟性、抗逆性、品质等都有密切的关系，不同质地的土壤适合栽种不同的蔬菜。

（1）沙壤土

具有土质疏松、排水良好、不易板结开裂、春季升温快等特点，但是保水保肥力差，有效的矿质营养成分少，栽培蔬菜容易早衰老化，在肥水不足时，表现更为严重。在这类土壤上栽培蔬菜，应多施有机肥和追肥，并且采取多次、少量、分施的追肥方法，尽量减少肥料的流失。适宜进行耐旱的瓜类、根菜类及茄果类的早熟栽培。

（2）壤土

土质疏松适中，土壤结构良好，保水保肥力较好，但春季升温较慢。这类土壤中有机质和营养成分丰富，且便于耕作，是一般蔬菜栽培最适宜的土壤。

（3）黏壤土

土质细密黏重，春季土温上升缓慢，种植蔬菜其成熟期较晚。这类土壤中营养成分丰富，保水保肥力强，有丰产潜力，但是排水不良，易受涝害，雨后土壤容易干燥开裂，耕作不便。适宜晚熟栽培以及甘蓝等大型叶菜类和水生蔬菜的栽培。

2. 土壤溶液浓度及酸碱度对蔬菜的影响

各种蔬菜在其系统发育的历史过程中，长期适应了不同的土壤条件，形成了对土壤中溶液浓度及酸碱度的不同忍耐力。

（1）土壤溶液浓度对蔬菜的影响

依蔬菜对土壤溶液浓度的适应性，可以分为以下三类：

一是耐肥性强的蔬菜。这类蔬菜能耐高浓度土壤溶液，如茄子、南瓜、根菜等。

二是耐肥性中等的蔬菜。这类蔬菜适应于中等土壤溶液浓度，在过高浓度或过低浓度下生长不良。如辣椒、番茄、甘蓝、大白菜等。

三是耐肥性低的蔬菜。这类蔬菜只能忍受较低的土壤溶液浓度，如菜豆、胡萝卜及葱蒜类蔬菜等。

各类蔬菜在幼苗时，都需要较低的土壤溶液浓度才能正常生长。

（2）土壤溶液酸碱度对蔬菜的影响

根据各类蔬菜对土壤溶液酸碱度的适应性，可以分为：

一是适于中性的土壤条件。洋葱、韭菜、菜豆、黄瓜、花椰菜等蔬菜对土壤溶液的酸性反应最敏感，要求中性的土壤条件。

二是适于弱酸性的土壤条件。番茄、辣椒、萝卜、胡萝卜、南瓜等蔬菜能在弱酸性土壤中生长。

三是适于中性偏碱性的土壤条件。茄子、芹菜、甘蓝类的蔬菜能较好地适应偏碱性土壤条件。

土壤过酸或过碱（pH 值为 5 或 pH 值为 9）都对蔬菜生长不利，而且酸性土壤易发生病害，一般土壤 pH 值在 5.5~7.0 这一范围，植株吸收营养元素最容易。在栽培中，当土壤酸度过高，可适当施用石灰中和；当土壤碱性过高，可采用灌溉冲洗或石膏中和等。

3. 蔬菜的需肥规律

蔬菜和其他作物一样，最重要的土壤营养是氮、磷、钾三要素，其次是钙、镁等元素，微量元素如铁、锌、锰、铜、钼、硼等虽然需要量很少，但也是必不可少的。

（1）主要营养元素的生理特性

①氮素营养

氮是蛋白质的重要组成部分，没有蛋白质就没有生命。氮素营养充足时，蔬菜生长良好，光合作用强，叶片的有效功能期长。但是氮素营养过多，会引起植株徒长，茎秆中的机械组织不发达，抗逆性减弱，结果受到阻碍；若氮素营养不足，则植株生长不良，叶小发黄，光合能力减弱，易出现早衰，以致降低产量。

②磷素营养

磷是细胞质和细胞核的重要元素，能促进花、果的发育，使作物提早成熟。磷不足，蔬菜的根和幼芽的生长减弱，株矮而分枝少。因此，果菜类蔬菜对磷肥的需要较高，苗期施磷肥的效果明显。磷充足时，蔬菜籽粒饱满，块根、块茎淀粉含量高。

③钾营养

钾是植物的必要元素，钾充足可促进机械组织发育，使茎秆强健，具有抵抗病虫侵袭的能力。钾还能促进光合作用，减少呼吸作用。因此，果菜类在生长期中要注意磷、钾的配合使用；根菜类和茎菜类的养分积累期，钾肥的施用比较重要。

（2）各类蔬菜及不同生育期对土壤营养元素的要求

①叶菜类蔬菜

需要氮素营养较多。如果氮素不足，则植株矮小，组织粗硬，春播易出现早期抽薹。小型叶菜生长全期需要氮肥量高；大型叶菜如大白菜、甘蓝等，除需要较高氮肥外，在生长盛期还需增施钾肥和适量磷肥，如后期磷、钾不足则不易结球。

②根茎类蔬菜

幼苗期需要较多的氮，少量的磷和钾；根茎膨大时，需要较多的钾，适量的磷和氮。如果长期氮肥不足，则植株生长不良而纤弱；后期氮肥过多而钾肥不足，则植株徒长，影响根茎膨大，产量降低。

③果菜类蔬菜

幼苗期需要氮肥较多，磷、钾较少；开花结果期需要磷、钾肥较多。前期氮肥不足则植株矮小；中后期若氮过多，磷、钾肥不足，则茎叶徒长，开花结果延迟，品质和产量也降低。

蔬菜除对氮、磷、钾肥需要量大外，还需要一定量的钙、镁元素和少量的微量元素。这些营养元素缺乏或用量不当时，蔬菜植株会出现各种症状，而生长不良。

第二节　蔬菜的设施栽培

蔬菜的设施栽培是指在不适宜蔬菜生长的季节，利用保温防寒或降温防涝的设施，人为地创造适宜蔬菜生长发育的环境条件，进行蔬菜生产。它的作用有：减轻病虫、高低温、暴雨和环境污染等灾害对蔬菜的危害；提前或延后栽培，提早或延迟上市，增加菜类花色品种；缓解春秋两淡季矛盾，实现全年生产、均衡供应。

一、大棚覆盖栽培

（一）塑料棚的种类及塑料大棚的棚型

1. 塑料棚的种类

按棚的高矮，塑料棚可分为小棚、中棚和大棚。

（1）塑料小棚

用竹竿或直径6~8mm的钢筋做骨架，每厢80~100厘米插一拱架，棚高50~80厘米，棚宽（跨度）130厘米左右，用竹竿纵向连接拱杆形成拱棚，在其上覆盖塑料薄膜做成圆拱形小棚。冬季严寒时，也可在小拱棚上覆盖草帘保温。小棚结构简单、建造容易、取材方便，但因棚矮小，升温快，降温也快，棚内温度、湿度不易调节，适用于冬、春季蔬菜育苗和瓜、茄、豆类蔬菜及早春速生菜的提早栽培。

（2）塑料中棚

与小棚相似，棚高约1.5米左右，跨度4米左右，人能在棚内操作。中棚分圆拱形和半圆拱形棚，宜作育苗、栽培用，性能优于小棚。

（3）塑料大棚

多用竹木、混凝土和钢管等做骨架，长度随场地及使用面积而定，一般长20~30米，跨度（宽）6~8米，拱架高2.2~2.8米，拱间距0.6~0.8米，拱肩高1.4~1.7米（包括入土的40厘米），用竹竿或钢管纵向连接拱杆形成拱棚，在其上覆盖薄膜而成大棚。塑料大棚骨架坚固耐用、使用寿命长、棚体大、保温性能好，隆冬季节可在棚内增加保温或加温设施，人可在棚内操作管理，人为地调节环境条件。大棚适合用于蔬菜育苗、春早熟和秋延后栽培、无土栽培等，在国内，特别是长江流域应用十分广泛。

2.塑料大棚的棚型

塑料大棚有圆拱形、半圆拱形和屋脊式三种棚型，前两种透光、保温性能强于屋脊式大棚。四川及江南地区竹材资源丰富、取材方便，生产上多采用竹架大棚，其造价低廉、建造容易。钢结构大棚比较规范，使用寿命长，但投资大、成本高。

（二）塑料大棚全年栽培类型及制度

1.塑料大棚全年栽培类型

各地自然条件不同，市场需求、生产季节、栽培目的和方式也不相同，因而对塑料棚的利用也各不相同。其发展的基本原则和目标是：以市场为导向，以效益为目标，充分利用塑料薄膜、遮阳网覆盖栽培"寒能保温、旱能保湿、热能遮阴降温、能增强抗灾能力"的优势，提高设施栽培的利用率和生产能力。

（1）蔬菜育苗

冬、春季利用塑料棚培育茄果类、瓜类、豆类、薯芋类及藤菜的幼苗或假植等，保护不耐寒蔬菜幼苗安全越冬；夏季利用遮阳网膜覆盖培育甘蓝类、茄果类、叶菜类等幼苗。

（2）春早熟栽培

早春利用保护设施进行防寒保温，提早定植茄果类、瓜类（特别是黄瓜）、豆类、生姜或速生菜等喜温蔬菜，提早上市（20天左右），提高产量，增加春淡蔬菜的花色品种。

（3）夏季延后栽培

利用保护设施夏季播种，夏末秋初栽培番茄、茄子或黄瓜等果菜，延长其生长期和供应期（约30~40天），增加秋淡果菜品种。

（4）秋冬菜提前栽培

利用荫棚、遮阳网膜等降温、防暴雨的保护设施，于夏季育苗栽培早秋甘蓝（莲花白）、秋花菜、大白菜、秋莴笋、秋芹菜及速生叶菜，增加秋淡叶类蔬菜品种，可提前30~40天，于8—10月秋淡期间上市。

2. 塑料大棚全年生产栽培制度

适宜于塑料大棚栽培的菜类品种繁多，不同品种的特征、特性及对环境条件的要求各不相同。在全年生产上，应根据各类蔬菜的生物学特性，合理安排全年生产的品种、茬口，进行轮作、间套种植。塑料大棚全年生产茬口衔接，轮作、间套种植的原则和栽培模式与露地蔬菜栽培茬口衔接，轮作、间套种植的原则和栽培模式相同。

3. 大棚栽培主要高效栽培模式

早辣椒（番茄、茄子）+丝瓜（苦瓜、小米冬瓜）——秋冬菜

早春叶菜+丝瓜（苦瓜、小米冬瓜）——秋冬菜

西葫芦——夏黄瓜——早秋瓢儿白——豌豆尖

早春黄瓜——秋茄子——冬莴笋

早春番茄——夏秋黄瓜——秋萝卜

早春黄瓜（丝瓜）——秋番茄

春辣椒（春茄子）——秋黄瓜

"+"表示套种，括号表示可选择替代品种，"——"表示间种或接茬。

（三）塑料大棚覆盖栽培技术

1. 选择适宜塑料大棚栽培的优良品种

应选择耐寒性强、耐弱光、抗病能力强、熟性早、开展度小、株型紧凑、适宜密植、商品性好、丰产稳产的品种。

2. 适时早定植

初春利用塑料大棚覆盖提高棚内土壤温度和空气温度，适当早栽，作物随春后气温逐渐回升而生长发育，提早开花、结果、上市。当大棚内气温不低于6℃，地温（10厘米深度）12℃时即可定植。南瓜、黄瓜和番茄于2月中旬，辣椒和茄子于3月上中旬带土定植；豆类2月下旬—3月上旬直播或移栽；速生菜于3月上旬在茄果类、豆类和瓜类菜行

间撒播套作或净作。

3. 棚内温、湿度和光照的管理

适宜的温度、相对湿度和光照是促进作物生长发育的主要条件。大棚内温湿度和光照随外界的温湿度和光照的变化而变化，存在着明显的季节差异和日变化差异，同时，温湿度的管理既有紧密联系，又互为矛盾。因此，必须按照作物生长发育对环境条件的要求，灵活地加以控制和调节，满足早熟蔬菜栽培生长发育的需要。

（1）塑料棚内温度的管理

棚内气温随外界气温变化而变化的一般规律是：棚外气温愈高，棚内增温值愈大；棚外气温低，棚内增温值小；棚内最高气温和最低气温出现的时间比露地晚 2 小时左右。晴天日温差较大；阴雨天日温差小。气温愈高，日温差愈大；气温愈低，日温差愈小。据测定，重庆市郊菜区塑料大棚内气温：3 月份平均气温，白天为 $20 \sim 28 ℃$，夜间 $11 \sim 15 ℃$，日温差为 $11 \sim 13 ℃$；4 月份平均气温，白天为 $24 \sim 35 ℃$，夜间 $13 \sim 18 ℃$，日温差为 $11 \sim 20 ℃$；5 月份棚内最高气温可达 $40 \sim 50 ℃$。而适宜塑料大棚早熟栽培的黄瓜、番茄、菜豆和速生叶菜等生长适温，以白天 $18 \sim 26 ℃$，夜间 $13 \sim 18 ℃$ 为宜；辣椒、茄子等以白天 $24 \sim 30 ℃$，夜间 $18 \sim 20 ℃$ 为宜。因此，应根据塑料大棚内温度变化规律和早熟栽培蔬菜品种的适宜生长温度，加强棚内温度调节管理工作。秧苗定植后缓苗之前一般不通风，提高棚内地温和气温。早春因光照弱，棚内增温效果较差，可采取大棚内再覆盖地膜加小拱棚等措施，提高增温保温效果，促进秧苗迅速返青成活、生长。随着季节的推移，气温逐渐升高，棚内温度也逐渐升高，当上午或中午气温达 $32 ℃$ 以上时，敞棚门或四周通风，使棚内温度降到 $26 ℃$ 左右，而后减少通风量或关闭通风口。4-5 月更应注意温度管理，当气温达 $35 ℃$ 以上时，应加大通风量，延长通风时间，或结合肥水施用降低棚内温度，防止徒长和灼伤秧苗。6-8 月气温高，持续时间长，一般应揭去大棚膜，或覆盖遮阳网膜遮阴降温，以利于果菜继续开花结果，增加产量。

（2）塑料大棚内湿度的管理

塑料薄膜不透气，由于土壤水分的蒸发和作物的蒸腾作用，棚内空气湿度增大，若不通风，棚内空气相对湿度可达 90% 以上，甚至达 100%。其变化规律是：棚温升高，相对湿度降低；棚温降低，相对湿度升高。晴天、有风天相对湿度低，阴天、雨（雾）天相对湿度高。一般大棚早熟蔬菜栽培，适宜的相对湿度白天为 60%~70%，夜间为 80%~90%。过高的相对湿度，有利于病害的发生，影响作物生长发育。塑料大棚蔬菜在施足底肥和定根水的情况下，秧苗定植后至开花前，一般不施肥水，进行蹲苗。此时，棚内管理的主要任务是提高温度，降低湿度，促进植株生长，应坚持刮去棚膜内侧的水珠或在棚内放置一些生石灰等吸潮，以减少病害，有利于果菜生长发育、开花结果。

（3）塑料大棚内光照的管理

塑料薄膜透光性良好，一般透光率达 70% ~ 80%，紫外光和红外光的透过率高于玻璃。但棚内的光照强度比棚外弱，据测定，春季大棚内的光照强度为露地的 50% ~ 80%，冬季最弱。因此，如何争取更多的光照对于春季大棚早熟栽培来说尤为重要。大棚光照条件与大棚方位、结构及薄膜的质量有关，同时也受到受光季节、光照时间长短的极大影响。因此，冬季育苗和春早熟栽培，大棚方位一定要南北延长建造；采用钢结构，使棚内立柱最少，提高透光率；选用透光率高的无色膜覆盖。在栽培上，东西向作畦栽培；适当稀植，减少叶片重叠，扩大受光面积；早春光照不足，提高棚温增强光合作用；在不影响作物生长发育温度条件下，适当早揭膜，迟盖膜，充分利用中午前后多接受光照，延长受光时间，增加光照强度；注意保持棚膜清洁，减少灰尘污染，增加透光度；若光照严重不足，也可采用人工补光等措施，增大受光面积，延长受光时间，增加光合强度。果菜类在 6-8 月光照逐渐增强，应揭膜、遮光，降低温度和光照强度。

4. 肥水管理

塑料棚早熟栽培中，不同的作物由于生育期不同，对营养物质的需要量、施肥浓度和肥料种类的要求亦不相同。果菜类定植后要控制肥水施用、蹲苗，促进迅速返青成活；开花前要控制施用氮肥，防止徒长，勤施清淡人畜粪水；坐果后重施追肥，促进多开花、多结果和果实迅速膨大成熟，防止早衰，提高单产。速生叶菜，返青成活后，勤施肥水，促进叶菜生长发育、早上市。肥水施用应以早熟、丰产、增效为前提，与保温、通风和排湿相结合，视棚内气温、温度、光照强度和作物生长发育状况而灵活掌握。

二、遮阳网覆盖栽培

遮阳网覆盖栽培是继蔬菜塑料薄膜、地膜覆盖栽培之后，于 20 世纪 80 年代后期通过试验、示范、推广的一种新型的蔬菜设施栽培技术。

（一）遮阳网的种类

目前，在我国蔬菜生产中应用的遮阳网，按颜色分有黑色、白色、银灰色、绿色、蓝色、黄色和黑色与银灰色相间的双色网等种类，其中以黑色、银灰色用途最广，用量最大；按幅宽规格分，主要有 90 厘米、160 厘米、200 厘米、400 厘米等规格，使用寿命为 3 ~ 5 年。生产上应视栽培方式和种植菜类的不同选用不同的遮阳网种类和规格。

（二）遮阳网覆盖的作用

遮阳网是一种用于遮阳、降温的塑料网状覆盖材料。其主要作用有：一是遮光降温作用，蔬菜生产中，常用遮光率在 25%~65% 左右的遮阳网，其降低地面温度的作用非常显著。二是保水保湿作用，夏秋覆盖遮阳网，可减少抗旱浇水次数和浇水量 30% 左右。三是防止灾害性气候作用，夏季覆盖可以起到防暴（雨）保墙，防病，避鸟、虫危害的作用；秋冬及春末覆盖，可以起到防霜冻、保温的作用。四是省工、省力、省种，降低成本。五是促进苗齐、苗壮，提高成苗率。六是提高蔬菜品质，提前或延后上市。

（三）遮阳网的覆盖方式

遮阳网覆盖方式灵活多样，生产上应根据不同的作物、不同的栽培目的、不同的气候，选用不同的覆盖方式。遮阳网覆盖方式分为三大类，即浮面覆盖、搭架覆盖和部位覆盖。

1. 浮面覆盖

浮面覆盖是指不用搭架，直接覆盖遮阳网。按覆盖形式又可分为地面浮面覆盖和植株浮面覆盖。

（1）地面浮面覆盖

将遮阳网直接覆盖在地面上，多用于夏、秋季蔬菜播种后的短期覆盖或定植前的土壤保墒，利于幼苗出土或定植。

（2）植株浮面覆盖

将遮阳网直接覆盖在蔬菜植株顶部，多用于夏、秋季光照不太强、气温不太高的情况下，蔬菜简易覆盖栽培。

2. 搭架覆盖

搭架覆盖是指将遮阳网覆盖在棚架上。按不同的棚架，又可分为平棚覆盖、大棚覆盖和小拱棚覆盖。

（1）平棚覆盖

用竹竿、木棒、钢丝（条）等材料在畦面上建成高 1.0~1.5 米的平架或斜面支架，在支架上覆盖遮阳网。适用于速生菜、叶类蔬菜的生产及夏秋幼苗假植。

（2）大棚覆盖

将遮阳网直接覆盖在大棚的棚架上。多用于夏季或早秋的茄果类、豆类、瓜类的延后栽培和甘蓝类、白菜类、绿叶菜类、葱蒜类等蔬菜的提早栽培。

（3）小拱棚覆盖

利用小拱棚的棚架，揭去薄膜后覆盖遮阳网。适用于豆类、瓜类的育苗、假植，速生菜、叶类菜栽培及夏季育苗等。

3. 部位覆盖

部位覆盖按遮阳网在棚架上覆盖的部位不同进行划分，具体又分为全覆盖和半覆盖。

（1）全覆盖

用遮阳网把棚架完全覆盖起来（类似春季薄膜覆盖）。这种覆盖在连晴高温、干旱情况下，降温、保温效果好，多用于连晴高温、干旱条件下的育苗或栽培。

（2）半覆盖

将遮阳网只覆盖在棚架顶部、上部，或棚架下部，四周留出30~60厘米不覆盖。这种覆盖不但遮阴，而且通风透气好，多用于高温雨后、阴晴相间气候条件下的蔬菜栽培。

（四）遮阳网覆盖栽培的类型

根据栽培季节、菜类品种及栽培目的的不同，结合市场需求状况、地理环境条件、生产技术水平等综合因素，采用不同的遮阳网膜覆盖栽培类型。

1. 遮阳网覆盖育苗

遮阳网覆盖育苗主要用于夏秋季甘蓝类、茄果类、绿叶菜类、葱蒜类、芥菜类蔬菜育苗；遮光、降温、减少床土水分蒸发、防暴雨、保墒；春季豆类、瓜类育苗，防止早春霜冻等损伤秧苗；提高成苗率，培育健壮秧苗。

2. 早春大棚蔬菜的后期覆盖栽培

春季大棚栽培的茄子、辣椒、黄瓜和冬瓜等在采收中后期，正逢高温、强光照气候，覆盖遮阳网，加强肥水管理，可延长蔬菜上市时间，提高单产，增加收入。

3. 夏秋菜覆盖栽培

夏末初秋栽培的番茄、茄子、豇豆、菜豆和黄瓜等蔬菜，采用遮阳网膜覆盖栽培，延长蔬菜供应期，提高产量，增加秋淡期间蔬菜的花色品种，经济效益显著。

4. 秋冬蔬菜提早覆盖栽培

秋冬蔬菜中的甘蓝（莲花白）、花菜、大白菜、莴笋、芹菜、大葱及速生小白菜等提早在夏季育苗栽培，秋季收获，一般可提早20~40天采收，增加秋淡蔬菜的花色品种和上市量。

此外，还可利用遮阳网覆盖的防冻作用，栽培越冬叶类蔬菜、食用菌等。

（五）遮阳网覆盖栽培技术

以大春菜延后、秋菜提早栽培为重点，简要介绍遮阳网覆盖栽培的技术要点。

1. 选用适宜的遮阳网覆盖材料

应根据当地自然光照强度，作物对光照要求，栽培季节、方式、目的、覆盖面积和时间，选用适当的遮阳网、覆盖方式和用网的数量。

（1）选择遮阳网的颜色

对喜弱光性蔬菜（如莴笋、芹菜和生姜等），可选购黑色遮阳网覆盖；对要求较强光照的蔬菜（如瓜类、茄果类等），可选用白色遮阳网早春覆盖栽培或育苗；以防蚜虫为重点的（如芥菜），可选用银灰色或银灰色与黑色相间的遮阳网覆盖栽培或育苗；夏季光照强、气温高、暴雨多，可选用遮光率较高的黑色遮阳网覆盖栽培或育苗。

（2）确定遮阳网的用网量

浮面覆盖和平棚覆盖用网量较小；拱棚覆盖，特别是大棚覆盖用网量较大；全覆盖用网量大于部分覆盖用网量。一般标准：大棚全覆盖遮阳网，1 000 平方米/亩；平棚覆盖遮阳网，用网量 650~700 平方米/亩。

2. 选择适宜遮阳网覆盖栽培的蔬菜品种

在夏、秋季节生产的蔬菜中，常常将大春菜如番茄、茄子、豇豆、菜豆和黄瓜等延迟到夏季用遮阳网膜覆盖栽培；将秋冬蔬菜如甘蓝（莲花白）、花菜、大白菜、莴笋、芹菜和大葱等，提早育苗在早秋栽培。栽培中应选择品质好、早熟、耐热、适应性广、抗病能力强、生长势强、商品性好、丰产稳产高产的品种。对于果菜类还要考虑其坐果率高低、果实大小等因素。

3. 加强遮阳网覆盖的揭盖管理

遮阳网管理技术的总原则是"七揭九盖"，即晴天盖，阴天揭；光强时盖，光弱时揭；高温时盖，降温时揭；暴雨前盖，小雨前揭；出苗前全天盖，苗齐后适时揭；盛夏时早盖，晚揭；初夏、早秋时晚盖，早揭；湿度小时全覆盖，湿度大时顶部覆盖。利用遮阳网膜覆盖育苗必须在定植前 5~7 天逐渐延长揭开遮阳网膜的时间炼苗，增强菜苗的抗逆性。切忌覆盖遮阳网后，不进行揭盖管理，以免发生病害，影响蔬菜的品质、产量和效益。

4. 加强田间管理

在夏秋之际，光照、气温、雨量变化很大，采用遮阳网覆盖栽培后，改变了恶劣的气候条件，改善了蔬菜生长与发育的田间小环境。但大田间管理上仍需根据植株生长、发育情况，适时加强肥水管理和病虫害防治，促进作物生长发育、开花结果，提高蔬菜的品质和产量，增加经济效益。

三、大棚蔬菜水肥一体化膜下滴灌施肥技术

蔬菜水肥一体化膜下滴灌施肥技术是在地膜覆盖栽培的基础上，将施肥与灌溉结合在一起的一项农业新技术。这种灌水施肥方法，是通过滴灌系统，在灌溉的同时将肥料配兑成肥液一起输送到作物根部土壤，供作物根系直接吸收利用。该方法可以精确控制灌水量、施肥量和灌溉及施肥时间，显著提高水和肥的利用率。

（一）滴灌系统

1. 水源

连片大棚可实施地下输水工程，在每个大棚内设阀门，水泵用微机控制。单个大棚可修建高位蓄水池或设置高位蓄水桶，一般建在大棚的侧边，容积不少于 1 立方米，较地面高度在 1.5 米以上。

2. 首部系统

首部安装水泵、过滤器、压力调节阀门、流量调节器及施肥罐。

3. 管道系统

输水管道根据水源压力和滴灌面积来确定滴灌管道的安装级数。一般采用三级管道，即干管、支管和毛管。管道可采用薄壁 PE 管，在不影响使用寿命的情况下降低工程造价。

4. 使用维护

旁通具有调压功能，连接方便，可任意调整滴灌管的位置和间距。滴灌管滴头可拆卸，如发生堵塞，便于清洗；滴头流量小，可形成较好的湿润体。

（二）技术措施

1. 灌水方案

滴灌技术根据作物需水生理和土壤条件制订灌溉方案，包括灌水定额、一次灌水时间、灌水周期、灌水次数等。

2. 施肥方案

施肥技术根据作物营养生理和土壤条件确定施肥制度，如加肥时间、数量、比例、加肥次数和总量。

3. 水肥耦合的操作程序

根据作物生长条件和前季产量确定目标产量—以作物营养的理论数据拟定施肥配方—依据土壤条件调节配方—以滴灌施肥条件下肥料吸施比计算施肥量—选配肥料—与灌水制度配置用肥量。

4. 技术集成配套

运用保护地地膜覆盖保水、保水剂应用等农艺保水技术及应用生物肥、有机肥培肥地力等保肥技术。

（三）操作方法

1. 整地开厢

地块经过冬前深翻炕土后进行整地，一般以 1.2~1.33 米开厢，在厢面中间开 30 厘米宽浅沟，施腐熟有机肥 1 000 千克/亩、复合肥（N：P：K 为 15：15：15）50 千克/亩或钾肥 20~30 千克/亩、过磷酸钙 40~50 千克/亩。覆土整平厢面，施足水分，待土面收汗后喷洒金都尔等芽前除草剂。起垄栽培每厢种植两行蔬菜。

2. 滴灌管（带）铺设

将滴灌管（带）按线面长度，在厢的中间铺设滴灌管（带）。铺设管带时，为了避免堵塞除侧位出水口的管带外，滴灌管带出水口向上，每隔 2 米左右用泥土固定管带，最后覆盖地膜。

3. 水肥施用

施肥时，将尿素、滴灌冲施肥等可溶性化肥溶于施肥罐中，随水施入作物根部。施肥时间控制在 40~60 分钟之间，防止由于施肥速度过快或者过慢造成的施肥不均或者不足。一般在下午 4 点以后，滴灌总用时间为 2.5~4 小时。加肥结束后，灌溉系统要继续运行 30 分钟以上，以清洗管道，防止滴管堵塞，并保证肥料全部施于土壤，并渗到要求深度，提高肥效。

4. 防堵管护

滴灌灌溉时，打开主管道堵头，冲洗 3 分钟，再将堵头装好。清洗灌溉一段时间后，过滤器要打开清洗，以保证灌溉系统的畅通。

四、主要蔬菜设施栽培要点

（一）大棚春番茄栽培要点

1. 设施配备

春番茄早熟栽培前期采用大棚保温，中期应用大棚避雨，中后期运用遮阳网降温或网室套种。采用地膜覆盖、水肥一体化滴灌栽培。

2. 品种选择

番茄设施栽培品种应根据当地海拔高度、消费习惯、种植模式等选择品种。沿江河谷及低海拔地区，采用番茄套种瓜类（苦瓜、丝瓜、小冬瓜）的栽培模式，适宜选择早熟、大果、果形好、商品率高的自封顶类型品种，如红帅 4041、公牛 903、火凤凰等品种；中、低海拔地区番茄净作栽培模式，适宜选择采收期长、果形好、商品率高、产量高的无限生长类型大果或樱桃番茄的品种，如大果明星、纳普拉斯、以色列 118、红满园 606 等品种。

3. 栽培要点

播种育苗：采用大棚冷床营养钵或基质穴盘育苗，沿江河谷地区于 10 月上中旬播种，中低海拔地区 10 月下旬~11 月上旬播种育苗。

整地盖棚：于定植前 7~10 天整地、盖棚，以 1. 33 米（4 尺）包沟开厢，沟施基肥，每亩施腐熟有机肥 1000 千克、硫酸钾复合肥 50~100 千克，深沟高畦，略成龟背形整厢，施足水分，喷洒芽前除草剂，有条件的地方铺设滴灌管带，覆盖地膜，最好是银灰色膜。

定植：沿江河谷可在 11 月上中旬定植，低海拔地区在 1 月下旬~2 月上旬定植。定植时若采用嫁接苗一定将嫁接口露于土面，定植后淋足定根水，封严定植孔。

棚室管理：4 月以前以保温、保花稳果为主，特别是沿江河谷地区冬前定植的秧苗在最冷季节采取双膜覆盖保温，5 月以后加强肥水管理，6 月~7 月上旬以避雨防病为主，7~8 月以遮阳降温为主。

（二）大棚春辣椒栽培要点

1. 设施配备

春辣椒早熟栽培前期采用大棚保温，中后期网室套种。采用地膜覆盖、水肥一体化滴灌栽培。

2. 品种选择

辣椒设施栽培品种应根据当地海拔高度、消费习惯、种植模式等选择品种。沿江河谷及低海拔地区，采用辣椒套种瓜类（苦瓜、丝瓜、小冬瓜）的栽培模式，适宜选择早熟、大果、抗性好品种，如早春、虎皮椒霸、苏椒 5 号、庆椒 1 号、霸王椒等灯笼椒品种；中、低海拔地区辣椒净作或套作栽培模式，适宜选择采收期长、产量高的品种，如改良早丰一号、渝椒 7 号、庆椒 2 号等灯笼椒品种及渝椒 5 号、艳椒 11 号等长椒品种。

3. 栽培要点

播种育苗：采用大棚冷床营养钵或基质穴盘育苗，沿江河谷地区于 9 月上中旬播种，中低海拔地区 10 月中下旬播种育苗。

整地盖棚：于定植前 7~10 天整地、盖棚，以 1.2 米包沟开厢，沟施基肥，每亩施腐熟有机肥 1 000 千克、硫酸钾复合肥 50~100 千克，深沟高畦，略成龟背形整厢，施足水分，喷洒芽前除草剂。有条件的地方铺设滴灌管带，覆盖地膜，最好是银灰色膜。

定植：沿江河谷可在 10 月下旬定植，低海拔地区在 2 月下旬-3 月上旬定植。定植后淋足定根水，封严定植孔。

棚室管理：4月以前以保温为主，特别是沿江河谷地区冬前定植的秧苗在最冷季节采取双膜覆盖保温，5月揭膜后加强肥水管理，套种瓜类作物盖栽培网。

（三）大棚春黄瓜栽培要点

1. 设施配备

春黄瓜早熟栽培采用温床育苗，前期采用大棚保温，中期应用大棚避雨，中后期运用遮阳网降温。采用地膜覆盖、水肥一体化滴灌栽培。

2. 品种选择

黄瓜设施栽培品种应根据当地海拔高度、消费习惯等选择品种。如津优1号、津优45、中农8号等青黄瓜品种；燕白、燕丰、燕美等白黄瓜品种；迷你2号、迷你4号等水果黄瓜品种。

3. 栽培要点

播种育苗：采用水暖温床营养钵或基质穴盘育苗，沿江河谷及低海拔地区于12月中下旬-1月上旬播种，中海拔地区适当推迟。枯萎病较严重的地块以黑籽南瓜为砧木，采用顶插接法进行嫁接育苗。

整地盖棚：于定植前7~10天整地、盖棚，以1.3米包沟开厢，沟施基肥，每亩施腐熟有机肥1 000千克、硫酸钾复合肥100千克，深沟高畦，略成龟背形整厢，施足水分，喷洒芽前除草剂。有条件的地方铺设滴灌管带，覆盖地膜，最好是银灰色膜。

定植：于1月中旬-2月上旬选在冷尾、暖头天气定植。定植后淋足定根水，封严定植孔。

棚室管理：3月以前以保温、保花稳果为主，4月以后加强肥水管理，5月-6月上旬以避雨防病为主，6-8月以遮阳降温为主。

（四）大棚春丝瓜栽培要点

1. 设施配备

春丝瓜早熟栽培采用温床育苗，前期采用大棚保温，中期应用大棚避雨，中后期运用遮阳网降温。采用地膜覆盖、水肥一体化滴灌栽培。

2. 品种选择

丝瓜设施栽培品种应根据当地海拔高度、消费习惯等选择品种。如春帅、春香等皱皮丝瓜品种，春秀、春晖等浅皱白丝瓜品种，荷兰秀美等长光皮丝瓜品种。

3. 栽培要点

播种育苗：采用水暖温床营养钵或基质穴盘育苗，沿江河谷及低海拔地区于2月上中旬播种，中海拔地区适当推迟。枯萎病较严重的地块以黑籽南瓜为砧木，采用顶插接法进行嫁接育苗。

整地盖棚：于定植前7~10天整地、盖棚，以1.3米包沟开厢，沟施基肥，每亩施腐熟有机肥1 000千克、硫酸钾复合肥50~100千克，深沟高畦，略成龟背形整厢，施足水分，喷洒芽前除草剂。有条件的地方铺设滴灌管带，覆盖地膜，最好是银灰色膜。

定植：于1月中旬-2月上旬选在冷尾、暖头天气定植。定植后淋足定根水，封严定植孔。定植密度2000株/亩。

棚室管理：4月以保温、炼苗、上蔓为主，5月以摘心、打杈、保花稳果以后加强肥水管理为主，6月-7月上旬以避雨防病为主，7-8月以遮阳降温为主。

（五）大棚春茄子栽培要点

1. 设施配备

春茄子早熟栽培前期采用大棚保温，中期应用大棚避雨，中后期运用遮阳网降温或网室套种，采用地膜覆盖、水肥一体化滴灌栽培。

2. 品种选择

茄子设施栽培品种应根据当地海拔高度、消费习惯、种植模式等选择品种。大棚茄子栽培一般采用净作栽培模式，适宜选择早中熟、大果、果形好、商品率高的品种，如黑秀长茄、黑冠长茄、春秋长茄等品种。

3. 栽培要点

播种育苗：采用大棚冷床营养钵或基质穴盘培育嫁接苗，沿江河谷地区于10月上中旬播种接穗；浅丘平坝地区9月下旬-10月上旬播种育苗，11月上中旬嫁接。

整地盖棚：于定植前7~10天整地、盖棚，以1.33米（4尺）包沟开厢，沟施基肥，每亩施腐熟有机肥1 000千克、硫酸钾复合肥50~100千克，深沟高畦，略成龟背形整厢，施足水分，喷洒芽前除草剂。有条件的地方铺设滴灌管带，覆盖地膜，最好是银灰色膜。

定植：沿江河谷地区可在2月上中旬定植，低海拔地区在2月上中旬定植。定植时嫁接苗一定将嫁接口露于土面，定植后淋足定根水，封严定植孔。

棚室管理：4月以前以保温、保花稳果为主，特别是沿江河谷地区冬前定植的秧苗在最冷季节采取双膜覆盖保温，采用双杆整枝方式整枝，5月以后揭膜加强肥水管理，6月-7月上旬以防病为主，7-8月以防虫、遮阳降温为主。

（六）大棚秋黄瓜栽培要点

1. 设施配备

秋黄瓜延后栽培采用遮阳网覆盖育苗，前期采用遮阳网降温，中期应用大棚避雨，中后期运用大棚保温。采用地膜覆盖、水肥一体化滴灌栽培。

2. 品种选择

黄瓜设施栽培品种应根据当地海拔高度、消费习惯等选择品种。如津优 1 号、津优 45、中农 8 号等青黄瓜品种，燕白、燕丰、燕美等白黄瓜品种，迷你 2 号、迷你 4 号等水果黄瓜品种。

3. 栽培要点

播种育苗：采用遮阳网覆盖营养钵或基质穴盘育苗，沿江河谷及低海拔地区于 7 月下旬-8 月下旬播种，中海拔地区于 7 月中下旬播种。

整地盖膜：于定植前 7~10 天整地、盖棚，以 1.3 米包沟开厢，沟施基肥，每亩施腐熟有机肥 1 000 千克、硫酸钾复合肥 100 千克，深沟高畦，略成龟背形整厢，施足水分，喷洒芽前除草剂。有条件的地方铺设滴灌管带，覆盖地膜，最好是银灰色膜。

定植：秋黄瓜苗龄在 7~10 天时选择下午定植。定植后淋足定根水，封严定植孔。

棚室管理：9 月以前以降温、保苗，在 3 叶期用 100 毫克/升的乙烯促进雌花生长，9 月以避雨保花稳果、加强肥水管理为主，10 月及以后时期以病虫防治、排湿保温为主。用辛硫磷、氯氰菊酯等药剂喷淋根部，防治黄守瓜。

（七）大棚秋辣椒栽培要点

1. 设施配备

秋辣椒延后栽培前期采用大棚保温，中后期采用栽培网套种。采用地膜覆盖、水肥一体化滴灌栽培。

2. 品种选择

秋辣椒适宜选择早熟、大果、抗性好品种，如庆椒 1 号、霸王椒等灯笼椒品种，渝椒 5 号、艳椒 11 号、兴辣 109 等长椒品种。

3. 栽培要点

播种育苗：采用遮阳网覆盖营养钵或基质穴盘育苗，沿江河谷地区于 6 月中下旬播种，中低海拔地区 5 月下旬-6 月上旬播种育苗。

整地盖膜：于定植前 7~10 天整地、盖棚，以 1.2 米包沟开厢，沟施基肥，每亩施腐熟有机肥 1 000 千克、硫酸钾复合肥 50~100 千克，深沟高畦，略成龟背形整厢，施足水分，喷洒芽前除草剂。有条件的地方铺设滴灌管带，覆盖地膜，最好是银灰色膜。

定植：秋辣椒沿江河谷可在 7 月中下旬定植，中低海拔地区在 7 月上中旬定植。定植后淋足定根水，封严定植孔。

棚室管理：9 月以前以降温、保苗为主，9 月以避雨保花稳果、加强肥水管理为主，10 月及以后时期以病虫防治、排湿保温为主。

（八）大棚秋番茄栽培要点

1. 设施配备

秋番茄延后栽培前期采用遮阳网降温，中期应用大棚避雨，后期采用大棚保温。采用地膜覆盖、水肥一体化滴灌栽培。

2. 品种选择

秋番茄设施栽培品种应选择早熟、大果、果形好、商品率高的自封顶类型品种，如红帅 4041、金红九、合作 903、红丽等品种。

3. 栽培要点

播种育苗：采用遮阳网覆盖营养钵或基质穴盘育苗，沿江河谷地区于 7 月上中旬播种，中低海拔地区 6 月下旬-7 月上旬播种育苗。

整地盖棚：于定植前 7~10 天整地、盖棚，以 1.33 米（4 尺）包沟开厢，沟施基肥，每亩施腐熟有机肥 1 000 千克、硫酸钾复合肥 50~100 千克，深沟高畦，略成龟背形整厢，施足水分，喷洒芽前除草剂。有条件的地方铺设滴灌管带，覆盖地膜，最好是银灰色膜。

定植：沿江河谷可在 8 月上中旬定植，中低海拔地区在 7 月下旬-8 月上旬定植。定植后淋足定根水，封严定植孔。

棚室管理：9 月以前以降温、保苗为主，9-10 月以避雨保花稳果、加强肥水管理、病虫防治为主，11 月及以后时期以排湿保温为主。

第三节 设施蔬菜高产栽培技术

一、设施蔬菜高产栽培技术的意义

设施蔬菜栽培根据蔬菜的生长规律，利用先进科技手段解决蔬菜种植中出现的各种问题。通过有效运用自然资源，进行可持续发展的种植。设施蔬菜还可进行反季栽培种植，增加土地使用率，增长经济效益，保证蔬菜的品质优良、产量庞大，突破季节对蔬菜种植的限制。

二、设施蔬菜高产栽培技术的探究

（一）品种的选择

在传统蔬菜种植时，农户在种子选择方面尤为慎重，质量优良的种子可以保证农作物产量和品质有很好的提升，借此保证农民的经济效益有很大的提升。在设施蔬菜栽培中种子品种的选择也是最重要的，不能因为科技发达、现代化科学手段丰富，在种植前忽略了对种子的选择。种子的质量是设施蔬菜高产的基础。农户在购买种子时，要通过正规的渠道购买。一定要仔细观察，观察种子表面是否产生变质，如果发现有变质的情况，千万不要购买，在购买种子后一定要求商家开具正规发票，以防万一。农户在选择种植种类时，要根据所在地区的土壤、自然环境等实际情况来选择种子，可以选择杂交的蔬菜种子，购买抗病虫害强、抗旱的种子，确保将来种出的蔬菜具有产量大、品质优等特点，以此来提高农民经济效益。

（二）棚膜和土壤的选择

设施蔬菜的栽培过程中棚膜的选择一定要严格，保证棚膜寿命长、透光强、无毒性和保温好。目前，我国市场上的棚膜是3层保温、防老化膜，这种棚膜使用寿命长并且保温效果好，可以保证蔬菜栽培环境，有效提高蔬菜产量。在土壤的选择上，不要选择受污染的土壤，这种土壤中的有害物质会危害蔬菜的成长，要选择有机质含量较多的土壤，保证设施蔬菜的安全性。

（三）茬口的安排

设施蔬菜的茬口一般是冬春茬或者秋延后，冬春茬的蔬菜可以通过充足的水肥，阻止设施蔬菜受病虫害的侵扰，冬春茬所栽培的蔬菜具有口感好、色泽鲜亮等优点，其高品质在销售过程中占有很大的优势。而秋延后的设施蔬菜光照强，由于秋延后这一时间段的地气活跃，可以保证大棚内的蔬菜在生长期不被低温冻害，确保蔬菜的产量。

（四）科学进行施肥

在传统的蔬菜种植过程中，农户为了提高蔬菜产量，大量地施肥，不仅使土壤的 N、P、K 含量超标，还使蔬菜受到污染。在设施蔬菜高产栽培中要严格控制施肥剂量。先对设施蔬菜土壤进行科学鉴定，分析土壤中各种有机物含量的多少，设计合理的施肥种类和剂量。提升大棚内 CO_2 浓度，促进 CO_2 通过光合作用，生成有机物，提高蔬菜产量。可以运用秸秆堆的温室效应，提高 CO_2 浓度，提升有益微生物的生存率，改变大棚内土壤环境，加快蔬菜的生长。

（五）水源的合理灌溉

设施蔬菜不同生长期和品种的不同，对水的需求量也是不同的。所以，农户要结合设施蔬菜的不同情况，进行合理的灌溉。在灌溉过程中注意以下几点：通过大棚内土壤的干湿度进行合理灌溉；蔬菜在定苗期和缓苗期不应进行浇水；在立春前后，要对蔬菜进行光照和及时施肥。在对设施蔬菜进行合理灌溉时，也要做好雨季的排水工作，防止降雨量过多造成蔬菜死亡，影响蔬菜产量。

（六）温度的调控

在设施蔬菜栽培中，温度影响着蔬菜的生长情况。在设施蔬菜种植时要在大棚内安装温度计，保证实时监控大棚内的温度，方便农户通过通风和密闭的形式，对其进行调控。可通过大棚内定期的通风，排除大棚内有害气体，有效促进光合作用，提高蔬菜产量。

（七）病虫害的预防

设施蔬菜栽培中病虫害的危害是很大的，会严重降低蔬菜产量甚至绝产。设施蔬菜栽培中的病虫害有非传染性病害和传染性病害，分别有生理病害、虫害、真菌病害和线虫病害等，在防治过程中也存在着差异。真菌病害的防治方法是使用农药防治；生理病害大多数是营养缺乏造成的，所以可以施加营养进行防治。在喷洒农药时要选择无污染的农药，注意喷洒适量，不要喷洒过多造成蔬菜根部和叶片的破坏，影响蔬菜的生长；当疫病开始时从发病区使用农药喷洒。农户要掌握病虫害的发生规律，从而采取有效的防治措施。

通过以上关于设施蔬菜高产栽培技术的探究，提出几点提高产量、增强品质的措施，希望农户结合蔬菜实际情况，提高蔬菜的产量，满足人们对蔬菜品质和产量的需求，提高经济效益。

三、萝卜—番茄—甘蓝设施蔬菜高产生产模式

设施蔬菜种植区农户经过多年实践探索，通过多层棚膜覆盖技术，实现了塑料大棚全年标准化设施蔬菜三茬种植生产模式，形成了冬春头茬以耐寒性春萝卜、香菜为主；夏季正茬以喜光热类茄果、辣椒为主；夏秋后茬以喜温类甘蓝、菜花、大白菜为主的设施蔬菜高产生产模式。

（一）种植模式

早春萝卜于 12 月上旬播种，4 月中旬收获结束；番茄 2 月上旬育苗，4 月下旬移栽，9 月中旬收获结束；秋甘蓝 8 月上旬育苗，9 月中旬定植，10 月底始收。

（二）种植要点

1. 早春萝卜

（1）播种方法

在 12 月上旬点播，4 月上旬开始采收。春萝卜一般采用散播，间苗密度为 15cm×15cm，用种量 7 500g/hm² 左右，盖土厚不超过 2cm。

（2）田间管理

温度管理：春萝卜生长适温为 12℃ 以上，温度过低易造成低温春化。生长前期以保温为主，适当提高棚内温度，促进莲座叶生长。生长后期气温回升，应及时通风降温，白天保持 22~25℃，夜晚 15℃ 左右，一般 3 月中旬即可撤除棚内膜。肥水管理：播种时一次浇足底水后尽量少浇水，地面发白时可用小水浇，浇水应在晴天中午进行，多雨季节和地下水位高的地区要做好清沟排水。播后 30 d 第 1 次追肥，45 d 进行第二次追肥，用 375 kg/hm² 复合肥兑 0.5% 的液肥灌根，收获前一周停止肥水供应。

（3）病虫害防治

发病初期选用对口农药防治，如杀毒矾类或可杀得等。虫害重点防治蚜虫、菜青虫、小菜蛾、跳甲等，选用吡虫啉类、菊酯类或生物农药轮换喷杀。

2. 夏番茄

（1）种子处理

温汤浸种：用清水浸泡种子 1~2h 后捞出，放入 52℃ 热水，维持水温均匀浸泡 15min，再继续浸种 3~4h。磷酸三钠浸种：先用清水浸种 3~4h，捞出沥干后，放入 10% 的磷酸三钠溶液中浸泡 20min，捞出洗净。将土豆块茎冷冻后再缓缓解冻，榨汁，将番茄种子放在土豆汁中浸泡一夜，次日将浸泡过的种子松散地放在一块没有绒毛蘸上土豆汁的厚布上，使种子相互不接触，再用聚乙烯薄膜盖上以免干燥，将其放在温暖的地方，种子发芽后，插入土壤进行育苗。

（2）催芽及播种

播种量：一般番茄种子每克 300 粒左右，根据定植密度，一般大田用种量为 300~450 g/hm²。播种方法通常有撒播、条播和点播。播种后立即覆土，覆土要用过筛的细土。覆土的厚度约 0.8~1.0 cm，薄厚要一致。一般育苗床温度较高，保温条件好，播种后两三天就可出苗。

（3）出苗至分苗前的苗床管理

主要调节苗床温湿度，及时间苗、覆土，改善光照条件，白天控制在 20~25℃，夜间 10~15℃。分苗前 4~5d 将床温降低 2~3℃。

（4）适时定植

在外界气温适合幼苗生长需求时，将低温锻炼好的幼苗移栽到生产田内，移栽时浇透缓苗水，采用"平栽"的方法栽植。平栽是将幼苗平放在地面，根部与地面平行，缓苗快，利于幼苗快速生长。

（5）生长期管理

①温度

番茄喜温，白天适宜温度为 25~28℃，夜间 16~18℃。

②湿度

基本原则是发芽、出苗及分苗定植后的缓苗期较湿，其他时期都不需要高湿度。

③水分

定植前和开花期及转熟期要适当控水，其他时期保证充足的水分供应。

④营养

番茄需肥量较大，各时期都应保证充足的营养，但各个生育期对肥量需求又有一定差异，结果前期侧重氮肥，结果期侧重钾肥，磷肥贯穿生育期始终。

（6）病虫害防治

①疫病

64%田亮可湿性粉剂 500 倍液或 50%用功悬浮剂 500 倍液喷雾，每隔 7d 一次，轮换用药 3~5 次。

②灰霉病

70%红日可湿性粉剂 800 倍，每 7d 一次，用药三四次。

③虫害防治

3%啶虫脒乳油 2 000 倍液或 4.5%绿福乳油 1 000 倍液。

3.秋甘蓝

（1）播种育苗

种子浸在清水中 1 天，捞出洗净，放在 20~25℃处催芽。将种子均匀撒播于苗床上，覆土 0.6~0.8 cm，浇足底水。

（2）定植

采用大小行定植，覆盖地膜，定植密度 45 000~52 500 株/hm²。

（3）田间管理

①缓苗期

定植后 4~5d 浇缓苗水，随后结合中耕培土一二次。

②莲座期

通过控制浇水而蹲苗，蹲苗后结合浇水追施氮肥 45~75 kg/hm²，白天温度 15~20℃，夜间 8~10℃。

③结球期

保持土壤湿润。结合浇水追施氮肥 30~60 kg/hm²，钾肥 15~45 kg/hm²，同时用磷酸二氢钾溶液喷施叶面一二次；结球后期控制浇水次数和浇水量。

（4）病虫害防治

①霜霉病

用 80%代森锰锌 600 倍液喷雾或 45%百菌清烟剂 1 650~2 700 g/hm² 傍晚密闭烟熏。

②黑斑病

发病初期用 75%百菌清可湿性粉剂 500~600 倍液或 50%异菌脲可湿性粉剂 1500 倍液，每 7~10d 一次，连续防治两三次。

③菜青虫

苏云金杆菌（Bt）腺可湿性粉剂 1 000 倍液或 5%定虫隆乳液 1 500~2 500 倍液喷雾。

（5）采收

根据甘蓝的生长情况和市场的需求适时陆续采收上市。

四、芹菜高产栽培技术

芹菜营养丰富，是人们非常喜欢的保健蔬菜，它富含蛋白质、碳水化合物、纤维素、钙、维生素 C 等 20 多种营养元素。同时，芹菜具有利尿、降低血压和胆固醇等药用功效，深受广大城乡居民喜爱，是我国菜篮子中的主要蔬菜。芹菜在我国栽培历史悠久，全国各地均有栽培。近年来，随着大棚设施的快速发展，芹菜已实现周年生产和供应，使广大菜农得到较高的产值和效益，也为保障居民的菜篮子做出巨大贡献。

（一）栽培时间及品种安排

春季栽培，品种选耐高温品种"泰国黄心芹"，播种时间为 4-5 月，7-8 月收获，产量 2 000 kg/667 m²。早秋栽培，可选择青芹或西芹品种，但根据当地居民的消费习惯，宜选择青芹为佳，品种为地方青芹品种。播种时间为 7-8 月，10-11 月收获，产量 2 500 kg/667m²。秋季延后栽培，宜选择青芹为佳，播种时间为 9 月底，1-2 月收获，产量 2 500

kg/667 m²。冬季栽培，由于生长发育期处于春季，需选择耐抽苔的西芹品种，如"美国文图拉"，产量 5 000 kg/667 m²。

（二）栽培技术要点

1. 浸种催芽

芹菜属喜冷凉植物，种子发芽的最低温度是 4℃，最适宜温度为 15~20℃。低于15℃，种子发芽的时间就会延长，25℃以上发芽率显著降低，30℃以上几乎不发芽。同时，种子发芽还必须有充足的水分。需要潮湿，不耐干燥。一般含水量以 70%~80% 为好。因此，提倡浸种催芽，提高发芽率。浸种前晒种半天，用清水浸泡 10 h，然后搓一下种，再用清水漂洗净种子表面的黏液，摊开沥水至半干状态，用湿毛巾包住。春秋季，放在室内催芽即可。夏季，白天放在冰箱内，晚上放在室内，待 70% 以上种子发芽后播种。

2. 播种育苗

播种前，苗床上每 667 m² 施进口挪威复合肥 25kg、钙镁磷肥 50kg。要精细整地，苗床不能有土块，做到平整、不易漏种。6m 棚，每棚做 2 畦。

种子发芽后，马上到大棚内播种，芹菜种子较细，可将种子与沙按 1:5 的比例拌匀，进行均匀播种，达到生长整齐一致。为防治杂草，播后覆土后，用适宜的除草剂喷施 1遍，再用遮阳网覆盖。秋季需在棚内外各盖 1 层。

3. 苗期管理

播后苗床要保持土壤湿润，有利于芹菜出苗。出苗后，拆除棚内遮阳网，隔 15 d 左右浇肥水 1 次，每 667m² 用尿素 250g、过磷酸钙 250g、氯化钾 100g，兑水 100kg 搅匀泼浇即可，但苗期水分不可过多，以防幼苗徒长和猝倒病发生。

4. 适时移栽，合理密植

一般幼苗长至 5cm 以上，有 3~5 片真叶，即可移栽。不同的季节栽培，秧龄有所不同（春季栽培和早秋栽培，秧龄为 30d，秋季延后栽培 45d，冬季栽培 60d），移栽行距 7~8cm，株距 7~8cm，移栽密度为 80 000 株/667m²。

移栽前保持土壤湿润，避免起苗时损伤植株根系。在晴天的下午或者阴天定植，以提高植株成活率。

5. 大田管理

芹菜根系较浅，具有吸水能力低、耐肥能力强的特点，对土壤肥力要求较高，施肥量过少，植株不能正常生长发育，而且品质较差。移栽前，一般每 667m² 施农家肥 2 500kg，加进口挪威复合肥 50kg 作基肥深施。

移栽后可灌半沟水护苗 1~2 次，有利于幼苗成活发棵。活棵后，株心开始生长，可结合浇水追施少量肥料，促进根系生长，但不能过多，防止徒长。

高温季节，应在大棚上覆盖遮阳网，在特别干旱时，可于早晚水温较低时引水沟灌，但不能过畦面，土壤湿润后应急速将水排除。生长期，喷 2~3 次浓度为 0.1%硼酸和0.1%过磷酸钙浸出液。可以增强芹菜的抗逆性，防止叶梗开裂和烂心，防止后期黄化，也极有利于植株生长；同时，为改善芹菜的品质，提高产量，可施喷得利、喷施宝等叶面肥。

保持通风，湿度过大时，及时换气排湿，防止茎枯病发生。芹菜适宜生长温度为 15~20℃，秋季延后栽培，温度低于 5℃时，可晚揭膜早封棚，保持棚内较高温度。春季和秋季栽培，需前后左右进行底部通风，以防高温烧苗。

6. 病虫草害防治

整个生育期虫害主要防治蚜虫、菜青虫和斜纹夜蛾，病害主要防治猝倒病、茎腐病等。

（1）除草

可于播种、移栽前用施田补 600 倍液喷雾进行封闭杂草。

（2）猝倒病

用代锰森锌可湿性粉剂或甲基托布津可湿性粉剂 600 倍液，交替喷雾防治，每 7~10d 喷 1 次，连喷 2~3 次。

（3）茎腐病

用 65%代森锌 600 倍液喷雾。

（4）蚜虫

用 10%吡虫啉可湿性粉剂 3 000 倍液喷雾。

（5）菜青虫和斜纹夜蛾

用 1%甲氨基阿维菌素苯甲酸盐 3 000 倍喷雾防治。

7. 适时收获

芹菜以鲜嫩茎叶为商品，需适时采收上市，一般有 10 叶左右、株高 50 cm 左右时开始采收上市，收获期为半个月左右。

8. 注意事项

芹菜根系浅，抗病能力弱，同一棚内不能连续种植，否则会产生严重的病害，甚至绝收。建议进行合理轮作。

第十二章　土壤肥料技术

第一节　土壤及土壤肥力的概念

土壤是一个国家最为重要的自然资源，它是农业发展的物质基础，没有土壤就没有农业。古人云"民以食为天，农以土为本"，这句话也道出了土壤对于国家及人民的重大贡献。然而，对于土壤概念的解读，不同学科的科学家会有不同的认识：环境科学家认为土壤是重要的环境因素，是环境污染物的缓冲带和过滤器；工程学专家将土壤看作承受高强度压力的基地或作为工程材料的来源。

一、土壤的概念

土壤是发育于地球陆地表面能够生长绿色植物的疏松多孔结构表层。这一概念阐述了土壤的功能、所处的位置及物理状态，同时也表明，土壤是一个独立的历史自然体，有其发育与形成的自然过程。

在自然界中，土壤以不完全连续的状态覆盖于陆地表面，处于大气圈、生物圈、岩石圈和水圈相互交接的地带，各圈层间进行着物质及能量的交换与转化。土壤是联系有机界和无机界的纽带，在生态系统中，有时将土壤带称为土壤圈。按照地质学的划分，岩石圈上部的风化残余物为风化壳，而土壤则位于风化壳的上层。

土壤以疏松的状态存在于陆地表面。这个表层的松散物质有着一定的厚度，一般称为土体，它是土壤科学研究的对象。土体的下面是岩石风化的残积物或其他类型的堆积物，它们是形成土壤的母体物质，叫作母质。土壤和母质之间的界限，常常很难清楚地划分出来。在平原地区，土体的厚度可以达到 1 米至 2 米左右。在山区，土体较薄，常不足 1 米，甚至只有几十或十几厘米。有人认为，应当把高等植物主要根系分布的深度划为土体。事实上，主要根系以下的土层对植物生长仍有相当大的作用，所以应比这个深度稍微深些。

在野外观察和研究土壤时，从地面垂直向下直到母质挖一断面，这一断面叫作土壤剖面。土壤剖面一般可呈现出水平层次，这些层次称为土壤发生层，简称土层。土壤剖面的表层是有机质的积聚层，颜色较暗，在土壤学中称为 A 层。土壤剖面的心土层称为 B 层。A 层和 B 层合称土体。土体以下逐渐过渡到轻微风化的基岩或地质堆积物层，称为母岩层或者母质层。土壤剖面中各个土层的厚度、特性和相互排列组合的情况，对于土壤的水分、养分、空气和热量状况及耕性等，都有直接的影响，对植物生长发育有着重要的作用。

土壤是由固体、液体和气体三相物质组成的疏松多孔结构。土壤固体部分通常以土粒形式存在，按容积计算一般约占 50%，其中矿物质占 38%（按质量计算约占 95%），有机质占 12%（按质量计算约占 5%），其余 50% 的容积是固体土粒之间大小不同的孔隙，里面充满液体和气体，也就是水分和空气。水分和空气的含量，常在 15%~35% 的容积范围且彼此相互消长。在土壤孔隙中或土粒表面上，生存着许多昆虫、蠕虫、原生动物和大量的微生物。在 1 克土壤中，微生物的数量往往可以多到数十亿个，它们对于有机质的分解、腐殖质的形成和养分的转化，都起着非常重要的作用。组成土壤的这些物质，不是简单地、机械地混合在一起，而是相互联系、相互制约地构成一个统一体。

土壤的物质组成在数量上有着很大的差异。泥炭土的有机质含量可高达 70%~80%，沙质土壤及其他瘠薄土壤，有机质含量甚至低到千分之几。

二、土壤肥力

土壤能够生产植物收获物，是由于它具有肥力。土壤的概念和肥力的概念是分不开的，土壤的发生发展过程，实质上就是肥力发生发展的过程。土壤具有肥力，这是土壤和其他物质（如岩石、母质等）的根本区别，是土壤质的特征。

关于土壤肥力的概念，一直有着不同的认识。欧美的一些土壤学家传统地把土壤供应养分的能力看作是肥力。土壤肥力是在植物生活的全部期间内，土壤不断地、同时地供给植物以最大数量的水分和养分的能力。从这个定义看出，肥力包括水分和养分两个因素。

我国土壤科学工作者在总结农民群众生产经验的基础上，发展了欧美学者关于土壤肥力的概念。一般认为，土壤肥力是指在植物生长期间土壤供应和协调水分、养分、空气和热量的能力，通常简称为水、肥、气、热四大肥力因素。在四个肥力因素中，水、肥、气是物质基础，热是能量条件。四大肥力因素与土壤的物理性质、化学性质和生物学性质密切相关。因此可以说，土壤肥力是这些性质的综合反映。

土壤肥力可以分为自然肥力和人为肥力两种。自然肥力是在没有人为因素参与下，在自然成土过程中产生的，只有在未开垦的草原和林地土壤上才能存在；人为肥力是在自然肥力基础上，在人们耕作熟化过程中发展起来的。在耕种土壤中，两种肥力在生产上同时发挥着作用，但是，因受环境条件影响或土壤管理技术水平的限制，只有其中一部分能够在生产上表现出经济效果，这一部分肥力叫作有效肥力；另一部分没有直接反映出来的肥力，叫作潜在肥力。有效肥力和潜在肥力是可以相互转化的，其间没有绝对的界限。一些土壤（如某些涝洼地的草甸土、沼泽土和盐渍化土壤等）潜在肥力较高，而有效肥力不高；一些土壤（如风沙土）潜在肥力和有效肥力均不高。上述土壤均应因地制宜地进行农田基本建设、改造环境条件、改良土壤，使一部分潜在肥力转变为有效肥力，或者提高有效肥力，使之在作物生产上表现出效果。

良好的土壤，既要有较高的潜在肥力，能保蓄大量的养分和水分，又要有较高的有效肥力，在作物整个生长期间不断地、适时适量地供应和协调水、肥、气、热等肥力因素。任何不良的自然土壤，都可以被改造成为高产农田。但是，破坏土壤资源、土地利用不合理或者"只种地不养地"，均会使土壤肥力有所降低，作物产量就会随之减退。

第二节　土壤在农业和自然环境中的重要性

一、土壤和农业生产

土壤不仅是一个独立的历史自然体，而且是农业的基本生产资料。从现代大农业（农、林、牧）角度来看，农业属于植物生产。植物利用光能同化 CO_2 并从土壤中吸收养分、水分，合成有机物质（粮食、棉花、蔬菜、水果、药材）以及其他人类赖以生存的必需品，同时为牧业提供精、粗饲料。牧业是畜、禽以农业供给的精、粗饲料或直接以牧草为食，生产肉、蛋、乳、皮、毛，同时提供有机肥料中原材料的行业。人们将有机肥料施用于土壤，保持和增加土壤的有机质含量，提高土壤肥力，进一步促进农、牧业生产。林业也是以土壤为基础的植物生产，其可为人类提供木材和燃料。此外，还能发挥涵养水源、保持水土、防风固沙、保护农田和草场的重要作用，是农业高产稳产和发展畜牧业的重要条件。由此可见，农业、林业和牧业都是直接或间接地以土壤为基础，三者间的结合可以保持农业生产中物质的合理循环和能量的高效流动。充分、合理利用和保护土壤资源的核心途径就是提高土壤肥力。

二、土壤生态系统

农业生产的主要目的是为人类提供生存所需的动植物。农业生产过程实则是生物与生物之间、生物与环境之间的物质循环和能量交换过程，两类关系的正确处理是农业生态系统研究的核心领域。生态系统是指动物、植物及微生物结合而成的生物群落与无机环境（如气、光、热、水、土、养分等）所构成的综合体，其结构与功能是相关研究的重点内容。

从宏观来看，生物圈是一个巨大的生态系统，其包括陆地生态系统、海洋生态系统、岛屿生态系统、淡水生态系统等多种多样的、大小不一的无数个生态系统。土壤是陆地生态系统中一个具有特定结构的组成部分，是其中的一个亚系统，同时又是一个独立的生态系统。作为独立的土壤生态系统，其在结构上有四个组成部分：一是生产者，主要指绿色植物和藻类，它们通过光合作用固定 CO_2；二是消费者，是指直接或间接以生产者为食的食草和食肉动物；三是分解者，是指生存在土壤内部或地表的腐生菌、真菌等微生物和土壤微小动物，它们分解生物残体的有机物质使之变为无机状态，并从中获取养分和能量；四是非生物物质，是指土壤矿物质、腐殖质、水分和空气等，这些都是土壤生物生命活动的物质基础，属于土壤的生物环境。从土壤生态系统的功能来看，这四种组分之间存在着彼此相互的食物链关系，相互作用、相互制约，决定着土壤中物质和能量转化过程的速度与强度，决定着土壤肥力的高低。

土壤生态系统受人为活动影响较大。人是高级的生产者，也是消费者。人类为了生产和生活的需要，不断地从环境中索取大量的自然资源，同时向环境中排出大量的废物，因而改变了土壤生态系统的平衡，导致生态的日益恶化。

随着工业的发展，工厂的废水、废气和废渣的排放，大量施用农药，造成了土壤的污染，使土壤理化性质和生物性质恶化，影响植物的正常发育，甚至通过食物链的传播，危害人类健康。在一些工业发达的国家，土壤被汞、镉、铅和砷等重金属以及有机氯、有机磷等制剂所造成的污染已引起广泛关注。从国内外诸多经验教训来看，要建设高产、稳产农田，需要建立一个农田、森林和草原生态系统相结合的复合生态系统，使农田生态系统具有更大的稳定性。在农田生态系统中，要制定合理的轮作、施肥和耕作制度，做到用地和养地结合，杜绝只用不养的掠夺式经营方式。

三、土壤是珍贵的自然资源

土壤资源与光、热、水、气资源一样被称为可再生资源。但土壤资源的再生速度非常缓慢，地球表面形成 1cm 厚的土壤，需要 300 年以上的时间。尽管土壤属于可再生资源，通过人工措施和自然过程可不断充实和更新，但土壤又有不可再生的一面，因为水土流失和土壤侵蚀的趋势要比再生土壤的自然更新过程快得多，在一定时间和条件下也就成为不能再生的资源。

第三节　土壤科学的发展

一、近代土壤科学的主要观点

土壤学的兴起和发展与近代自然科学，尤其是化学和生物学的发展息息相关。16 世纪以前，人们对土壤的认识仅是以土壤的某些直观性质和农业生产经验为依据。如中国战国时期根据土壤颜色、土粒粗细和水文状况等进行的土壤分类，其后许多农学家有关多粪肥田和深耕细锄可以提高土壤肥力的论述，都反映了当时人们对土壤的认知水平。

16-18 世纪，近代土壤学随着自然科学的发展逐步开始形成。在西欧，许多学者为论证土壤与植物的关系，提出了各种假说。17 世纪中叶，认为土壤除了供给植物水分以外，仅仅起到支撑的作用。17 世纪末，认为细土是植物生长的"要素"。18 世纪末，认为除了水分以外，腐殖质是土壤中唯一能作为植物营养的物质，这一学说在西欧曾风行一时。这些假说，虽未能全面正确地指出土壤的本质及其与植物生长的关系，但对于启发后人从不同的侧面认识土壤仍有裨益。18 世纪以后，随着自然科学的进一步发展，土壤学在发展进程中先后出现了三大学派，即农业化学土壤学派、农业地质土壤学派和土壤发生学派。

（一）农业化学土壤学派

该学说认为，矿质元素是植物主要的营养物质，而土壤则是这些营养物质的主要来源，腐殖质分解时可以源源不断地供应 CO_2。土壤中矿物质是一切绿色植物的养料，厩肥及其他有机肥料对于植物生长所起的作用并不是其本身所含的有机质，而是有机质在分解过程中所释放的矿质元素。这一学说为植物营养和施肥奠定了理论基础，促进了化学肥料的制造与使用。

土壤中矿质养分的含量是有限的，其必将随着耕种时间推移而日益减少，因此必须增施矿质肥料予以补充，否则土壤肥力将日趋衰竭，作物产量也渐趋下降。这一主张就是著名的"养分归还学说"，其正确地指出了土壤对植物营养的重要作用，从而促进了田间肥效试验、温室培养试验和农业化学分析的兴起以及化肥工业的发展，为土壤学及肥料学的发展做出了划时代的贡献。

（二）农业地质土壤学派

19 世纪后半叶，西欧的、主要是德国的一些土壤学家用地质学的观点来观察土壤，将土壤看作是岩石风化的堆积物。他们不承认土壤是一个独立自然体，忽视了生物对土壤形成的作用。按照他们的观点，土壤形成过程是单纯的岩石风化和淋溶过程，并且随着土壤发育程度的加深，风化和淋溶程度也不断加强，土壤中养分不断地释放出来而被雨水淋溶损失，结果致使土壤肥力呈递减曲线下降。显然，这不符合现代农业发展过程中对"土壤肥力持续提高、单位面积产量逐步增加"的实际情况。然而，农业地质学观点在土壤学发展史上同样起到了积极作用，该学派观点开辟了从矿物学研究土壤的新领域。

（三）土壤发生学派

19世纪末期，俄国土壤学家以发生学观点来研究和认识土壤，形成了土壤发生学派。认为土壤是一个独立的历史自然体，土壤形成过程是由岩石风化过程和成土过程所推动的，影响土壤形成发育的因素可概括为母质、气候、生物、地形和时间五个方面，简称为五大成土因素；土壤的外部形态和内在性质都直接或间接与五大成土因素有关。

进一步强调了生物在土壤形成过程中的主导作用，并据此创立了土壤统一形成学说。物质的地质大循环和生物小循环的对立统一是土壤形成过程的基础。土壤团粒结构是土壤肥力的基础，并制定了草田农作制。

（四）现代土壤学的发展趋势

土壤作为人类赖以生存的重要自然资源，由于持续的集约利用，正在不断地发生变化，这种变化不仅对土地承载力产生重要作用，而且对全球气候状况也会产生直接或间接影响。因此，当今土壤学已由原来仅研究土壤本身向土壤圈及其他圈层之间的关系扩展。

土壤圈是指岩石圈最外面一层疏松的部分，其表面或内里有生物栖息。土壤圈处于地球上大气圈、水圈、生物圈及岩石圈的交界面上，是四个圈层的中心，是地球各圈层物质循环与能量交换的枢纽，也是地球各圈层间相互作用的产物。由于土壤圈处于四个圈层的中心，因而其具有永恒的物质与能量交换、最活跃与最富生命力的圈层、记忆块的功能、时空限制特征、仅部分为可再生资源等特性，并且具有支持和调节生物过程与养分循环（生物圈），影响大气组成、水平衡与释放温室气体（大气圈），影响降水分配与平衡（水圈），影响土壤发生与地质循环（岩石圈）等功能，其作用在于通过土壤圈与其他圈层的物质交换影响全球变化，通过人为活动对土壤圈的强烈作用，对人类生存及环境产生重大影响。

因此，从土壤学发展来看，今后的研究可凝练为两大方向：第一、研究土壤圈与地球其他圈层的关系；第二、研究土壤圈物质迁移与能量平衡对人类生存环境的影响。根据上述研究方向可概括为四项基本任务，即：土壤圈物质循环与全球土壤变化；水土资源时空变化、开发利用与恢复重建；土壤肥力演变规律、发展趋向与调控对策；农业可持续发展、区域治理与生存、生态环境建设。其中通过土壤圈物质与养分循环，研究与解决农业可持续发展与生态环境建设是关键。

二、我国土壤学的发展

（一）中国古代对土壤的认识

中华民族的祖先在 6 000 多年前的仰韶文化时期，在黄河流域就有原始粗放农业的发展。在几千年的农业生产实践中，我国劳动人民在认土、用土、养土和改土等方面积累了丰富的经验，并被一些古代科学家总结、记载在许多古籍中。早在 4 100 多年前，以土壤肥力为主，并将土壤颜色、质地、植被和土壤水文状况作为鉴别土壤的标准，把九州的土壤分为三等九级，根据土壤肥力等级，安排农业生产，制定适当的田赋。这种土壤分类，是我国古代土壤科学史上的创举，也是世界上有关土壤分类和等级评定最早的记载。2 600 多年前春秋战国时代有 "凡草土之道，各有谷造，或高或下，各有草土"。所谓凡草土之道，各有谷造，就阐明了土壤形成、土壤分布与植被的自然规律。把土壤、植被和种植谷物紧密结合起来，说明了土壤与植被及其适宜的栽培作物之间存在着一定的规律性，在不同的地形部位上分布着不同的植被和土壤；指出了认识草就可以认识土壤，认识土壤，就可以 "因地制宜" 地来利用土壤，种植作物。春秋战国时代从土壤耕作出发，记载了用土、改土与养土的技术措施，提出 "力者欲柔，柔者欲力。息者欲劳，劳者欲息。棘者欲肥，肥者欲棘。急者欲缓、缓者欲急。湿者欲燥，燥者欲湿"。辩证地论述了土壤的疏松和紧实、栽培和休闲、肥沃和瘠薄、供肥性强和弱、湿和干等肥力因素。

我国南北朝时期（公元 420～581 年），杰出的农业科学家贾思勰编撰的《齐民要术》就有旱田耕作经验的记载。书中总结出了 "秋耕欲深，春耕欲浅" "凡耕高田，不问春秋，必须燥湿得所为佳，若水旱不调，宁燥勿湿" 的经验。关于利用绿肥肥田则指出："凡美田之法，绿豆为上，小豆、胡麻次之。" 可见，当时已能根据土壤墒情掌握适耕期，对绿肥轮作也有相当的经验。

到了宋、元、明、清时代，一些重要的农业书籍先后问世，都记载了一些耕作和培肥土壤之法。

（二）我国土壤科学的发展

我国古代劳动人民在长期农业生产实践中对土壤本质的认识与总结，对近代土壤科学的发展有重要贡献。我国现代土壤科学的研究工作始于 20 世纪 30 年代，当时主要进行了一些土壤调查、制图和一般的农化分析试验。此外，对我国土壤资源、土壤类型及其分布规律、理化性质以及土壤改良也做出了初步研究。

新中国成立以后，土壤科学事业有了较大发展。中国科学院和农业部相继成立了专门的研究机构，高等农业院校设立了土壤和农业化学等相关专业。20世纪90年代中期建立了我国特色的土壤系统分类。随着农业生产水平的提高，全球环境的恶化以及对全球变化的关注，土壤学正在为农业可持续发展及农业环境管理而开展深入研究，土壤资源、土壤环境及土壤管理等学科日益活跃。

当前，我国拥有一支庞大的土壤科学研究专业队伍，一些研究工作在国际同类研究中有很高威望，如土壤的电化学性质、土壤分类、土壤中营养元素的再循环、盐碱土改良与利用等。中国以占世界9%的耕地养活占世界21%的人口，这一成就无疑是我国土壤科学技术的发展、中国土壤科学工作者所做出的卓越贡献。

第四节　土壤学研究领域与研究方法

一、分支学科与研究内容

土壤学已发展成为一门独立的科学。根据国际土壤科学联合会的划分，较为成熟的学科分支包括土壤物理学、土壤化学、土壤矿物学、土壤生物学、土壤肥力和植物营养、土壤发生分类与制图、土壤技术以及土壤与环境等8个分支学科。国际土壤科学联合会另外还设有盐渍化、微生物、土壤动物、水土保持、森林土壤、土地评价、土壤治理等专业委员会。中国土壤学会的分支学科几乎覆盖了国际土壤科学联合会的全部基础分支学科。

土壤物理学是研究土壤中物理现象和过程的土壤学分支。其主要研究土壤物理性质和水、气、热运动及其调控原理，研究内容包括土壤水分、土壤质地、土壤结构、土壤力学性质、土壤溶质运移以及土壤—植物—大气连续体（SPAC）中的水分运动和能量转移等。

土壤化学是研究土壤物质的化学组成、性质及土壤化学反应过程的分支学科，重点研究土壤胶体的组成、性质及土壤固液界面发生的系列化学反应。

土壤微生物学是研究土壤中微生物区系、多样性及其功能和活性的土壤学分支，包括微生物的种类、数量、形态、分布和生理代谢特征以及与土壤形成、物质循环、植物生长和环境保护的关系。

土壤生物化学是研究土壤中的有机质组成、结构及其生物化学过程的土壤学分支学科。土壤地理学是研究土壤发生、演变、分类、分布规律及其与地理环境之间关系的土壤学分支学科，是由土壤学与自然地理学交叉发展而形成的边缘学科。

二、土壤学的研究方法

土壤学研究方法归纳起来有宏观与微观研究方法、综合与交叉研究方法、野外调查与实验室研究结合方法以及新技术应用。

在宏观研究方法中，研究土壤的全球变化是站在"土壤圈"的高度上。研究区域土壤则要考虑一个区域的自然地理，区域的地形、水分、气候和地质特征对成土的影响。在微观研究方面，注重土壤物质的化学组成、结构，物质相界面的性质、结合方式以及物理、化学和生物化学反应，这些都要应用现代化仪器设备来研究。

土壤学的研究手段随着其他学科新技术的发展也有较大更新，遥感技术、数字化技术、地理信息系统（GIS）技术已被成功地应用于土壤信息技术、土壤数据库和精准农业中。一些现代化的分析技术、生物技术和方法已被土壤相关分支学科所采用。

第十三章　土壤养分及管理技能

第一节　土壤养分及管理技能

土壤养分主要指由（通过）土壤所提供的植物生长所必需的营养元素，是土壤肥力的重要物质基础。植物体内已知的化学元素达四十余种，按照植物体内的化学元素含量多少，可分为大量元素和微量元素两类。目前已知的大量元素有 C、H、O、N、P、K、Ca、Mg、S 等，微量元素有 Fe、Mn、B、Mo、Cu、Zn 及 Cl 等。植物体内 Fe 的含量较其他微量元素多（$100mg/kg^{-1}$左右），所以也有人将其归为大量元素。

除上述必需营养元素之外，禾谷类作物还需要较多的硅，甜菜需要较多的钠，而一些藻类则需要钒和硒。随着测试手段与分析精度的提高，必需营养元素的种类还会不断增加。

植物生长发育所需要的营养元素，除 C、H、O 三者主要来自空气和水外，其余的主要来自土壤，不足部分则由肥料补充。据试验统计，农作物吸收 N 的 60%~80%、P 和 K 的 90% 以上，均需要从土壤中获取，而从当季施用的肥料中仅吸取很少一部分。在不同土壤中，这些营养元素由于数量不足，或有效化速度缓慢，或各种元素含量的比例不当，往往妨碍植物正常生长。尤其是需要量最多的 N、P、K，出现这种现象较普遍。通常把这三者称为植物营养"三要素"。

植物所需要的微量元素，除 Fe、Mn 外，大多数土壤中含量都很低，由于植物需要的也少，所以一般不缺乏。但沙质土、沼泽土微量元素含量极微，强碱性土壤由于在强碱性条件下，一些微量元素有效度低，也常感不足。

近年来，由于氮、磷、钾单一品种化肥用量增多，作物单产迅速增长，常出现微量元素缺乏症。在一些国家，因施用高浓度的无杂质的氮磷钾复合肥料或液体肥料，微量元素缺乏的问题尤为突出。

一、土壤中的氮素

（一）土壤氮素的含量、形态

氮素是作物必需的三大营养元素之一，氮在植物生长过程中占有重要地位，它是植物蛋白质的主要成分。氮肥对于作物的增产起着重要的作用，是目前应用最多的化学肥料。

1. 土壤氮素的含量

据估计，地球上约有 $1.972 \times 10^{23} t$ 氮，其中 99.78% 存在于大气中和有机体内，成土母质中不含氮。我国土壤全氮含量变化很大，据对全国 2 000 多个耕地土壤的统计，其变幅为 $0.4 \sim 3.8 g/kg^{-1}$ 氮，平均值为 $1.3 g/kg^{-1}$ 氮，多数土壤为 $0.5 \sim 1.0 g/kg^{-1}$ 氮。不同地区的不同土壤中氮的含量不同，土壤中氮素的含量与气候、地形、植物、成土母质及农业利用的方式、年限等因素有关。

2. 土壤中氮素的形态

土壤中氮素的形态可分为无机态氮、有机态氮两种。

（1）无机氮

无机氮也称矿质氮，包括铵态氮、硝态氮、亚硝态氮和游离氮。土壤中无机氮一般只占土壤全氮量的 1%～2%，波动性很大，是土壤中氮素的速效部分，易被作物吸收利用。无机氮是直接施入土壤中的化学肥料或各种有机肥料在土壤微生物的作用下经过矿化作用转变成的。其中游离氮一般是指存储在土壤水溶液中游离的氨气，以分子态存在；铵态氮是指在土壤中以铵离子（NH_4^+）形式存在的氮；硝态氮是指以硝酸根（NO_3^-）形式存在的氮；亚硝态氮是指以亚硝酸根（NO_2^-）形式存在的氮。由此可见，土壤中的无机氮主要是铵态氮和硝态氮两部分。

（2）有机氮

有机氮是土壤中氮的主要形态，一般占土壤全氮量的 98% 以上。有机态氮按其溶解和水解的难易程度可分为水溶性有机氮、水解性有机氮和非水解性有机氮三类。水溶性有机氮主要包括一些结构简单的游离氨基酸、铵盐及酰胺类化合物，一般占全氮量的 5% 以下，是速效氮源；水解性有机氮主要包括蛋白质类（占土壤全氮量的 40%～50%）、核蛋白类（占全氮量的 20% 左右）、氨基糖类（占全氮量的 5%～10%）以及尚未鉴定的有机氮等，经微生物分解后，均可成为作物氮源；非水解性有机氮主要有胡敏酸氮、富里酸氮和杂环氮等，其含量约占土壤全氮量的 30%～50%。

（二）土壤中氮的来源

耕作土壤氮素的来源主要是施肥、生物固氮、大气尘降和灌溉等几个方面：

1. 施入的含氮肥料

氮素是农田生态系统最主要的氮源，随着人口的增长和集约化程度的提高，单位面积氮肥输入量基本上是逐年增加的。

2. 生物固氮

大气中存在着大量氮源，但以惰性气体（N_2）存在，不能直接为高等植物和动物所利用。N_2分子的三个共价键是高度稳定的，只在高温高压条件下才能使其发生化学分解，而固氮微生物却能在常温常压下，使其发生化学分解。

生物固氮是农业生态系统中另外一个重要的土壤氮源，也是地球化学中氮素循环的一个重要环节，以豆科植物和根瘤的共生固氮为主，可占生物固氮量的1/2。

固氮作用的生物化学过程对农业土壤的肥力具有很大的作用。尽管目前生产氮肥的设备有了巨大的发展，但仍然认为豆科植物是全世界大部分土壤中固定氮的主要来源。在未来的许多年代里，在不发达国家，作物生产所必需的氮仍将取自土壤原来的氮，或通过固氮微生物所提供的氮。

3. 大气降水中的氮

包括NH_4^+，NO_2^-和NO_3^-在内的化合态氮以及有机态氮，均是大气降水的普通成分。亚硝酸盐其量甚微。有机态氮可能与地面尘埃结合在一起。

每年以大气降水进入土壤中的氮量在正常情况下极少，因而对作物生产的意义不大。可是，这些氮对成熟的生态系统，如未被破坏的原始森林和天然牧场的氮素状况具有颇大的意义。并且，雨水中的氮还能补充因淋溶和反硝化作用所造成的少量氮的损失。

4. 尘埃沉降

以尘埃形式回到地面上的氮量为每年每公顷 0.1~0.2kg。

5. 土壤吸附

土壤能够吸附空气中少量NH_3。当土壤水分充分，有机质丰富，pH 值低，土壤阳离子交换量大时，吸附的氮就较多。城市周围和气温高的地区土壤吸附的氮也较多。一般每天每公顷可吸附 25~100g 氮。土壤对氮的吸附与黏土矿物种类及数量有关。黏粒含量高，交换量大，吸附的NH_3也多。

6. 灌溉水和地下水补给

无论是水田还是旱田，灌溉水的补给也是氮素的一个来源。富含氮的地下水上升时，也使土壤的含氮量增加。此外，动植物、微生物残体及其排泄物也能为土壤提供氮素。

（三）土壤中氮的转化

土壤氮素转化的途径，主要包括有机态氮矿化作用及矿质态氮的固定与损失。

1. 矿化过程

土壤中的氮素约有50%以上存在于腐殖质类化合物中，约有30%以蛋白质存在，腐殖质和蛋白质等含氮化合物都是迟效态养分，需在微生物的作用下，逐步降解产生各种氨基酸。

铵盐和硝酸盐是土壤中常见的两种无机氮化合物，也是主要的速效氮素养分。当土壤有机质含量高和施用有机肥多时，又处于水分充足、温度较高的条件下，氨化作用旺盛，土壤中释放铵态氮数量较多。一般在土温较高、通气良好、水分适宜的情况下，土壤硝化作用旺盛。硝化作用对土壤条件的要求比氨化作用严格得多，当土壤中氧的含量降到2%以下时，或土壤水分增加到田间持水量以上时，硝化作用速度突然下降。硝化作用最适宜温度为25~35℃，如温度下降至10℃，则其速度为25℃时的20%。硝化作用最适宜的土壤反应为微碱至微酸性。当土壤pH值小于5时，硝化作用受到很大抑制；当pH值超过8.5时，硝酸细菌的活性受到抑制，亚硝酸盐趋向于累积。

2. 氮的固定

在有机氮矿化作用的同时，土壤中还进行着与它相反的另一个转化过程，即氮的固定作用，包括生物固定与化学固定。

（1）生物固定

矿化作用产生的铵态氮、硝态氮和某些简单的氨基态氮通过微生物和植物的吸收同化，成为生物有机体的组成部分，称为无机氮的生物固定。形成的新的有机态氮化合物，一部分被作为产品从农田中输出，而另一部分和微生物的同化产物一样，再一次经过有机氮氨化和硝化作用，进行新一轮的土壤氮循环。从土壤氮素循环的总体来看，微生物对速效氮的吸收同化，有利于土壤氮素的保存和周转。

（2）化学固定

土壤中有机成分和无机成分均可固定铵，使之成为高等植物甚至微生物较难利用的状态。它们的机制是各不相同的。

①黏粒矿物对铵的固定

2:1型的黏粒矿物可以固定铵和钾，以蛭石最强，其次是半风化的伊利石以及蒙脱石。蛭石硅层的负电荷多，它的阳离子容量超过蒙脱石，铵离子和钾离子的大小恰巧相当，可以嵌入晶体的硅层孔隙中，从而被黏粒矿物固定，成为非交换性铵离子。

②有机质对铵的固定

铵态氮在土壤中与有机质作用，形成抵抗分解的化合物，即铵被有机质所固定。这一固定的机制尚未搞清楚，有人认为铵与芳香族化合物和醌起反应。在有氮存在而pH值小时，这一反应进行极快。

上述两种固氮作用，使土壤速效氮肥避免流失；但是固定态氮的重新释放的过程很缓慢，不利于植物的吸收。因此，在农业生产上采用耕耙、晒垡、熏土等措施促进氮的转化，增强土壤氮素的供应。

3. 氮素的损失

（1）气态氮的散失

①反硝化作用

硝态氮经过微生物的还原转化为气态氮，叫作反硝化作用（denitrification）。这是气态氮损失中最多的一项。多数研究者认为，在排水不良或通气恶劣的条件下，反硝化作用旺盛，氮素损失大大增加，即使在耕作管理良好的土壤中，这种损失也相当大。

②化学还原作用

亚硝酸盐在弱酸性溶液中与铵盐接触可产生气态氮。

③挥发性氮肥的自身分解

气态氮散失的强弱受土壤性质和环境条件的影响。凡土质黏重、腐殖质含量多、水分含量适当、石灰等碱性物质含量少，则氨的挥发较少。反之，挥发氮增多。高温和风能加速氮的挥发。所以氮肥深施、覆土，可以减少损失。有些地方使用氮肥增效剂，如 2-氯-6-三氯甲基吡啶、3-氨基-6-氯4甲基吡啶、硫脲等，以抑制硝化细菌的活动，降低土壤中的硝化作用，因而反硝化过程受到抑制，对提高氮肥利用率有一定的效果。

（2）硝态氮的淋失

硝态氮是阴离子，不易被土壤胶体吸附，另外硝酸盐溶解度大，易溶于水而随水淋失。硝态氮淋失的数量与强度，和气候、土壤条件以及耕作栽培措施有关。在多雨地区，尤其是暴雨产生径流，或是灌溉频繁而氮肥用量大的地块（如蔬菜地），淋失极为严重。近年来，我国各地由于无机氮肥施用量增加，有相当多的硝态氮随水流失，必须加以控制；有些地方应用氮肥缓效剂，如草酰二胺及乙醛缩氨基脲等包被氮肥，以减少氮肥溶解度，不仅可使氮肥供应缓慢，也能提高其肥效。此外，改进施肥措施，如采用制成球肥等办法，也可减少氮素淋失，确保其持续提供肥效。

二、土壤中的磷素

（一）土壤中磷的含量和形态

1. 土壤中磷的含量

我国土壤磷的含量很低，土壤全磷含量（P_2O_5）在 $0.3 \sim 3.5 g/kg^{-1}$ 之间，变幅相当大，有明显的地域分布趋向。就全国主要土类而言，以南岭以南的砖红壤类型土壤的全磷含量最低，其次是华中地区的红壤，而东北地区和由黄土性沉淀物发育的土壤则含磷量较一般土壤高，耕作土壤的全磷含量变幅更大，除主要受其原来土壤类型的影响外，还受耕作制度和施肥情况的影响。

2. 土壤中磷的形态

（1）无机磷化合物

土壤中无机态磷种类较多，成分较复杂，大致可分为 3 种形态，即水溶态、吸附态和矿物态。

①水溶态磷

土壤溶液中磷浓度依土壤 pH 值、磷肥施用量及土壤固相磷的数量和结合状态而定，含量一般为 0.003~0.3mg/L。

②吸附态磷

吸附态磷指的是那些通过各种作用力（库仑力、分子引力、化学键能等）被土壤固相表面吸附的磷酸根或磷酸阴离子，其中以离子交换和配位体交换吸附为主。

土壤黏粒矿物对磷酸阴离子交换吸附是指磷酸阴离子（主要以 $H_2^-PO_4$ 和 HPO_4^{2-}）与黏土矿物上吸附的其他阴离子如 OH^-、SO_3^-、F^- 等的互相交换，例如 Fe、Al 氧化物表面 OH^- 和磷酸阴离子的交换。

根据这一反应，磷酸阴离子与黏粒矿物表面羟基交换产生 OH^- 离子，从而提高溶液的 pH 值。以铁、铝氧化物为例，中心离子 Fe^{3+} 和 Al^{3+} 为电子接受体，配位体为羟基（-OH）或水合基（$-OH_2$），因配位体的活性较大，易被磷酸阴离子和其他配位体所取代。

酸性土壤吸附磷最重要的黏土矿物为铁铝氧化物及其水化氧化物。石灰性土壤的方解石对磷酸阴离子吸附也常见，磷酸根先吸附在方解石的表面，然后缓慢地转化为磷酸钙化合物，也可能先在溶液中形成磷酸钙化合物，然后沉积于方解石的表面。

磷酸根阴离子与一个羟基交换吸附称为单键吸附。与 2 个或 2 个以上的羟基交换吸附称之双键或三键吸附。磷酸根阴离子随着从单键吸附到双键吸附、三键吸附，其吸附能越来越大，磷有效性则越来越小。

土壤吸附与解吸处于平衡状态，当土壤溶液中磷被植物吸收，吸附态磷释放到溶液中，其释放量多少以及难易程度则取决于土壤颗粒表面的吸附饱和度、吸附类型、吸附点位及结合能大小。通常情况下，吸附饱和度越大，吸附态磷的有效程度越高。

③矿物态磷

土壤无机磷几乎 99% 以上以矿物态存在。石灰性土壤中主要是磷酸钙盐（磷灰石），酸性土壤以磷酸铁和磷酸铝盐为主。

（2）有机磷化合物

土壤有机磷的变幅很大，可占表土壤全磷的 20%～80%。我国有机质含量 20～30g/kg^{-1} 的耕地土壤中，有机磷占全磷的 25%～50%。受严重侵蚀的南方红壤有机质含量常不足 1%，有机磷占全磷的 10% 以下。东北地区的黑土有机质含量高达 3%～5%，有机磷可占全磷的 2/3。黏质土的有机磷含量要比轻质土多。对于土壤中有机磷化合物形态的组成，目前大部分还是未知的，在已知的有机磷化合物中主要包括以下 3 种：

①植素类

植素即植酸盐，是由植酸（又称肌醇磷酸）与钙、镁、铁、铝等离子结合而成。普遍存在于植物体中，植物种子中特别丰富。中性或碱性钙质土中，以形成植酸钙、镁居多，酸性土壤中形成植酸铁、铝为主。它们在植素酶和磷酸酶作用下，分解脱去部分磷酸离子，为植物提供有效磷。植酸的溶解度较大，可直接被植物吸收。而植酸铁铝的溶解度较小，脱磷困难，生物有效性较低。土壤中的植素类有机磷含量由于分离方法不同，所得结果不一致，一般占有机磷总量的 20%～50%。

②核酸类

是一类含磷、氮的复杂有机化合物。土壤中的核酸与动植物和微生物中核酸的组成和性质基本类似。多数人认为土壤核酸直接由动植物残体，特别是微生物中的核蛋白分解而来。核酸磷占土壤有机磷的比例众说不一，多数报道为 1%～10%。

③磷脂类

普遍存在于动植物及微生物组织中。土壤中的含量不高，一般约占有机磷总量的 1%。磷脂类容易分解，有的甚至可通过自然纯化学反应分解，简单磷脂类水解后可产生甘油、脂肪酸和磷酸。复杂的如卵磷脂和脑磷脂在微生物作用下酶解也产生磷酸、甘油和脂肪酸。

土壤中有机磷的分解是生物作用过程，取决于土壤微生物的活性。环境适宜时，尤其温度条件适合微生物生长时，有机磷的分解矿化较快。春天土温低时植物的缺磷现象较常见，而随天气转暖，植物缺磷消失，这可能是随土温上升，土壤微生物活性加大，有机磷的分解有所提高。与此相反，在土壤的生物转化中无机磷可重新被微生物吸收组成其细胞体，转化为有机磷，称为无机磷的生物固定。在土壤中这两个过程是同时存在的。

（二）土壤中磷的转化

土壤中磷的转化包括磷的固定（无效化）和磷的释放，两过程处于不断的变化之中。土壤中磷的固定形式有以下几种：

1. 化学固定

由化学作用所引起的土壤中磷酸盐的转化有两种类型：

第一种是中性、石灰性土壤中水溶性磷酸盐和弱酸溶性磷酸盐与土壤中水溶性钙镁盐、吸附性钙镁及碳酸作用发生化学固定。

第二种是在酸性土壤中水溶性磷和弱酸溶性磷酸盐与土壤溶液中活性铁铝或代换性铁铝作用生成难溶性铁、铝沉淀，如磷酸铁铝、磷铝石和磷铁矿等。

2. 吸附固定

土壤固相对溶液中磷酸根离子的吸附作用，称为吸附固定，分为非专性吸附和专性吸附。非专性吸附主要发生在酸性土壤中，由于酸性土壤 H^+ 浓度高，黏粒表面的 OH^- 质子化而带正电荷，经库仑力的作用，与磷酸根离子产生非专性吸附。

3. 闭蓄态固定

是指磷酸盐被溶解度很小的无定形铁、铝、钙等胶膜包蔽的过程（或现象）。在砖红壤、红壤、黄棕壤和水稻土中，闭蓄态磷是无机磷的主要形式，占无机磷总量的 40% 以上，这种形态的磷很难被植物利用。

4. 生物固定

当土壤有效磷不足时会出现微生物与作物争夺磷素营养的现象，因而发生磷的生物固定。磷的生物固定是暂时的，当生物分解后，磷又可被释放出来供作物利用。

土壤中难溶性无机磷的释放主要依靠 pH 值 Eh 值的变化和螯合作用。石灰性土壤中，在作物和微生物呼吸作用及有机肥分解所产生的 CO_2 和有机酸的作用下，难溶性磷酸钙盐逐渐转化为有效性较高的磷酸盐（如磷酸二钙），甚至成为水溶性的磷酸一钙。植物、微生物和有机肥料分解时产生的螯合物，促使难溶性磷解体，成为有效性磷。土壤淹水后，pH 值升高，Eh 值下降，磷酸铁盐水解加剧，提高无定形磷酸铁盐的有效性，进而使一部分包蔽在磷酸盐外层的氧化铁被还原成亚铁，以利消除其包膜，而使磷酸铁盐成为非闭蓄态磷，这种磷酸铁可供水稻吸收利用。由此可推断，将旱田改为水田后，能提高土壤的磷素供应力。

（三）土壤磷的调节

1. 调节土壤酸碱度

土壤酸碱度是影响土壤固磷作用的重要因子之一，对酸性土壤，适当施用石灰可将其 pH 值调至中性（以 pH 值 6.5~6.8 为宜），减少磷素的固定，提高土壤磷的有效性。

2. 增加土壤有机质

含有机质多的土壤，其固磷作用往往较弱，其原因除了有机质矿化能提供少量无机磷外，还有下列作用：一是有机阴离子与磷酸根竞争固相表面专性吸附点，从而减少了土壤对磷的吸附；二是有机物分解产生的有机酸和其他螯合剂的作用，将部分固定态磷释放为可溶态；三是腐殖质可在铁、铝氧化物等胶体表面形成保护膜，减少对磷酸根的吸附；四是有机质分解产生 CO_2 溶于水形成 H_2CO_3，增加钙、镁、磷酸盐的溶解度。

3. 土壤淹水

土壤淹水后磷的有效性明显提高，这是由于：一是酸性土壤 pH 值上升后可促使铁、铝形成氢氧化物沉淀，减少其对磷的固定；碱性土壤 pH 值有所下降，能增加磷酸钙的溶解度；反之，若淹水土壤落干，则导致土壤磷素的有效性下降。二是土壤氧化还原电位（Eh 值）下降，高价铁被还原成低价铁，磷酸低铁的溶解度较高，增加了磷的有效度。三是包被于磷酸表面的铁质胶膜被还原，提高了闭蓄态磷的有效性。

三、土壤中的钾素

（一）土壤钾的含量和形态

我国土壤全钾（K_2O）含量为 $0.5\sim46.5g/kg^{-1}$，一般为 $5\sim25g/kg^{-1}$。总体趋势是：风化强烈的土壤含钾量低于风化程度较弱的土壤，沙性土壤多于黏性土壤；从北到南、由西向东，我国土壤钾素含量有逐步降低的趋势。这说明我国东南地区施用钾肥比其他地区更为重要。

土壤中的钾，根据作物吸收的难易程度可分为水溶性钾、交换性钾、缓效性钾、矿物态钾四种形态。

1. 水溶性钾

以离子形态存在于土壤溶液中，其浓度通常变化于万分之一至千分之一的当量浓度范围内，这种钾最易被植物吸收利用。

2. 交换性钾

吸附在胶体表面的钾离子，与水溶性钾保持动态平衡，无严格界限。一般含量在 $40\sim200mg/kg^{-1}$，高者可超过 $300mg/kg^{-1}$，低者有的不到 $10mg/kg^{-1}$，相差悬殊。水溶性钾和交换性钾总称为速效性钾。交换性钾是土壤速效性钾的主要来源，在土壤养分鉴定上，特别受到重视。

3. 缓效性钾

缓效性钾主要是指三八面体层状硅酸盐矿物层间和黏粒边缘的一部分钾。这种形态的钾对植物有效性显著降低，但在一定条件下可以缓慢释放，以供植物吸收利用。

4. 矿物态钾

矿物态钾是指构成矿物晶格或深受结构束缚的钾，如长石和云母中的钾。这种形态的钾一般不能被作物吸收利用。只有经过长期的风化和分解后，才逐渐转变为能利用的形态。

土壤中各种钾的相对含量是：速效性钾占 0.1%~0.2%，缓效性钾占 2%~8%，矿物态钾占 90%左右。它们可以相互转化。一方面是速效性钾的固定，另一方面是缓效性钾和矿物态钾的有效化。

水溶性钾↔交换性钾↔缓效性钾↔矿物态钾

其中任何一种形态的钾发生变化，都会引起其他形态钾的变化。如作物吸收了速效性钾，缓效性钾便不断释放出来建立新的平衡。增施钾肥可增加土壤溶液中钾离子的浓度，这时又进行着相反的过程。水溶性钾部分地转化为交换性钾，还有一部分钾被固定以建立新的动态平衡。

（二）土壤中钾的转化

土壤中钾的转化包括钾的固定和钾的释放两个过程。

1. 土壤中钾的固定

钾的固定是指水溶性或交换性钾转化为非交换性钾，不易被中性盐溶液提取，从而降低钾的有效性的现象。地壳所含的钾（2.6%）和钠（2.8%）是相近的，但海水中钾的浓度只有钠的 1/10，这说明在矿物风化过程中，钾较钠易为土壤所保持，大部分钾以各种形态残留在土壤中，但不同土壤固钾能力相差很大。

钾的固定机制较为复杂。一般认为，钾的固定主要是钾离子渗入三八面体硅酸盐矿物层间的结果。黏粒矿物表面上的钾离子，在库伦力的作用下，必然要和黏粒矿物内部的阴电荷点的距离尽量接近。2:1 型矿物晶片的上下表面都由硅四面体构成，每六个四面体连接成六角形的蜂窝状孔穴，孔穴的直径约为 0.028nm，这一直径恰好能容纳钾离子进入其间（脱水钾离子直径约为 0.027nm），所以当交换性钾离子一旦落入这一孔穴内，而其上又被另一晶片的孔穴所重选而形成闭合的孔穴时，它就被闭蓄在这一孔穴里而暂时失去了被交换出来的可能性，这样，它便成了所谓固定的钾。由此可见，钾的固定是以交换性钾为基础，黏粒矿物质的层间孔穴结构为条件，而在一定外力的推动下（如干燥脱水），由于钾离子陷入孔穴内，因而产生了机械闭蓄的结果。只有 2:1 型黏粒矿物具有固定钾的作用，1:1 型黏粒矿物不具有上述特殊的晶架结构，所以也不能产生钾的固定作用。

在 2:1 型黏粒矿物中，尤以蛭石、拜来石、伊利石等固钾能力最强，这是因为在这些矿物中，同晶置换（如 Al^{3+} 置换 Si^{4+}）主要发生在硅四面体中，而蒙脱石同晶置换主要发生在铝八面体中。前者所产生的负电荷和晶面钾离子之间的距离为 0.219nm，而后者所产生的负电荷和晶面钾离子的距离为 0.499nm，由于吸引力和距离平方成反比，因而前者电荷产生的吸引力较后者大 4 倍。所以，蛭石等矿物晶面上的交换性钾离子比蒙脱石上的更容易"陷入"蜂窝状孔穴而成为固定态钾。至于蒙脱石上交换性钾的固定，则有赖于土壤干湿交替的推动，使晶格层间距离不断产生胀缩而把钾离子"挤入"孔穴之中。所以 2∶1 型黏粒矿物固钾能力依次为蛭石>拜来石>伊利石>蒙脱石。除了层状硅酸盐能固定钾外，水铝英石和沸石也能固定大量的钾。风化长石的表面也能固定钾。

钾的固定速度较快。48 小时后钾的固定量比 10 分钟内的固定量大 50%，并且这个速度随温度上升，pH 值增加以及土壤湿度降低而加速。

这就说明，在钾的固定过程中，有物理化学作用存在。很多试验表明，钾的固定使土壤交换量按当量减少。交换性阳离子就是固定的作用基础。如土壤中部分"吸附位置"为无活性的阴离子。

钾的固定除与黏粒矿物类型及其含量等内在因素有关外，还同水分状况、土壤酸度、铵离子以及钾肥种类及其用量等外在因素有关，它们对钾转变为非交换态都有重要影响。

土壤处于干和湿不同情况下都会发生钾的固定，但是在程度上有差异，并且这也与黏粒矿物类型有关。例如风化了的云母、蛭石和伊利石，即使在湿润条件下也能固定钾，而蒙脱石仅在干燥条件下固定钾。

当土壤干湿交替时，钾的固定现象十分显著，而且在温度较高时钾的固定量总是较多。试验证明，温度本身并不重要，重要的是土壤脱水的作用。假如在加压灭菌器中，加热至 120℃，因没有引起脱水，并不能导致显著的固钾作用。相反地，在烘干时，却可引起强烈的固定现象。可见干燥是钾固定的一个重要因素，这是因为干燥增加了土壤溶液中的钾浓度，增加它到交换位置上去的机会，另外钾离子脱水，晶层闭合，因此钾就容易被晶格的层间空隙所吸持。

干湿对土壤钾素固定的影响，因土壤原有交换性钾的含量而异。交换性钾含量水平高时，干燥导致固定。如果交换性钾含量低时，则不仅不会固定，反而使钾素释放。据研究，缺钾的犁底层土壤，由于晒干可使有效性钾含量明显增加。

当土壤 pH 值降低或用酸处理后，钾的固定量也随之减少。这是因为在酸性条件下，钾的选择结合位可能被铝、羟基铝离子及其聚合物所占据，其次，H_3O^+ 离子半径与钾相近（$0.123 \sim 0.133nm$），能起到相互竞争作用。许多资料表明，当土壤中加入 Na_2CO_3、$Ca(OH)_2$ 和 NaOH 后，可增加其对钾的固定。据研究，在酸性条件下可减弱钾的固定并提高钾的活性，在碱化条件下作用恰好相反，因此，钾的固定在盐碱土上更强，在中性黑钙土上次之，在酸性灰化土上较弱。

铵离子和有机质对钾的固定也有一定影响，因铵离子的半径（0.148nm）与钾离子的（0.133nm）相近，所以与钾离子一样能被土壤固定，这两种离子的固定机制也很相似。2：1型膨胀型矿物的底面氧网六边形孔穴的直径为0.28nm，铵离子容易进入晶格孔穴，被晶格中的负电荷吸持，束缚牢固，成为固定态铵离子，同时铵离子也可能交换固定态钾。由于铵离子能与钾竞争钾的结合位，因此在先施铵态氮肥后，再施钾肥，可减少固定。然而也有人认为，钾离子能置换层间较大的钙或镁离子，使晶层间距缩小，使钾紧闭在孔穴内，降低了固定态钾的释放能力，反而更加缺钾。

钾盐的种类和浓度对钾的固定也有显著影响。据报道，随着钾肥用量的增加，钾的固定量也明显增加。根据阴离子对钾素固定的报道，土壤对钾的氯化物、硫酸盐、重碳酸盐的固定强度大致相似，而施加磷酸钾时，固定强度显著增高，这是由于 $H_2PO_4^-$ 与黏粒矿物中的 OH^- 发生了交换作用，使黏粒矿物的电荷增加所致。

2. 土壤中钾的释放

土壤中钾的释放，一般指土壤中缓效性钾转变为速效性钾，成为植物可以利用的形态，称为钾的释放。土壤种类不同，它们释放钾的能力与特点各异，这主要与含钾矿物类型有关。黑云母易风化，钾的释放也较快；正长石和白云母风化较慢，钾的释放也较慢。

研究证明，土壤中钾的释放主要是缓效性钾转变为速效性钾的过程，总的说来，缓效性钾的释放作用是非常缓慢的。当年种植作物的土壤，释放钾的速度较休闲地要快，这可能由于作物对钾的吸收扰乱了动态平衡所致，使部分缓效性钾转变为交换性钾。这也说明，只有土壤原含交换性钾减少时，缓效性钾才释放为交换性钾。这种释放过程随着交换性钾水平下降幅度而加剧，直到原来交换性钾含量水平得到恢复为止。一般说来，土壤缓效钾含量水平越高，则其释放的数量越多，速度越快。因此，一些土壤学家建议以土壤中缓效钾含量作为土壤供钾潜力的指标。测定方法要点是：用 $1mol\ L^{-1}HNO_3$ 浸提、消煮 10 分钟，从浸提总量减去水溶性钾和交换性钾，即为缓效钾的近似值，并以此作为合理施用钾肥的依据。

此外，干燥灼烧和冰冻对土壤中钾的释放有显著影响。一般湿润土壤通过高度脱水有促进钾释放的趋势，但如土壤原含速效钾相当丰富，则情况也能相反。高温（>100℃）灼烧，例如烧土、熏土等，都能成倍地增加土壤中的速效钾。土壤经过灼烧处理，不仅缓效性钾释放为速效性钾，而且一部分封闭在长石等难风化矿物中的无效钾也分解转化为速效性钾。此外，冻结的影响，特别是冻融交替的作用，也能促进钾的释放。冻融交替，可使晶格膨松，促进离子从晶格孔隙中释放出来。

因此，生产实践上，为了防止和减少钾的固定作用，促进土壤中钾的释放，钾肥以适当深施和集中施用于根系附近效果较好。如果施肥过浅，由于土壤湿度变化比较大，钾易被固定。此外，增施有机肥料可以提高土壤吸附和保持交换性钾的能力，减少蒙脱石的胀缩现象，而黏粒表面上有机胶膜的形成，也能减少钾的固定。有机质的分解过程中产生的 CO_2 和有机酸，还可促进含钾矿物风化，提高供钾水平。

四、土壤中量元素

中量元素是农作物生长发育过程中需求量仅次于氮、磷、钾，而高于微量元素的营养元素，占作物体干物质的 0.1%~0.5%，通常指钙、镁、硫三种元素。

（一）中量营养元素的生理功能

1. 钙

进入农作物体内的钙对胞间层的形成和稳定具有重要意义。钙能稳定细胞膜结构，保持细胞的完整性，其以果胶酸钙的形态黏结两相邻细胞，使细胞与细胞能够连接起来形成组织，并使农作物的器官或个体具有一定的机械强度。缺钙影响细胞壁和纺锤丝形成，并使细胞分裂不能正常进行。钙还能参与维持生物膜的稳定性，对膜电位、膜透性、离子运转及原生质黏滞性、胶体分散度都有一定效应。钙能中和作物体内代谢过程产生过多且有毒的有机酸，调节细胞 pH 值。钙是一些重要酶类的激活剂。钙能加强有机物的运输，如加速糖分运输，增强光合效率。Ca^{2+} 与作物钙调素结合具有多种调节细胞功能的作用。钙具有酶促作用，主要功能是参与离子和其他物质的跨膜运输。

2. 镁

镁是农作物体内多种重要成分的组成元素。叶绿素的形成需要镁，在叶绿体中 10% 左右的镁包含在叶绿素里。缺镁时，叶绿素及 B 类胡萝卜素含量下降，叶片褪绿，对 CO_2 的同化能力下降，光合能力降低。农作物植株体内一系列的酶促反应都需要镁或依赖于镁进行调节，镁离子和钾离子在光合电子传递过程中共同作为 H^+ 的对应传递离子，以维持类囊体的跨膜质子梯度。镁离子转移至叶绿体间质，则可以活化二磷酸核酮糖羧化酶和 5-磷酸核酮糖激酶等。镁参加活化糖酵解和三羧酶循环过程中的磷酸乙糖激酶等许多酶。镁是丙酮激酶、腺苷激酶等的组成成分，在氮素同化中，谷氨酰胺合成酶的激活也需要镁，在蛋白质生物合成中，镁的作用是促进核糖体亚单位的结合，镁不足将影响核糖体的正常结构而使蛋白质合成能力降低。

3. 硫

硫参与多种重要物质的组成，几乎所有的蛋白质都含有硫氨基酸。因此，硫在农作物细胞的结构和功能中都有重要作用。如硫辛酸、硫胺素、乙酰辅酶 A、铁氧还素等生物活性物质中都含有硫。辅酶 A 中的硫氢基在作物能量转化中具有突出效应。缺硫时可引起作物体内蛋白质合成受阻，出现硝酸盐、可溶性有机氮和铵的积累现象。硫能促进豆科作物形成根瘤，参与固氮酶的形成，增强固氮活力。此外，氨基酸转换酶、羧化酶、脂肪酶、苹果酸脱氢酶都是含硫氢基的酶，这些酶对作物的多种代谢有重要影响。硫还是许多挥发性化合物，如异硫氰酸盐和亚砜的结构成分，这些成分使圆葱、大蒜、大葱和芥菜等作物具有特殊的气味。充足的硫营养有利于农作物对水分的高效利用。

（二）农作物中量营养元素缺乏症状

1. 农作物缺钙症状

缺钙会引起许多营养失调症。钙在植株体内很难移动，故缺钙时先在幼嫩部位出现生长停滞，新叶难抽出，嫩叶叶尖粘连变曲，产生畸形，严重时发黄焦枯坏死。根系发育不良，根尖膨大变褐，严重时分泌黏液、腐烂、死亡。花和花芽会大量脱落。如缺钙导致玉米生长不良，心叶不能伸展，叶尖黄化枯死，新根少，根系短，缺乏生机。水稻新叶生长受阻，卷曲枯萎，上部叶片缩生。小麦顶端生长受阻，新叶枯萎卷曲。番茄、辣椒果实顶端先出现棕褐色斑块，继而溃烂，称为"脐腐病"。黄瓜新叶枯萎；草莓叶片皱缩，叶缘残缺不全。甘蓝幼叶呈杯状，发皱而叶尖灼伤，成熟内叶叶缘变褐干枯。菠菜心叶呈水渍状坏死，展开叶叶缘皱缩，叶面上有灰白色坏死斑块。大白菜叶片皱缩，叶缘有黄斑，内叶叶尖发黄，呈枯焦状，称为"干烧心"。苹果、梨果实表面出现大小不一的褐色斑点，切开后内部也有褐色斑。

2. 农作物缺镁症状

镁的缺乏症状首先是出现在中下部叶片，因为镁在作物体内有较高的再利用性。缺镁作物叶片脉间失绿，严重时叶缘死亡，叶片出现褐斑。镁的叶子往往僵硬且脆，叶脉扭曲，常过早脱落。不同农作物表现的症状也有所不同。如玉米缺镁时，下部叶片则出现典型的叶脉间条状失绿症。水稻缺镁首先在叶尖、叶缘出现色泽褪淡变黄、叶片下垂、脉间出现黄褐色斑点，随后向叶片中间和茎部扩展。小麦缺镁叶片脉间出现黄色条纹，心叶挺直，下部叶片下垂，叶缘出现不规则的褐色焦枯，仍能分蘖抽穗但穗小。油菜缺镁叶片退绿呈紫红色，严重时叶面上有紫红、棕红等杂色。大豆缺镁夏季中部叶片脉间失绿黄化，叶面上有紫红或紫褐色斑块，秋季严重时脉间有棕褐色斑点。向日葵中下部叶片均匀褪绿黄化，叶脉仍保持绿色。马铃薯缺镁叶片、叶脉间失绿而呈"人"字形。番茄缺镁新叶发脆并向上卷曲，果实由红色褪变为淡橙色。花椰菜缺镁首先发生在老叶上，脉间失绿，而叶脉保持绿色。葡萄缺镁叶片下部老叶脉间失绿，而叶仍保持绿色。苹果缺镁成熟叶片的叶脉间出现淡绿色斑点，并逐步扩大到叶缘。

3. 农作物缺硫症状

硫和氮一样，也是蛋白质的成分。缺硫时作物的症状类似缺氮症状，失绿和黄化比较明显。但因硫在植株中较难移动，因此失绿部位不同于缺氮，而在幼嫩部位先出现。缺硫时植株矮，叶细小，叶片向上卷曲、变硬、易碎、提早脱落。茎生长受阻，僵直。开花迟，结果结荚少。玉米缺硫新叶失绿黄化，脉间组织失绿更为明显，随后由叶缘开始逐渐转变为淡红色至浅紫红色，同时茎基部也呈现紫红色，老叶仍保持绿色；植株生长受抑，矮小细弱。水稻缺硫新叶失绿呈淡绿色或黄绿色，叶片变薄，有的叶尖焦枯；分蘖少或不分蘖，植株瘦弱矮小；根系生长不良，移栽后发根少，返青慢；成熟期推迟，产量降低。小麦缺硫新叶失绿黄化，脉间组织失绿更为严重，但条纹不及缺镁症清晰，中下部老叶仍保持绿色；分蘖少且长势较弱，呈直立状；植株整体生长缓慢，瘦弱矮小；成熟推迟，产量降低。油菜缺硫新叶颜色褪淡，呈淡绿色，叶片背面出现紫红色，叶缘向上卷，形成浅勺状叶；植株矮小，生育推迟。番茄缺硫全株浅绿，茎变红，节间缩短。马铃薯缺硫叶片发黄。苹果缺硫叶脉黄化，叶片常呈紫红色。

（三）中量元素肥料合理施用技术要点

随着农业生产的发展和农作物单产不断提高，作物对中量营养元素的需要量日益增多。由于施用高浓度单质磷肥和复合（混）肥料的数量增加，有些农作物陆续出现缺乏中量营养元素症状。因此，重视施用钙、镁、硫的肥料，对提高农作物的产量和品质十分必要。

1. 施用钙镁磷肥有较好的效果

据相关资料介绍，在有些地方施用钙镁磷肥，却在石灰性土壤上有较好的效果，这是因为近些年来施用磷酸二铵高浓度磷肥的数量逐年增加，农田土壤有效磷含量水平明显上升，使农作物苗期所需的磷有了一定的保证，不致因土壤极度缺磷而影响幼苗生长，到了中、后期，作物根系分泌的弱酸有促进钙镁磷肥转化作用，因而作物吸收弱酸溶性磷肥能力也随之加强。所以在这种情况下，钙镁磷肥就可发挥一定的增产作用。这说明随着生产条件的变化，肥料的增产效果也会相应地发生变化。钙镁磷肥是一种利用高品质磷矿石生产的热制磷肥，不溶于水但能溶于弱酸，不吸湿、不结块，物理性质好。含磷（P_2O_5）14%~19%，含有约30%的氧化钙和15%的氧化镁，所以它是一种碱性肥料，如施用于玉米、水稻、小麦等多根系农作物上，当季效果一般约为过磷酸钙的70%~80%，用于油菜、豆科绿肥，其肥效略高于过磷酸钙。施用钙镁磷肥应作基肥并早施，使它在土壤中有较长的转化时间，一般不作种肥或追肥。

2. 施用普通过磷酸钙缓解缺硫问题

配施普通过磷酸钙不仅能为高产玉米等作物提供磷营养，而且还可使作物获得硫营养。普通过磷酸钙的主要成分是磷酸一钙，含磷（P_2O_5）14%~18%；副成分为硫酸钙，占 50% 左右。所含磷酸大部分易溶于水，呈酸性，可作基肥、种肥和根外追肥，尤以农作物苗期效果最好，并适用于中性或碱性土壤。但值得注意的是：土法生产的过磷酸钙不能随便施用。因土法生产过磷酸钙常利用工业废酸或用农药厂废酸，以降低成本。工业废酸中往往含有汞、苯、三氯乙醛等有害物质；农药厂废酸中含有三氯乙醛。施用后对农作物危害主要表现是：破坏细胞的正常分裂，酶系统紊乱，根系严重畸形，出现病态组织如鸡爪根；叶片皱缩、卷曲，逐渐枯萎，茎生长点萎缩而死亡。

（四）蔬菜、果树常见缺钙镁症及其矫治

1. 蔬菜缺钙、镁症及其矫治

番茄结果期缺钙的典型症状是花序顶部的花易死亡，生长点和子房易凋谢或萎缩，果实易发生脐腐病而变黑。茄子、辣椒在果实发育期供钙不足，也易出现脐腐病。大萝卜缺钙时生长点受损，心叶枯卷，根尖枯死，而易产生歧根。胡萝卜缺钙引起肉质根的空心病，而高钙会使糖分、胡萝卜素下降。大白菜是在土壤干旱时细胞中的速效氮含量过高，从而影响钙的吸收，受害称"干烧心病"，但若浇水过量也会引起土壤有效钙的大量流失，而造成缺钙。结球甘蓝也会因干旱，浇水不及时，氮肥过量，常出现"叶烧边"病症。对以上常见缺钙症，在发病初期及早喷施叶肥氯化钙或硝酸钙 0.3%~0.5%，一般 7~10 天 1 次，连续 2~3 次即可见效。在喷钙的同时，加入生长调节剂萘乙酸（NAA）50mg·L^{-1}，可以改善钙的吸收效果。蔬菜缺镁，一般在生育初期吸收镁很少，吸收高峰期在采收盛期。如番茄新叶发脆并向上卷曲，果实由红色退变为淡橙色。花椰菜首先发生在老叶上，脉间失绿，而叶脉保持绿色。如果施肥，每 100kg 有机肥配加 1~2kg 钙镁磷肥作基肥或追肥，就可以避免缺镁症状。或在蔬菜发病初期，叶面喷施硫酸镁 0.1%~0.2% 溶液，一般 7~10 天 1 次，连续 2~3 次，即可缓解消除病症发生。

2. 果树缺钙、镁症及其矫治

钙在果树生理活动中起平衡作用，影响氮素代谢、营养物质的运输等。苹果树从落花期以后 21~42 天是幼果吸收钙的高峰期，42 天结束时，幼果已吸收了需钙量的 90%。苹果进入老叶中的钙转出率很低，故会出现老叶含钙较高，新生叶或果实易缺钙。常见的缺钙症状是果实会表现为水心病（水浸病、密病）、苦痘病、痘斑病、红玉斑点、内部腐烂或果肉变绵等。防治措施：石灰性土壤发生缺钙症状后，可在落叶后 21~42 天、采果前 70 天、56 天，喷施 0.5% 硝酸钙或 500 倍液活性钙，间隔 7~10 天 1 次，一年 2~4 次。对

痘斑病可在采收后用4%的氯化钙浸果3min或用3%氯化钙加0.2%氯化锌浸果1min,取出清水洗净晾干后再贮藏。

五、土壤微量元素

微量元素是指土壤中含量很低的化学元素,这些元素的含量范围由百分之一到十万分之一。土壤微量元素含量的多少,主要与成土母质和土壤的矿物组成有关,此外也受气候、地形、植被等成土因素的影响。因此,在不同地区,甚至同一地区不同土壤中,各种微量元素含量的差别很大。

有机肥料含有多种微量元素,化学肥料和农药也往往含有一些微量元素。灌水、降水和大气也是土壤微量元素的来源。

土壤中缺少了微量元素,作物出现各种病症,严重时导致减产。近年来发现,有的地方病与当地土壤和饮水中缺少某种微量元素有关。目前研究和使用较多的微量元素有硼、钼、锰、锌、铜等,下面分别叙述。

(一)硼

我国土壤含硼量介于 $0 \sim 500mg/kg^{-1}$ 之间,变幅很大,主要决定于母质与土壤类型。一般说来,海相沉积物中含硼量($20 \sim 200mg/kg^{-1}$)比火成岩(约$300mg/kg^{-1}$)高。干旱地区土壤含硼量比湿润地区多,干旱地区表土层含有硼酸钠和硼酸钙,而且不为淋洗作用所移走。就全国范围来看,土壤含硼量有从北向南逐渐减少的趋势,西藏珠峰地区土壤含硼量最高,西北地区的黄土和长江中下游的下蜀黄土次之,华南地区的赤红壤和砖红壤含量最低。

土壤中的硼,主要以矿物态、吸附态和水溶态等形态存在。含硼矿物风化后,硼酸分子(H_3BO_3)解离为BO_3^{3-}离子,进入土壤溶液。这种水溶性硼属于有效硼,一般含量较低。

土壤中硼的有效性受土壤酸度与有机质含量等因素的影响,而土壤酸度的影响最大。一般土壤pH值在4.7~6.7之间硼的有效性最高。随着pH值升高硼的有效性降低。作物缺硼大多数在pH值>7的土壤中。湿润地区的轻质酸性土,由于淋失作用强烈而缺乏有效性硼。一般有机质丰富的土壤有效硼的数量较高,因有机质能吸附硼,可以减少硼的淋失,每克腐殖酸钙可吸附1.4~1.8mg硼。

水溶态硼也能被黏土矿物和氢氧化铁铝所吸附固定。当酸性土壤施石灰时,OH^-离子浓度增加,促进硼的固定,使硼的有效性降低。

据报道,在硼供应差的土壤上施硼肥,对粮、棉、油、糖等作用均有增产和提高品质的作用，尤其是对甜菜和其他根块作物、豆科植物和十字花科植物等。禾本科植物对硼肥不太敏感，但如果土壤缺硼严重时施硼肥则肥效良好。施硼肥对蔬菜和果树也有一定增产效果。

（二）钼

我国土壤含钼量范围为 $0.1 \sim 6 mg/kg^{-1}$。土壤中的钼主要来自含铝矿物，如辉钼矿、橄榄石。土壤中钼的含量与成土母质有一定关系，由花岗岩发育的土壤中含钼量较高，而由黄土母质发育的土壤含钼量较低。含钼矿物风化后，钼以 MoO_4^{2-} 或 $HMoO_4^-$ 等阴离子形态存在。

土壤中的钼除受成土母质的影响外，还受土壤酸碱度的影响。酸性土含钼量虽高，但有效态钼却不多。在酸性环境中，钼易被高岭石、氢氧化铁、铝以及铁、铝、锰、钛的氧化物所吸附固定，所以 pH 值低时土壤对钼的吸附增多，多发生缺钼。植物对钼的吸收数量显著地受土壤条件的影响。在酸性土壤上施用石灰，pH 值由 5 增至 5.5，可使土壤有效钼的数量增加 10 倍，可以改善作物的钼营养。

（三）锰

我国土壤含锰范围为 $42 \sim 3000 mg/kg^{-1}$。土壤锰的含量主要来源于成土母质。母质不同，锰的含量有很大差异。

土壤中的锰有矿物态锰、水溶态锰、交换态锰和还原态锰。后三种为易效态锰。它们主要以二、三、四价的离子化合物的形态存在。矿物态锰大多为四价和三价氧化锰，植物不能利用，但还原为二价锰的化合物，可被植物利用。三价锰氧化物是易还原性锰。

土壤中锰价数的转化决定于土壤 pH 值及氧化还原条件。土壤 pH 值低，酸性强，二价锰增多；中性附近，有利于三价锰（Mn_2O_3）的生成；而当 pH>8 时，则向四价锰（MnO_2）转化。在氧化条件下，锰由低价向高价转化。因此，锰在酸性土壤中比在石灰性土壤中有效性高，在通气良好的轻质土壤上，二价锰被氧化为高价锰，也使锰的有效性降低，在淹水条件下，有机质及微生物引起的还原作用使高价锰还原为低价锰，增加了锰的有效性，因此水田土壤有效锰较多。

豆科作物和豆科绿肥对施锰肥反应良好。棉花、油菜、烟草等也有因施锰肥而增产的。

（四）锌

我国土壤含锌量为 $3 \sim 790 mg/kg^{-1}$。其含量与成土母质有关，例如基性岩及石灰岩母质发育的土壤含锌较多。在同一土类中，发育在石灰岩和花岗岩的红壤含锌量最多（85～

172mg/kg^{-1}），沙岩母质发育的红壤含锌最少（28~63mg/kg^{-1}）。

在酸性土壤中，锌以二价阳离子存在。在中性及碱性土壤中，锌成为带负电荷的络离子，也可能沉淀为氢氧化物、磷酸盐或碳酸盐等，使可溶态锌减少。因此在酸性土壤中有效态锌较多，缺锌多发生在 pH 值>6.5 的土壤上。在北方的石灰性土壤上施锌肥能提高玉米、水稻、棉花、马铃薯、甜菜等的产量。除大田作物以外，果树缺锌也甚为普遍，例如北方的桃、梨、苹果树和南方的橘树等，喷施锌肥可以提高它们的产量。

（五）铜

我国土壤含铜量为 3~300 mg/kg^{-1}。除了长江下游的部分土壤以外，各类土壤的平均含量都在 20mg/kg^{-1}下，较为适中。在富含有机质的土壤表层中铜有富集现象。但是，沼泽土和泥炭土上的植物容易发生缺铜。

土壤中对植物有效态铜一般高于 1mg/kg^{-1}，母质来源不同往往造成一定差异。

目前，我国的铜肥试验进行得比较少。根据现有试验结果，根外追施铜肥和用铜肥进行种子处理有时也使水稻、小麦、甘薯、棉花、马铃薯增产。

第二节　测土配方施肥

测土配方施肥是以肥料田间试验、土壤测试为基础，根据作物需肥规律、土壤供肥性能和肥料效应，在合理施用有机肥料的基础上，提出氮、磷、钾及中、微量元素等肥料的施用品种、数量，以及施肥时期和施用方法。

测土配方施肥包括以下几种：一是中微量元素养分矫正施肥技术。中、微量元素养分的含量变幅大，作物对其需要量也各不相同，主要与土壤特性、作物种类和产量水平等有关。矫正施肥就是通过土壤测试，评价土壤中微量元素养分的丰缺状况，进行有针对性的因缺补缺的施肥方法。二是肥料效应函数法。建立当地主要作物的肥料效应函数，直接获得某一区域、某种作物的氮、磷、钾肥料的最佳施用量，为肥料配方和施肥推荐提供依据。三是土壤养分丰缺指标法。通过土壤养分测试结果和田间肥效试验结果，建立不同作物、不同区域的土壤养分丰缺指标，提供肥料配方。四是养分平衡法。

肥料效应是肥料对作物产量和品质的作用效果，通常以肥料单位养分的施用量所能获得的作物增产量和效益表示。肥料效应田间试验是获得各种作物最佳施肥品种、施肥比例、施肥数量、施肥时期、施肥方法的根本途径，也是筛选、验证土壤养分测试方法，建立施肥指标体系的基本环节。通过田间试验，掌握各个施肥单元不同作物的优化施肥数量，基、追肥分配比例，施肥时期和施肥方法；摸清土壤养分校正系数、土壤供肥能力、不同作物养分吸收量和肥料利用率等基本参数；构建作物施肥模型，为施肥分区和肥料配方设计提供依据。

肥料效应田间试验设计，取决于试验目的。对于蔬菜、果树等经济作物，可根据作物特点设计试验方案。

一、测土配方施肥概述

测土配方施肥技术是施肥技术上的一项重大革新，是农业发展的必然产物，受到广大种植业者的欢迎和支持，解决了他们在农业生产中的疑惑问题。随着现代农业科技成果的不断应用，我们已经走出了靠经验施肥的老路，有了先进的化验分析仪器和测试手段，摆脱了对单一肥料的依赖，追求各种营养元素的配合施用。事实证明，测土配方施肥技术推广以来，取得了巨大的经济效益、社会效益和环境效益。

（一）测土配方施肥的概念和内容

1. 测土配方施肥的概念

测土配方施肥国际上通称为平衡施肥技术，就是以肥料田间试验和土壤测试为基础，根据作物需肥规律、土壤供肥性能和肥料效应，在合理施用有机肥的基础上，提出氮、磷、钾及中、微量元素等肥料的施用品种、数量，施肥时期和施用方法。

从以上描述中不难看出，测土配方施肥的特征就是"产前定肥"。即生产者在种植前就已经知道，应向土壤施用什么肥料，用量是多少以及如何施用等问题。如果等到作物收获的时候生产者才了解什么肥料多了、什么肥料少了或哪些用法不当，是没有意义的。

测土配方施肥是一个完整的技术体系，全面考虑了"作物需肥规律""土壤供肥性能"和"肥料效应"三个方面的条件，如图13-1，从图中可以看出，作物所需要的养分，来自土壤和施肥两个途径。作物需要，一般来讲都是相对的，关键在于土壤的供肥能力，肥料在此起的是调剂作用，这种调剂的程度，决定肥料的用量。

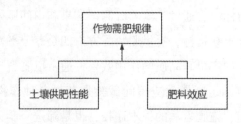

图 13-1 作物、土壤、肥料关系示意图